O DIREITO DE EXONERAÇÃO
DO SÓCIO NO CÓDIGO
DAS SOCIEDADES COMERCIAIS

TIAGO SOARES DA FONSECA
Advogado
Assistente da Faculdade de Direito de Lisboa

O DIREITO DE EXONERAÇÃO DO SÓCIO NO CÓDIGO DAS SOCIEDADES COMERCIAIS

O DIREITO DE EXONERAÇÃO DO SÓCIO
NO CÓDIGO DAS SOCIEDADES COMERCIAIS

AUTOR
TIAGO SOARES DA FONSECA

EDITOR
EDIÇÕES ALMEDINA, SA
Av. Fernão Magalhães, n.º 584, 5.º Andar
3000-174 Coimbra
Tel.: 239 851 904
Fax: 239 851 901
www.almedina.net
editora@almedina.net

PRÉ-IMPRESSÃO | IMPRESSÃO | ACABAMENTO
G.-C. GRÁFICA DE COIMBRA, LDA.
Palheira – Assafarge
3001-453 Coimbra
producao@graficadecoimbra.pt

Maio, 2008

DEPÓSITO LEGAL
275947/08

Os dados e as opiniões inseridos na presente publicação
são da exclusiva responsabilidade do(s) seu(s) autor(es).

Toda a reprodução desta obra, por fotocópia ou outro qualquer
processo, sem prévia autorização escrita do Editor, é ilícita
e passível de procedimento judicial contra o infractor.

Biblioteca Nacional de Portugal – Catalogação na Publicação

FONSECA, Tiago Soares da

O direito de exoneração do sócio no código das sociedades
comerciais. – (Teses de mestrado)

ISBN 978-972-40-3455-3

CDU   347

NOTA PRÉVIA

O trabalho que agora se publica corresponde, com pontuais alterações ou revisões, à tese de mestrado apresentada na Faculdade de Direito de Lisboa em Setembro de 2006.

Esta tese foi defendida e aprovada com 18 valores, no dia 29 de Maio de 2007, por um júri constituído pelos Senhores Professores Doutores Marcelo Rebelo de Sousa (presidente), Pedro Pais de Vasconcelos (arguente), Carlos Ferreira de Almeida (arguente), Luís Menezes Leitão (orientador) e Paula Costa e Silva.

Não posso nem quero deixar de agradecer a todos os membros do júri o encargo que aceitaram tomar, o que muito me honrou, deixando um agradecimento especial ao Senhor Professor Doutor Luís Menezes Leitão, por ter aceite orientar a minha dissertação, pela sua disponibilidade, atenção e sugestões feitas. Agradeço, igualmente, de modo especial, aos dois arguentes, pelo cuidado com que se empenharam na preparação da arguição e pelas sugestões e observações apresentadas.

Agradeço também, e de um modo geral, para não correr o risco de deixar de alguém fora, a todos os meus amigos mais próximos, pelo apoio e preocupação demonstrados.

Agradeço ainda, de um modo particularmente directo, aqueles que ajudaram esta tese a crescer: o meu pai, na recolha de doutrina brasileira, a minha irmã Ana, então residente em Washington, pela obtenção de doutrina norte-americana, ao Dr. Alberto Taramasso, na obtenção de alguns artigos italianos.

Finalmente, quero agradecer, em especial, aos meus pais, aos meus segundos pais (os meus queridos sogros), às minhas irmãs, à tia Luísa e ao tio Leonel, e, acima de todos, à Teresa e aos nossos filhos, Francisco, Matilde e Vicente, para quem, durante tanto tempo, o marido e o pai não estava.

Lisboa, 20 de Janeiro de 2008

TIAGO PRATA ANTUNES SOARES DA FONSECA

*"Não é não, Francisco.
O papá é que sabe porque o papá é que é mestre."*

MATILDE (4 anos)

À TERESA, MINHA MULHER

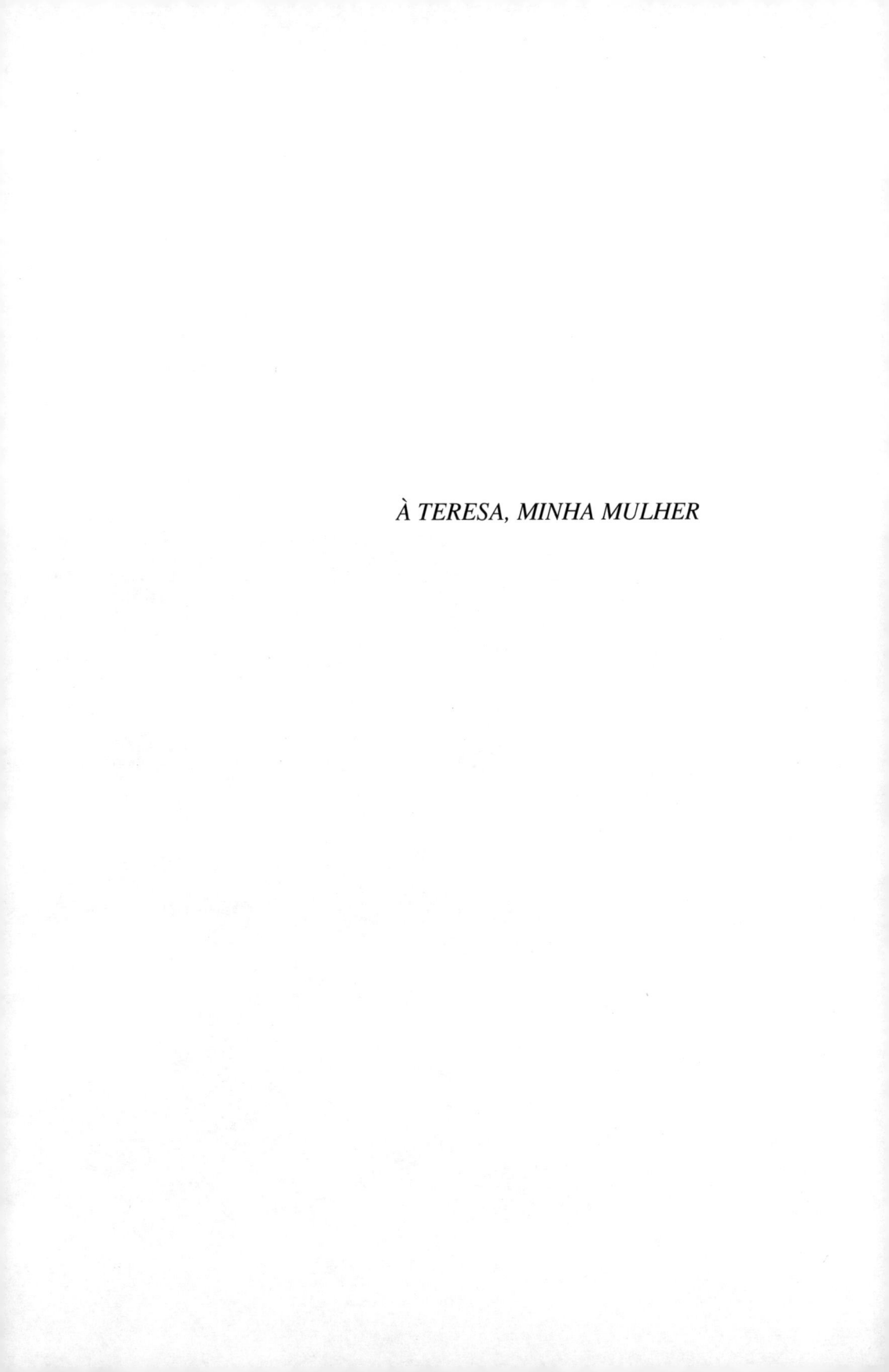

MODO DE CITAR

Na primeira citação, as obras são citadas, identificando-se pelo nome do autor, título integral da obra, volume, edição, editora, local de publicação, ano, acompanhadas da indicação da página ou páginas. Tratando-se de obras ou publicações periódicas consultadas ou recolhidas na Internet, indicar-se-á o nome do autor, o título integral da obra, o sítio da Internet em que a obra foi consultada ou recolhida, a data da consulta ou recolha e a página ou páginas, tratando-se de texto paginado.

Nas citações seguintes, as obras são referenciadas pelo nome do autor e pela primeira ou primeiras palavras do título, acompanhadas de cit. e da indicação da página ou páginas, tratando-se de texto paginado (podendo haver ainda referência a volumes ou tomos, quando tal se justifique).

Em cada nota de pé de página, se for citado mais do que um autor, seguir-se-á, por via de regra, a ordem alfabética.

A utilização do modo itálico permite destacar palavras em língua estrangeira, latinismos, mas também realçar palavras ou expressões de língua portuguesa.

As disposições legais sem indicação da fonte correspondem a artigos do Código das Sociedades Comerciais, aprovado pelo Decreto-Lei n.º 262/86, de 2 de Setembro.

As transcrições fazem-se, em regra, em língua portuguesa, sendo a tradução da responsabilidade do autor, quando do contexto não resulte o contrário.

Para não sobrecarregar as notas de pé de página, e por vezes também o texto, são usadas as abreviaturas constantes da lista que se segue.

A doutrina, a jurisprudência, a legislação e outra documentação estrangeiras não foram actualizadas, reportando-se à data da entrega de tese – Setembro de 2006.

Foram tomadas em consideração a doutrina, a jurisprudência, a legislação e outra documentação nacionais publicadas até Dezembro de 2007.

ÍNDICE DE ABREVIATURAS

A.	— Autor(a)
AA	— Autores
Ac.	— Acórdão
Acs.	— Acordãos
Al.	— Alínea
Art.	— Artigo
Arts.	— Artigos
BBTC	— Banca, Borsa e Titoli di Credito (Itália)
BFDUC	— Boletim da Faculdade de Direito da Universidade de Coimbra
BMJ	— Boletim do Ministério da Justiça
CApp	— Corte d'Appelo (Itália)
CC Br.	— Código Civil Brasileiro
CC It.	— Código Civil italiano (na falta de indicação diversa de 1942)
CC	— Código Civil português (na falta de indicação diversa de 1966)
CCom.	— Código Comercial português (na falta de indicação diversa de 1888)
Cf.	— Confrontar
CIRE	— Código da Insolvência e da Recuperação de Empresas
Cit.	— Citado(a)
CPC	— Código de Processo Civil
CRC	— Código do Registo Comercial português de 1986
CRP	— Constituição da República Portuguesa
CSC	— Código das Sociedades Comerciais português de 1986
CssIt	— Corti di Cassazione (Itália)

CVM	— Código dos Valores Mobiliários
DGCL	— Delaware General Corporation Law (2006) (Estados Unidos)
DL	— Decreto-Lei
DLLCA	— Delaware Limited Liability Company Act (2000) (Estados Unidos)
DPA	— Delaware Partnership Act (2000) (Estados Unidos)
F. It.	— Foro Italiano (Itália)
Giur. Comm.	— Giurisprudenza Commerciale (Itália)
Giur. It.	— Giurisprudenza Italiana (Itália)
LSA	— Lei das Sociedades Anónimas (Espanha)
LSAn	— Lei das Sociedades Anónimas (Brasil)
LSQ	— Lei das Sociedades por Quotas de 1901
LSRL	— Lei das Sociedades de Responsabilidade Limitada (Espanha)
MBCA	— Model Business Corporation Act (2002) (Estados Unidos)
OPA	— Oferta Pública de Aquisição
P.	— Página
PCG	— Principles of Corporate Governance (Estados Unidos)
POC	— Plano Oficial de Contabilidade
Pp.	— Páginas
RCb	— Relação de Coimbra
RDES	— Revista de Direito e de Estudos Sociais
RDE	— Revista de Direito e de Economia
RDM	— Revista de Derecho Mercantil (Espanha)
RDS	— Revista de Derecho de Sociedades (Espanha)
Reg.	— Regulamento
REv	— Relação de Évora
RG do CMF	— Règlement Général du Conseil des Marches Financières
RGICSF	— Regime Geral das Instituições de Crédito e Sociedades Financeiras
Riv. Dir. Civ.	— Rivista di Diritto Civile (Itália)
Riv. Dir. Comm.	— Rivista di Diritto Commerciale e del Diritto Generale delle Obbligazioni (Italia)
Riv. Soc.	— Rivista delle Società (Itália)
Riv. Trim. Dir. Proc. Civ.	— Rivista Trimestrale di Diritto e Procedura Civile (Itália)

RLJ	— Revista de Legislação e de Jurisprudência
RLx	— Relação de Lisboa
ROA	— Revista da Ordem dos Advogados
ROC	— Revisor Oficial de Contas
RPt	— Relação do Porto
RRM	— Reglamento del Registro Mercantil (Espanha)
SE	— Sociedade Anónima Europeia
ss.	— Seguintes
STJ	— Supremo Tribunal de Justiça
TCE	— Tratado da Comunidade Europeia
TUF	— Texto Único sobre Matéria de Intermediação Financeira (Itália)
ULLCA	— Uniform Limited Liability Company Act (1996) (Estados Unidos)
ULPA	— Uniform Limited Partnership Act (2001) (Estados Unidos)
UPA	— Uniform Partnership Act (1997) (Estados Unidos)
Vol.	— Volume

INTRODUÇÃO

O direito de exoneração concilia diferentes formas de concepção da sociedade comercial: a contratualista e a institucionalista. Numa visão estritamente contratualista, as modificações aos estatutos da sociedade comercial apenas poderiam ser feitas por unanimidade. Já numa visão institucionalista, que atenda à pessoa colectiva que surge na sequência de negócio constitutivo, tais alterações são adoptadas por maioria. A conciliação destes dois modos de conceber a sociedade comercial manifesta-se nas maiorias qualificadas ou na exigência pontual da regra da unanimidade. O quórum qualificado é exigido perante deliberações relativas a alterações ditas essenciais da sociedade, e a regra da unanimidade surge nas sociedades comerciais de *responsabilidade ilimitada*. Esta conciliação também se manifesta no direito de exoneração do sócio perante alterações das condições iniciais de ingresso na sociedade ou para evitar vinculações à mesma por períodos de tempo excessivamente longos. Nas causas legais de exoneração, o legislador terá mesmo recorrido a razões de natureza contratualista para identificar os motivos relevantes ao ponto de puderem ser uma causa de saída do sócio.

Por outro lado, o direito de exoneração é também um mecanismo de conciliação da tensão permanente entre dois interesses[1]: o da maioria, na

---

[1] Cf. VIDEIRA HENRIQUES, *A Desvinculação Unilateral Ad Nutum nos Contratos Civis de Sociedade e de Mandato*, Coimbra Editora, Coimbra, 2001, pp. 29-30, que analisa os vários conflitos existentes na sociedade.

Vide ainda, no Direito italiano, F. CHIAPPETTA, *Nuova Disciplina del Recesso di Società di Capitali: Profili Interpretativi e Applicativi*, Riv. Soc., ano 50, n.ºs 2-3, Milão, p. 487, e, no Direito espanhol, BONARDELL LENZANO/CABANAS TREJO, *Separación y Exclusión de Socios en la Sociedad de Responsabilidad Limitada*, Aranzadi, Pamplona, 1998, p. 21.

constante adequação da sociedade às condições do mercado que vão surgindo, e o do sócio individual, muitas vezes minoritário, de não ver modificado, sem o seu consentimento, tal organização e as condições do investimento participativo. Em certas situações, as modificações das condições iniciais do investimento participativo são de tal ordem que justificam que o sócio possa sair da sociedade, mesmo à custa desta. Nesta perspectiva, o direito de exoneração, sem ser um obstáculo à satisfação das exigências próprias do ente social, possibilita também, em situações-limite, ao sócio o abandono do seu projecto de investimento.

Enquanto forma de conciliação de diferentes concepções e interesses da sociedade, o direito de exoneração incentiva o investimento. Na verdade, na medida em que confere garantias e certezas mínimas acerca da possibilidade de abandonar a sociedade, perante certas circunstâncias, permite a realização de investimentos que de outro modo poderiam não ser feitos. Simultaneamente, serve também de instrumento de resolução de graves conflitos societários, que noutras circunstâncias poderiam levar ao desagregamento ou paralisação da sociedade[2]. Com efeito, o sócio dissidente de determinada opção da sociedade, impossibilitado de desistir do investimento efectuado, porque não consegue transmitir a sua participação social, ou porque não o consegue fazer em condições adequadas, pode tornar-se num sócio hostil[3], recorrendo a acções judiciais de suspensões de deliberações sociais, anulação/declaração de nulidade, pedidos de informação desnecessários, etc. Assim, o direito de exoneração afigura-se como uma *solução transaccional ou de compromisso* de interesses contrapostos[4].

Todavia, o direito de exoneração também comporta riscos e desvantagens[5]. Uma vez que o reembolso da participação social pode, no limite,

---

[2] Cf. D. GALLETTI, *Una Proposta di Riforma del Diritto di Recesso*, Giur. Comm., 26.6., Giuffrè, Milão, 1999, p. 769.

[3] PAIS DE VASCONCELOS, *A Participação Social nas Sociedade Comerciais*, 2.ª edição, Almedina, Coimbra, 2006, pp. 358-360, refere, dentro dos tipos de comportamentos desleais dos sócios, o *sócio corsário* e o *sócio flibusteiro*. O primeiro explora exaustivamente as ilegalidades e irregularidades que possam embaraçar a sociedade, a fim de sair da mesma. O segundo pretende essencialmente perturbar o funcionamento da sociedade.

[4] *Vide* BRENES CORTÉS, *El Derecho de Separación del Accionista*, Marcial Pons, Madrid, 1999, pp. 19 e 50-51.

[5] *Vide* D. GALLETTI, *Una Proposta di* ..., cit., p. 769.

ter de ser feito à custa da própria sociedade, o seu exercício pode pôr em causa a sua estabilidade financeira. Pode ainda incentivar comportamentos oportunistas dos sócios minoritários, uma vez que o seu exercício não depende de um prejuízo efectivo de quem a ele recorre ou sequer da impossibilidade efectiva de transmitir a participação social.

Nestes termos, o sucesso do direito de exoneração do sócio depende do modo como são estabelecidas as causas legais de exoneração, as regras do cálculo do reembolso e os instrumentos de tutela da sua efectivação e dos direitos dos terceiros.

O direito de exoneração do sócio é um tema complexo.

Em primeiro lugar, porque atravessa transversalmente o Direito das sociedades comerciais. Está directamente relacionado com matérias como a constituição da sociedade, a sua sede e pode ainda abranger matérias como a sua fusão, a cisão e mesmo a dissolução. Ademais, pode ainda estar relacionado com a redução do capital social, a transmissão, a aquisição ou a amortização da participação social. Assim, não pode ser correctamente compreendido se não for articulado com estas matérias.

Por outro lado, a circunstância do próprio legislador, mesmo nas causas legais de exoneração, ser pouco claro no regime apresentado contribui para esta complexidade. Nas sociedades em nome colectivo e nas sociedades por quotas, onde o tema é especificamente tratado, verifica-se uma falta de sistematização e harmonização dos preceitos aplicáveis, e também algumas lacunas assinaláveis. Nas sociedades anónimas, nem sequer existe regime legal específico. Várias têm sido as explicações apontadas para tal facto, designadamente a livre transmissibilidade de acções[6] ou a facilidade da sua transmissão, em particular tratando-se de acções de sociedades cotadas em bolsa. Esta liberdade/facilidade permitiria solucionar muitos dos problemas que o direito de exoneração pre-

---

[6] Neste sentido, veja-se VIDEIRA HENRIQUES, *A Desvinculação* ..., cit., pp. 51-52, JOÃO LABAREDA, *Das Acções das Sociedades Anónimas*, AAFDL, Lisboa, 1988, p. 306 e BRITO CORREIA, *Direito Comercial, Sociedades Comerciais, Vol. II*, 3.ª tiragem, AAFDL, Lisboa, 1997, p. 402.

O princípio da livre negociabilidade de acções decorre, *a contrario*, do art. 328.º, n.º 1. Com maior desenvolvimento, *vide* MARIA VAZ TOMÉ, *Algumas Notas Sobre as Restrições Contratuais à Livre Transmissão de Acções*, Direito e Justiça, Lisboa, Vol. IV (1989-1990), pp. 211-220 e Vol. V (1991), pp. 198-218.

tende resolver noutros tipos de sociedades[7]. O raciocínio é simples: se através da venda das acções, a outros sócios, terceiros ou em mercado, o sócio dissidente de determinada deliberação social pode sair da sociedade, não se justifica que o faça à custa da própria sociedade. Contudo, conforme se verá, tal possibilidade nem sempre é real[8].

Este trabalho pretende examinar os aspectos mais relevantes do direito de exoneração do sócio tratado no Código das Sociedade Comerciais, isto é, as suas causas, o seu exercício e os seus efeitos. A tarefa poderá parecer demasiado ambiciosa, podendo questionar-se porque não restringir o estudo da figura às chamadas *sociedades de capitais*, ou apenas às suas causas. É certo que a relevância prática do direito de exoneração nas sociedades em nome colectivo e em comandita é quase nula. Contudo, tirando as causas legais específicas de exoneração, o seu regime pouco difere dos restantes tipos societários. Nessa medida, considerou-se vantajosa a análise num só trabalho do direito de exoneração dos sócios em todas as sociedades comerciais. Por outro lado, estudar as causas de exoneração, sem analisar o seu exercício e os seus efeitos, daria ao leitor uma visão incompleta do instituto. Ficar-se-ia a saber quando é que o sócio podia exonerar-se, faltando saber como é que essa exoneração se efectivava e quais as consequências da mesma.

Na exposição deste trabalho, optou-se por dividi-lo em três partes.

A *Primeira Parte* destina-se a fornecer um enquadramento geral do instituto, partindo-se, para esse efeito, de uma noção de direito de exoneração, que servirá de pilar da análise das suas características e posterior demarcação de figuras afins. Apesar de poder considerar-se menos adequado, do ponto de vista metodológico, a análise das características do direito de exoneração numa Primeira Parte, tendo em conta que muitas delas não resultam de uma qualquer pré-compreensão do seu fundamento, mas antes das conclusões a que chegam depois de determinado o alcance da sua disciplina, considerou-se vantajosa a sua análise numa fase introdutória, por permitir enquadrar a figura.

---

[7] Neste sentido, cf. MARIA AUGUSTA FRANÇA, *Direito à Exoneração*, Novas Perspectivas do Direito Comercial, Almedina, Coimbra, 1988, p. 220.

[8] Com maior desenvolvimento, veja-se n.º 2.3. da Secção II, Capítulo III da Terceira Parte.

Na *Segunda Parte* do trabalho é estudado o direito de exoneração no Direito Comparado. Embora fosse desejável, porque o tempo de que se dispôs não o permitiu, não se efectuou um exame exaustivo do instituto no Direito comparado, nem uma síntese comparativa dos ordenamentos estudados. Contudo, também não se ficou pela mera descrição do regime legal do direito de exoneração no Direito Comparado. Ficou-se no meio termo: partindo-se do regime legal vigente noutros ordenamentos jurídicos, analisaram-se os problemas jurídicos mais relevantes por contraposição com o Direito português.

Dos ordenamentos jurídicos estrangeiros analisados merecem especial destaque o italiano, o espanhol e o norte-americano. O primeiro, pela influência que teve noutros ordenamentos jurídicos e pelas recentes e significativas alterações que sofreu. O segundo, por se encontrar muito estudado na doutrina. Por último, quanto ao regime norte-americano, realça-se a preocupação legal de assegurar ao sócio um reembolso da participação social pelo seu valor real. Estes ordenamentos têm ainda em comum desenvolverem o estudo deste instituto nas sociedades de capitais, pela maior relevância actual.

Por último, a *Terceira Parte* deste trabalho é dedicada ao direito de exoneração do sócio no Direito português, mais concretamente no CSC. Depois de uma análise histórica da figura, desde as Ordenações Filipinas até ao CSC, são estudadas as causas legais de exoneração. Dentro destas, apesar de o tema do trabalho estar restrito ao CSC, entendeu-se proveitoso abordar, ainda que de forma sumária, o direito de exoneração no DL n.º 2/2005, de 04.01, uma vez que o mesmo prevê causas de exoneração do sócio de sociedades comerciais[9]. Posteriormente, aborda-se o tema das causas estatutárias de exoneração, com particular relevo para as causas estatutárias atípicas e a sua admissibilidade nas sociedades anónimas. Por fim, é estudado o exercício e os efeitos do direito de exoneração.

---

[9] Sobre a SE em geral, *vide* RUI PINTO DUARTE, *A Sociedade (Anónima) Europeia – Uma Apresentação*, Cadernos de Direito Privado, n.º 6, 2004, pp. 3-15. Com maior desenvolvimento, *vide* MENEZES CORDEIRO, *Direito Europeu das Sociedades*, Almedina, Coimbra, 2005, p. 905 e ss..

Espera-se que o presente trabalho possa contribuir para a melhor compreensão de uma figura que, apesar dos estudos mais recentes[10], tem estado arredada da prática societária[11].

---

[10] Cf. DANIELA BAPTISTA, *O Direito de Exoneração dos Accionistas das Suas Causas*, Coimbra Editora, Coimbra, 2005 e CURA MARIANO, *Direito de Exoneração dos Sócios nas Sociedades por Quotas*, Almedina, Coimbra, 2005.

[11] Dos estatutos que tivemos oportunidade de consultar na III Série do Diário da República concluímos que:

i) O direito de exoneração não é reconhecido nas sociedades anónimas e apenas pontualmente é reconhecido nas sociedades por quotas;

ii) Relativamente às *causas de exoneração* verificamos que algumas delas mais não são que a reprodução de causas legais de exoneração, outras duvidosamente podem ser qualificadas como um direito de exoneração (*"é permitido a qualquer sócio desligar-se da sociedade nos termos e condições que forem acordados entre as partes interessadas"*) e noutras é a sua validade que é posta é causa (*"qualquer sócio tem o direito de se exonerar da sociedade," "quando o sócio não pretenda ficar vinculado à sociedade", "ainda quando unilateralmente o decidir, podendo fazê-lo livremente e sem necessidade de invocar causa"* ou *"decorridos cinco anos após a sua admissão como associado"*). Destacamos ainda as seguintes causas estatutárias exoneração: não aprovação de uma alteração do contrato de sociedade; cessação do exercício de certa actividade por parte do sócio; divergências em relação a deliberações da sociedade, gerência ou posições de outros sócios que afectem o *animus societatis*; comportamento de outro(s) sócio(s) desleal ou gravemente perturbador do funcionamento da sociedade; não aprovação de moção de sócio quanto à distribuição de lucros; abertura ou encerramento de estabelecimentos comerciais; transmissão de logótipos ou marcas da sociedade; não distribuição de lucros durante dois anos consecutivos, com oposição do sócio que se pretende exonerar;

iii) No que concerne ao *reembolso da quota*, também foram vários os critérios identificados, a saber: realização de um inventário/balanço, tendo o sócio direito à diferença entre o activo e o passivo em função da sua quota; o valor do reembolso seria o resultante da situação líquida da sociedade constante do balanço; o cálculo do valor terá por base o capital social subscrito, as reservas, o reporte de prejuízos ou a transição de lucros, o lucro/prejuízo do último exercício, não se considerando o valor imaterial da firma. Na falta de acordo quanto à contrapartida, a mesma será determinada pelo auditor que certifica as contas da sociedade; o valor nominal da quota; o valor mais alto entre o valor nominal e o valor da avaliação feita nos termos legais;

iv) Quanto ao *pagamento* verificámos que o mesmo é sempre em dinheiro, apenas variando o prazo de reembolso, a saber: prestações em dois anos; duas prestações semestrais vencendo juros o montante da contrapartida não pago; seis meses depois da cessão ou amortização da quota; vinte prestações anuais e sucessivas.

v) Relativamente *ao destino da quota* identificámos as seguintes previsões: aquisição pela sociedade, amortização e cessão.

PRIMEIRA PARTE

ENQUADRAMENTO GERAL

CAPÍTULO I
Noção e Principais Características

1. Noção

Como ponto de partida que nos permita trabalhar sobre este instituto, podemos afirmar que o direito de exoneração consiste no *direito societário, de natureza potestativa, irrenunciável e inderrogável, dirigido à extinção da relação societária e que se manifesta, perante a ocorrência de determinada situação legal ou estatutariamente prevista, na emissão de uma declaração receptícia de exoneração, e se efectiva plenamente com o reembolso do valor da participação social detida*[12-13].

---

[12] No Direito português podemos encontrar outras definições de direito de exoneração.

COUTINHO DE ABREU, *Curso de Direito Comercial, Vol. II, Das Sociedades*, 2.ª edição, Almedina, Coimbra, 2007, p. 418, define a exoneração do sócio como «*a saída ou desvinculação deste, por sua iniciativa e com fundamento na lei ou no estatuto, da sociedade*».

Para DANIELA BAPTISTA, *O Direito de ...*, cit., p. 84, a propósito das sociedades anónimas, o direito de exoneração «*será o direito individual não potestativo, inderrogável e indisponível pela maioria mas renunciável a posteriori pelo seu titular, de exercício unitário e de consagração legal ou convencional, que permite ao accionista, quando alguma vicissitude societária torna inexigível a sua permanência na organização social, abandonar voluntária e unilateralmente a sociedade anónima a que pertence e que subsiste para além da sua exoneração, através do reembolso do valor das acções por ele detidas no património social e a consequente extinção da qualidade de sócio que manteve até então*».

BRITO CORREIA, *Direito Comercial, ..., Vol. II*, cit., p. 453, define a exoneração do sócio como a «*saída do sócio da sociedade, por decisão unilateral dele e mediante o pagamento do valor da sua participação*».

Segundo PAULO OLAVO CUNHA, *Direito das Sociedades Comerciais*, 3.ª edição, Almedina, Coimbra, 2007, p. 310, «*a exoneração consiste no abandono unilateral do*

2. Principais Características

2.1. Direito Societário

O direito de exoneração que aqui se vai estudar é um direito individual dos sócios[14]. O seu exercício depende de se ter essa qualidade[15], a qual deverá estar presente tanto ao tempo da ocorrência da causa de exoneração, como ao tempo da declaração de exoneração. Daqui decorre que não se pode exonerar quem:

i) Não for sócio ao tempo da ocorrência da causa de exoneração, designadamente, porque celebrou um contrato-promessa de compra e venda de quota/acções, é credor social ou mero obrigacionista;

ii) Apenas se tornou sócio quando era possível a declaração de exoneração[16];

---

sócio da sociedade de que fazia parte, sem se fazer substituir, mediante uma contrapartida».

No entender de JOÃO LABAREDA, *Das Acções das ...*, cit., p. 305, a exoneração do sócio consiste no «*abandono unilateral do sócio da sociedade de que fazia parte, sem deixar quem assuma o lugar vago e por si anteriormente ocupado*».

Por fim, para MARIA AUGUSTA FRANÇA, *Direito à Exoneração*, cit., p. 207, o direito de exoneração será a «*faculdade concedida ao sócio de se afastar da sociedade recebendo o valor da sua participação social*».

[13] Entende-se por *participação social*, conforme ensina COUTINHO DE ABREU, *Curso de ...*, cit., p. 207, o «*conjunto unitário de direitos e obrigações actuais e potenciais do sócio*», ou seja, um certo *status* revelador de uma posição do sócio sobre a sociedade. O recurso a esta expressão, sem mais, abrange a participação social de todos os tipos societários, isto é, a "parte social" para as sociedades em nome colectivo (arts. 182.º, 187.º e 188.º) e em comandita simples, em relação aos sócios comanditados (arts. 465.º, n.º 3, 469.º e 475.º), as "quotas" para as sociedades por quotas (art. 197.º, n.º 1) e as "acções" para as sociedades anónimas (art. 271.º) e em comandita por acções, relativamente aos sócios comanditários (art. 465.º, n.º 3 *in fine*).

Sobre o conceito de participação social, com maior desenvolvimento, *vide* COUTINHO DE ABREU, *Curso de ...*, cit., p. 207 e ss. e PAIS DE VASCONCELOS, *A Participação ...*, cit., p. 389 e ss..

[14] No CSC também pontualmente se refere a exoneração a outras entidades – arts. 184.º, n.º 6 e 246.º, n.º 1, al. f) –, ainda que com um significado e consequências diferentes das aqui tratadas.

[15] Neste sentido, veja-se CURA MARIANO, *Direito de Exoneração dos ...*, cit., p. 86. Com maior desenvolvimento, *vide* n.º 1.1. da Secção I, Capítulo IV, da Terceira Parte.

[16] Conforme observa FARRANDO MIGUEL, *El Derecho de Separación del Socio en la Ley de Sociedades Anónimas y la Ley de Sociedades de Responsabilidad Limitada*,

iii) Deter a participação social na qualidade de usufrutuário ou credor pignoratício[17].

Enquanto direito societário, o direito de exoneração é ainda um direito *voluntário* e *pessoal*, no sentido de que, verificada a causa de exoneração, apenas ao sócio pertence a decisão de se apartar ou não da sociedade. Logo, a ocorrência de uma causa de exoneração não obriga o sócio a exonerar-se, nem o exercício da declaração de exoneração pode ser efectuado por via da sub-rogação[18]. Assim, verificada a causa de exoneração, o sócio pode optar por permanecer na sociedade, transmitir a sua participação social ou mesmo recorrer a outros mecanismos de reacção permitidos, como a acção de responsabilidade civil ou a impugnação de deliberação social, preenchidos que estejam os respectivos requisitos.

2.2. Direito Potestativo

A qualificação do direito de exoneração como um direito potestativo não é consensual.

Se no *Direito italiano*, quer a doutrina[19] quer a jurisprudência[20] o qualificam como potestativo, porquanto, segundo W. D'AVANZO[21], a declaração de exoneração revela-se, de *per si*, idónea a criar uma nova situação jurídica, ficando o seu destinatário sem possibilidade de oposição,

---

1 ed., Civitas, Madrid, 1998, p. 118, o ingresso na sociedade nesta fase é assimilável a submetimento à modificação que originou o direito de exoneração.

[17] Sobre esta questão, com maior desenvolvimento, *vide* n.º 1.2. Secção I, Capítulo IV, da Terceira Parte.

[18] Neste sentido, RAÚL VENTURA, *Sociedades por Quotas, Vol. II, Artigos 240.º a 251.º, Comentário ao Código das Sociedades Comerciais*, 3.ª reimpressão da edição de 1989, Almedina, Coimbra, 2005, p. 10. No Direito espanhol, *vide* BRENES CORTÉS, *El Derecho de ...*, cit., p. 423. No Direito italiano, cf. W. D'AVANZO, *Recesso*, Novissimo Digesto Italiano, XIV, Editrice Torinense, 1957, p. 1034 e o Ac. da CssIt de 12.07.2002, Giur. It., Jan. 2003, p. 115.

[19] *Vide*, entre outros, E. CORRADI, *Il Recesso Unilaterale dal Contratto Guida alla Lettura della Giurisprudenza*, Giuffrè, 2002, p. 3, E. GIUSIANA, *Annullamento, Rescissione e Recesso del Socio nella Società in Nome Collettivo*, Riv. Dir. Comm., ano 56, n.º 7-8, Parte I, Pádua, 1958, p. 281 e E. RAVERA, *Il Recesso*, Giuffrè, 2004, pp. 29 e ss. e 42-43.

[20] Cf., neste sentido, Ac. da CApp de Milão de 12.03.2002, Giur. It., 2002, pp. 2103-2108.

[21] *Recesso*, cit., p. 1027.

já no *Direito espanhol* AA como BRENES CORTÉS[22] consideram insuficiente tal recondução, já que, por um lado, a declaração de exoneração não se limita a criar uma mera situação de sujeição, tendo ainda como consequência a obrigação de reembolso da participação social e, por outro, a mesma não explica a revogação da causa de exoneração pela sociedade.

Entre nós não existe consenso acerca da natureza potestativa do direito de exoneração[23].

Segundo AMADEU FERREIRA[24], a propósito das sociedades por quotas, o direito de exoneração será um direito potestativo, ficando a sociedade destinatária da declaração de exoneração numa situação de sujeição: ou amortiza, ou adquire ou faz adquirir a quota, sob pena de o sócio que declarou exonerar-se requerer a dissolução da sociedade. Também neste sentido, RAÚL VENTURA[25] afirma que o direito de exoneração é um direito potestativo.

Por sua vez, VIDEIRA HENRIQUES[26], no tema das sociedades civis, considera que o direito de exoneração configura um verdadeiro poder potestativo, no pressuposto de que, a partir do momento em que a declaração de exoneração é eficaz, a relação societária extingue-se.

Também na jurisprudência[27], que sobre o tema se debruçou, o direito de exoneração terá natureza potestativa.

Todavia, recentemente surgiram posições a sustentar que o direito de exoneração é um direito subjectivo comum.

Nas sociedades anónimas, merece destaque DANIELA BAPTISTA[28], que rejeita com dois argumentos a qualificação do direito de exoneração

---

[22] *El Derecho de* ..., cit., p. 159. Em sentido idêntico, *vide* MARTÍNEZ SANZ, *Causas de Separación* ..., cit., p. 38.

[23] *Vide*, no sentido afirmativo, MENEZES CORDEIRO, *Manual de Direito das Sociedades, II, Das Sociedades em Especial*, 2.ª edição, Almedina, Coimbra, 2007, p. 323.

[24] *Amortização de Quota e Exoneração de Sócio, Reflexões Acerca das Suas Relações*, Lisboa, 1991, pp. 23-26.

[25] *Sociedades por Quotas, Vol. II,* ..., cit., p. 10.

[26] *A Desvinculação* ..., cit., pp. 33-34. Segundo o A., o sócio que se exonera tem dois poderes distintos. O primeiro, traduzido no poder de extinguir a participação social, correspondendo o segundo ao poder creditício de exigir o valor da participação social extinta.

[27] Cf., neste sentido, o Ac. da RCb de 26.07.1983 (ALBERTO BALTAZAR COELHO), CJ, ano VIII, tomo IV, p. 54.

[28] *O Direito de* ..., cit., pp. 149-157.

como potestativo. Por um lado, por considerar que o destinatário da declaração de exoneração não fica colocado numa situação de sujeição, porquanto pode sempre revogar a sua causa constitutiva. Por outro, porque a perda da qualidade de sócio se dá apenas com o reembolso da participação social e não com a declaração de exoneração.

Nas sociedades por quotas, CURA MARIANO[29] também defende que o direito de exoneração não é potestativo, «*dado que o seu exercício não produz efeitos que se imponham inelutavelmente à sociedade, colocando esta numa posição de sujeição*», uma vez que sociedade pode liquidar a quota por diversos meios, e apenas com a sua liquidação se efectiva a saída do sócio.

Cumpre tomar posição.

Quer os direitos quer os poderes potestativos caracterizam-se por serem instrumentos unilaterais de conformação da ordem jurídica que permitem produzir efeitos jurídicos na esfera jurídica de outrem sem a sua cooperação, consentimento ou até mesmo contra a sua vontade. O seu destinatário fica assim colocado numa posição de sujeição.

Sempre que um sócio declara que se exonera provoca, unilateralmente por sua iniciativa, na esfera jurídica do destinatário – a sociedade – e sem a sua cooperação, a constituição de uma situação destinada à extinção da relação societária, em concreto, a obrigação de extinção da relação societária e o consequente reembolso da participação social. Neste âmbito, a colaboração da sociedade no sentido de extinguir a relação societária e o modo como o faz decorre do exercício de um direito potestativo. Assim, a declaração de exoneração altera unilateralmente a ordem jurídica ao promover o aparecimento de um direito à extinção da relação societária, apesar de não produzir automaticamente a perda da qualidade de sócio[30].

Poder-se-á, porém, perguntar se, admitindo-se a possibilidade de a sociedade revogar[31] a causa de exoneração, não fica afastada a natureza potestativa do direito de exoneração.

---

[29] *Direito de Exoneração dos ...*, cit., pp. 27-28.

[30] Por isso se sustentou que o direito de exoneração é um direito dirigido à extinção da relação societária. No Direito italiano, *vide* F. CHIOMENTI, *Revocabilità delle Deliberazioni aventi ad Ogetto le Modificazioni dell'Atto Costitutivo di cui all'art. 2437 Cod. Civ. in Presenza di Dichiarazioni di Recesso della Società*, Riv. Dir. Comm., ano 94, n.ºs 9-10, Parte II, Pádua, 1996, p. 417.

[31] A questão não se coloca quando a revogação ocorre antes de a declaração de

Na nossa opinião, o reconhecimento desta faculdade não colide com a qualificação do direito de exoneração como potestativo. Admitindo-se como válida a revogação da causa de exoneração após emissão da declaração de exoneração, a única conclusão a que se pode chegar é que a mesma não chegaria a bom termo por eliminação superveniente, imputável à sociedade, do facto justificador[32]. Contudo, a destinatária do direito potestativo não se subtraiu aos seus efeitos, antes permanecendo num estado de sujeição. Simplesmente adoptou um comportamento paralelo que conduziu à extinção superveniente do facto justificador e, nessa medida, com reflexos no direito potestativo. Ao praticá-lo, não deixou de estar sujeita à declaração de exoneração, nem se pode afirmar que violou ou infringiu a sua situação de sujeição. Apenas eliminou o facto justificador e nada na lei a impedia que o fizesse, apesar de não ser frequente.

A eliminação do facto justificador pode resultar da oposição de uma excepção, um contradireito potestativo, que paralisa o direito potestativo. Na verdade, o reconhecimento de um direito potestativo não é incompatível com a existência de um outro direito potestativo cujo exercício impeça os efeitos do primeiro. Assim sucede, por exemplo[33], no direito de anulação com fundamento em erro, reconhecido pela doutrina como um direito potestativo, em que se permite ao declaratário aceitar o negócio como o declarante o queria (art. 248.º, do CC).

Por estas razões, entendemos que, apesar das suas peculiaridades, o direito de exoneração do sócio configura um verdadeiro direito potestativo, ainda que corresponda a uma situação jurídica complexa, porquanto inserida num processo.

---

exoneração ter sido emitida. Neste caso, a mesma não pode ser emitida por falta do facto justificador.

[32] Sobre os pressupostos de exercício do direito potestativo, veja-se HEINRICH HÖRSTER, *Nótula Referente a Alguns Aspectos Pontuais dos Direitos Potestativos: Motivada pela L. n. 24/89, de 1 de Agosto*, RDE, ano 15, Coimbra, 1989, pp. 349-350.

[33] Um outro exemplo pode ser fornecido pelos direitos reais. Imagine-se que alguém tem o direito potestativo à constituição de uma servidão de passagem sobre outro prédio, por encrave relativo (art. 1550.º, n.º 1, do CC). Confrontado com a situação, o titular do prédio onerado com a servidão decide, por exemplo, alcatroar o "caminho de cabras" que passava ao lado do prédio relativamente encravado. Neste caso, o direito a constituir a servidão não deixa de ser potestativo, o comportamento do titular do prédio serviente é lícito e a servidão não será decretada por falta superveniente do facto justificador.

2.3. Direito Irrenunciável

O problema de saber se o direito de exoneração é ou não irrenunciável pode ser, conforme explica MANUEL TRIUNFANTE[34], abordado numa perspectiva meramente abstracta, enquanto realidade «*não concretizada, e que tutela uma expectativa de determinado sujeito em ver surgir, na sua esfera jurídica e em seu benefício*» o direito de exoneração por certa situação, ou numa perspectiva concreta, traduzida numa análise «*num determinado momento, pelo que só beneficiam [...] aqueles que, nesse altura detenham a qualidade de sócio e pretendam exercer esse direito*».

No *Direito italiano*, aquando da vigência do Código Comercial de 1882, a jurisprudência maioritária admitia a renúncia antecipada[35], por considerar o direito de exoneração um direito privado, uma vez que a lei não o declarava de ordem pública, nem do sistema legislativo era possível tirar tal conclusão. Já a doutrina dividia-se entre os que, como A. SCIALOJA[36], sustentavam que o direito de exoneração tinha carácter patrimonial e, portanto, renunciável, e aqueles que, como C. VIVANTE[37], viam na exoneração um instituto de ordem pública inderrogável. O diferendo acabou por ser resolvido no CC It. de 1942, cuja versão inicial do art. 2437.º estabelecia no seu § 3 a nulidade dos acordos que afastassem o direito de exoneração ou tornassem o seu exercício mais gravoso[38]. Desde então, a

---

[34] *A Tutela das Minorias nas Sociedades Anónimas Direitos Individuais*, Coimbra Editora, Coimbra, 2004, p. 365.

[35] Neste sentido, destaque para o Ac. da CApp de Turim de 27.01.1926, F. It., Parte Prima, 1926, pp. 801-809, no qual se considerou válida a cláusula estatutária que previa a renúncia ao direito de exoneração nos casos de aumento do capital social e a Sentença do Tribunal de Nápoles de 13.11.1909, F. It., Parte Prima, 1910, pp. 203 e 211-213, que julgou válida a renúncia ao direito de exoneração contida no acto constitutivo.

[36] *Anotação à Sentença do Tribunal de Nápoles* de 13.11.1909, F. It., Parte Prima, 1910, p. 203.

[37] *Trattato di Diritto Commerciale, Vol. II, Le Società Commerciali*, 2.ª ed., Fratelli Bocca Editori, Turim, 1903, p. 315. No mesmo sentido, G. FRÈ, *Sul Diritto di Recesso*, Riv. Dir. Comm., ano 31, Parte I, Milão, 1933, p. 809 e U. NAVARRINI, *Trattato Teorico-Pratico di Diritto Commerciale, Vol. IV, Diritto delle Persone: I Commercianti (Persone Singole. Enti Collettivi)*, Fratelli Bocca, Editori, Nápoles, 1919, pp. 563-564 e *Commentario al Codice di Commercio*, Casa Editrice, Milão, 1924, pp. 563-564.

[38] Apesar de o § 3 do art. 2437.º, do CC It., ter sido alterado na reforma de 2003 a posição sobre esta questão permanece inalterada.

Com o mesmo resultado prático destacava-se ainda M. GIUSTINIANI, *Renunciabilità del Diritto di Recesso dalle Società Anonime*, F. It., Vol. LI, Parte Prima, 1926,

questão passou a ser secundária e os AA que sobre ela se pronunciam advogam a impossibilidade de renúncia *a priori* do direito de exoneração[39].

No *Direito espanhol* a renúncia *a priori* do direito de exoneração também é afastada, existindo uma proibição expressa nesse sentido. O fundamento apresentado radica no art. 6.º, n.º 2, do Código Civil espanhol, que apenas admite a renúncia de direitos que não violem normas de ordem pública. Uma vez que na exoneração em abstracto ainda não se produziu o evento concreto que justifica o seu nascimento, concluem os AA[40] que apenas será possível, perante uma causa concreta de exoneração ocorrida/deliberada, renunciar ao seu exercício.

A nossa opinião vai também no sentido de só admitir a renúncia ao exercício do direito de exoneração em concreto, excluindo a renúncia *ex ante* genérica[41]. Só perante o confronto com as circunstâncias concretas em que o direito de exoneração pode ocorrer é que o sócio estará capaz de medir as consequências dos seus actos. Deste modo, não é permitido a consagração ou posterior inclusão de cláusula que negue tal direito, sob pena de se afastarem normas que, no nosso entender, são injuntivas. Na verdade, tratando-se o direito de exoneração de um instrumento de reacção mínima conferida aos sócios perante certas situações, apenas será possível os estatutos alargarem as causas legais existentes[42], mas não o inverso (art. 294.º, do CC).

---

pp. 802-803, segundo o qual o direito de exoneração não podia ser reconduzido a um direito de carácter e interesse exclusivamente privado, assumindo uma função social de limite ao poder da maioria, concluindo pela inderrogabilidade das normas reguladoras do direito de exoneração.

[39] Cf. G. GABRIELLI, *Vincolo Contrattuale e Recesso Unilaterale*, Quaderni di Giurisprudenza Commerciale, 76, Giuffrè, Milão, 1985, pp. 25-26.

[40] Veja-se, entre outros, GARCÍA DE ALBIZU, *El Objeto Social en la Sociedad Anónima*, 1.ª ed., Civitas, Madrid, 1990, pp. 313-314, VELASCO ALONSO, *El Derecho de Separación del Accionista*, Editorial de Derecho Financiero, Editoriales de Derecho Reunidas (Edersa), 1976, pp. 99-100 e LEÑA FERNÁNDEZ/RUEDA PÉREZ, *Derecho de Separación y Exclusión de Socios en la Sociedad Limitada*, Editorial Comares, Granada, 1997, p. 14.

[41] Neste sentido, relativamente às causas de exoneração nas sociedades civis, veja-se PIRES DE LIMA/ANTUNES VARELA, *Código Civil Anotado, Volume II Artigos 762.º a 1250.º*, 4.ª edição revista e actualizada, Coimbra Editora, Coimbra, 1997, p. 317.

Neste sentido, a propósito das sociedades anónimas, *vide* DANIELA BAPTISTA, *O Direito de ...*, cit., pp. 137-139 e MANUEL TRIUNFANTE, *A Tutela das ...*, cit., p. 323.

[42] Sobre as causas estatutárias de exoneração, *vide* Capítulo III, da Terceira Parte.

2.4. Direito Inderrogável

Direito derrogável será aquele direito que os sócios, aquando da constituição da sociedade ou, posteriormente, por alteração dos estatutos, podem afastar[43]. Por oposição, direito inderrogável será aquele que não pode ser afastado pelos sócios, nem sequer por unanimidade[44].

Uma vez mais, atendendo aos fundamentos do direito de exoneração, situações limite (por isso restritas!) em que o legislador considerou que o sócio não devia ser obrigado a permanecer na sociedade, conclui-se não ser admissível o afastamento do direito de exoneração perante a ocorrência de causas legais de exoneração. Tal inderrogabilidade não decorre do facto de esta figura constituir um elemento cuja existência é essencial à sociedade, mas por se encontrar estatuída em normas injuntivas, introduzidas por motivos de ordem pública, de harmonização entre os interesses da maioria, em modificar os estatutos, e os interesses dos sócios minoritários em conservar as condições existentes ao tempo do seu ingresso[45] e para evitar a vinculação do sócio à sociedade por tempo considerado excessivo.

Pelo exposto, à semelhança do que sucede no Direito italiano e no Direito espanhol[46], neste último ainda que sem expressa previsão normativa nesse sentido, não só as causas legais de exoneração não podem ser afastadas, como não podem ser introduzidas cláusulas cuja finalidade seja restringir ou tornar mais gravoso o exercício do direito de exoneração[47].

---

[43] Com maior desenvolvimento, *vide* Brito Correia, *Os Direitos Inderrogáveis dos Accionistas*, Lisboa, 1964, e, mais recentemente, Manuel Triunfante, *A Tutela das ...*, cit., p. 373 e ss..

[44] Já Manuel Triunfante, *A Tutela das ...*, cit., p. 373, define direitos inderrogáveis como «*aqueles disponíveis, somente com o consentimento individual do seu titular*».

[45] De modo idêntico, Manuel Triunfante, *A Tutela das ...*, cit., pp. 323-324, sustenta que as causas legais de exoneração prosseguem o interesse público de permitir ao sócio intensamente afectado com certas alterações sair da sociedade, por esta já não preencher as suas expectativas e anseios.

[46] Neste sentido, *vide* entre outros, García de Albizu, *El Objeto Social ...*, cit., p. 311, Velasco Alonso, *El Derecho ...*, cit., pp. 98-99, Alejandro Bérgamo, *Sociedades Anónimas ...*, cit., p. 248 e Motos Guirao, *La Separación Voluntaria del Socio en el Derecho Mercantil Español*, RDN, 1956, pp. 165-167. Segundo estes AA as normas que prevêem causas de exoneração legais são normas de *ius cogens*, porquanto destinadas a tutelar minorias, tendo, portanto, carácter inderrogável.

[47] No mesmo sentido, relativamente aos accionistas, cf. Daniela Baptista, *O Direito de ...*, cit., pp. 133-134 e Manuel Triunfante, *A Tutela das ...*, cit., p. 323. Rela-

A deliberação que aprove tal afastamento ou restrição será nula, nos termos do art. 56.º, n.º 1, al. d)[48].

2.5. Direito Unilateral

O exercício da declaração de exoneração não depende de qualquer consentimento, aceitação ou autorização dos restantes sócios, da sociedade ou da sua administração[49]. Chega-se a esta conclusão, não só da própria natureza potestativa do direito de exoneração, mas também da análise do seu regime legal que não faz depender a eficácia da declaração de exoneração de qualquer acto da sociedade[50].

Contra isto não se argumente o direito do sócio ao reembolso da participação social. Este direito não pode ser definido como uma prestação que se contrapõe a outra, conforme sucede nos contratos sinalagmáticos[51], mas apenas a uma decorrência do exercício de um direito unilateral. Do mesmo modo, o facto de a sociedade dispor de diferentes mecanismos destinados ao reembolso da participação social não retira à declaração de exoneração o seu carácter unilateral. Qualquer comportamento que a sociedade venha a adoptar neste âmbito será consequência da prévia manifestação da vontade do sócio sair da sociedade.

2.6. Direito sobre Participações Sociais Integralmente Liberadas

Nas sociedades por quotas, dispõe o art. 240.º, n.º 2, que o direito de

---

tivamente às sociedades por quotas, cf. RAÚL VENTURA, *Sociedades por Quotas, Vol. II*, ..., cit., p. 19 e CURA MARIANO, *Direito de Exoneração dos* ..., cit., p. 35.

No Direito societário português podemos apontar como indícios desta inderrogabilidade o art. 240.º, n.º 8, a propósito das sociedades por quotas, e o art. 1002.º, n.º 4, do CC, quanto às sociedades civis mas cuja *ratio* deve ser generalizada às sociedades comerciais.

[48] Segundo MANUEL TRIUNFANTE, *A Tutela das* ..., cit., pp. 323-324, quando a deliberação social apenas ofenda o direito de exoneração na sua vertente concreta será anulável (art. 58.º, n.º 1, al. a)), uma vez que os interesses a proteger são apenas os dos sócios que pretendem sair, sendo este interesse disponível.

[49] Sobre esta questão, com maior desenvolvimento, *vide* n.º 1 da Secção II, Capítulo IV, da Terceira Parte.

[50] Com a mesma conclusão, cf. DANIELA BAPTISTA, *O Direito de* ..., cit., p. 85 e ss..

[51] Neste sentido, cf., no Direito italiano, W. D'AVANZO, *Recesso*, cit., p. 1031.

exoneração só pode existir se estiverem inteiramente liberadas as quotas dos sócios[52].

Por outro lado, verifica-se que alguns dos instrumentos postos à disposição da sociedade, com vista à extinção da relação societária, não podem ser utilizados no caso de a participação social não se encontrar integralmente liberada. Assim sucede com a amortização de quotas e com a aquisição de quotas ou acções pela sociedade (arts. 232.º, n.º 3, 220.º, n.º 1 e 318.º, n.º 1).

Nos restantes tipos societários, perante o silêncio da lei, interrogamo-nos se não será de aplicar a mesma regra. Para tanto, há que saber qual a razão de ser desta proibição legal e saber se a mesma tem ou não justificação nos restantes tipos societários.

Ora, no que diz respeito ao seu fundamento, RAÚL VENTURA[53] defende que a inexistência do art. 240.º, n.º 2 *«conduziria a que o sócio saísse da sociedade sem ter cumprido as obrigações que tinha assumido para com ela, no respeitante às entradas convencionadas e, portanto, a facultar-lhe um meio de deixar de cumprir essas obrigações»*. Continua o A. dizendo que *«[...] se essa obrigação de entrada não estivesse cumprida na altura da exoneração, não haveria posteriormente ninguém que por ela respondesse, desde que [...] a quota fosse adquirida ou amortizada pela sociedade»*.

Admitindo, por hipótese, a exoneração relativamente a participações sociais não totalmente liberadas, uma de três situações pode ocorrer: a sua amortização, a sua aquisição pela sociedade ou a sua transmissão aos restantes sócios ou terceiros. Se a sociedade amortizar a participação social, a obrigação de entrada extingue-se por falta do objecto relativamente à

---

[52] De modo idêntico, veja-se o art. 232.º, n.º 3, a propósito da amortização da quota.

Na vigência da LSQ a exoneração era possível, mesmo que a obrigação de entrada não estivesse cumprida. Porém, o sócio estava obrigado à sua realização até à data do registo definitivo da modificação social que tivesse constituído a causa de exoneração (§ 6 do art. 41.º, da LSQ).

A proibição actual só se dá quanto às entradas em dinheiro. Relativamente às restantes modalidades, o seu diferimento não é possível. Por outro lado, mesmo na entrada em dinheiro, parte da mesma tem de estar realizada ao tempo da constituição da sociedade (arts. 202.º, n.ºs 1 e 2 e 277.º, n.ºs 1 e 2). Por essa razão se utiliza no art. 240.º, n.º 2 a expressão *"inteiramente liberadas"* em vez de *"liberadas"*.

[53] *Sociedades por Quotas, Vol. II*, ..., cit., pp. 24-25.

qual era devida (art. 790.º, do CC). Com efeito, sendo a obrigação de entrada uma decorrência da participação social, a extinção desta, por amortização, acarreta a impossibilidade daquela. No caso de a participação social ser adquirida pela sociedade, a obrigação de entrada por parte da sociedade extingue-se, por confusão (art. 868.º, do CC). Por fim, se a participação social for adquirida por terceiro, a obrigação de entrada só se extingue se realizada pelo novo sócio. Caso contrário, o sócio que se exonerou será solidariamente responsável, com o novo sócio, pelo seu pagamento (arts. 206.º, n.º 1 e 286.º, n.º 1). Apenas neste último caso se poderia equacionar uma eventual compensação[54], promovida pela sociedade, entre o seu crédito ao pagamento da entrada e o seu débito ao reembolso da participação social, salvo as limitações do art. 27.º, n.º 5.

Sucede que as razões subjacentes à proibição da exoneração de sócios cujas quotas não se encontrem integralmente liberadas não podem deixar de ser aplicadas nos restantes tipos societários, porquanto as consequências legais da sua admissão são as mesmas, ou seja, a saída de um sócio sem cumprir a obrigação assumida com a sociedade. Nestes termos, a exoneração do sócio apenas pode ser efectivada quando integralmente cumprida a obrigação de entrada[55-56]. No entanto, uma vez que, conforme se verá, a exoneração não se efectiva com a declaração de exoneração, a mesma pode ser emitida pelo sócio que não liberou integralmente a sua

---

[54] Cf. MENEZES CORDEIRO, *Da Compensação no Direito Civil e no Direito Bancário*, Almedina, Coimbra, 2003.
Admitindo como alternativa ao regime legal vigente do art. 240.º, n.º 2 a compensação legal, *vide* CURA MARIANO, *Direito de Exoneração dos* ..., cit., p. 91.

[55] Defendendo a aplicação da mesma regra no regime das sociedades anónimas, *vide* DANIELA BAPTISTA, O *Direito de* ..., cit., pp. 140-141.

[56] Estando a entrada do sócio integralmente realizada, mas havendo prestações acessórias, tratando-se de sociedades por quotas ou anónimas, ou suplementares, tratando-se de sociedades por quotas, por realizar, levanta-se a questão de saber se, para efeitos de direito de exoneração, a participação social deve ou não considerar-se integralmente realizada.
Conforme observa CURA MARIANO, *Direito de Exoneração dos* ..., cit., pp. 92-93, apenas no caso de haver prestações suplementares por realizar se pode considerar que a obrigação de entrada não se encontra integralmente realizada, porquanto estas, apesar de não serem prestações de capital, são suplementares do capital, conforme resulta das consequências do seu incumprimento (art. 212.º, n.º 1), visando-se assim não perder a garantia que constitui a quota do sócio. Já o incumprimento das prestações acessórias, em regra, não afecta a posição do sócio enquanto tal (arts. 209.º, n.º 4 e 287.º, n.º 4).

entrada, apenas tendo de o fazer até ao momento em que a sociedade se prepare para deliberar sobre a extinção da relação societária[57]. Nesse caso, verificando que a participação social não se encontra integralmente realizada, a sociedade deve recusar-se a praticar os demais actos necessários à efectivação da exoneração por falta de preenchimento de um requisito essencial[58], sob pena de, praticando-os, a referida deliberação social ser nula por violar disposição legal imperativa[59].

2.7. Direito de Exercício Integral?

O problema de saber se o direito de exoneração pode ser exercido parcialmente ou se, pelo contrário, tem de ser exercido na íntegra tem sido debatido na doutrina estrangeira.

No *Direito italiano*, tanto quanto se saiba, nunca se colocou, em termos práticos, a situação de uma sociedade ser confrontada com um pedido de exoneração parcial. Em termos teóricos, a questão também não tem merecido grande tratamento doutrinal, podendo afirmar-se que a maioria dos AA, quando trata do problema da exoneração do sócio, nem sequer levanta a possibilidade de esta ser parcial, dando por adquirido o seu exercício integral.

Criticando a não admissibilidade da exoneração parcial, antes da reforma societária de 2003, destacava-se D. GALLETTI[60]. No seu entender, a recusa da exoneração parcial era fruto de uma visão contratualista da sociedade, desprovida de sustentação legal, uma vez que a norma que previa o direito de exoneração não dizia que o sócio tinha integralmente de deixar de o ser. Para este A. se esta figura fosse encarada enquanto reacção possível a uma decisão organizativa fundamental imputável à sociedade, nada impedia que o sócio apenas quisesse reduzir a sua participação social.

Em 2003, com a reforma do CC It., a exoneração parcial nas sociedades anónimas passou a ser reconhecida, fruto de uma intenção de colo-

---

[57] Cf. RAÚL VENTURA, *Sociedades por Quotas, Vol. II*, ..., cit., p. 25 e CURA MARIANO, *Direito de Exoneração dos* ..., cit., p. 93.
[58] Neste sentido, RAÚL VENTURA, *Sociedades por Quotas, Vol. II*, ..., cit., p. 25.
[59] CURA MARIANO, *Direito de Exoneração dos* ..., cit., p. 93.
[60] *Il Recesso nelle Società di Capitali*, 214 Quaderni di Giurisprudenza Commerciale, Giuffrè, 2000, pp. 253-258.

car no centro a participação social, em vez da pessoa do sócio (§ 1 do art. 2437.º, do CC It.).

No *Direito espanhol* a doutrina maioritária[61] não reconhece a exoneração parcial, com o fundamento que a lei fala em exoneração do sócio e não em amortização da participação. Em sentido contrário, FARRANDO MIGUEL[62] defende que o direito de exoneração não é atribuído ao accionista pela sua qualidade de sócio, de titular de mais ou menos acções, mas em razão dos interesses económicos que tem na sociedade. Esta concepção do direito de exoneração como um direito quantitativo permitiria, no seu entender, o seu exercício parcial.

De igual modo, no *Direito brasileiro*, a exoneração parcial não tem sido admitida[63]. Segundo MODESTO CARVALHOSA[64], a exoneração parcial poderia levar a situações de especulação, configuráveis de abusivas, incompatíveis com o direito de recesso e o reembolso. Já PRISCILA FONSECA[65], a propósito das sociedades limitadas, defende que sendo a exoneração um direito que pertence ao sócio e não às participações sociais não pode ser exercido parcialmente.

No *Direito português*, a questão não tem merecido grande debate na doutrina. Parece-nos, contudo, que, sempre que os AA se referem ao direito de exoneração como a faculdade de sair da sociedade, não será

---

[61] Com maior desenvolvimento, cf. BRENES CORTÉS, *El Derecho de ...*, cit., p. 423 e PERALES VISCASILLAS, *El Derecho de Separación del Socio en las Sociedades de Capital: Un Estudio de las Causas Legales en los Ordenamientos Español y Estadounidense*, La Ley, Madrid, 2001, pp. 321-324.

Contra o exercício da exoneração parcial, com fundamento no princípio da unidade do exercício do direito de voto, *vide* VIERA GONZÁLEZ, *Las Sociedades de Capital Cerradas y Causas de Separación y Exclusión en la SA y en la SRL*, RDS, Elcano, n.º 17, Aranzadi, 2001, p. 121. Porém, não podemos aderir a este argumento. Desde que o sócio não tenha votado a favor da deliberação social que constitui causa de exoneração, não se vê como o princípio da unidade do exercício do direito de voto possa fundamentar a exclusão da exoneração parcial.

[62] *El Derecho ...*, cit., pp. 160-161.

[63] Cf. MANOEL CALÇAS, *A Reforma da Lei das Sociedades por Acções*, em http://www.cpc.adv.br/Doutrina/Comercial/A%20REFORMA%20DA%20LEI%20DAS%20SOCIEDADES%20POR%20A%C7%D5ES.htm (recolhido em Dezembro de 2004).

[64] *Comentários à Lei de Sociedades Anônimas, 4.º Volume – Arts. 106.º a 137.º*, edição Saraiva, 1978, p. 311.

[65] *Dissolução Parcial, Retirada e Exclusão de Sócio no Novo Código Civil*, 2.ª edição, Editora Atlas SA, São Paulo, 2003, p. 27.

errado presumir que estão a considerar uma saída integral da sociedade. DANIELA BAPTISTA[66], a propósito da exoneração dos accionistas, pronuncia-se sobre a questão, defendendo que o direito de exoneração é de exercício unitário, isto é, um direito que visa o abandono unilateral da sociedade, não sendo possível o seu exercício parcial, com o fundamento de que a função primordial do instituto é permitir ao accionista o abandono unilateral da sociedade. Também RAÚL VENTURA, expressamente nas sociedades civis[67] e por quotas[68] e de modo implícito nas sociedades anónimas[69], considera que o direito de exoneração faz cessar a titularidade do sócio quanto à totalidade da participação social.

Cumpre tomar posição.

Dúvidas não subsistem de que o sócio que se exonera, ainda que parcialmente, deixa de ser sócio, pelo menos no que diz respeito à parte da participação social à qual exerceu o direito de exoneração. Contudo, não abandona a sociedade. Deste modo, a questão que deve colocar-se é se o exercício do direito de exoneração significa abandonar a sociedade ou se, pelo contrário, pode o sócio optar por ser "menos sócio" do que era.

O único suporte legal encontrado para poder sustentar que o exercício do direito de exoneração é integral encontra-se nas sociedades por quotas, onde se estabelece que a exoneração só pode ocorrer se tiverem inteiramente liberadas "*todas* as quotas do sócio" (art. 240.º, n.º 2). Com base nesta disposição pode concluir-se que, se fosse intenção admitir a exoneração parcial, ter-se-ia previsto que a exoneração só podia ocorrer se tivessem sido inteiramente liberadas "as quotas" em vez de "todas as quotas".

Discorda-se, contudo, desta solução legal, razão pela qual não deverá aplicar-se nos restantes tipos societários onde a questão não está expressamente tratada, com relevo para as sociedades anónimas.

Numa visão estritamente contratualista, o sócio que se exonera é alguém que era parte num contrato e que deixa de o ser. Esta visão é, contudo, demasiado redutora e desconsidera os diferentes interesses em jogo.

---

[66] *O Direito de* ..., cit., pp. 148-149.
[67] *Apontamentos Sobre Sociedades Civis*, Almedina, Coimbra, 2006, p. 219.
[68] *Sociedades por Quotas, Vol. II*, ..., cit., p. 25.
[69] *Novos Estudos Sobre Sociedades Anónimas e Sociedades em Nome Colectivo, Comentário ao Código das Sociedades Comerciais*, reimpressão da edição de 1994, Almedina, Coimbra, 2003, p. 281.

Com efeito, apesar de ser tipicamente um contrato, a função da sociedade é a realização de uma organização capaz de regular o afluxo de recursos exteriores[70]. Nessa medida, a participação social reflecte, na maioria das vezes, um desejo de investimento, e o direito de exoneração traduzir-se-á numa possibilidade de desinvestimento. Ora, não existem razões para que, perante a ocorrência de uma causa de exoneração, o sócio fique obrigado a sair com a totalidade da sua participação social, numa lógica de "ou tudo ou nada". Na verdade, poderá concluir que a inexigibilidade da sua permanência na sociedade apenas se traduz num desejo de desinvestimento parcial. Poderá o sócio, conforme observa VELASCO ALONSO[71], perante novas circunstâncias, simplesmente querer assumir um diferente nível de risco que não consista na perda total da condição de sócio.

Por outro lado, do ponto de vista dos interesses em jogo, o reconhecimento da exoneração parcial é a melhor solução. Em primeiro lugar, por servir os interesses do sócio que se exonera. Se este conclui que o facto gerador da causa de exoneração não o afecta de tal modo que tenha de abandonar a sociedade, mas apenas de diminuir a sua participação social, porque não permiti-lo? Também na perspectiva da sociedade, a admissão da exoneração parcial é a melhor solução. A obrigação de reembolso da participação social deixaria de ser total, podendo mais facilmente ser cumprida. Por último, numa perspectiva de protecção dos credores sociais e da manutenção do capital social, o reconhecimento da exoneração parcial permite que o montante do capital social a ser eventualmente reduzido seja inferior ao da exoneração total.

Acresce ainda não haver qualquer contradição entre votar contra, votar em branco ou abster-se numa deliberação social que constitui uma causa de exoneração e exonerar-se parcialmente. Quando assim suceda, o sócio limita-se a concluir que os efeitos da aprovação da deliberação social apenas justificam uma diminuição do investimento efectuado.

---

[70] Conforme observa MANUEL FERNANDES COSTA, *Da Nacionalidade das Sociedades Comerciais*, BFDUC, Separata do Vol. XXVII, Coimbra, 1984, p. 127, «*a personalidade jurídica [...] como que absorve o contrato, surgindo apenas (ou fundamentalmente) a instituição nos quadros da disciplina legal. Matérias como a dissolução, transformação, fusão, dívidas, etc., estruturam-se por referência predominante (ou exclusiva) à personalidade jurídica*».

[71] *El Derecho* ..., cit., p. 161.

Pelo exposto, considerando o elemento organizacional subjacente ao contrato de sociedade, o direito ao desinvestimento subjacente ao direito de exoneração, os interesses que este visa alcançar e a inexistência de oposição legal, admitimos a exoneração parcial nos restantes tipos societários, não sendo uma característica geral do direito de exoneração o seu exercício integral.

2.8. Direito Intransmissível

Finalmente, o direito de exoneração não é susceptivel de ser transmitido de *per si*, separado da titularidade da participação social. Admiti-lo seria, conforme observa W. D'AVANZO[72], permitir a divisão em dois de uma posição jurídica que, pela sua estrutura, é unitária. Assim se explica, por exemplo, que, no usufruto e no penhor da participação social, o direito de exoneração permaneça, respectivamente, no nu proprietário e no devedor, nem lhes possa ser atribuído.

Deste modo, o direito de exoneração, porquanto intrinsecamente ligado à posição jurídica do sócio, só poderá ser transmitido com a própria posição contratual, *rectius*, com a participação social.

---

[72] Cf., *Recesso*, cit, p. 1033.

CAPÍTULO II
Distinção de Figuras Afins

1. Exoneração e Transmissão da Participação Social

O direito de exoneração não é uma transmissão da participação social, apesar de ter em comum com esta a extinção, total ou parcial, da qualidade jurídica de sócio, ora por quem se exonerou, ora por quem transmite.

A transmissão da participação social será, em regra[73], o instrumento usado com vista à extinção da qualidade jurídica de sócio, ao passo que o recurso à exoneração será apenas usado nos casos pontualmente admitidos. Nessa medida, perante uma causa de exoneração, não só o sócio não perde o direito de transmitir a sua participação social como, em termos práticos, somente quando não o conseguir fazer, ou só o conseguir fazer em condições piores do que as resultantes da exoneração, optará por esta[74]. Nesta perspectiva, a exoneração é uma alternativa à transmissão voluntária da participação social.

O sócio que se exonera não tem por finalidade celebrar um negócio jurídico translativo. Declara pretender deixar de ser sócio, exigindo ser reembolsado da sua participação social, independentemente do destino que a esta venha a ser dado. Assim, enquanto que na transmissão da participação social ocorre a aquisição da qualidade de sócio pelo adquirente, na exoneração não é obrigatório que assim suceda[75], podendo a participação

---

[73] Cf. JOÃO LABAREDA, *Das Acções das ...*, cit., p. 306.

[74] *Vide* L. BUTTARO, *Sull'Ampiezza e sulle Conseguenze delle Limitazioni alla Circolazione delle Quote dei Società a Responsabilità Limitata*, Riv. Soc., ano 17, n.º 3, Milão, 1992, cit., p. 507.

[75] No Direito espanhol, certo sector da doutrina defende que o direito de exoneração implica o cancelamento da posição de sócio e não a mera substituição da sua titulari-

social ser amortizada. Aliás, mesmo quando a sociedade adquire/faça adquirir a participação social por exoneração do sócio, é duvidoso poder falar-se numa transmissão voluntária da participação social[76]. Com efeito, da lei resulta a obrigação de a sociedade extinguir a relação societária.

Deste modo, será de concluir que a transmissão da participação social será apenas uma das soluções que dispõe a sociedade para extinguir a relação societária, podendo haver exoneração do sócio, sem que esta ocorra. Por outro lado, quando a transmissão ocorrer fica sujeita a regras especiais, designadamente quanto à determinação do seu valor. Pelo contrário, se a transmissão for voluntária é a autonomia privada quem dita o seu valor.

2. Exoneração e Dissolução

O direito de exoneração também não se confunde com a dissolução da sociedade. As causas, a tramitação e os efeitos destas figuras são de tal modo distintos que tanto bastaria para as diferenciar.

As *causas*[77] de exoneração incidem sobre factores que podem afectar de modo particular algum(s) sócio(s). Já as causas de dissolução incidem sobre factores comuns à sociedade, que podem conduzir à perda da qualidade de sócio por todos os seus titulares. Nalguns casos, a adopção de certa deliberação social pode ser simultaneamente causa de exoneração e de extinção da sociedade. Será o caso das deliberações de fusão e cisão. Noutros casos ainda, a exoneração do sócio pode conduzir, ainda que de maneira indirecta, à dissolução da sociedade sempre que, por exemplo, o número de sócios passe a ser inferior ao mínimo exigido por lei (art. 142.º, n.º 1, al. a)).

---

dade, ainda que na sequência da exoneração. Quando tal suceda, a exoneração será imprópria. Vide FAJARDO GARCÍA, *EL Derecho de Separación* ..., cit., p. 43 e ss. e ESTURILLO LÓPEZ, *Estudio de la Sociedad de Responsabilidad Limitada*, Civitas, Madrid, 1996, p. 563.

[76] Em sentido semelhante, veja-se VIDEIRA HENRIQUES, *A Desvinculação* ..., cit., pp. 95-96.

[77] Com maior desenvolvimento, veja-se ROSÁRIO DA PALMA RAMALHO, *Sobre a Dissolução das Sociedades Anónimas*, AAFDL, Lisboa, 1989, p. 59 e ss. e RAÚL VENTURA, *Dissolução e Liquidação de Sociedades, Comentário ao Código das Sociedades Comerciais*, Almedina, Coimbra, 1987, pp. 39-183.

Em termos de *tramitação*, a exoneração, uma vez declarada, implicará a extinção da relação societária e o reembolso da participação social. Já o processo de dissolução é mais complexo. Ocorrida a causa de dissolução, a sociedade entrará em liquidação, com posterior partilha e só depois a sua extinção ficará consumada.

Por último, em termos de *efeitos*, a dissolução conduz à extinção da sociedade, pessoa colectiva, enquanto que a exoneração conduz apenas à saída do sócio. Nessa medida, o direito de exoneração será, quanto muito, uma "*dissolução parcial*" da sociedade[78].

Releva-se, por fim, que a dissolução da sociedade poderá ser um instrumento, legal ou contratual, para assegurar a exoneração do sócio. Será instrumento legal, nos termos do disposto no art. 240.º, n.ºs 4 e 6[79], com vista à extinção da relação societária ou ao reembolso da participação do sócio que se exonerou[80]. Através da dissolução, o sócio obtém o que não conseguiu com a declaração de exoneração: a perda da qualidade de sócio e o reembolso da sua quota. Será instrumento contratual sempre que as partes prevejam a dissolução total da sociedade no caso de a exoneração do sócio ou o reembolso da sua participação social não ser viável (art. 142.º, n.º 1).

3. Exoneração e Denúncia

A denúncia é uma forma de cessação dos contratos[81], pontualmente regulada nalguns contratos caracterizados por estabelecerem relações jurí-

---

[78] Cf. FERRER CORREIA, *Lei das Sociedades Comerciais (Anteprojecto)*, BMJ n.º 191, 1969, p. 109, e, no mesmo sentido, RAÚL VENTURA, *Apontamentos Sobre ...*, cit., p. 217.

[79] No regime anterior, acerca da admissibilidade de cláusula nos estatutos de sociedade por quotas que permite ao sócio requerer a dissolução da sociedade quando esta ou os sócios não permitissem a saída do sócio, *vide* FERRER CORREIA/LOBO XAVIER, *Dissolução de Sociedade por Quotas: Natureza Supletiva do § 1.º do Art. 42.º da Lei de 11-4-1901: O Caso Especial do Direito de um Sócio a Requerer a Dissolução como Garantia do seu Direito de Exoneração*, RDE, Coimbra, Jan.-Dez. 1983, pp. 273-307.

[80] Esta solução, conforme se verá, é também reconhecida, no Direito Italiano, sempre que o reembolso da participação social não for possível ou sempre que os credores sociais se oponham à redução do capital social destinada a reembolsar a participação social. *Vide* n.ºs 2.8.4. e 3.1.2. do Capítulo III, da Segunda Parte.

[81] Com maior desenvolvimento, *vide* ROMANO MARTINEZ, *Da Cessação do Contrato*, 2.ª edição, Almedina, Coimbra, 2006, cit., pp. 58-66 e 116-125.

dicas duradouras, designadamente na locação, empreitada ou agência. Em regra, destina-se a fazer cessar vínculos obrigacionais de duração indeterminada ou a evitar a sua protelação, por renovação automática, por um período de tempo indeterminado ou excessivo[82]. Nestes dois casos, o seu reconhecimento pelo ordenamento jurídico assenta na proibição da criação de vínculos perpétuos[83] ou de duração excessiva, atentatórios da liberdade económica e contratual. A este propósito, ROMANO MARTINEZ[84] fala ainda num terceiro sentido de denúncia, enquanto meio de desvinculação, através do qual uma das partes desiste da execução do contrato. A seu ver, «*trata-se de situações excepcionais em que se confere a uma das partes a possibilidade de desistir de cumprir o acordo firmado atendendo a previsão legal específica*»[85]. Nesta terceira situação, o fundamento da extinção seria «*a liberdade de desvinculação, para tutela de interesses de um dos contraentes (ou, excepcionalmente, de ambos), que pode não ter previsto todas as implicações resultantes da execução do negócio ajustado*»[86], ou seja, uma situação em que, por razões de tutela de alguma das partes, o princípio da estabilidade contratual pode ser derrogado.

A denúncia efectiva-se através de uma declaração imotivada[87] e receptícia, no sentido de fazer cessar certo vínculo obrigacional, declaração essa que, em regra, tem de ser emitida com alguma antecedência relativamente à data em que a cessação deve produzir efeito, ou seja, com um *pré-aviso*[88]. Este pré-aviso fundamenta-se, a nosso ver, no facto de a declaração de denúncia ser imotivada, razão pela qual, se não existisse um pré-aviso, poderia o destinatário da declaração sair prejudicado por não estar a contar com ela.

---

[82] Restringindo a denúncia aos contratos de execução continuada e duradoura, vide MENEZES LEITÃO, *Direito das Obrigações, Vol. II, Transmissão e Extinção das Obrigações, Não Cumprimento e Garantias do Crédito*, 5.ª edição, Almedina, Coimbra, 2007, p. 105.

[83] Com maior desenvolvimento, cf. BAPTISTA MACHADO, *Parecer sobre Denúncia e Direito de Resolução de Contrato de Locação de Estabelecimento Comercial*, Obra Dispersa, Vol. I, Scientia Ivridica, Braga, 1991, pp. 649-652.

[84] *Da Cessação do ...*, cit., pp. 64-65.

[85] *Da Cessação do ...*, cit., pp. 60-61.

[86] Cf. ROMANO MARTINEZ, *Da Cessação do ...*, cit., p. 64.

[87] Conforme observa, MENEZES LEITÃO, *Direito das Obrigações, Vol. II, ...*, cit., p. 105, a denúncia não assenta em fundamento algum, sendo, por isso, o seu exercício livre.

[88] Segundo ROMANO MARTINEZ, *Da Cessação do ...*, cit., p. 116, o pré-aviso impõe-se porque a própria boa fé no cumprimento das obrigações assim o determina.

A exoneração do sócio e a denúncia apresentam significativas semelhanças. Ambas se processam através da emissão de declarações unilaterais receptícias e correspondem a direitos potestativos cujo objecto é pôr termo a uma relação contratual, ainda que no caso da exoneração esta cessação fique circunscrita ao sócio que se exonera[89]. Ademais, quer a exoneração quer a denúncia não são retroactivas[90]. Contudo, enquanto que na denúncia a não retroactividade significa a não restituição das prestações realizadas com base no contrato, na exoneração significa a não restituição da prestação inicialmente realizada, mas o seu valor ao tempo da declaração de exoneração.

Apesar destas semelhanças, a exoneração não pode ser reconduzida à denúncia, pelo menos, na íntegra.

Em primeiro lugar, porque a exoneração pode ocorrer mesmo quando a duração da sociedade seja determinada, não se podendo reconduzir o seu reconhecimento a qualquer proibição geral de criação de vínculos perpétuos ou com duração excessiva. Mais acresce que, mesmo nos casos em que a duração da sociedade é indeterminada, a chamada exoneração *ad nutum*, ocorre apenas nas sociedades em nome colectivo (art. 185.º, n.º 1, al. a)) e numa situação pontual nas sociedades por quotas (art. 229.º, n.º 1). Fora destes dois casos não é reconhecida.

Em segundo lugar, a denúncia é sempre imotivada. O titular limita-se a exercê-la, sem necessidade de fundamentar a sua decisão. Pelo contrário, o direito de exoneração, à excepção dos casos de exoneração *ad nutum*, é sempre motivado. O sócio que se exonera tem de fundamentar o seu direito. Assim sucede, designadamente, com a exoneração com justa causa ou por transferência da sede efectiva da sociedade para o estrangeiro. Nestes termos, não poderá fundamentar-se o seu reconhecimento numa alegada liberdade de desvinculação caracterizadora da denúncia.

Sem prejuízo, não pode deixar de se reconhecer que em duas situações o direito de exoneração consubstancia uma denúncia do con-

---

[89] Seria uma denúncia em sentido restrito na qual, segundo PAULO OTERO, *Lições de Introdução ao Estudo do Direito*, I Vol., 2.º tomo, Pedro Ferreira, Lisboa, 1999, p. 234 e ss., o sujeito declara não querer continuar vinculado, mas o contrato, sendo plurilateral, subsistiria com as restantes partes.

[90] Cf. MENEZES LEITÃO, *Direito das Obrigações, Vol. II, ...*, cit., p. 106.

trato, ainda que em sentido estrito. São elas o direito de exoneração *ad nutum*:

– Nas *sociedades em nome colectivo*, sempre que esta tenha uma duração indeterminada, por toda a vida de um sócio ou por um prazo superior a trinta anos, desde que aquele que se pretende exonerar seja sócio há mais de dez anos (art. 185.º, n.º 1, al. a))[91];
– Nas *sociedades por quotas*, passados dez anos sobre o ingresso do sócio na sociedade e sempre que tiver sido estipulada uma cláusula de proibição de cessão da quota (art. 229.º, n.º 1)[92].

Nestes dois casos, a exoneração não só é imotivada como se destina a evitar a criação de vínculos perpétuos ou com duração excessiva, no âmbito de relações duradouras, elementos caracterizadores da denúncia. Numa outra perspectiva, estas causas de exoneração reflectem a liberdade negativa de associação, no sentido de não obrigar a permanecer na sociedade quem nela não quer ficar (art. 46.º, n.º 3, da CRP).

Pelo exposto, não nos parece que a exoneração do sócio nas sociedades comerciais em abstracto seja sinónimo de denúncia. A circunstância de algumas das causas de exoneração terem essa função contribuirá para se concluir que, eventualmente, o fundamento do direito de exoneração não pode ser reconduzível a um paradigma comum.

4. Exoneração e Resolução

A resolução é uma forma de extinção da relação contratual[93], processada, em regra, por declaração de algum dos seus contraentes, com fundamento num facto ocorrido depois da sua celebração[94] (arts. 432.º a 436.º, do CC). Processa-se, pois, através de um negócio jurídico unilateral.

---

[91] Em sentido semelhante, na exoneração *ad nutum* no contrato de sociedade civil (art. 1002.º, do CC), *vide* VIDEIRA HENRIQUES, *A Desvinculação* ..., cit., p. 42, MENEZES LEITÃO, *Direito das Obrigações, Vol. III, Contratos em Especial*, 4.ª edição, Almedina, Coimbra, 2007, p. 285 e ROMANO MARTINEZ, *Da Cessação do* ..., cit., p. 305.

[92] Também neste sentido, CURA MARIANO, *Direito de Exoneração dos* ..., cit., p. 35.

[93] Esta declaração segue, nos termos gerais, o regime da liberdade de forma.

[94] Com maior desenvolvimento, *vide* ROMANO MARTINEZ, *Da Cessação do* ..., cit., pp. 66 e ss. e 125 e ss., e BRANDÃO PROENÇA, *A Resolução do Contrato no Direito Civil – Do Enquadramento e Regime*, reimpressão, Coimbra Editora, Coimbra, 2006.

O seu exercício, ao contrário da denúncia é, em regra, motivado[95], apenas podendo ocorrer nos casos previstos na lei (*resolução legal*) ou por convenção das partes (*resolução convencional*) (art. 432.º, n.º 1, do CC).

Na falta de disposição legal, a resolução é equiparada à nulidade ou anulabilidade do contrato, tendo, portanto, eficácia retroactiva. Procura-se, deste modo, colocar as partes na situação em que estariam se o contrato não tivesse sido celebrado (art. 433.º, do CC).

Quanto aos seus efeitos, a resolução poderá ser total ou parcial, consoante implique a destruição completa do vínculo ou a subsistência de parte do negócio jurídico.

A modalidade paradigmática de resolução é a chamada resolução por *incumprimento*, fundada numa causa subjectiva, o incumprimento culposo do devedor. Menos frequente é a resolução por causa objectiva, da qual a resolução por alteração das circunstâncias constitui exemplo[96] (art. 437.º, do CC).

O efeito extintivo da dissolução do vínculo na resolução ocorre na data em que a declaração é eficaz, salvo nos casos em que se exige o recurso judicial[97].

Feita uma caracterização sumaríssima da resolução contratual, importa aferir das simetrias e diferenças com a exoneração do sócio.

Começando pelas simetrias, verificamos que quer a resolução quer a exoneração extinguem a relação societária, são declarações unilaterais receptícias, exercidas de forma extrajudicial, correspondem ao exercício de um direito potestativo e são, em regra, motivadas.

Será então que a exoneração do sócio pode ser reconduzida à resolução?

A resposta não pode deixar de ser negativa. Para tanto, bastaria remeter para a conclusão do número anterior de que em certos casos o direito de exoneração é equiparável à denúncia do contrato.

Não obstante, justifica-se averiguar se nas restantes causas legais de exoneração o direito de exoneração pode ou não reconduzir-se à resolução do contrato.

---

[95] No sentido de que a resolução legal imotivada é excepcional, *vide* ROMANO MARTINEZ, *Da Cessação do* ..., cit., p. 65. Constitui exemplo de resolução legal imotivada a resolução na venda a retro (art. 927.º, do CC).
[96] Cf. ROMANO MARTINEZ, *Da Cessação do* ..., cit., p. 70.
[97] Com maior desenvolvimento, *vide* ROMANO MARTINEZ, *Da Cessação do* ..., cit., pp. 179-184.

Resumidamente, podemos agrupar em duas as causas de exoneração dos sócios: legal e estatutária. Ambas as causas são supervenientes, com fundamento na lei ou convenção, conforme sucede com a resolução do contrato. Por outro lado, repete-se, traduzem-se num direito potestativo, que opera por declaração unilateral receptícia, extrajudicial e que culminará com o reembolso da participação social.

Estas conclusões não são, todavia, suficientes para dizer que o direito de exoneração corresponde a uma resolução do vínculo societário.

A sociedade comercial é construída no Direito português como um contrato[98] (art. 7.º, n.º 1), ainda que com características especiais, que não o permitem reconduzir a um contrato comum. Na verdade, ao contrário dos contratos comuns, no contrato de sociedade não se esgota a sua estrutura e função. MENEZES LEITÃO[99], no seguimento de FERRANTE, considera que o fenómeno jurídico societário integra-se numa «*categoria mais vasta, composta pelos contratos associativos. De facto os vários elementos [...] no contrato de sociedade encontram-se em geral em todos os fenómenos associativos, que se caracterizam justamente pela cooperação entre vários sujeitos para a realização de um interesse comum a todos. É possível por isso individualizar sempre um objecto, por meio do qual se determina a actividade concretamente exercida, um fim correspondente ao interesse prosseguido, e uma organização, estrutura por cujo intermédio o grupo de associados prossegue a sua actividade com vista ao interesse comum*». Nesta medida, o contrato de sociedade constitui o suporte para o desenvolvimento de uma actividade prosseguida através de uma organi-

---

[98] Nem sempre será assim. Nalguns casos podemos ter sociedades comerciais constituídas por negócio jurídico unilateral – sociedades unipessoais por quotas –, noutros casos podemos ter sociedades constituídas por deliberação social – fusão – e noutros casos ainda podemos ter sociedades constituídas por diploma legal – empresas públicas. Com maior desenvolvimento, *vide* MENEZES CORDEIRO, *Manual de Direito das Sociedades, I, Das Sociedades em Geral*, 2.ª edição, Almedina, Coimbra, 2007, pp. 442-444 e PINTO FURTADO, *Curso de Direito das Sociedades*, 5.ª edição revista e actualizada, Almedina, Coimbra, 2004, p. 61 e ss..

Segundo MENEZES CORDEIRO, *Manual de Direito das Sociedades, I, ...*, cit., p. 425, a natureza contratual do acto de constituição da sociedade presta-se a dúvidas e discussões. No seu entender trata-se de uma insistência do Direito português, mesmo quando contemporize com a sociedade de origem não contratual.

[99] *Direitos das Obrigações, Vol. III, ...*, cit., p. 292. De modo idêntico, MENEZES CORDEIRO, *Manual de Direito das Sociedades, I, ...*, cit., pp. 435-442, acaba por aceitar a sua qualificação como um contrato de colaboração ou de organização.

zação[100]. Será, pois, esta natureza associativa que explica que situações como o incumprimento, a exclusão ou a exoneração do sócio não impliquem necessariamente a cessação do contrato, mas apenas do vínculo individual do sócio.

Por outro lado, o contrato de sociedade é *de execução continuada* e *sinalagmático,* ainda que com um sinalagma específico. De *execução continuada,* porque os interesses contratuais dos sócios só podem ser satisfeitos através do exercício continuado da actividade duradoura que estes se propuseram desenvolver. Por este motivo, as obrigações contratuais são de cumprimento ininterrupto (*v.g.* obrigação de colaboração ou de não concorrência)[101]. *Sinalagmático,* porque apesar de fazer surgir obrigações recíprocas para todas as partes, estas não são recíprocas umas em relação às outras, mas destinadas à obtenção de um determinado fim específico – o resultado do exercício em comum de certa actividade[102]. Conforme refere MENEZES LEITÃO[103], o «*sinalagma não produz um jogo de parte a parte mas antes se estrutura numa relação triangular sócio-sociedade-sócio*». Este sinalagma especifico explica que a excepção do não cumprimento ou a resolução por incumprimento da obrigação de entrada não tenham aplicação[104].

Releva-se, ainda, que o contrato de sociedade será, por regra, *duradouro*. A prática assim o tem demonstrado e nos casos em que a duração da sociedade não é estabelecida no contrato esta durará por tempo indeterminado (art. 15.º, n.º 1). Este carácter duradouro explica as alterações supervenientes que lhe possam ser introduzidas, de modo a permitir ade-

---

[100] A este propósito, S. PESUCCI, *Autotutela dell'Azionista e Interesse dell'Organizzazione*, Giuffrè, Milão, 1993, p. 16, sustenta que o contrato de sociedade é funcional relativamente à organização que dele surge.

[101] Cf. MENEZES LEITÃO, *Direitos das Obrigações, Vol. III*, ..., cit., p. 261.

[102] *Vide*, neste sentido, AVELÃS NUNES, *O Direito de Exclusão dos Sócios nas Sociedades Comerciais*, Colecção Teses, reimpressão de 1968, Almedina, Coimbra, 2002, pp. 41-42 e 61.

Também neste sentido, mas no Direito espanhol, BRENES CORTÉS, *El Derecho de* ..., cit., p. 110 e ss., fala num sinalagma específico traduzido na obrigação fundacional de todos os sócios reciprocamente realizarem a sua aportação com vista à prossecução de um fim comum.

[103] *Pressupostos da Exclusão de Sócio nas Sociedades Comerciais*, 2.ª reimpressão, AAFDL, Lisboa, 2004, p. 34.

[104] Cf. MENEZES LEITÃO, *Direitos das Obrigações, Vol. III*, ..., cit., p. 262.

quar a organização que surge do contrato a novas realidades e exigências empresariais.

Temos assim um contrato associativo, de execução continuada, com um sinalagma específico e duradouro.

Ademais, o contrato de sociedade tem a função típica de realização de uma organização capaz de regular o afluxo de recursos externos. Nesta perspectiva, constitui uma forma de financiamento colectivo, antes mesmo do exercício colectivo da actividade económica[105], na qual se fixa um quadro normativo do seu funcionamento no futuro (*contrato de organização*).

Esta peculiaridade de o contrato de sociedade ser associativo e destinar-se ao exercício em comum de uma actividade económica comercial, de modo duradouro, faz com que a sua organização e o seu modo de funcionamento possam ser alterados durante a sua vida, de modo a permitir que a empresa se adeque às finalidades para as quais foi constituída. Nesta medida, conforme observa S. CAPPIELLO[106], o contrato societário é *ontologicamente incompleto*, mais não sendo a adaptação da estrutura organizativa às exigências que se vão colocando disso manifestação.

Ora, estas alterações da organização e modo de funcionamento inicialmente acordados podem, em abstracto, ser alcançadas de diferentes modos: por uma regra de unanimidade, de maioria com direito de veto, de maioria com direito de exoneração ou apenas por maioria, qualificada ou absoluta.

Em matéria de contratos, a regra quanto à sua modificação ou extinção é a da necessidade do mútuo consentimento dos contraentes, entenda-se dos sócios, salvo nos casos admitidos na lei (art. 406.º, n.º 1 *in fine,* do CC). A este propósito, ALMEIDA COSTA[107] fala num *princípio de força vinculativa* ou da *obrigatoriedade dos contratos*, significando que, uma vez celebrado, o contrato constituiria *lex privata* entre as partes. Já ANTUNES VARELA[108] fala no princípio da confiança – *pacta sunt servanda* – que

---

[105] S. CAPPIELLO, *Prospettive di Riforma del Diritto di Recesso dalle Società di Capitali: Fondamento e Limiti dell'Autonomia Statutaria*, Riv. Dir. Comm., ano 99, n.º 5-8, Parte I, Pádua, 2001, pp. 252- 253.

[106] *Prospettive di Riforma* ..., cit., p. 255.

[107] *Direito das Obrigações*, 10.ª edição, Almedina, Coimbra, 2007, pp. 312-316. Este princípio desenvolver-se-ia através de (sub)princípios: pontualidade, irretractabilidade, irrevogabilidade dos vínculos contratuais e o da intangibilidade do seu conteúdo. Estes dois últimos corresponderiam ao princípio da estabilidade dos contratos.

[108] *Das Obrigações em Geral, Volume I*, 10.ª edição, 4.ª reimpressão da edição de 2000, Almedina, Coimbra, 2006, p. 227.

explica a sua força vinculativa e o princípio da sua imodificabilidade por vontade (unilateral) de um dos contraentes.

A transposição, sem mais, da regra do art. 406.º, n.º 1, do CC, para o direito societário implicaria o sistema da unanimidade. Se assim fosse, as modificações ou a extinção do contrato apenas poderiam ocorrer com o consentimento de todos os sócios, e a simples oposição de um deles seria suficiente para obstar às suas modificações ou extinção. Nas palavras de RAÚL VENTURA[109] «*no caso de unanimidade tudo é sacrificado no interesse de um*». No limite, este sistema implicaria a paralisação da vida da sociedade.

Porém, a inserção do contrato de sociedade nos contratos associativos implica o afastamento da regra do art. 406.º, n.º 1, do CC, havendo mesmo quem fale numa excepção ao princípio geral da estabilidade do contrato[110]. Na verdade, as exigências de funcionalidade da organização não poderiam deixar de prevalecer sobre quaisquer princípios contratuais vigentes, sobretudo nas chamadas sociedades de capitais. Assim, não se exige o "mútuo consentimento dos contraentes" para modificar ou extinguir o contrato, mas apenas o "consentimento maioritário dos contraentes" – princípio da maioria. G. TANTINI[111] afirma mesmo que este princípio está ínsito no carácter organizativo, sendo um elemento estrutural do contrato de sociedade. Consagra-se, assim, ao nível da estrutura organizativa da sociedade a regra democrática. É à maioria, simples ou qualificada, que cabe decidir os destinos da sociedade. Optando por determinado rumo, aos restantes sócios, isto é, àqueles que discordaram ou não aprovaram tal deliberação, caberá, salvo ilegalidade da mesma, acatá-la, atendendo à regra do pontual cumprimento dos contratos livremente celebrados. Vigora assim o princípio da soberania da assembleia geral e do submetimento dos sócios às suas deliberações[112]. As pretensões dos sócios mino-

---

[109] *Fusão, Cisão e Transformação de Sociedades Parte Geral, Artigos 97.º a 140.º, Comentário ao Código das Sociedades Comerciais*, 3.ª reimpressão da edição de 1990, Almedina, Coimbra, 2006, p. 520.

[110] S. PESUCCI, *Autotutela dell'Azionista ...*, cit., p. 57.

[111] *Le Modificazioni dell'Atto Costitutivo Nella Società per Azioni*, Cedam, Pádua, 1973, p. 50.

[112] Neste sentido, no Direito espanhol, veja-se BRENES CORTÉS, *El Derecho de ...*, cit., p. 413.

No Direito italiano, até à reforma do CC It. de 2003, este princípio encontrava-se previsto no seu art. 2377.º.

ritários ficam marginalizadas em razão do interesse do grupo. Eventualmente, em alternativa, poderá o sócio optar por alienar a sua participação social quando tal lhe seja permitido, legal ou estatutariamente.

Porém, a possibilidade de introduzir importantes alterações estatutárias através da regra da maioria pode, conforme observa AGUILERA RAMOS[113], manter o sócio prisioneiro de um contrato cujas características iniciais ou as condições existentes ao tempo do seu ingresso foram profundamente alteradas. Na verdade, o reconhecimento à maioria do poder de *completar* o contrato de sociedade, não conferindo qualquer pretensão indemnizatória ao sócio que assim se veja *lesado*, uma vez que se tratariam de modificações lícitas, pode traduzir-se num desequilíbrio significativo das condições contratuais iniciais. Sucede que, quando alguém decide ingressar[114] numa sociedade, fá-lo em razão de certas "condições/pressupostos": eventualmente que a sede efectiva da sociedade seja no país *x*, que o objecto social seja *y*, que a sociedade não venha a dividir-se em duas, que distribua regularmente dividendos, etc. Esses pressupostos, conforme se viu, podem alterar-se, por deliberação dos sócios. Ora, nalguns casos, sempre que tais deliberações recaiam sobre elementos do contrato de sociedade considerados pelo legislador como essenciais, tutelaram-se os interesses dos sócios afectados, concedendo-lhes a faculdade de se desvincularem do contrato. A sociedade continua, mas o sócio não está mais *obrigado* a permanecer nela. Dito de outro modo: em certas circunstâncias, depois de a maioria ter deliberado a modificação de elementos essenciais do contrato ou verificados certos pressupostos, que poderão ou não ter determinado o ingresso do sócio na sociedade, o legislador tutela o interesse dos sócios descontentes, por considerar que tais factos tornam inexigível a sua permanência na sociedade.

Na nossa opinião, o motivo desta tutela assenta na modificação do equilíbrio contratual inicial introduzido por tais alterações. Em certos casos, a alteração é de tal ordem que seria contrário à boa fé exigir[115] a

---

[113] *El Derecho de Separación del Socio,* Derecho de Sociedades de Responsabilidad Limitada, Tomo II, McGraw-Hill, 1996, p. 1001.

[114] Este ingresso tanto será no momento da constituição da sociedade como posteriormente, aquando de um aumento do capital social por entrada de terceiros, de uma cessão de quotas ou de uma transmissão de acções. Necessário é que a causa de exoneração surja após o ingresso do sócio.

[115] Sobre o conceito de inexigibilidade, cf., com maior desenvolvimento, MENEZES

permanência do sócio na sociedade. Assim, sucede, por exemplo, quando a maioria deliberou mudar a sede efectiva da sociedade para o estrangeiro ou alterar o seu objecto social, atento o desequilíbrio que tais deliberações acarretam ao plano contratual inicial. Por isso, nestes casos, reconheceu o legislador ao sócio dissidente o direito de sair da sociedade, em moldes análogos ao que o fez no art. 437.º, n.º 1, do CC[116].

Por tudo o acima exposto, sustentamos que o direito de exoneração, quando decorrente da aprovação de alguma das seguintes deliberações sociais[117], tem uma função em tudo reconduzível à resolução do contrato por alteração das circunstâncias[118]:

CORDEIRO, *Da Boa Fé no Direito Civil*, 3.ª reimpressão, Almedina, Coimbra, 2007, pp. 1014-1018.

[116] Sobre a alteração das circunstâncias, *vide*, com maior desenvolvimento, MENEZES CORDEIRO, *Da Alteração das Circunstâncias (reimpressão), a Concretização do Artigo 437.º do Código Civil à Luz da Jurisprudência posterior a 1974*, Separata dos Estudos em Memória do Prof. Doutor Paulo Cunha, Lisboa, 1987 e *Da Boa Fé ...*, cit., p. 998 e ss. e MENEZES LEITÃO, *Direito das Obrigações, Vol. II, ...*, cit., p. 129 e ss..

Todavia, releva-se que os pressupostos da aplicação do art. 437.º, n.º 1, do CC, são diferentes dos da exoneração do sócio. O direito de exoneração não depende de a situação alterada ter efectivamente fundado a decisão de contratar, e dificilmente as alterações ocorridas podem ser qualificadas de anormais, por não serem habituais. De igual modo é discutível que os riscos de tais alterações não estejam cobertos pelos riscos do próprio contrato. A nosso ver o risco coberto no contrato de sociedade é o de o exercício ou não de certa actividade económica em comum ser ou não lucrativo. Assim, os denominadores comuns seriam a alteração das circunstâncias, que afectaria gravemente os princípios de boa fé e o desequilíbrio contratual decorrente da sua manutenção.

De modo idêntico, DANIELA BAPTISTA, *O Direito de ...*, cit., pp. 486-488, considera que no direito de exoneração falha a premissa da anormalidade da alteração, uma vez que é a própria lei que prevê e regulamenta essa faculdade, instrumento necessário à adaptação dos estatutos às mutações e às novas exigências.

Ainda a este propósito, CURA MARIANO, *Direito de Exoneração dos ...*, cit., p. 34, também considera que algumas das causas de exoneração nas sociedades por quotas (arts. 240.º, n.º 1, al. b), 161.º, n.º 5 e 207.º, n.º 2) assemelham-se à resolução por alteração das circunstâncias, apesar de as semelhanças não serem exteriores ao contrato, antes impostas pela maioria.

[117] Além da exoneração *ad nutum*, a exoneração prevista no art. 45.º, n.º 1 não poderá ser fundamentada nesta ideia de desequilíbrio contratual inicial, pois aqui não se trata de uma alteração de estado de coisas posterior à celebração do contrato, mas de um vício da declaração negocial do próprio contrato.

[118] No Direito italiano, afastando o direito de exoneração como uma manifestação de um contrato, procurando compreender a figura através de uma interpretação que pri-

– Transferência da sede efectiva da sociedade para o estrangeiro (art. 3.º, n.º 5);
– Fusão ou cisão (art. 105.º, n.º 1);
– Transformação (art. 137.º, n.º 1);
– Regresso da sociedade dissolvida à actividade (art. 161.º, n.º 5);
– Aumento de capital social a subscrever total ou parcialmente por terceiros (art. 240.º, n.º 1, al. a));
– Mudança do objecto social (art. 240.º, n.º 1, al. a));
– Prorrogação da sociedade (art. 240.º, n.º 1, al. a)).

Além destas situações haverá que acrescentar a exoneração por justa causa (arts. 185.º, n.º 1, al. b) e 240.º, n.º 1, al. b))[119].

Contudo, quando assim suceda não deixaremos de estar perante uma "resolução" com significativas especificidades, designadamente:

i) Os efeitos retroactivos são *atenuados*, não sendo o sócio contratante colocado na situação em que estaria se o contrato não tivesse sido celebrado. Sendo um contrato de execução continuada, a eficácia retroactiva plena contraria a sua finalidade (art. 434.º, n.º 2, do CC)[120];

ii) Igualmente, atendendo ao carácter associativo do contrato, a sociedade não se dissolve. Nessa medida, estaremos perante uma resolução parcial[121]. O exercício do direito de exoneração circunscreve-se à posição de determinado sócio;

---

vilegia a organização e a conservação da estrutura social, vide I. MAFFEZZONI, *In Tema di Recesso del Socio di Società di Persone,* Contratto e Impresa, dir. da Francesco Galgano, ano 7, n.º 3, Pádua, 1991, pp. 1201-1202 e D. GALLETTI, *Il Recesso nelle...*, cit., p. 35 e ss..

[119] Neste sentido, no contrato de sociedade civil, veja-se ROMANO MARTINEZ, *Da Cessação do ...,* cit., p. 305 e MENEZES LEITÃO, *Direitos das Obrigações, Vol. III,* ..., cit., p. 283.

[120] Neste sentido, no Direito italiano, veja-se G. GABRIELLI, *Recesso e Risoluzione per Inadempimento,* Riv. Trim. Dir. Proc. Civ., ano 28, Milão, 1974, p. 733.

No Direito Italiano, D. GALLETTI, *Il Recesso nelle...,* cit., p. 43, defende que a não eficácia retroactiva da exoneração é uma consequência da natureza organizativa da sociedade.

Vide ainda ROMANO MARTINEZ, *Da Cessação do ...,* cit., pp. 185-197.

[121] Neste sentido, cf. AVELÃS NUNES, *O Direito de Exclusão ...,* cit., p. 27, a propósito da exclusão do sócio, temperado pelo princípio conservativo da empresa.

Esta particularidade faz com que MENEZES CORDEIRO, *Manual de Direito das Sociedades, II,* ..., cit., pp. 321-322, considere que a recondução da exoneração às consequências do incumprimento do contrato não seja convincente. Assim, no seu entender «*as explicações contratualistas tornam-se artificiais, sobretudo perante sociedades em que o elemento pessoal esteja mais ténue*».

iii) Nalgumas situações, a declaração de exoneração está sujeita a requisitos de forma[122];

iv) A extinção da relação societária não ocorre de modo automático, com a recepção da declaração de exoneração, mas apenas posteriormente[123];

v) A resolução não se funda num incumprimento culposo, motivo paradigmático da resolução, mas numa causa legal[124]. Trata-se, pois, de um fundamento objectivo que não pressupõe o incumprimento de prestações contratuais[125];

vi) Em regra, o direito de exoneração tem de ser exercido num curto período de tempo, sob pena de caducar. Já a declaração de resolução encontra-se, em regra, sujeita às regras gerais de prescrição, sem prejuízo de eventual abuso do direito e do disposto no art. 436.º, n.º 2, do CC.

Poderá, eventualmente, observar-se que a posição ora defendida claudica, uma vez que a sociedade nem sempre se constitui por contrato[126]. Esta objecção levanta-se apenas na sociedade pluripessoal[127], criada por lei, decreto-lei, deliberação social, decisão homologatória, etc. Contudo, mesmo nestes casos, não se considera que tal realidade seja suficiente para excluir a afirmação de que o direito de exoneração em certos casos se reconduz à resolução. Na verdade, mesmo as sociedades de origem não contratual acabam por obedecer a um regime em tudo reconduzível à existência de um negócio associativo, pelo que também nestes casos se pode considerar que algumas causas de exoneração se reconduzem à resolução por alteração das circunstâncias.

Em sede de conclusão, dir-se-á que a existência de causas de exoneração equiparáveis à resolução do contrato não são bastantes para se

---

[122] *Vide* n.º 1 da Secção II, Capítulo IV, da Terceira Parte.

[123] *Vide* n.º 4 da Secção I, Capítulo V, da Terceira Parte.

[124] No Direito italiano, B. DE'COCCI, *Diritto di Recesso per Cambiamento dell'Oggetto Sociale e Fusione per Incorporazione*, Riv. Dir. Comm., ano 65, Parte II, Milão, 1967, cit., p. 367, considera que a justificação do direito de exoneração é a modificação radical das bases essenciais da sociedade sem o consenso de todos os que a formaram.

[125] Não é possível ver nas causas legais de exoneração senão actos/omissões lícitos, imputáveis à sociedade.

[126] *Vide* nota de rodapé 98.

Vide DANIELA BAPTISTA, *O Direito de ...,* cit., pp. 410-411.

[127] Nas sociedades unipessoais, a questão não se levanta. Cf., n.º 1.1. da Secção I, Capítulo IV, da Terceira Parte.

concluir que a exoneração do sócio nas sociedades comerciais é sinónimo de resolução. Apenas será mais um contributo para se concluir que o direito de exoneração nas sociedades comerciais tem funções não homogéneas.

5. Exoneração e Amortização da Participação Social

Conforme salienta COUTINHO DE ABREU[128], não é possível apresentar um conceito unitário de amortização da participação social[129]. Com efeito, enquanto que a amortização da quota[130] se reconduz à sua extinção por deliberação dos sócios[131] e posterior reembolso, a amortização de acções reconduz-se essencialmente ao reembolso, total ou parcial, do seu valor, acompanhado ou não da extinção da participação social, consoante haja ou não redução do capital social[132].

Quer a exoneração do sócio quer a amortização de quotas ou de acções com redução do capital social têm em comum o facto de serem formas de extinção da participação social, o seu regime proteger os interesses de terceiros[133] e o facto de o valor do reembolso da participação social ser, em regra, calculado do mesmo modo (arts. 120.º, 186.º, n.º 4, 235.º, n.º, 1, al. a) e 240.º, n.º 5).

A grande diferença reside na perspectiva de abordagem do problema[134]. Na exoneração, o ponto de partida é o do sujeito. Existe alguém

---

[128] *Curso de ...*, cit., p. 407.

[129] Em geral, sobre a amortização da participação social, cf. COUTINHO DE ABREU, *Curso de ...*, cit., p. 407 ss. e BRITO CORREIA, *Direito Comercial, ..., Vol. II*, cit., pp. 409-452.

[130] Sobre a amortização de quotas, *vide*, com maior desenvolvimento, AMADEU FERREIRA, *Amortização de Quota ...*, cit. e ANTÓNIO SOARES, *O Novo Regime da Amortização de Quotas*, AAFDL, Lisboa, 1988.

[131] Sobre a amortização de acções, *vide* JOÃO LABAREDA, *Das Acções das ...*, cit., pp. 321-334.

[132] Atendendo ao facto de a amortização sem redução ser raramente utilizada, tem-se sobretudo em conta a amortização com redução do capital social. Naquela o efeito é a constituição do direito dos titulares das acções amortizadas ao reembolso da totalidade ou parte do valor nominal das acções (art. 346.º, n.º 3).

[133] Cf. AMADEU FERREIRA, *Amortização de Quota ...*, cit., p. 13 e ss..
Vide ainda os arts. 232.º, n.º 3, 236.º, n.º 2 e 240.º, n.º 2.

[134] *Vide* ainda RAÚL VENTURA, *Sociedades por Quotas, Vol. I, Artigos 197.º a 239.º, Comentário ao Código das Sociedades Comerciais*, 3.ª reimpressão da edição de 1989,

que é sócio e deixa de o ser. Visa-se, pois, a extinção da relação societária, e a sua iniciativa parte do sócio. Na amortização, o ponto de partida não é o sujeito, mas sim o objecto, a parte social. A preocupação é o destino da participação social detida pelo sujeito. A sua extinção e o reembolso do seu valor são efectivados pela sociedade.

Acresce, ainda, que, numa perspectiva dos interesses, conforme salienta AMADEU FERREIRA[135], na amortização da participação social prevalecem os interesses da sociedade sobre os interesses do sócio, enquanto que na exoneração são os interesses do sócio que prevalecem.

Da exoneração do sócio pode ocorrer a extinção da sua participação social, por amortização. Contudo, o que se pretende com a exoneração é a cessação da relação societária, haja ou não extinção da participação social, seja ou não o seu reembolso feito com recurso à amortização. Deste modo, a amortização, à semelhança da transmissão, pode ser um meio de realizar a exoneração[136], mas pode haver exoneração sem amortização da participação social, sempre que a sociedade adquira ou faça adquirir a participação social do sócio que se exonerou. Do mesmo modo, pode haver amortização da participação social sem a extinção da relação societária, por exemplo, na amortização parcial, ou sem a redução do capital social. Noutros casos ainda, é o regime da exoneração do sócio que é aplicado à amortização da participação social, conforme sucede na amortização obrigatória convencional (art. 232.º, n.º 4).

Sempre que a exoneração do sócio for concretizada através da extinção da participação social, o regime a seguir será o da amortização. Contudo, quando assim suceda, a amortização não poderá deixar de reflectir os elementos caracterizadores da exoneração do sócio, designadamente sendo onerosa e implicando a extinção da participação social[137].

6. Exoneração e Exclusão

De uma forma sucinta, a exclusão do sócio pode ser definida como *a*

Almedina, Coimbra, 2004, pp. 671-672 e *Sociedades por Quotas, Vol. II*, ..., cit., pp. 13-15.

[135] *Amortização de Quota* ..., cit., pp. 7-8.

[136] Cf. OLIVEIRA ASCENSÃO, *Direito Comercial, Volume IV (Sociedades Comerciais Parte Geral)*, Lisboa, 2000, p. 379.

[137] *Vide* n.º 2 da Secção II, Capítulo V, da Terceira Parte.

saída de um sócio de uma sociedade, em regra[138], *por iniciativa desta, com fundamento na lei ou cláusula estatutária*[139].

Entre a exclusão e a exoneração de um sócio são mais as semelhanças que podemos encontrar do que as diferenças, havendo mesmo quem fale, como BRENES CORTÉS[140], numa analogia conceptual. Na verdade, ambos os institutos:

i) São concebidos para pôr termo à qualidade de sócio[141];
ii) São formas de *dissolução parcial* do contrato de sociedade;
iii) Configuram o exercício de direitos de natureza potestativa. Existindo um conflito entre estes dois direitos, a questão resolve-se com a prevalência do direito que primeiro conseguir a sua finalidade, uma vez que não é possível encontrar no ordenamento jurídico qualquer preferência por um deles[142];
iv) Consubstanciam direitos voluntários, na medida em que, verificados os seus pressupostos, dependem da livre vontade dos seus titulares, num caso, a sociedade, no outro, o sócio;

---

[138] Assim não será nas sociedades com apenas dois sócios.

[139] Sobre o direito de exclusão no regime anterior, *vide*, com maior desenvolvimento, AVELÃS NUNES, *O Direito de Exclusão ...,* cit..

No regime actual, *vide* CAROLINA CUNHA, *A Exclusão de Sócios*, Problemas do Direito das Sociedades, Almedina, Coimbra, 2003, pp. 201-233 e MENEZES LEITÃO, *Pressupostos da ....,* cit..

[140] *El Derecho de ...,* cit., p. 33. Com maior desenvolvimento, e analisando as semelhanças entre o direito de exoneração e o direito de exclusão, *vide* LEÑA FERNÁNDEZ/RUEDA PÉREZ, *Derecho de Separación ...,* cit., p. 129 e ss..

[141] Segundo MENEZES CORDEIRO, *Manual de Direito das Sociedades, II, ...,* cit., p. 317, nota 817, a exoneração e a exclusão do sócio cabem na panorâmica da cessação das relações duradouras. Assim sucederá, em regra. Contudo, estes dois institutos também podem ocorrer em sociedades com duração limitada.

[142] Cf. A. GIORDANO, *Concorso fra Una Causa di Esclusione ed Una Causa di Recesso da Una Società Personale*, Riv. Dir. Comm., ano 53, Parte II, Milão, 1955, p. 354.

Eventualmente, na pendência de um processo judicial de exclusão poderá dar-se a exoneração do sócio, caso em que esta prevalecerá sobre a exclusão, ocorrendo uma inutilidade superveniente da lide relativamente à acção de exclusão. De modo idêntico, *vide* o Ac. do STJ de 07.10.2003 (BARROS CALDEIRA), www.dgsi.pt (recolhido em Julho de 2006). A situação inversa também poderá ocorrer, sempre que, tendo sido emitida a declaração de exoneração com um prazo de pré-aviso na pendência desse prazo, os restantes sócios deliberarem a exclusão do sócio, contando que tenham fundamento para o fazer.

v) Quando a sociedade seja constituída por mais de dois sócios, operam por via extrajudicial;

vi) Calculam o reembolso da participação social do mesmo modo.

Numa palavra, ambas as figuras permitem a desvinculação de um dos sócios, possibilitam a conservação da sociedade e permitem a resolução de conflitos intrasocietários.

Apesar de poucas, importa mencionar as seguintes diferenças:

i) O direito de exoneração é processado por vontade do sócio, e a sua exclusão, é processada contra ou, pelo menos, sem a sua vontade[143];

ii) O direito de exoneração é efectuado por declaração do sócio e a sua exclusão por deliberação social ou decretada judicialmente;

iii) As causas de exoneração circunscrevem-se, em regra, a comportamentos imputáveis à sociedade. Já as causas de exclusão circunscrevem-se a comportamentos ou situações pessoais dos sócios, em termos tais, que tornam inexigível que os restantes sócios, *rectius*, a sociedade, suportem a sua permanência na sociedade. Nessa medida, correspondem, em regra, ao incumprimento de determinadas obrigações que os sócios tinham para com a sociedade[144];

iv) A exoneração destina-se a proteger primordialmente os sócios, enquanto que a exclusão do sócio é um instituto destinado a proteger a sociedade[145];

v) A exoneração do sócio tem lugar em todos os tipos de sociedades, já a exclusão do sócio não se encontra prevista nas sociedades anónimas[146];

---

[143] Cf. LLANOS GÓMEZ, *Sobre la Separación de Un Socio en las Sociedades de Personas*, Estudios de Derecho Mercantil en Homenaje a Rodrigo Uría, Civitas, Madrid, 1978, p. 395.

[144] Com maior desenvolvimento, cf. MENEZES LEITÃO, *Pressupostos da ...*, cit., pp. 49-58.

Por esta razão AA como AVELÃS NUNES, *O Direito de Exclusão ...*, cit., p. 60 e MENEZES LEITÃO, *Pressupostos da ...*, cit., pp. 33-35, reconduzem a exclusão do sócio à resolução por incumprimento do contrato de sociedade.

Rejeitando esta tese, por considerar que a resolução do contrato confere a faculdade de autodesvinculação, enquanto a exclusão produz uma heterodesvinculação, vide CAROLINA CUNHA, *A Exclusão ...*, cit., pp. 215-216.

[145] Cf. AVELÃS NUNES, *O Direito de Exclusão ...*, cit., p. 47 e ss..

[146] À excepção do art. 287.º, n.º 4, a justificação apresentada assenta no facto de a pessoa do sócio e os comportamentos que adopte, numa sociedade anónima, caracterizada pela impossibilidade real de conhecer os titulares das acções, quando estas sejam ao por-

vi) Nos casos em que a sociedade apenas tiver dois sócios, a exoneração continua a operar extrajudicialmente, mas a exclusão terá de ser feita judicialmente (arts. 186.º, n.º 3 e 242.º).

Pelo exposto, conclui-se que, apesar das semelhanças, exoneração e exclusão do sócio não se confundem.

---

tador e pela livre circulabilidade da participação social, tornar o reconhecimento da figura pouco vantajoso. Neste sentido, veja-se COUTINHO DE ABREU, *Curso de ...,* cit., pp. 440-441.

Sem prejuízo, a doutrina costuma admitir a aplicação, por analogia, do art. 242.º às sociedades anónimas. Por todos, cf. MENEZES LEITÃO, *Pressupostos da ...,* cit., pp. 70-73.

SEGUNDA PARTE

O DIREITO DE EXONERAÇÃO NO DIREITO COMPARADO

CAPÍTULO I
Direito Francês

1. Introdução

No Direito francês, o *droit de retrait* nas sociedades comerciais[147] é praticamente desconhecido na lei e pouco tratado na doutrina, pelo que a sua relevância é limitada. Todavia, alguma doutrina e jurisprudência admitem a possibilidade de nos estatutos serem convencionadas causas de exoneração dos sócios[148].

2. Sociedades em Nome Colectivo e em Comandita Simples

Nas *sociedades em nome colectivo* e *em comandita simples* não existe o direito de exoneração. Quanto às *sociedades em nome colectivo*, uma vez que as deliberações sociais apenas são aprovadas por unanimidade, nenhum sócio dissidente verá aprovada uma deliberação da qual discorde (art. L. 221-6, do Código Comercial[149]). Já nas *sociedades em*

---

[147] Este direito é, todavia, reconhecido nas sociedades civis, no art. 1869.º, do Código Civil, segundo o qual um sócio pode sair, total ou parcialmente, da sociedade, nas condições previstas nos estatutos e, na sua falta, com autorização unânime de todos os sócios. Havendo justa causa o sócio pode retirar-se judicialmente.
Cf. M. COZIAN/A. VIADIER/F. DEBOISSY, *Droit des Sociétés*, 16ᵉ édition, Litec, 2003, p. 173.

[148] Neste sentido, cf. JEAN-JACQUES DAIGRE, *La Perte de la Qualité d'Actionnaire*, Revue des Sociétés, ano 117, n.º 3, Paris, 1999, pp. 538-540.

[149] A matéria das sociedades comerciais encontrava-se prevista no Code de Sociétés, aprovado pela Lei n.º 66-537, de 24.07.1966. Todavia, em 2000, por força do Ord. n.º 200-912, de 18.09, tal matéria passou a estar integrada no Código Comercial francês.

comandita simples, apenas se exige a unanimidade para a alteração da nacionalidade da sociedade (art. L. 222-9, do Código Comercial).

3. Sociedades por Quotas

No que respeita às *sociétés a responsabilité limitée*, equivalentes às nossas sociedades por quotas, o direito de exoneração está funcionalmente reconhecido no caso de a cessão das quotas a terceiros[150] não ser autorizada pela sociedade (art. L. 223-14, do Código Comercial). Sempre que tal aconteça, ficam os restantes sócios obrigados, no prazo de três meses[151] a contar da recusa, a adquirir ou fazer adquirir a participação social do sócio que pretendia transmitir a sua quota, por um valor calculado segundo as regras do Código Civil[152]. Trata-se de uma forma análoga de exoneração, concretizada através da substituição do adquirente da participação social (*remplacement*), destinada a evitar que o sócio fique prisioneiro da sociedade.

Nas sociedades de responsabilidade limitada, a unanimidade só é exigida para a alteração da nacionalidade da sociedade (art. L. 223-30, do Código Comercial) e para a sua transformação numa sociedade em nome colectivo ou em comandita. A aprovação das restantes alterações estatutárias depende dos votos representativos de, pelo menos, três quartos do capital social.

4. Sociedades Anónimas

Relativamente às *sociedades anónimas*, nenhuma disposição legal prevê o direito de exoneração. Uma das razões apontadas é a não necessi-

---

[150] Esta solução legal é ainda aplicável, por remissão, sempre que tenham sido estabelecidas limitações estatutárias à transmissão da quota, por via sucessória, a ascendentes ou descendentes, ou à transmissão a outros sócios (arts. L. 223-13 e 223-16, do Código Comercial).

[151] Este prazo pode ser judicialmente prolongado, uma vez, por um novo prazo não superior a seis meses.

[152] Nos termos do art. 1843-4, do Código Civil, o valor da participação social, na falta de acordo, será determinado por um perito, nomeado pelas partes ou, na falta de acordo, judicialmente.

dade do seu reconhecimento, atendendo à livre transmissão das acções. Assim, perante a aprovação de alguma das deliberações sociais, que noutros ordenamentos jurídicos seria constitutiva do direito de exoneração para os sócios dissidentes, aos sócios minoritários apenas resta, verificados os respectivos pressupostos, um eventual recurso ao chamado abuso da maioria[153] ou tentarem transmitir as suas acções.

O único caso que se pode afirmar ter por subjacente a saída do sócio respeita às sociedades cotadas em bolsa ou mercado secundário e foi introduzido, em 1989, pela Lei de 2.04. Neste diploma permite-se, que quando 95% dos direitos de voto se encontrem na titularidade da mesma pessoa ou grupo, os accionistas minoritários – titulares de acções com direito de voto, detentores de certificados de investimento ou de certificados com direito de voto – requeiram ao Conselho dos Mercados Financeiros (*Conseil des Marchés Financières*) a apresentação de uma oferta pública de exoneração (*offre publique de retrait – OPR*) (arts. 5-6-1 e 5-6-2, do RG do CMF)[154], figura semelhante à alienação potestativa mobiliária[155]. Trata-se, neste caso, de uma oferta obrigatória mas não automática, uma vez que nasce por iniciativa do accionista minoritário[156], mas que terá de

---

[153] Apesar de não estar previsto na lei, o abuso de maioria é defendido pela jurisprudência, existindo sempre que a maioria aprova determinada deliberação contrária ao interesse social, com a finalidade de favorecer os membros da maioria em detrimento do minoritários. Cf. MICHEL GERMAIN, *Les Droits des Minoritaires (Droit Français des Sociétés)*, Revue Internationale de Droit Comparé, ano 54, n.º 2, Paris, 2002, pp. 412-413.

[154] Com maior desenvolvimento, *vide* DIDIER MARTIN/JEAN-PAUL VALUET, *Les Offres Publiques d'Acquisition*, Tome I, GLN Joly, Paris, 1993, pp. 75-86, e THIERRY BONNEAU/LAURENT FAUGÉROLAS, *Les Offres Publiques, OPA, OPE, Garantie de Cours, Retrait ...*, Editions EFE, Paris, 1999, pp. 243-253.

Apesar de não se encontrar previsto na lei, alguma doutrina e jurisprudência acrescentam ainda, para que se possa requerer uma OPR, a iliquidez do mercado, não se justificando o recurso a esta figura, sempre que o sócio minoritário possa, apesar de tudo, negociar as suas acções em condições normais. Neste sentido, veja-se THIERRY BONNEAU/LAURENT FAUGÉROLAS, *Les Offres Publiques, ...*, cit., p. 249, que menciona o Ac. de 6.05.1996 do Cour de Cassation.

[155] *Vide* n.º 2 da Secção IV, Capítulo II, da Terceira Parte.

[156] Quanto aos critérios de avaliação da oferta, veja-se, com maior desenvolvimento, THIERRY BONNEAU/LAURENT FAUGÉROLAS, *Les Offres Publiques, ...*, cit., pp. 135-138.

Esta oferta também pode surgir por iniciativa do accionista maioritário dirigida aos accionistas minoritários (art. 5-6-3, do RG do CMF). Neste caso, o sócio, ou grupo

ser analisada e aceite pelo Conselho dos Mercados Financeiros. Uma vez aceite, o accionista maioritário é notificado para depositar, num prazo fixado por esta entidade, um projecto de OPR, nas condições consideradas aceitáveis (n.º 2 dos arts. 5-6-1 e 5-6-2, do RG do CMF).

Pelo exposto, é de concluir que a OPR assenta na protecção dos sócios minoritários, em razão do estreitamento do mercado, que pode acarretar uma incapacidade de assegurar um preço justo das suas acções[157].

Quanto aos critérios de avaliação da oferta, dir-se-á, em síntese, que não existe um critério uniformemente estabelecido, variando a solução, de caso para caso[158]. O preço terá apenas de ser aceitável em função de critérios de avaliação objectivos usualmente aceites. Assim, nuns casos o método usado foi o curso bolsista da sociedade nos últimos anos, enquanto que noutros, uma actualização do valor dos activos. Noutros casos ainda recorreu-se ao método dos *cash flows* ou da comparação bolsista. Não existindo nenhum método de avaliação imposto *a priori*, tudo dependerá da situação em concreto, existindo liberdade na escolha do método. Apenas se exige que o método adoptado e o preço oferecido sejam iguais para todos os accionistas. Esta opção legal, por largamente subjectiva, permite ao oferente optar pelo critério que mais lhe convém, ou seja, pelo critério que lhe permite oferecer pelas acções o valor mais baixo[159].

Além da situação acima descrita, deve ser depositado um projecto de OPR nos casos de transformação de sociedade anónima cotada em sociedade em comandita por acções. Esta obrigação de depósito é imposta à(s) pessoa(s) que controlem a sociedade, aquando da deliberação de transformação (art. 5-6-5, do RG do CMF).

Por outro lado, quem controlar a sociedade deve informar a CMF da ocorrência de qualquer um dos seguintes factos (art. 5-6-6, do RG do CMF):

---

maioritário, terá depositar um projecto de OPR (arts. 5-6-3 e 5-6-4, do RG do CMF), nada obrigando os seus destinatários a aceitarem tal proposta. Na sequência desta OPR poderá surgir uma oferta de exoneração obrigatória (*offre de retrait obligatoire*).

[157] *Vide*, neste sentido, PIERRE ALFREDO, *La Fixation du Prix d'Offre Publique, de l'Offre d'Exclusion Espagnole à l'Offre de Retrait Française*, Revue des Sociétés, ano 115, n.º 1, Paris, 1997, p. 72.

[158] Com maior desenvolvimento, cf. THIERRY BONNEAU/LAURENT FAUGÉROLAS, *Les Offres Publiques, ...,* cit., pp. 135-138.

[159] Cf. DOMINIQUE SCHMIDT, *Réflexions sur le Retrait Obligatoire,* Revue de Droit Bancaire et de la Bourse, Paris, n.º 76, 1999, p. 215.

i) Apresentação de proposta de modificação significativa das disposições estatutárias, designadamente[160] as relativas à forma da sociedade, condições de cessão e transmissão das acções ou de exercício dos direitos a elas associados[161];

ii) Deliberação de dar início a uma fusão por absorção de certa sociedade na sociedade que detém o controlo;

iii) Deliberação de iniciar uma alienação de todo ou parte significativa do activo;

iv) Deliberação de reorientação da actividade social[162];

v) Deliberação de supressão do direito ao dividendo.

Nestes casos, a CMF, informada de tais eventos, limitar-se-á a analisar as consequências que a sua aprovação pode acarretar aos sócios da mesma, com vista a concluir se deve ou não deve ocorrer uma OPR. A CMF não analisa as condições em que tais operações são realizadas, mas apenas as suas consequências. No caso de entender que deve ocorrer o lançamento de uma OPR, a CMF fixa também o seu conteúdo mínimo.

---

[160] Estas "modificações" referidas na lei têm carácter enunciativo, porquanto o legislador usa o advérbio *"notamment"*. Já as restantes situações têm carácter taxativo. Neste sentido, veja-se THIERRY BONNEAU/LAURENT FAUGÉROLAS, *Les Offres Publiques, ...,* cit., p. 255.

[161] Designadamente, a alteração do direito de voto duplo ou das regras estatutárias de distribuição de dividendos.

[162] Segundo THIERRY BONNEAU/LAURENT FAUGÉROLAS, *Les Offres Publiques, ...,* cit., pp. 255-256, a reorientação da actividade social pode resultar tanto da cessação da actividade social como da cedência de um ramo da actividade para uma sociedade terceira. Todavia, segundo estes AA, nem sempre a cedência de um ramo da actividade implica uma OPR pela CMF, porquanto pode mesmo ser vantajosa para a sociedade diminuindo, por exemplo, as suas dívidas.

CAPÍTULO II
Direito Espanhol

1. O Direito de Exoneração nas Sociedades em Nome Colectivo e em Comandita Simples

O *derecho de separación* surge referido pela primeira vez no Direito Espanhol no art. 225.º, do Código Comercial de 1885, preceito ainda em vigor, segundo o qual o sócio que por sua vontade se separe ou promova a dissolução da sociedade não pode impedir a conclusão dos negócios pendentes ou a divisão dos bens da sociedade[163]. Este preceito visa completar o art. 224.º, do mesmo diploma, que reconhece o direito de denúncia nas

---

[163] Mais discutida é a questão de saber se o art. 225.º consagra efectivamente um direito de exoneração. Esta questão levanta-se porque, por um lado, não há no Código Comercial nenhum preceito a regular este direito e, por outro, porque o art. 225.º se encontra estreitamente ligado com a faculdade de denúncia do contrato. Apesar disso, a maioria da doutrina defende que este preceito prevê efectivamente um direito de exoneração, não fazendo sentido que, sempre que o sócio queira sair da sociedade, tenha de a destruir, por dissolução. Por outro lado, argumentam os AA que defendem esta posição o art. 947.º, do Código Comercial, que, ao fixar diferentes prazos de prescrição para a acção de dissolução da sociedade e para a exoneração do sócio, reconhecerá o direito de exoneração.

Sobre esta questão *vide*, com maior desenvolvimento, FAJARDO GARCÍA, *El Derecho de Separación* ..., cit., pp. 15-16, MOTOS GUIRAO, *La Separación Voluntaria* ..., cit., pp. 88-89, LLANOS GÓMEZ, *Sobre la Separación* ..., cit., pp. 798-799 e BRENES CORTÉS, *El Derecho de* ..., cit., pp. 353-354, nota 95.

Em sentido contrário, recusando a existência de um direito de exoneração, *vide* JORDANO BAREA, *Denuncia Unilateral del Contrato y Derecho de Separación en Sociedad Limitada de Dos Socios, Constituida por Tiempo Indefinido*, Anuario de Derecho Civil, III, 1955, p. 903. Na sua opinião, se no art. 224.º se concede o direito de denúncia nas sociedades constituídas por tempo indeterminado, não faz sentido reconhecer também o direito de exoneração.

sociedades em nome colectivo e em comandita constituídas por tempo indeterminado. Por este motivo, a maioria da doutrina[164], apesar de ser uma questão controvertida[165], defende que o art. 225.º só se aplica às sociedades em nome colectivo e em comandita simples.

Fora desta situação, cujo preenchimento depende de se tratar de uma sociedade com duração indeterminada[166], a exoneração só é possível quando prevista nos estatutos[167], nos termos do art. 125.º, do Código Comercial, que admite que as partes estipulem nos estatutos as condições que julgarem convenientes.

2. O Direito de Exoneração nas Sociedades Anónimas

2.1. *Código Comercial de 1829 e de 1885*

Antes da entrada em vigor da LSA de 1951, apesar de não se encontrar regulado o direito de exoneração nas sociedades anónimas, não existiam obstáculos legais ao seu reconhecimento estatutário, quer nos termos

---

[164] Entre outros, *vide* FAJARDO GARCÍA, *EL Derecho de Separación* ..., cit., pp.17-18 e BRENES CORTÉS, *El Derecho de* ..., cit., p. 149.

Já LLANOS GÓMEZ, *Sobre la Separación* ..., cit., p. 804, considera que, não havendo nenhuma lacuna no regime legal das sociedades de responsabilidade limitada, não haveria porque aplicar o Código Comercial. Por sua vez, BONARDELL LENZANO/CABANAS TREJO, *Separación y Exclusión* ..., cit., p. 24, excluem a aplicação desta disposição às sociedades anónimas, com fundamento na livre transmissibilidade das acções. Sobre a aplicação do art. 225.º às sociedades anónimas, *vide* ainda MOTOS GUIRAO, *La Separación Voluntaria* ..., cit., pp. 113-115.

[165] A polémica resulta do facto de o art. 225.º, do Código Comercial, se encontrar numa secção intitulada *"termo e liquidação das sociedades comerciais"*, pelo que aparentemente se aplica a todas as sociedades comerciais.

[166] Neste sentido, cf. FAJARDO GARCÍA, *EL Derecho de Separación* ..., cit., p. 17 e VIERA GONZÁLEZ, *Las Sociedades de Capital* ..., cit., p. 63.

[167] Conforme observa LLANOS GÓMEZ, *Sobre la Separación* ..., cit., p. 799, uma vez que as causas de exoneração nas sociedades civis por tempo determinado já eram conhecidas pelo legislador aquando da aprovação do Código Comercial, não terá sido sua intenção reconhecê-las como causa de exoneração nas sociedades comerciais de pessoas.

Vide ainda FAJARDO GARCÍA, *El Derecho de Separación* ..., cit., p. 17.

Cf., neste sentido, FAJARDO GARCÍA, *El Derecho de Separación* ..., cit., p. 17 e MOTOS GUIRAO, *La Separación Voluntaria* ..., cit., p. 87.

do disposto no art. 286.º, do Código Comercial de 1829, quer posteriormente nos termos do já referido art. 125.º, do Código Comercial de 1885[168].

2.2. Causas Legais de Exoneração na Lei das Sociedades Anónimas, de 17 de Julho de 1951

No Direito Comercial espanhol, o direito de exoneração foi reconhecido pela primeira vez, e de forma relativamente completa, na Lei das Sociedades Anónimas, de 17 de Julho de 1951[169].

Na sua versão original eram quatro as causas de exoneração: modificação do objecto social (art. 85.º, da LSA de 1951), transformação da sociedade (art. 135.º, da LSA de 1951), fusão (art. 144.º, da LSA de 1951) e por revisão do valor das entradas em espécie (art. 32.º, da LSA de 1951).

2.2.1. Modificação do Objecto Social

Na LSA de 1951, a deliberação de alteração do objecto social conferia a todos os sócios que não tivessem votado a seu favor o direito de exoneração. Apesar de o art. 85.º falar "em modificação do objecto social", o facto de no art. 86.º, da LSA de 1951, se tratar da sua ampliação levava a que certos AA apenas considerassem existir direito de exoneração nos casos de modificação substancial, redução ou substituição completa das actividades que integrassem o objecto social[170].

2.2.2. Transformação

Os sócios dispunham ainda do direito de exoneração quando não tivessem votado favoravelmente a deliberação social de transformação da sociedade.

O fundamento desta causa era a repercussão da transformação na natureza, organização e dinâmica funcional da sociedade, assim como

---

[168] Com maior desenvolvimento, cf. VELASCO ALONSO, *El Derecho* ..., cit., p. 79 e ss..

[169] Segundo GARCÍA DE ALBIZU, *El Objeto Social* ..., cit., p. 377, nota 599, o reconhecimento do direito de exoneração foi bastante influenciado pelo *diritto de recesso* italiano.

[170] Cf. VIERA GONZÁLEZ, *Las Sociedades de Capital* ..., cit., p. 78.

a possível modificação do regime de responsabilidade pelas dívidas sociais[171].

O regime desta causa de exoneração era peculiar, sem precedentes noutros ordenamentos jurídicos. Funcionava negativa e automaticamente, sempre que o sócio que não tivesse votado a favor da deliberação de transformação não aderisse à mesma nos prazos legalmente fixados[172].

O sócio exonerado tinha direito ao reembolso da sua participação social, segundo balanço especial calculado no dia anterior ao da aprovação da deliberação social de transformação[173].

2.2.3. *Fusão*

No art. 144.º, da LSA de 1951, reconhecia-se o direito de exoneração aos sócios que não tivessem aprovado a deliberação social de fusão. Apesar da polémica[174], o direito de exoneração tinha lugar quer nos casos de fusão por criação de uma nova sociedade, quer nos casos de fusão por absorção.

Por remissão do art. 141.º, da LSA de 1951[175], o regime desta causa era o da exoneração por transformação da sociedade.

---

[171] Neste sentido, cf. ALEJANDRO BÉRGAMO, *Sociedades Anónimas* …, cit., p. 247.

[172] Os sócios que tivessem estado presentes na assembleia geral dispunham do prazo de um mês a contar do encerramento da assembleia geral para aderirem. Os restantes dispunham do prazo de três meses a contar do anúncio da deliberação social. Apesar de a lei apenas exigir que a adesão dos sócios ausentes fosse por escrito, a maioria da doutrina considerava tratar-se de uma lacuna, devendo também a adesão dos sócios presentes ser por escrito. Cf., neste sentido, BRENES CORTÉS, *El Derecho de* …, cit., p. 240 e VELASCO ALONSO, *El Derecho* …, cit., p. 147.

[173] Segundo ALEJANDRO BÉRGAMO, *Sociedades Anónimas* …, cit., p. 248, este balanço – *balanço de exoneração* –, seria um balanço especial que tinha de ser aprovado pela assembleia geral que deliberasse a transformação, sem prejuízo de poder ser impugnado pelo sócio que dele discordasse.

[174] Neste sentido, cf. BRENES CORTÉS, *El Derecho de* …, cit., p. 285 e VELASCO ALONSO, *El Derecho* …, cit., p. 140.

[175] A única particularidade desta causa de exoneração até à reforma de 1989 viria a resultar da Lei n.º 83/1968, de 5.12, que tratava das fusões de sociedades no regime de acção concertada ou que tivessem benefícios fiscais aplicáveis à concentração de empresas. Nestes casos, previa-se que a exoneração da sociedade tinha de ser efectuada expressamente. Com maior desenvolvimento, cf. BRENES CORTÉS, *El Derecho de* …, cit., p. 289.

2.2.4. *O Direito de Exoneração Resultante da Revisão do Valor da Entrada em Espécie*

Sempre que a entrada do sócio fosse em espécie, previa-se no art. 32.º, da LSA de 1951, um mecanismo de revisão do seu valor, *a posteriori*. Quando da mesma resultasse que o valor da entrada era inferior ao valor atribuído pelo sócio, estabelecia-se um tríplice mecanismo, cuja finalidade era restabelecer a coincidência entre o património inicial da sociedade e o seu capital social. Assim, o sócio afectado podia optar[176] por anular o número de acções atribuídas em quantia igual à diferença entre o valor atribuído à entrada e o valor da sua reavaliação, com posterior redução do capital social, completar o valor em falta com dinheiro, permanecendo com o mesmo número de acções ou exonerar-se da sociedade com posterior redução do capital social pelo valor da entrada.

Esta causa de exoneração, à semelhança do Direito italiano, tinha a particularidade de o reembolso se fazer através da restituição efectiva dos bens que constituíram a entrada e não pelo seu valor, uma vez que a avaliação feita pelo sócio constituíra a base do seu consentimento para o ingresso na sociedade[177]. Daí a proximidade, em termos de regime, entre esta causa de exoneração e a resolução do contrato.

2.3. *Causas Legais de Exoneração no Texto Refundido da LSA*

No ano de 1989, através do Real Decreto Legislativo 1564/1989, de 22.12, a LSA sofreu uma alteração profunda geral, com repercussões ao nível do direito de exoneração.

---

[176] Nada se previa quanto ao prazo para o exercício de alguma destas opções. Segundo, VELASCO ALONSO, *El Derecho* ..., cit., p. 168, a sociedade deveria comunicar o resultado da revisão ao sócio interessado, fixando-lhe um prazo para se pronunciar, sob pena de, não o fazendo, optar pela anulação das acções. Sobre esta questão, veja-se ainda BRENES CORTÉS, *El Derecho de* ..., cit., p. 340.

A solução espanhola, apesar de assentar no art. 2423.º, do CC It., tinha diferenças de relevo, designadamente o facto de ocorrer perante qualquer diferença, ainda que de montante irrisório, e de o direito de exoneração ter lugar, mesmo que a sociedade não optasse por anular as acções. Vide n.º 2.4.4. do Capítulo III, da Segunda Parte.

[177] Neste sentido, cf. BRENES CORTÉS, *El Derecho de* ..., cit., pp. 339 e 344 e, em sentido idêntico, VELASCO ALONSO, *El Derecho* ..., cit., p. 95.

Destaca-se, em primeiro lugar, a inspiração no regime do *diritto de recesso* do CC It. de 1942, conforme o próprio legislador confessa no preâmbulo do anteprojecto e na exposição dos motivos.

A segunda nota é para salientar que as alterações introduzidas reflectem uma preocupação de tutela da minoria perante certas deliberações de alteração dos estatutos pela maioria[178].

Por último, constata-se, relativamente ao regime anterior, uma restrição das causas legais de exoneração, reforçando o seu carácter excepcional e dando primazia à segurança jurídica[179].

Podem sintetizar-se em três as alterações da LSA de 1989 no direito de exoneração:

i) Afastamento do direito de exoneração por ocasião da fusão e nos casos de revisão do valor da entrada em espécie;

ii) Restrição do direito de exoneração nos casos de modificação do objecto social e de transformação da sociedade;

iii) Introdução do direito de exoneração por transferência da sede estatutária para o estrangeiro.

2.3.1. *Afastamento do Direito de Exoneração nos Casos de Fusão e de Revisão do Valor da Entrada em Espécie*

Apesar dos esforços de manter o direito de exoneração por fusão nos primeiros projectos de revisão da LSA de 1951, o mesmo acabaria por ser eliminado no Projecto de Lei de Reforma Parcial e na adaptação da legislação mercantil às Directivas Comunitárias de 1988, na sequência de debate acerca da possível incompatibilidade deste direito com a 3.ª Directiva sobre Sociedades Comerciais (n.º 78/855/CEE, de 9.10.1978)[180].

---

[178] Cf. VELASCO ALONSO, *El Derecho* ..., cit., p. 90 e ss..
[179] Vide VIERA GONZÁLEZ, *Las Sociedades de Capital* ..., cit., p. 80.
[180] Esta Directiva nada dizia sobre o direito de exoneração dos sócios dissidentes nos casos de fusão. Segundo BRENES CORTÉS, *El Derecho de* ..., cit., pp. 302-305, os AA do anteprojecto da LSA de 1989 defendiam que o grau de protecção das normas comunitárias era mínimo, não havendo inconveniente em fortalecer a tutela dos sócios através de um direito de exoneração. No entanto, diversos AA manifestaram-se contra o seu reconhecimento com fundamento na impossibilidade de interpretar o silêncio da Directiva.

Ainda sobre esta questão, PERALES VISCASILLAS, *El Derecho de Separación* ...., cit., pp. 281-287, considera duvidoso que do silêncio desta Directiva se pudesse retirar que o legislador quis eliminar o direito de exoneração na fusão. No seu entender, a Directiva

Relativamente às entradas em espécie, com a *nova* LSA passaram a ser objecto de uma avaliação realizada por peritos exteriores à sociedade, realizada antes da sua constituição. Deste modo, tornou-se desnecessária a posterior revisão do seu valor e, consequentemente, o reconhecimento do direito de exoneração do sócio.

2.3.2. *Substituição do Objecto Social*

Segundo a fórmula legal actual, o direito de exoneração só ocorre nos casos de modificação completa do objecto social por outro (art. 147.º, n.º 1, da LSA)[181]. Deste modo, restringe-se[182] significativamente o número de situações que podem constituir fundamento de exoneração legal, porquanto nem todas as modificações do objecto social são uma substituição do mesmo. Assim, não existe direito de exoneração quando[183] ao objecto social inicial acresçam/retirem actividades conexas que transformam ou complementam a actividade social originária da sociedade ou quando a sociedade elimina alguma das suas actividades principais sem as substituir por outras.

Esta fórmula tem sido criticada por permitir eliminar o direito de exoneração através da mera justaposição ou eliminação parcial das actividades que compõem o objecto social[184]. Quando tal suceda, a protecção

---

veio apenas estabelecer mínimos de harmonização, os quais, uma vez respeitados, não impediam a adopção de outras normas, como o direito de exoneração.

[181] Nos termos dos arts. 9.º, al. b), da LSA, e 13.º, al. b), da LSRL, o objecto social constitui uma das menções obrigatórias dos estatutos.

Enquanto que na versão de 1951 o legislador utilizava o termo *"cambio"* na revisão de 1989 substitui-o pelo termo *"substitución"*. Segundo GARCÍA DE ALBIZU, *El Objeto Social ...*, cit., pp. 300-302, esta modificação foi fruto da sensibilidade do legislador espanhol para a discussão no Direito italiano de limitar o direito de exoneração aos casos de modificação substancial do objecto social.

[182] Neste sentido, cf. PERALES VISCASILLAS, *El Derecho de Separación ...*, cit., p. 103, VIERA GONZÁLEZ, *Las Sociedades de Capital ...*, cit., pp. 79-80 e LEÑA FERNÁNDEZ/RUEDA PÉREZ, *Derecho de Separación ...*, cit., pp. 19-20.

A fórmula legal actual tem a vantagem de excluir o direito de exoneração nas modificações que se traduzem numa mera precisão ou concretização das actividades que compõem o objecto social ou que sejam secundárias.

[183] Vide PERALES VISCASILLAS, *El Derecho de Separación ...*, cit., p. 103 e ss..

[184] Cf. BONARDELL LENZANO/CABANAS TREJO, *Separación y Exclusión ...*, cit., p. 45, FAJARDO GARCÍA, *EL Derecho de Separación ...*, cit., p. 60 e GARCÍA DE ALBIZU, *El Objeto Social ...*, cit., p. 302.

dos sócios, na falta de outro mecanismo, poderá passar pelo instituto da fraude à lei[185]. Por este motivo tem-se interpretado restritivamente o art. 147.º, da LSA, considerando-se que a substituição do objecto social também abrange as modificações transcendentes[186], por determinar uma alteração substancial do risco assumido pelo sócio. Fora destes casos, apenas se estiver previsto nos estatutos, se verificará o direito de exoneração[187].

2.3.3. Transformação

No texto revisto da LSA apenas a transformação da sociedade anónima em sociedade em nome colectivo ou em sociedade em comandita constitui uma causa legal de exoneração (art. 225.º, n.ºs 1 e 2, da LSA). A transformação em sociedade de responsabilidade limitada deixou de constituir uma causa legal de exoneração[188], salvo quando prevista nos estatutos ou quando dê lugar a uma outra causa legal de exoneração. Esta restrição tem sido justificada por alguns AA pelo facto de só quando a sociedade se transforma numa sociedade em nome colectivo ou em comandita os sócios ficam sujeitos a um regime diferente de responsabilidade pelas dívidas sociais[189]. Contudo, este argumento não pode prevale-

---

[185] Veja-se GARCÍA DE ALBIZU, *El Objeto Social ...*, cit., p. 305.

[186] Segundo MARTÍNEZ SANZ, *Causas de Separación ...*, cit., p. 46, sempre que à actividade originária se acrescentem outras, mas resultar, no conjunto, que o objecto social é substancialmente distinto o direito de exoneração ocorre. Em sentido idêntico, vejam-se ESTURILLO LÓPEZ, *Estudio de la Sociedad ...*, cit., p. 571 e GARCÍA DE ALBIZU, *El Objeto Social ...*, cit., p. 303.

Segundo SOTO VÁZQUEZ, *Tratado Práctico de la Sociedad de Responsabilidad Limitada: Adaptado al Reglamento del Registro Mercantil, aprobado por RD 1784/1996*, Granada, 1996, p. 466, a realização esporádica de operações fora do objecto social não é uma substituição do mesmo.

[187] *Vide* PERALES VISCASILLAS, *El Derecho de Separación ...*, cit., nota 206, p. 111.

[188] Neste caso, os accionistas que não votaram a favor da transformação gozam, durante os três meses seguintes ao da publicação da deliberação de transformação, da faculdade de transmitir as suas participações nos mesmos termos e condições em que o podiam fazer na sociedade anónima (art. 226.º, da LSA). Criou-se, assim, uma *vacatio* durante a qual os sócios não ficam sujeitos às regras de transmissão da sociedade transformada.

[189] Neste sentido, *vide* LEÑA FERNÁNDEZ/RUEDA PÉREZ, *Derecho de Separación ...*, cit., p. 33. *Vide* ainda, sobre esta questão, BRENES CORTÉS, *El Derecho de ...*, cit., p. 256.

cer porque, se assim fosse, o direito de exoneração não seria reconhecido quanto aos sócios comanditários[190]. Deste modo, há quem sustente que o fundamento da exoneração reside na alteração substancial da estrutura organizativa que a deliberação de transformação comporta para todos os sócios, independentemente da responsabilidade pelas dívidas sociais[191].

Na continuidade do regime anterior, o direito de exoneração por transformação continua a funcionar de forma negativa, sendo uma consequência automática da postura passiva do sócio[192], apenas ficando vinculados à deliberação social de transformação os sócios que nesta tenham votado favoravelmente ou posteriormente aderido. Esta configuração peculiar do regime levou mesmo, quer no regime anterior, quer no regime actual, a questionar-se se se estava ou não perante um verdadeiro direito de exoneração[193], havendo quem defenda tratar-se de um *"direito de continuação da sociedade"*[194], ou de um *"direito de adesão"*[195]. Entre os que sustentam tratar-se de um direito de exoneração, há quem considere tratar-se de uma exoneração imprópria, porquanto *automática*[196], enquanto que outros optam por distinguir entre a *exoneração tácita*, sempre que o sócio deixe passar o prazo de adesão e não o faça, por oposição à *exoneração expressa*, sempre que o sócio declare a sua vontade de se exonerar[197].

---

[190] *Vide* VIERA GONZÁLEZ, *Las Sociedades de Capital* ..., cit., pp. 84-85.

[191] Cf. VIERA GONZÁLEZ, *Las Sociedades de Capital* ..., cit., p. 84 e PERALES VISCASILLAS, *El Derecho de Separación* ..., cit., p. 250.

[192] Para VELASCO ALONSO, *El Derecho* ..., cit., p. 143, este regime deveu-se ao desejo que as deliberações de transformação, pela sua importância e transcendência, só obrigassem os sócios que nelas tivessem expressamente consentido. *Vide* ainda, sobre esta questão, Brenes Cortés, *El Derecho de* ..., cit., p. 237.

[193] Com maior desenvolvimento, cf. BRENES CORTÉS, *El Derecho de* ..., cit., pp. 237-240.

[194] Neste sentido, *vide* VELASCO ALONSO, *El Derecho* ..., cit., p. 144.

[195] Cf. VIERA GONZÁLEZ, *Las Sociedades de Capital* ..., cit., p. 140. Já LEÑA FERNÁNDEZ/RUEDA PÉREZ, *Derecho de Separación* ..., cit., p. 33, referem que a iniciativa do sócio não tem por objecto separar-se da sociedade, mas manter-se na mesma, mediante a adesão à deliberação social.

[196] Veja-se ESTURILLO LÓPEZ, *Estudio de la Sociedad* ..., cit., p. 561, FAJARDO GARCÍA, *EL Derecho de Separación* ..., cit., p. 67 e MARTÍNEZ SANZ, *Causas de Separación* ..., cit., p. 53.

[197] Neste sentido, cf. BRENES CORTÉS, *El Derecho de* ..., cit., p. 253.

2.3.4. Transferência da Sede Estatutária para o Estrangeiro

A exoneração dos sócios por transferência da sede social[198] para o estrangeiro foi introduzida, pela primeira vez no direito societário espanhol, com o texto refundido da LSA (art. 149.º, n.º 2, da LSA). Posteriormente, aquando da revisão da LSRL, passou a ser uma causa legal de exoneração nestas sociedades.

A eficácia da deliberação social de transferência da sede social para o estrangeiro depende da existência de um Convénio Internacional com Espanha que permita a manutenção da personalidade jurídica da sociedade[199].

Segundo a maioria da doutrina, o fundamento desta causa de exoneração reside no submetimento da sociedade a um novo ordenamento jurídico[200] e, consequentemente, a um novo e distinto estatuto[201]. Para outros, a *ratio* do preceito são as consequências de tal mudança na esfera dos direitos dos sócios[202].

---

[198] Segundo FARRANDO MIGUEL, *El Derecho de* ..., cit., p. 97, para haver direito de exoneração é necessário que a sede efectiva não permaneça em Espanha atendendo ao princípio da coincidência entre a sede real e a formal. Em sentido idêntico, BRENES CORTÉS, *El Derecho de* ..., cit., pp. 229-230, defende que, apesar de a transferência da sede real sair do âmbito de aplicação do art. 149.º, n.º 2, da LSA, o direito de exoneração deve ter lugar, uma vez pode levar a uma alteração do estatuto pessoal da sociedade.

[199] Esta exigência, segundo BRENES CORTÉS, *El Derecho de* ..., cit., p. 227, destina-se a evitar que a sociedade fique privada de nacionalidade.
Segundo LEÑA FERNÁNDEZ/RUEDA PÉREZ, *Derecho de Separación* ..., cit., p. 25, FARRANDO MIGUEL, *El Derecho de* ..., cit., p. 96 e FAJARDO GARCÍA, *El Derecho de Separación* ..., cit., p. 61, não existem tais convénios.

[200] Nos termos do art. 5.º, n.º 1, da LSA, e do art. 6.º, n.º 1, da LRSL, a nacionalidade das sociedades é a do local do seu domicílio, pelo que a transferência da sede para o estrangeiro implica a modificação da lei que lhe é aplicável.

[201] Cf., neste sentido, entre outros, VIERA GONZÁLEZ, *Las Sociedades de Capital* ..., cit., p. 83, FARRANDO MIGUEL, *El Derecho de* ..., cit., pp. 97-98 e ESTURILLO LÓPEZ, *Estudio de la Sociedad* ..., cit., p. 573.
De modo idêntico, BRENES CORTÉS, *El Derecho de* ..., cit., pp. 226-227, sustenta que a *ratio* da exoneração é a alteração de um dos pressupostos essenciais que determinaram à adesão do sócio à sociedade, ou seja, a sujeição a certo ordenamento jurídico.

[202] Vide VIERA GONZÁLEZ, *Las Sociedades de Capital* ..., cit., p. 83 e BONARDELL LENZANO/CABANAS TREJO, *Separación y Exclusión* ..., cit., p. 48.

2.4. Regime das Causas Legais de Exoneração

O regime e as consequências da declaração de exoneração nas causas legais de exoneração são uniformes, apesar de aparentemente diferentes. Com efeito, na exoneração por transformação e por transferência da sede social para o estrangeiro remete-se para o regime da exoneração por substituição do objecto social, que funciona como o regime paradigmático das causas legais de exoneração (art. 149.º, n.º 2, *in fine* e art. 225.º, n.º 3, da LSA).

No que diz respeito à legitimidade, podem exonerar-se todos os sócios que não tenham votado a favor da deliberação social que originou o direito de exoneração.

Na exoneração por substituição do objecto social ou transferência da sede social para o estrangeiro, a declaração de exoneração tem de ser emitida num prazo de um mês a contar do registo da deliberação, sob pena de caducidade[203]. No caso de transformação, conforme se viu, o sócio que não votou a seu favor fica automaticamente exonerado se no prazo de um mês da sua aprovação não aderir por escrito à deliberação. Sem prejuízo, dentro desse prazo pode declarar expressamente à sociedade a sua exoneração.

Recebida a declaração de exoneração, fica a sociedade obrigada ao reembolso das acções, sendo que o montante do reembolso difere consoante estas se encontrem ou não cotadas em bolsa. Na primeira situação, o montante do reembolso corresponderá ao preço médio das acções no último trimestre[204]. Na segunda[205], o montante do reembolso, na falta de acordo entre a sociedade e os interessados, será determinado por auditor de contas, distinto do da sociedade, designado pelo Conservador do Registo Comercial da sede social (art. 147.º, n.º 2, da LSA)[206].

---

[203] Para VIERA GONZÁLEZ, *Las Sociedades de Capital* ..., cit., p. 123 e ss., BRENES CORTÉS, *El Derecho de* ..., cit., p. 445, FARRANDO MIGUEL, *El Derecho de* ..., cit., p. 153 e BONARDELL LENZANO/CABANAS TREJO, *Separación y Exclusión* ..., cit., p. 103, o início da contagem do prazo não impede que a declaração de exoneração seja feita antes dessa data, uma vez que não se prejudica a sociedade. A publicação apenas se destina a dar conhecimento da causa de exoneração aos sócios.

[204] Redacção resultante da Lei n.º 44/2002, de 22.11, que aprovou medidas de reforma do sistema financeiro. Até então, o período de referência era o último semestre.

[205] Veja-se VELASCO ALONSO, *El Derecho* ..., cit., p. 123.

[206] Redacção resultante da Lei n.º 44/2002, de 22.11. Esta alteração aproximou o regime do reembolso nas sociedades anónimas do regime das sociedades de responsa-

Em regra[207], o reembolso das acções será acompanhado da redução do capital social, pelo valor nominal das acções do sócio que se exonerou. Quando assim seja, a sociedade delibera a sua redução e faz publicá-la para efeitos de exercício do direito de oposição dos credores (art. 98.º, da LSA).

2.5. Causas Estatutárias de Exoneração

Apesar de não serem expressamente reconhecidas na lei, conforme sucede com as sociedades de responsabilidade limitada, a doutrina admite como válidas as cláusulas estatutárias de exoneração, desde que se observem as regras de protecção dos credores sociais[208]. Para alguns AA, o fundamento é o art. 10.º, da LSA, que permite aos sócios fixar as cláusulas que entenderem convenientes aos seus interesses, desde que não violem a lei ou princípios configuradores das sociedades anónimas[209].

---

bilidade limitada. Até então, por influência italiana, o reembolso era calculado pelo valor líquido das acções resultante do último balanço aprovado pela sociedade, fosse este ordinário ou extraordinário.

[207] A doutrina tem admitido, com algum consenso, a possibilidade de a sociedade, outros sócios ou mesmo terceiros adquirirem as acções do sócio que se exonerou, evitando a redução do capital social. Neste sentido, relevo para VIERA GONZÁLEZ, *Las Sociedades de Capital* ..., cit., pp. 131-132, que considera que sempre que tal suceda o interesse do sócio é satisfeito, não existindo nenhum interesse que obrigue a sociedade a reduzir o seu capital social. De modo semelhante, VELASCO ALONSO, *El Derecho* ..., cit., pp. 126--127, defende que a redução do capital social pode ser evitada sempre que os restantes sócios comprem as acções do sócio que se exonerou, através de *"pactos de cobertura"*.

[208] Veja-se, neste sentido, VELASCO ALONSO, *El Derecho* ..., cit., pp. 103-104.

[209] Neste sentido, *vide* BRENES CORTÉS, *El Derecho de* ..., cit., pp. 160-172 e VIERA GONZÁLEZ, *Las Sociedades de Capital* ..., cit., pp. 71-72.

Em sentido contrário, com fundamento na livre transmissibilidade das acções, cf. RODRIGO URIA, *Derecho Mercantil*, cit., p. 539.

Questão diferente é admitir, no silêncio da lei, a aplicação, por analogia, às sociedades anónimas das causas legais de exoneração previstas nas sociedades de responsabilidade limitada. A resposta deve ser negativa por se concluir que não existe lacuna. Com efeito, quando o texto revisto da Lei das Sociedades Anónimas foi publicado já a LSRL tinha sido alterada para a redacção actual. Nessa medida, se fosse intenção do legislador prever outras causas de exoneração, além das legais, tê-lo-ia feito. Sobre esta questão, *vide* Viera GONZÁLEZ, *Las Sociedades de Capital* ..., cit., p. 74 e ss..

3. O Direito de Exoneração nas Sociedades de Responsabilidade Limitada

3.1. Causas de Exoneração na LRSL

Na sua versão originária, a Lei das Sociedades de Responsabilidade Limitada (LRSL), de 17.07.1953, omitia qualquer referência ao direito de exoneração[210], nem sequer prevendo a possibilidade de os tribunais o concederem quando existisse justa causa. Segundo MOTOS GUIRAO[211], o legislador teria partido do princípio de que não seria necessária a protecção da minoria, influenciado pela livre transmissibilidade das quotas entre os sócios e pelo facto de a lei, no art. 20.º, vedar a proibição total da transmissão de participações sociais. Contudo, a doutrina admitia como válida a estipulação estatutária de causas de exoneração[212], por via do art. 7.º, que permitia incluir na escritura as estipulações que os sócios entendessem convenientes desde que não violassem a lei.

Na sua redacção actual, revista pela Lei n.º 2/1995, de 23.03, a LRSL passou a reconhecer um amplo catálogo de causas legais de exoneração, permitindo ainda, de forma expressa, as causas estatutárias de exoneração.

Assim, constitui causa legal de exoneração a:

i) Substituição do objecto social (al. a) do art. 95.º, da LSRL);

ii) Transferência da sede social para o estrangeiro (al. b) do art. 95.º, da LSRL);

iii) Modificação do regime de transmissão das quotas (al. c) do art. 95.º, da LSRL);

iv) Prorrogação ou reactivação da sociedade (al. d) do art. 95.º, da LSRL);

v) Transformação em sociedade anónima, civil, cooperativa, em

---

[210] Apenas na disposição transitória número 3.º se previa que os sócios minoritários desconformes com a modificação do pacto social tinham o direito de se exonerar e ao haver liquido da sua participação, segundo o art. 20.º.

O art. 3.º, n.º 2, previa que as sociedades de responsabilidade limitada ficassem sujeitas à LSRL e, subsidiariamente, às disposições do Código Comercial, o que levantava o problema, já analisado, de saber da aplicabilidade ou não do art. 225.º, do Código Comercial. Sobre esta questão, *vide,* ainda, MOTOS GUIRAO, *La Separación Voluntaria ...,* cit., pp. 181-182.

[211] *La Separación Voluntaria ...,* cit., p. 173.

[212] *Vide* MOTOS GUIRAO, *La Separación Voluntaria ...,* cit., p. 174.

nome colectivo, em comandita ou agrupamento de interesse económico (al. e) do art. 95.º, da LSRL);

vi) Criação, modificação ou extinção antecipada da obrigação de realizar prestações (al. f) do art. 95.º, da LSRL);

vii) Proibição da transmissão de participações sociais (art. 30.º, n.º 3, da LRSL).

3.1.1. *Substituição do Objecto Social e Transferência da Sede Social para o Estrangeiro*

No que concerne à exoneração do sócio por substituição do objecto social e transferência da sede social para o estrangeiro dão-se por reproduzidos os comentários feitos acerca do direito de exoneração do accionista na mesma situação.

A única diferença prende-se com o regime de funcionamento deste direito, que será analisado em 3.2. *infra*.

3.1.2. *Modificação do Regime de Transmissão das Participações Sociais*

A modificação do regime de transmissão das participações sociais constituiu uma alteração de um elemento fundamental da sociedade, já que aumenta ou diminui o seu carácter fechado[213]. Não é indiferente para o sócio o regime que permite o seu abandono da sociedade[214]. Por este motivo, a aprovação de uma deliberação social com esta finalidade constitui uma causa legal de exoneração.

Contudo, a forma ampla como o preceito se encontra redigido leva a que se possam incluir no mesmo todas as deliberações sociais que aprovem modificações ao regime de transmissão, significativas ou não, que

---

[213] Cf. LEÑA FERNÁNDEZ/RUEDA PÉREZ, *Derecho de Separación* ..., cit., p. 27.

[214] Nas sociedades anónimas, não se reconhece o direito de exoneração aos sócios por restrição ou condicionamento das regras de transmissão das acções nominativas, nos casos em que tal é permitido. Em contrapartida, dispõe o art. 146.º, da LSA, que tais sócios durante os três meses seguintes à publicação dessa deliberação social não ficam submetidos à mesma.

Sobre esta questão, *vide* PERALES VISCASILLAS, *El Derecho de Separación* ..., cit., p. 135 e ss..

tenham por objecto restringir ou facilitar a transmissão[215]. Tal facto tem conduzido a doutrina a fazer uma interpretação restritiva, no sentido de excluir o direito de exoneração nas situações que, apesar de incluídas na letra da lei, não são merecedoras de tal reconhecimento, como as modificações sem importância ou secundárias[216].

Mais problemáticas são as deliberações sociais que facilitam a transmissão das participações sociais. Quanto a esta questão, temos, de um lado, a maioria da doutrina, que considera que só as deliberações que modificam, por agravamento, o regime de transmissão das participações sociais são causa de exoneração[217] e, do outro lado, aqueles que, com destaque para VIERA GONZÁLEZ[218], MARTÍNEZ SANZ[219] e PERALES VISCASILLAS[220], defendem que o direito de exoneração também tem lugar nas deliberações sociais que flexibilizam a transmissão das participações sociais. Para estes últimos AA, nas sociedades de responsabilidade limitada, sociedades tendencialmente fechadas, não se pretende apenas controlar o ingresso de novos sócios, mas também a conservação de um certo *status quo* societário, isto é, o desenho original em matéria de transmissão de participações. Assim, a sua modificação, desde que significativa, justifica o direito de exoneração.

---

[215] Vide FARRANDO MIGUEL, *El Derecho de* ..., cit., p. 108 e VIERA GONZÁLEZ, *Las Sociedades de Capital* ..., cit., p. 87.

[216] Neste sentido, veja-se designadamente LEÑA FERNÁNDEZ/RUEDA PÉREZ, *Derecho de Separación* ..., cit., p. 28, VIERA GONZÁLEZ, *Las Sociedades de Capital* ..., cit., pp. 89-90, SOTO VÁZQUEZ, *Tratado Práctico*..., cit., p. 467 e BONARDELL LENZANO/ /CABANAS TREJO, *Separación y Exclusión* ..., cit., p. 52, estes últimos com fundamento na natureza excepcional da figura.

[217] Cf., entre outros, ESTURILLO LÓPEZ, *Estudio de la Sociedad* ..., cit., p. 573, sob pena de se transformar a exoneração do sócio num acto de mero capricho e de má fé, e BRENES CORTÉS, *El Derecho de* ..., cit., pp. 47-48, atento o carácter excepcional desta figura e as repercussões que o seu exercício tem na sociedade.

[218] *Las Sociedades de Capital* ..., cit., p. 87.

[219] *Causas de Separación* ..., cit., p. 56. Já FAJARDO GARCÍA, *El Derecho de Separación* ..., cit., p. 64, limita-se a criticar a solução legal existente, considerando que teria sido preferível remeter para os estatutos o reconhecimento do direito de exoneração nos casos de flexibilização da transmissão das quotas.

[220] *El Derecho de Separación* ..., cit., pp. 146 e 153. Segundo esta A. a lei presume que qualquer regime estatutário que flexibilize a transmissão tanto pode beneficiar os sócios como prejudicá-los, segundo juízos subjectivos que dependem do ponto de vista como foram concebidas as relações internas da sociedade.

3.1.3. Prorrogação ou Reactivação da Sociedade

A aprovação de deliberação social de prorrogação[221] ou de reactivação da sociedade confere a todos os sócios que não votaram a favor da mesma o direito de exoneração.

Quer a *prorrogação*, quer a *reactivação* da sociedade são institutos associadas à sua extinção e têm em comum permitir que a sociedade continue com o exercício da sua actividade[222]. A diferença reside no momento em que esta continuação se dá. A prorrogação dá-se por deliberação social[223] num momento anterior à extinção da sociedade, sempre que esta tenha duração limitada[224]. Já a reactivação dá-se por deliberação social, quando a sociedade se encontra numa fase de liquidação que fica interrompida, regressando a sociedade à sua vida normal (art. 106.º, n.º 1, da LSRL)[225].

Em ambas as deliberações estamos perante modificações essenciais das condições iniciais de vinculação à sociedade. Através delas o sócio

---

[221] O reconhecimento desta causa de exoneração tem como antecedente o art. 158.º, do Código Comercial Italiano de 1882. Vide BONARDELL LENZANO/CABANAS TREJO, *Separación y Exclusión* ..., cit., p. 53.

[222] Cf. BRENES CORTÉS, *El Derecho de* ..., cit., p. 355.

[223] Também é controvertido saber se o direito de exoneração ocorre nos casos de prorrogação automática da duração da sociedade. Segundo FAJARDO GARCÍA, *El Derecho de Separación* ..., cit., p. 66 e BONARDELL LENZANO/CABANAS TREJO, *Separación y Exclusión* ..., cit., p. 54, atenta a similitude da situação, deve ocorrer.

[224] Esta deliberação social de alteração dos estatutos terá de ser aprovada antes do termo da duração da sociedade e registada (art. 94.º, n.º 1, § 3, do RRM). A este propósito, discute-se se o registo da deliberação de prorrogação tem ou não de ser efectuado antes de expirado o prazo de duração da sociedade. Assim o entendem, BRENES CORTÉS, *El Derecho de* ..., cit., p. 362 e ss., FARRANDO MIGUEL, *El Derecho de* ..., cit., p. 110 e PERALES VISCASILLAS, *El Derecho de Separación* ..., cit., p. 200, por questões de segurança no tráfego jurídico.

[225] Veja-se BRENES CORTÉS, *El Derecho de* ..., cit., p. 356.

Nos termos do disposto no art. 106.º, n.º 1, da LRSL, para a reactivação da sociedade é necessário, em primeiro lugar, a remoção ou desaparecimento da causa dissolutória, remoção essa que, segundo BRENES CORTÉS, *El Derecho de* ..., cit., p. 407, poderá consistir, designadamente, na revogação de deliberação social anterior, alteração do objecto social, aumento do capital social, eliminação da causa de dissolução estatutária, etc. Desaparecida a causa da exoneração, não existirá inconveniente em deliberar a reactivação, uma vez que tal deliberação social não será contrária à lei. Por fim, é necessário que o património contabilístico não seja inferior ao capital social e que não se tenha iniciado o pagamento da quota de liquidação entre os sócios.

permanece na sociedade por um período de tempo, definido ou não, superior ao que previa[226]. São pois manifestas as conexões existentes entre esta causa de exoneração e a denúncia dos contratos[227].

3.1.4. Transformação em Sociedade Anónima, Civil, Cooperativa, Nome Colectivo, Comandita ou Agrupamento de Interesse Económico

A aprovação de deliberação de transformação[228] para alguma das situações acima enunciadas confere ao sócio que não votou a seu favor o direito de exoneração.

Comparativamente com o direito de exoneração por transformação nas sociedades anónimas, são duas as diferenças[229]. Por um lado, nas sociedades de responsabilidade limitada, o direito de exoneração é reconhecido quer na transformação regressiva, quer na evolutiva. Por outro, apenas ocorre por declaração expressa.

Relativamente ao fundamento desta causa de exoneração, alguns AA sustentam a mudança na estrutura organizativa da sociedade[230], enquanto outros, a alteração das suas bases essenciais[231].

---

[226] Para FARRANDO MIGUEL, *El Derecho de ...*, cit., p. 111, o fundamento da exoneração é a alteração produzida já que a sociedade entraria em liquidação e o sócio seria reembolsado da sua participação. Em sentido idêntico, LEÑA FERNÁNDEZ/RUEDA PÉREZ, *Derecho de Separación ...*, cit., p. 31, dão relevo à passagem da sociedade de uma situação liquidatária para uma situação de actividade social ordinária. Finalmente, PERALES VISCASILLAS, *El Derecho de Separación ...,* cit., p. 199, salienta a impossibilidade de vincular um sócio a permanecer, sem o seu consentimento, numa sociedade por mais tempo do que aquele originariamente acordado.

[227] *Vide*, neste sentido, FAJARDO GARCÍA, *EL Derecho de Separación ...*, cit., p. 65, BRENES CORTÉS, *El Derecho de ...*, cit., p. 366 e LEÑA FERNÁNDEZ/RUEDA PÉREZ, *Derecho de Separación ...*, cit., p. 31.

[228] A deliberação de transformação da sociedade segue as regras da deliberação de modificação dos estatutos (art. 88.º, n.º 1, da LSRL), exigindo-se o consentimento de todos os sócios afectados, sempre que esta implique novas obrigações ou afecte os seus direitos individuais (art. 71.º, n.º 1, *in fine* da LRSL).

[229] Cf. FARRANDO MIGUEL, *El Derecho de ...*, cit., p. 107 e BONARDELL LENZANO/CABANAS TREJO, *Separación y Exclusión ...*, cit., p. 56.

[230] Neste sentido, FARRANDO MIGUEL, *El Derecho de ...*, cit., p. 107.

[231] *Vide* LEÑA FERNÁNDEZ/RUEDA PÉREZ, *Derecho de Separación ...*, cit., p. 34.

3.1.5. Criação, Modificação ou Extinção da Obrigação de Realizar Prestações Acessórias

Na alínea f) do art. 95.º, da LSRL, encontra-se prevista uma outra causa legal de exoneração sem paralelo nas sociedades anónimas[232]. É o direito de exoneração por criação, modificação ou extinção da obrigação de realizar prestações acessórias[233].

Trata-se da única causa legal de exoneração derrogável pelos estatutos[234], podendo a sociedade suprimi-la ou restringi-la[235].

Conforme observa ESTURILLO LÓPEZ[236], aquando da constituição da sociedade, a tutela do sócio dá-se com a necessidade do seu consentimento para a fixação de prestações acessórias. Contudo, no caso de estas serem posteriormente criadas, modificadas ou extintas, apenas se exige o consentimento individual dos sócios obrigados (art. 25.º, n.º 1, *in fine* da LSRL)[237]. Deste modo, o reconhecimento do direito de exoneração destina-se a proteger os interesses dos sócios não obrigados, por lhes convir a continuação do regime existente ou a manutenção da prestação acessória[238].

Esta causa de exoneração é de exercício amplo, já que é reconhecida a todos os sócios dissidentes, sejam ou não prejudicados, inclusive a sócios que podem sair beneficiados[239]. Por este motivo, alguns AA, por recurso a uma interpretação finalista, só a admitem se a aprovação desta deliberação afectar os direitos ou interesses dos sócios, afastando-a sempre que para eles derive uma vantagem[240].

---

[232] Nas sociedades anónimas esta causa de exoneração não existe, uma vez que se exige o consentimento expresso de todos os interessados (art. 145.º, n.º 2, da LSA).

[233] Cf. arts. 22.º a 25.º, da LSRL. Nas sociedades anónimas, veja-se art. 145.º, da LSA.

[234] Veja-se BONARDELL LENZANO/CABANAS TREJO, *Separación y Exclusión ...*, cit., pp. 60-61 e PERALES VISCASILLAS, *El Derecho de Separación ...*, cit., p. 164.

[235] *Vide* LEÑA FERNÁNDEZ/RUEDA PÉREZ, *Derecho de Separación ...*, cit., p. 37.

[236] *Estudio de la Sociedad ...*, cit., p. 575.

[237] Assim, apenas podem exonerar-se os sócios que não prestaram individualmente o seu consentimento, ou seja, os não obrigados que não votarem a favor da deliberação social. Neste sentido, *vide* SOTO VÁZQUEZ, *Tratado Practico ...*, cit., p. 468.

[238] Veja-se VIERA GONZÁLEZ, *Las Sociedades de Capital ...*, cit. p. 90, MARTÍNEZ SANZ, *Causas de Separación ...*, cit., pp. 58-59 e BONARDELL LENZANO/CABANAS TREJO, *Separación y Exclusión ...*, cit., pp. 61-62.

[239] Cf. MARTÍNEZ SANZ, *Causas de Separación ...*, cit., p. 59.

[240] *Vide* BONARDELL LENZANO/CABANAS TREJO, *Separación y Exclusión ...*, cit., p. 62.

3.1.6. *Proibição de Transmissão Voluntária de Participações Sociais por* Acto *Inter Vivos*

Nos termos do disposto no n.º 3 do art. 30.º, da LRSL, as cláusulas que proíbem a transmissão das quotas por acto *inter vivos* só são validas[241] se aprovadas por unanimidade e reconhecerem o direito de exoneração *ad nutum*. Excepcionalmente, e num período máximo de cinco anos contados da data da constituição da sociedade ou do aumento do seu capital social, podem os estatutos proibir a transmissão voluntária das quotas, sem necessidade de reconhecer o direito de exoneração (art. 30.º, n.º 4, da LSRL). Esta solução legal é compreensível, pois não é exagerado obrigar o sócio a permanecer na sociedade por este período de tempo. Por outro lado, protege-se o interesse da sociedade recém-constituída ou que acabou de ampliar o seu capital social[242] na consolidação da sua situação.

Esta causa de exoneração tem uma função de denúncia *ad nutum*, destinada a evitar a vinculação de duração excessiva à sociedade[243].

3.2. *Regime das Causas Legais de Exoneração*

Nas sociedades de responsabilidade limitada, o regime do direito de exoneração beneficia de um tratamento uniforme, mais completo e minucioso, previsto nos arts. 97.º e 100.º a 103.º, da LSRL[244].

3.2.1. *Exercício*

Quanto ao *exercício do direito de exoneração*, tratado no art. 97.º, da LSRL, pode resumir-se nas seguintes etapas:
– Publicação no Boletim do Registo Comercial[245] da deliberação social que deu lugar ao direito de exoneração ou, em alternativa,

---

[241] Logo, a proibição, sem mais, da cessão de quotas não é permitida.

[242] Neste sentido, FAJARDO GARCÍA, *EL Derecho de Separación* ..., cit., p. 56.

[243] Cf. FAJARDO GARCÍA, *EL Derecho de Separación* ..., cit., p. 53.

[244] Defendendo a aplicação, por analogia, do regime previsto nas sociedades de responsabilidade limitada às sociedades anónimas de pequenas dimensões, *vide* BRENES CORTÉS, *El Derecho de* ..., cit., pp. 482-483.

[245] Esta publicidade, conforme observam LEÑA FERNÁNDEZ/RUEDA PÉREZ, *Derecho de Separación* ..., cit., p. 69 e ss., destina-se, por um lado, a dar conhecimento da deliberação social aos sócios que não votaram a favor da deliberação social, em particular os

comunicação escrita da sua aprovação dirigida a cada um dos sócios que não votou a seu favor;
- Declaração de exoneração, que deverá ser emitida no prazo limite de um mês, contado a partir da publicação da deliberação social ou da recepção da comunicação acima mencionadas.

3.2.2. Avaliação da Participação Social

Recebida a declaração de exoneração fica a sociedade obrigada a proceder ao seu reembolso, devendo, para tanto, efectuar uma avaliação da participação social (art. 100.º, da LSRL[246]). Quanto a esta, existe consenso na doutrina de que o sócio exonerado tem direito ao valor real da sua participação social[247].

Na falta de acordo sobre o seu valor[248], a lei prevê um regime supletivo pormenorizado[249].

Em primeiro lugar, podem as partes acordar[250] sobre a nomeação de um perito e do método de avaliação a ser utilizado.

Na falta de acordo, as participações sociais serão objecto de avaliação por auditor de contas, estranho à sociedade, mas por ela remunerado, designado pelo Conservador do Registo Comercial da sede social, a requerimento da sociedade ou de qualquer dos sócios que se exonerou. Durante o período de avaliação, dois meses contados a partir da sua nomeação, o auditor dispõe da faculdade de investigação, estando a sociedade obrigada a prestar todas as informações e a fornecer todos os documentos que lhe sejam solicitados. Concluída a avaliação, o auditor elaborará a sua infor-

---

ausentes e, por outro, a fixar um prazo inicial para a contagem do exercício da declaração de exoneração. Apesar de a lei não fixar nenhum prazo para a publicação, consideram estes AA que esta deverá ser efectuada imediatamente após a aprovação da acta.

[246] A redacção actual deste artigo resulta da Lei n.º 44/2002, de 22.11.

[247] Cf., neste sentido, AGUILERA RAMOS, *El Derecho de Separación* ..., cit., p. 1015 e FAJARDO GARCÍA, *El Derecho de Separación* ..., cit., p. 82. Sem prejuízo, releva-se que a expressão usada pelo legislador é "*valor razonable*".

[248] Assim, o primeiro critério é a avaliação por acordo das partes.

[249] Com maior desenvolvimento, *vide* BRENES CORTÉS, *El Derecho de* ..., cit., p. 485 e ss..

[250] Segundo AGUILERA RAMOS, *El Derecho de Separación* ..., cit., p. 1016, se o direito de exoneração for exercido por vários sócios, os acordos devem ser celebrados individualmente, não podendo a sociedade impor a um ou mais sócios a avaliação acordada com a maioria.

mação, disso notificando a sociedade, e depositará cópia da mesma no Registo Comercial[251].

3.2.3. Reembolso da Participação Social

Avaliada a participação social, segue-se o seu pagamento (art. 101.º, da LSRL)[252]. A regra é de que deve ocorrer nos dois meses seguintes à da recepção pela sociedade da avaliação[253]. Passado este período, se não tiver sido efectuado, a sociedade fica obrigada a depositar numa instituição de crédito, localizada na área da sede social, o montante devido em nome do(s) sócio(s) exonerado(s). Se não o fizer, podem os sócios recorrer à acção de cumprimento.

3.2.4. Redução do Capital Social

Em regra[254], na sequência do reembolso, a sociedade reduzirá o seu capital social, pelo montante correspondente ao valor nominal da participação amortizada[255] (art. 102.º, n.º 1, da LSRL).

Quando assim suceder, a protecção dos credores sociais efectiva-se de dois modos[256]. Por um lado, prevê-se, se o capital social descer abaixo

---

[251] A tutela contra a parcialidade ou erro do auditor de contas é assegurada através da impugnação judicial da sua avaliação. Neste sentido, veja-se ALFARO ÁGUILA-REAL/ /CAMPINS VARGAS, *La Liquidación del Socio Que Causa Baja como Consecuencia de su Separación o Exclusión*, RDM, n.º 240, Madrid, 2001, p. 447 e BRENES CORTÉS, *El Derecho de ...*, cit., p. 494.

[252] A redacção actual deste artigo resulta da Lei n.º 44/2002, de 22.11.

[253] Segundo AGUILERA RAMOS, *El Derecho de Separación ...*, cit., p. 1018, o reembolso pode fazer-se em dinheiro ou em espécie devendo, quando for em espécie, o bem ser avaliado.

[254] Nos termos do art. 40.º, n.º 1, al. d), da LSRL, desde que deliberado em assembleia geral, a sociedade pode adquirir a quota do sócio que se exonerou, desde que a aquisição seja realizada com reservas livres.

Vide ainda AGUILERA RAMOS, *El Derecho de Separación ...*, cit., pp. 1018-1019 e FAJARDO GARCÍA, *EL Derecho de Separación ...*, cit., p. 90.

[255] Nos termos do n.º 1 do art. 102.º, da LSRL, na redacção introduzida pela Lei n.º 7/2003, de 1.04, a escritura de redução do capital social pode ser outorgada pelos seus administradores.

[256] Os sócios podem ainda estipular nos estatutos sociais um terceiro mecanismo de tutela dos credores sociais que consiste na proibição da redução do capital social sem que tenham decorrido três meses sob a data da notificação dos credores sociais. Durante este

do mínimo legal permitido, a dissolução automática da sociedade que no prazo de um ano a contar da escritura de redução não se tenha dissolvido, transformado ou aumentado o capital social para montante igual ou superior ao mínimo legal (arts. 102.º, n.º 2 e 108.º, da LSRL). Por outro, estipulou-se a responsabilidade solidária dos sócios exonerados pelas dívidas sociais existentes até à redução do capital social[257]. Esta responsabilidade, além de limitada, porquanto restrita ao montante do reembolso, é temporária e supletiva. Prescreve no prazo de cinco anos, contados a partir da data da realização da redução do capital social, e não se verifica sempre que a sociedade disponha de reservas livres de montante igual ao do reembolso efectuado e as coloque indisponíveis durante cinco anos ou até que sejam satisfeitas todas as dívidas sociais existentes à data da redução do capital social (art. 80.º *ex vi* art. 103.º, n.º 1, da LSRL).

3.2.5. *Escritura e Registo da Exoneração do Sócio*

Por último, a exoneração do sócio deverá ser formalizada por escritura pública[258] e, posteriormente, levar-se tal facto a registo[259] (art. 208.º, do RRM).

---

prazo, os credores ordinários podem opor-se à redução do capital social e, se os seus créditos não forem satisfeitos ou a sociedade não prestar garantia da sua satisfação, o reembolso não pode ser realizado. Segundo Aguilera Ramos, *El Derecho de Separación ...*, cit., p. 1021, a oposição dos credores apenas condiciona o reembolso da participação social e não a perda da qualidade de sócio.
  No caso de os estatutos reconhecerem este direito de oposição, o reembolso só pode efectuar-se depois de ultrapassado o prazo de oposição.
  Para Leña Fernández/Rueda Pérez, *Derecho de Separación ...*, cit., pp. 193-196, no caso de existir o direito oposição dos credores sociais, os sócios que se exoneraram ficam libertos de responsabilidade pelas dívidas sociais. Com efeito, apesar do silêncio da lei, o direito de oposição apenas seria consagrado se os sócios deixassem de responder pelas dívidas sociais. Neste mesmo sentido, o art. 201.º, n.º 3, § 1, do RRM, exige na escritura de redução do capital social a identificação dos sócios a quem se devolveram a entrada ou reservas especiais, salvo quando nos estatutos se reconheça o direito de oposição dos credores.
  [257] Bonardell Lenzano/Cabanas Trejo, *Separación y Exclusión ...*, cit., p. 180, criticam esta solução por entenderem que viola o principio de que o sócio não assume mais riscos que o valor da sua entrada inicial. Assim, sempre que a importância recebida for maior que o valor nominal das participações amortizadas, o máximo da sua responsabilidade será o valor nominal das entradas.
  [258] Esta escritura só pode ser outorgada se nela constarem os seguintes elementos: causa de exoneração, valor real da quota, pessoas que procedem à sua avaliação e o

3.3. Causas Estatutárias de Exoneração

Na sociedade de responsabilidade limitada, as causas legais de exoneração têm um carácter mínimo, podendo, além destas, prever-se outras nos estatutos[260] (art. 96.º, da LSRL e art. 204.º, do RRM). Estas podem estar relacionadas com a aprovação de deliberações dos sócios, da gerência ou com a ocorrência de certos eventos[261]. Apenas se exige, além da indicação da causa de exoneração, a previsão da forma[262] e do prazo[263] para o seu exercício[264].

A criação, a modificação ou a supressão das causas estatutárias de exoneração dependem do consentimento de todos os sócios. A regra da unanimidade destina-se a evitar que sócios que tenham entrado para a sociedade, porque lhes foi assegurado o direito de exoneração ou lhes

---

método utilizado. No caso de a avaliação ter sido feita por auditor, a mesma deverá ser arquivada juntamente com a escritura. Por último, é necessário a emissão de declaração da administração de que foi efectuado o reembolso do sócio ou consignado o seu montante e, no caso de se ter reconhecido o direito de oposição dos credores, a declaração da inexistência de oposição ou, no caso de esta ter existido, a identidade dos credores que se opuserem, a importância dos créditos e as garantias que tenham sido prestadas pela sociedade.

Com maior desenvolvimento, *vide* FARRANDO MIGUEL, *El Derecho de ...*, cit., p. 172 e ss..

[259] Para o registo ser efectuado, é necessário que na escritura de exoneração ou noutra posterior seja reduzido o capital social, com indicação das quotas amortizadas, do seu titular, da causa de amortização, da data do reembolso ou da consignação, do montante da redução e, por fim, dos artigos dos estatutos alterados.

[260] Lamentando o facto de o legislador não ter previsto uma cláusula geral de exoneração por justa causa, de apreciação judicial, *vide* MARTÍNEZ SANZ, *Causas de Separación ...*, cit., p. 45.

[261] Com diversos exemplos de causas estatutárias de exoneração, *vide* LEÑA FERNÁNDEZ/RUEDA PÉREZ, *Derecho de Separación ...*, cit., pp. 39-42 e FARRANDO MIGUEL, *El Derecho de ...*, cit., pp. 80-81.

[262] Para LEÑA FERNÁNDEZ/RUEDA PÉREZ, *Derecho de Separación ...*, cit., p. 83, se nada estiver previsto nos estatutos acerca da forma de exercício, não deverá tal cláusula ser registada.

[263] Segundo LEÑA FERNÁNDEZ/RUEDA PÉREZ, *Derecho de Separación ...*, cit., pp. 83-84, o art. 205.º, n.º 2, do RRM, que fixa o prazo de um mês para o exercício da declaração da exoneração, aplica-se também às causas estatutárias de exoneração, não tendo os sócios, quanto a este ponto, liberdade para fixar um prazo mínimo.

[264] Para SOTO VÁZQUEZ, *Tratado Práctico ...*, cit., p. 469, esta obrigação pode ser substituída pela mera referência para os processos previstos na lei.

foi assegurado que determinado facto não seria causa de exoneração, não vejam posteriormente essa situação modificada por deliberação da maioria.

4. O Direito de Exoneração nas Sociedades em Comandita por Acções. Remissão

O seu regime, por força do disposto no art. 152.º, do Código Comercial Espanhol, é o mesmo que o previsto para as sociedades anónimas pelo que para lá se remete.

CAPÍTULO III
Direito Italiano

1. O Direito de Exoneração nas Sociedades em Nome Colectivo

1.1. *Código Comercial de 1882*

No Direito italiano, o *diritto di recesso* surgiu consagrado, pela primeira vez, no Código Comercial Italiano de 1882[265], estando então relacionado com a *"teoria das bases essenciais"*, de origem francesa[266] e dos *"direitos individuais"*, isto é, com a teoria de que, perante mudanças essenciais no acto constitutivo, os sócios que delas discordassem poderiam sair da sociedade.

Neste código, o direito de exoneração só era reconhecido nas sociedades anónimas, uma vez que nas sociedades em nome colectivo as alterações aos estatutos tinham de ser aprovadas por unanimidade, razão pela qual o sócio dissidente nunca poderia ser confrontado com uma deliberação social com a qual não concordasse (art. 108.º, do Código Comercial de 1882).

Sem prejuízo, admitia-se como válida a previsão de causas estatutárias de exoneração[267].

---

[265] A primeira referência a este direito surgiu no Código Comercial Italiano de 1865. Todavia, este limitava-se a prever, no seu art. 163.º, nas sociedades comerciais a obrigatoriedade de transcrição, afixação e publicação da exoneração, sem indicar as suas causas ou prever qualquer regime. Cf. S. PESUCCI, *Autotutela dell'Azionista ...*, cit., pp. 97 e 106-111.

[266] Cf. S. PESUCCI, *Autotutela dell'Azionista ...*, cit., p. 14, nota 14 e G. TANTINI, *Le Modificazioni ...*, cit., pp. 158-159.

[267] Cf. U. NAVARRINI, *Trattato Teorico-Pratico di ...*, cit., p. 314.

1.2. Código Civil de 1942

1.2.1. *Causas de Exoneração*

Em 1942, com a entrada em vigor do CC It., o direito de exoneração nas sociedades comerciais deixou de estar regulamentado no Código Comercial para passar para o Capítulo V do Livro V do CC It.. Aqui se fez uma distinção essencial, que ainda perdura nos dias de hoje, entre as sociedades de pessoas, onde se inclui a sociedade em nome colectivo, e as sociedades de capitais – sociedade de responsabilidade limitada e por acções.

Com o CC It. de 1942, o direito de exoneração nas sociedades em nome colectivo passou a ser reconhecido em três situações:

i) *Exoneração ad nutum* (art. 2285.º, *ex vi* art. 2293.º, do CC It.);

ii) *Exoneração com fundamento em justa causa* (art. 2285.º, *ex vi* art. 2293.º, do CC It.);

iii) *Exoneração em caso de prorrogação tácita da duração da sociedade* (art. 2307.º, § 3, do CC It.).

i) *Exoneração ad nutum*

Ocorre esta causa de exoneração sempre que o contrato de sociedade tiver uma duração indeterminada ou correspondente à vida de um dos sócios[268]. Neste caso, o direito de exoneração terá de ser dirigido aos restantes sócios, com um pré-aviso de, pelo menos, três meses.

A *ratio* desta causa de exoneração é a inadmissibilidade de vínculos obrigatórios perpétuos ou de duração indefinida[269] ou, pelo menos, a desconsideração do ordenamento jurídico, pela existência de vínculos perpétuos[270]. Ao reconhecer-se ao sócio a possibilidade de se exonerar, evita-se a sua vinculação perpétua ou por tempo indefinido[271] à sociedade.

---

[268] Também se considerava com duração indeterminada a sociedade que tivesse uma duração superior à vida média da pessoa. Acerca desta questão, *vide* ainda I. MAFFEZZONI, *In Tema di ...*, cit., p. 1206 e E. CORRADI, *Il Recesso Unilaterale ...*, cit., p. 86.

[269] *Vide* F. DI SABATO, *Manuale delle Società*, 4.ª edição, Turim, Utet, 1992, p. 148.

[270] Cf. M. ATELLI, *Recesso e Inadempimento nelle Convenzioni di Voto*, Contratto e Impresa, ano 13, n.º 1, Pádua, 1997, p. 80.

Neste sentido, veja-se ainda o Ac. da CssIt de 20.09.1995, Giur. Comm., 1997, pp. 50-59.

[271] Neste sentido, *vide* I. MAFFEZZONI, *In Tema di...*, cit., p. 1202. Já E. CORRADI, *Il Recesso Unilaterale ...*, cit., p. 86, fala num princípio de ordem pública.

ii) *Exoneração com fundamento em justa causa*
Tenha ou não duração determinada[272], o sócio da sociedade em nome colectivo[273] pode ainda exonerar-se com fundamento em justa causa, por alguns AA chamada de exoneração extraordinária[274].

iii) *Exoneração em caso de prorrogação tácita da duração da sociedade*
Existe prorrogação tácita da duração da sociedade, sempre que, uma vez decorrido o prazo de duração previsto, esta continue a realizar operações sociais (art. 2273.º, do CC It.). Quando tal suceder, o direito de exoneração surge como uma reacção a uma modificação da relação contratual, através de um comportamento tácito dos restantes sócios que, em virtude da prorrogação, protelaram a duração da sociedade.

Também neste caso, à semelhança da exoneração *ad nutum*, o princípio da inadmissibilidade de vínculos obrigatórios perpétuos ou com duração indefinida fundamenta o seu reconhecimento[275]. Outros AA, designadamente G. MARASÀ[276], chamam a atenção para o facto de com a prorrogação tácita da sociedade se negar ao sócio o direito à quota de liquidação, adiando-se *sine die* a percepção das utilidades inicialmente investidas. Deste modo, o direito de exoneração colocaria um limite temporal ao interesse patrimonial do sócio em liquidar a sua participação, sem sacrificar o interesse da maioria na continuação da sociedade.

1.2.2. *Regime e Consequências da Declaração de Exoneração*

A declaração de exoneração nas sociedades em nome colectivo não está sujeita a forma especial[277], podendo ser emitida por declaração verbal[278] dirigida aos restantes sócios. O facto de os destinatários da decla-

---

[272] Cf. F. DI SABATO, *Manuale delle ...*, cit., p. 149.
[273] Cf. G. NICCOLINI, *Recesso per Giusta Causa del Socio di Società di Capitali?*, Riv. Dir. Comm., ano 90, Parte II, Milão, 1992, pp. 71-73.
[274] Assim o faz, por exemplo, E. RAVERA, *Il Recesso*, cit., p. 112.
[275] Cf. F. DI SABATO, *Manuale delle ...*, cit., p. 149 e E. CORRADI, *Il Recesso Unilaterale ...*, cit., p. 88.
[276] *Prime Note Sulle Modifiche dell'Atto Costitutivo della S.P.A. nella Riforma*, Giur. Comm., 30.2., Giuffrè, Milão, 2003, p. 145.
[277] Ressalva-se o pré-aviso de três meses na exoneração *ad nutum*.
[278] Neste sentido, *vide* I. MAFFEZZONI, *In Tema di ...*, cit., p. 1215.

ração de exoneração serem os outros sócios prende-se com o facto de não ser reconhecida personalidade jurídica a tais sociedades[279].

Uma vez exonerado o sócio deixa de responder pelas dívidas sociais posteriormente contraídas pela sociedade, contando que a exoneração tenha sido dada a conhecer a terceiros por meios idóneos (art. 2290.º, § 1, do CC It.)[280].

Por último, no que diz respeito à liquidação da parte social, o sócio exonerado tem direito a receber uma quantia em dinheiro, representativa do seu valor, no prazo de seis meses a contar da sua liquidação, a qual deverá ser calculada com base na situação patrimonial da sociedade (art. 2289.º, do CC It.)[281].

1.3. *A Reforma do Código Civil Italiano de 2003*

Com a reforma do CC It. *de 2003,* operada pelo *Decreto-Legislativo n.º 6, de 17 Janeiro 2003*[282], além das anteriores causas legais de exone-

---

[279] Sustentando que a participação social do sócio que se exonerou acresce à dos restantes, uma vez que a sociedade não tem personalidade jurídica, *vide* A. GIORDANO, *Concorso fra una ...,* cit., p. 357 e F. ANGELONI, *Sorte della Frazione di Capitale Sociale nel Caso di Scioglimento del Rapporto Sociale Limitatamente a Un Socio*, Contratto e Impresa, ano 11, n.º 1, Pádua, 1995, p. 386. *Vide* ainda G. GABRIELLI, *Vincolo Contrattuale e ...,* cit., p. 140.

Vide ainda o Ac. do Tribunal de Pavia de 21.04.1989, F. It., Parte Prima, 1990, pp. 1688-1696.

[280] *Vide* E. RAVARA, *Il Recesso*, cit., p. 401.

Ao nível da jurisprudência, *vide* o Ac. da CssIt de 9.09.2002, Giur. It., Jan. 2004, pp. 100-102, segundo o qual na declaração de exoneração com justa causa o sócio que se exonerou responde apenas pelas dívidas existentes até ao momento em que deixou de ser sócio. No mesmo sentido, *vide* os Acs. da CssIt de 5.10.1999, F. It., 2001, Parte Prima, pp. 1034-1041 e de 1.03.1905, Riv. Dir. Comm., Parte II, 1905, pp. 138-141.

[281] O facto de o legislador estabelecer que a liquidação da parte social será feita pela situação patrimonial da sociedade em vez de ser feito pela sua situação contabilística, conforme sucedia inicialmente nas sociedades anónimas, levava a que parte da doutrina defendesse que apenas nas sociedades em nome colectivo o reembolso da participação social fosse feito pelo seu valor real. Neste sentido, G. AULETA/N. SALANITRO, *Diritto Commerciale*, Milão, Giuffrè, 1998, p. 126. Ainda sobre esta questão, *vide* L. BUTTARO, *Sull'Ampiezza e sulle ...,* cit., p. 507.

[282] Este diploma pode ser consultado no sítio http://www.parlamento.it/parlam/leggi/deleghe/03006dl1.htm. (consultado em Setembro de 2005).

Este diploma surgiu em execução de Lei n.º 366, de 3.10.2001, que delegou

ração, acrescentou-se o direito de exoneração por *transformação* numa sociedade de capitais (art. 2500.º-ter., do CC It.) e *fusão* (art. 2502.º, do CC It.).

2. O Direito de Exoneração nas Sociedades Anónimas

2.1. *Causas Legais de Exoneração no Código Comercial de 1882*

Neste Código, o direito de exoneração estava previsto no art. 158.º, § 3[283], e era reconhecido na aprovação de deliberações sociais[284] de *fusão, aumento do capital social, reintegração do capital social*[285], *mudança do objecto social* e *prorrogação da duração da sociedade quando não prevista no acto constitutivo*. Estas causas legais, segundo o entendimento da doutrina, eram taxativas[286].

---

no Governo a reforma do direito societário, consultável no sítio http://www.parlamento.it/parlam/leggi/013661.htm. (consultado em Setembro de 2005).

Sobre a reforma em geral, *vide*, com maior desenvolvimento, P. MONTALENTI, *La Riforma del Diritto Societario: Profili Generali*, Riv. Dir. Comm., ano 101, Parte I, Milão, 2003, p. 60 e ss.. Segundo este A., foram três os aspectos orientadores da reforma. Em primeiro lugar, a criação de um sistema modular societário caracterizado por um amplo reconhecimento da autonomia estatutária, com reflexos, por exemplo, no direito de exoneração. Em segundo lugar, a simplificação de toda a disciplina societária, designadamente com a eliminação de causas de nulidade da sociedade no acto constitutivo e com a redução das causas de anulação das deliberações sociais. Em terceiro lugar, o favorecimento do acesso aos mercados financeiros, através do alargamento dos instrumentos financeiros colocados à disposição das sociedades, em particular das sociedades anónimas.

[283] Com maior desenvolvimento, *vide* G. FRÈ, *Sul Diritto di ...*, cit., pp. 635-644 e 762-811, e U. NAVARRINI, *Trattato Teorico-Pratico di ...*, cit., p. 428 e ss., e *Commentario al Codice di Commercio*, Casa Editrice, Milão, 1924, p. 556 e ss..

[284] A aprovação de qualquer uma destas deliberações sociais dependia de uma maioria qualificada, uma vez que era necessária a presença de sócios representantes de três quartos do capital social e que o voto favorável de sócios representasse, pelo menos, metade do capital social.

[285] A reintegração do capital social consistia numa operação de redução do capital social, acompanhada posteriormente de uma operação de aumento do capital social através da emissão de novas acções.

[286] Segundo U. NAVARRINI, *Commentario al ...*, cit., p. 563, não eram admitidas outras causas de exoneração tendo em conta, por um lado, os danos que o reembolso da

O direito de exoneração estava, assim, estreitamente ligado ao funcionamento da assembleia geral extraordinária, órgão competente para deliberar validamente sobre as matérias previstas no art. 158.º.

2.1.1. *Fusão*

O direito de exoneração reconhecido aos sócios dissidentes nos casos de *fusão* alicerçava-se na alteração que tal deliberação provocava no património comum inicial[287].

Na *fusão-concentração*, a doutrina era consensual em reconhecer o direito de exoneração ao sócio de qualquer das sociedades envolvidas, uma vez que, com a fusão, ambas se dissolveriam e, em condições normais, o sócio teria direito à quota de liquidação por ocasião da dissolução. Deste modo, não reconhecer o direito de exoneração seria obrigar o sócio a aceitar pela sua participação social uma participação noutra sociedade. Assim, segundo G. FRÈ[288], o direito de exoneração do sócio destinava-se a assegurar a satisfação do direito à repartição do fundo social que teria pela dissolução da sociedade, razão pela qual não devia ser reconhecido na *fusão-incorporação* relativamente ao sócio da sociedade incorporante, uma vez que, aqui, não haveria uma modificação dos estatutos. Só se, contemporaneamente com a deliberação de fusão, fosse deliberada a alteração do objecto social ou o aumento do capital social, o sócio da sociedade incorporante deveria ter o direito de exoneração.

2.1.2. *Aumento do Capital Social*

A exoneração do sócio na sequência de deliberação de *aumento do capital social*, conforme resultava dos trabalhos preparatórios, tinha por subjacente um aumento do qual decorresse a obrigação de subscrição de novas acções para os sócios actuais[289]. Deste modo, sempre que o aumento de capital social tivesse lugar por distribuição gratuita de novas acções aos sócios, através da incorporação de reservas, o direito de exo-

---

participação social podia causar na sociedade e, por outro, o facto de o direito de exoneração constituir uma excepção ao princípio de que as deliberações sociais obrigavam todos os sócios, mesmo os dissidentes.

[287] Cf. U. NAVARRINI, *Commentario al ...*, cit., p. 560.
[288] *Sul Diritto di ...*, cit., pp. 768-770.
[289] Cf. U. NAVARRINI, *Commentario al ...*, cit., p. 559 e ss..

neração não era reconhecido, por não existir qualquer agravamento ou alteração da situação dos sócios[290].

Todavia, no Código Comercial de 1882 não resultava qualquer obrigação de subscrição de novas acções para os sócios actuais por aumento do capital social. Segundo G. FRÈ[291], só este equívoco do legislador explica o reconhecimento do direito de exoneração, na medida em que não existia nenhuma razão para o seu reconhecimento, uma vez que o aumento do capital social não constituía nem um facto excepcional nem imprevisível, antes aparecendo como um facto normal e necessário à prosperidade da sociedade. Por outro lado, o reconhecimento do direito de preferência nos aumentos do capital social por entradas em dinheiro seria um instrumento bastante para tutela dos sócios.

Também com parecer negativo sobre o reconhecimento do direito de exoneração nos aumentos do capital social por novas acções, apesar da clareza da lei, A. SCIALOJA[292] sustentava que a modificação do capital social não constituía uma modificação essencial do contrato de sociedade, uma vez que o aumento dos riscos seria da empresa e não dos sócios. Deste modo, sendo o aumento do capital social, mais que uma alteração dos elementos constitutivos do ente social, um acto de gestão ordinária não deveria constituir uma causa de exoneração.

Em qualquer caso, apesar destas criticas, o sentido maioritário da jurisprudência era que, havendo uma deliberação de aumento do capital social, o direito de exoneração deveria ocorrer[293]. O seu reconhecimento destinava-se a assegurar o direito do sócio a conservar a sua participação

---

[290] Cf. U. NAVARRINI, *Commentario al ...*, cit., p. 560. Em sentido semelhante, *vide* G. FRÈ, *Sul Diritto di ...*, cit., pp. 774 e 781-782.

[291] *Sul Diritto di ...*, cit., pp. 777-782.

[292] *La Lunga Storia de Una Breve Legge (Modificazioni agli art. 158, 172 del Cod. di Comm.)*, Riv. Dir. Comm., Vol. XIII, Parte I, Milão, 1915, pp. 309-310.

[293] Entre outros, *vide* o Ac. da CApp de Génova de 19.02.1904, F. It., Parte Prima, 1904, pp. 432-439, e o Ac. da CssIt de 27.07.1903, F. It., Parte Prima, 1903, pp. 1211-1217. Destaque ainda para o Ac. da CApp de Turim de 22.12.1902, F. It., Parte Prima, 1903, p. 817 e ss., segundo o qual o direito de exoneração por aumento do capital social apenas teria lugar quando este impusesse a obrigatoriedade de subscrição de novas acções pelos sócios actuais, e para o Ac. da CssIt de 4.08.1917, Riv. Dir. Comm., Parte Seconda, 1918, pp. 261-262, segundo o qual devia reconhecer-se o direito de exoneração aos sócios dissidentes da deliberação social de aumento do capital social, pela emissão de novas acções, quando esta alterasse a proporção original da participação dos sócios nos dividendos sociais.

social sem novos sacrifícios pecuniários, direito que sairia prejudicado, mesmo quando lhe fosse conferido direito de preferência.

Refira-se, por fim, que o direito de exoneração por aumento do capital social apenas tinha lugar aquando do aumento efectivo do capital social e não aquando da aprovação da deliberação social a autorizar a sua realização. Era esta a posição maioritária da doutrina[294] e jurisprudência[295], segundo a qual a aprovação de uma deliberação social de autorização de realização de um aumento do capital social não só não consubstanciava qualquer renúncia ao direito de exoneração[296], como a exoneração só poderia ocorrer quando o aumento fosse efectivamente realizado, sob pena de o sócio abandonar a sociedade por um evento provável e, eventualmente, não consumado.

2.1.3. Reintegração do Capital Social

A preocupação subjacente ao reconhecimento do direito de exoneração por *reintegração do capital social*[297] era a mesma que nos casos de deliberação social de aumento do capital social. Assim sendo, porque o legislador partiu do mesmo equívoco, dão-se aqui por reproduzidas as considerações *supra* feitas.

---

[294] Neste sentido, cf. A. SCIALOJA, *Anotação ao Ac. da CApp de Turim de 22.12.1902*, cit., p. 817 e ss. e Anotação ao Ac. da CApp de Génova de 19.02.1904, F. It., Parte Prima, 1904, pp. 432-436.
Em sentido contrário, C. VIVANTE, *Trattato di Diritto ...*, cit., pp. 206-107, ensinava que o consentimento estatutário do aumento do capital social excluía a exoneração do sócio.

[295] Cf., entre outros, o Ac. da CApp de Turim de 22.12.1902, cit., p. 817 e ss., o Ac. da CssIt de 27.07.1903, cit., o Ac. da CApp de Génova de 19.02.1904, cit. e o Ac. da CssIt, de 05.07.1911, F. It., Parte Prima, 1912, pp. 176-181. Segundo, A. SCIALOJA, em anotação a este último Ac., cit., p. 177, a dissidência do sócio deveria ser aferida em relação à deliberação de delegação de poderes para realizar o aumento do capital social.

[296] Considerando válida uma cláusula estatutária que autorizava o aumento do capital social a ser realizado pela administração, com exclusão do direito de exoneração, cf. o Ac. da CApp de Nápoles de 01.02.1915, Riv. Dir. Comm., Parte Secunda, 1915, pp. 717-720. Em sentido, idêntico, *vide* o Ac. da CApp de Milão de 22.01.1926, Riv. Dir. Comm., Parte Secunda, 1926, pp. 150-154.
Ainda sobre esta questão, ao nível da jurisprudência, *vide*, com maior desenvol-vimento, S. PESUCCI, *Autotutela dell'Azionista ...*, cit., pp. 130-138.

[297] Veja-se U. NAVARRINI, *Commentario al ...*, cit., p. 557 e G. FRÈ, *Sul Diritto di ...*, cit., p. 782.

2.1.4. *Alteração do Objecto Social*

Quando a sociedade alterasse o seu objecto social, mesmo que por acto praticado pela administração[298], porque se considerava tratar-se de uma sociedade nova, era reconhecido o direito de exoneração para que o sócio pudesse deixar de estar ligado a uma empresa diferente daquela na qual tinha decidido participar[299].

A expressão *"alteração do objecto social"* era ambígua. Na doutrina não havia dúvidas que, havendo uma substituição integral da actividade económica exercida pela sociedade, o direito de exoneração deveria existir. Porém, quando tal não sucedia, as dúvidas levantavam-se. Apesar disso, o entendimento maioritário era que o direito de exoneração só devia ocorrer nos casos de alteração do objecto principal da sociedade, ficando de fora a simples ampliação ou restrição da actividade social[300].

2.1.5. *Prorrogação da Duração da Sociedade Não Prevista no Acto Constitutivo*

Com a prorrogação da duração da sociedade aumenta-se a duração do vínculo social ao qual o sócio se vinculara no acto constitutivo. Esta alteração, porque se considerava que incidia sobre um elemento essencial da sociedade, era fundamento da exoneração do sócio.

---

[298] Neste sentido, cf. o Ac. da CssIt de 17.03.1910, F. It., Parte Prima, 1910, pp. 1135-1144, onde se reconheceu o direito de exoneração ao sócio dissidente da deliberação da assembleia geral que aprovou uma operação da administração, cuja consequência era uma alteração do objecto social. Segundo o Tribunal, esta ratificação era uma verdadeira e própria deliberação de alteração do objecto social e, como tal, legitimadora do direito de exoneração. Em anotação critica a este Ac., cf. A. SCIALOJA, F. It., Parte Prima, 1910, p. 1135 e ss.. *Vide* ainda Ac. o CApp de Milão de 22.05.1929, F. It., Parte Prima, 1929, pp. 929-933.

[299] Cf. G. FRÈ, *Sul Diritto di ...*, cit., pp. 788-789.

Ainda sobre esta causa de exoneração, *vide* comentário de E. VIDARI, *Di un Caso di Recesso nelle Società Anonime*, Editrice Libraria, Milão, 1911, p. 6 e ss., a uma sentença que reconheceu o direito de exoneração por alteração do objecto social. Estava em causa uma sociedade comercial anónima, cujo objecto social era a produção de electricidade por recurso à força hidráulica de determinados rios. A certa altura deliberou-se que a actividade social seria o recurso à força hidráulica de um rio não mencionado nos estatutos, alterando-se o objecto social.

[300] Cf. G. FRÈ, *Sul Diritto di ...*, cit., p. 790 e ss..

Neste sentido, ao nível jurisprudencial, cf. os Acs. da CApp de Milão de 16.02.1912, F. It., Parte Prima, 1912, p. 351 e de 22.05.1929, cit., p. 930.

Esta posição não era, todavia, subscrita por toda a doutrina. Em sentido contrário, destacava-se G. Frè[301] que considerava que a duração da sociedade tinha pouca importância, sendo normalmente um elemento não essencial. Em regra, a sua determinação tinha um carácter aproximativo e a sua prorrogação era decidida, na maior parte dos casos, em função da prosperidade da sociedade, razão pela qual defendia que a aprovação desta deliberação não deveria justificar o reconhecimento do direito de exoneração.

2.2. Regime e Consequências da Declaração de Exoneração no Código Comercial de 1882

A declaração de exoneração, apesar de não se encontrar sujeita a requisitos de forma, tinha de ser emitida tempestivamente. O prazo para os sócios intervenientes na assembleia geral era de vinte e quatro horas contados a partir da data do encerramento da assembleia geral. Para os restantes, um mês, contado a partir da data da publicação da deliberação social (§ 4 do art. 158.º, do Código Comercial Italiano). Prazos tão curtos tinham por finalidade evitar sujeitar a sociedade a uma incerteza quanto a um eventual reembolso da participação social.

Relativamente à legitimidade, a discussão assentava em saber se o direito de exoneração competia aos sócios que se tinham abstido ou se, pelo contrário, apenas podiam exonerar-se os sócios que, tendo participado na deliberação social, votaram contra e os sócios que não tinham participado na deliberação social. A fonte da discussão era o § 4 do art. 158.º, do Código Comercial Italiano, que distinguia entre sócios intervenientes na deliberação social e sócios não intervenientes. A maioria dos AA defendia, a nosso ver com razão, que os sócios que se tinham abstido também podiam exonerar-se[302].

O sócio exonerado tinha o direito de obter o reembolso das suas acções, na proporção que representassem no activo social, segundo o último balanço aprovado, discutindo-se, contudo, se o legislador estaria a referir-se ao último balanço ordinário aprovado[303] ou ao último balanço

---

[301] *Sul Diritto di ...*, cit., pp. 797-798.
[302] Cf. U. Navarrini, *Commentario al ...*, cit., p. 565.
[303] *Vide* A. Sraffa, *Una Nuova Questione sul Recesso dalle Società Anonime*, Riv. Dir. Comm., Parte II, 1905, pp. 253-257. No seu entender, o legislador teria em mente o balanço anual, por ser o único que, em condições normais, teria lugar. Por outro lado, seria

aprovado, mesmo que extraordinário[304] (§ 3 do art. 158.º, do Código Comercial Italiano). Não obstante, qualquer que fosse a solução adoptada, a impugnação judicial dos valores do balanço não estava afastada. Deste modo, resultava clara a intenção de o legislador evitar que se fizesse um balanço *ad hoc*, por ocasião da exoneração, com eventual manipulação dos valores constantes do mesmo.

2.3. *O Direito de Exoneração entre 1915 e 1932*

De 1915[305] até 1942, a aplicação do art. 158.º, do Código Comercial Italiano, viria a sofrer uma série de restrições[306], motivadas sobretudo por razões económicas e políticas, mais que por razões jurídicas. Pretendia-se assegurar um processo de concentração da actividade industrial no país, porquanto, após o final da Primeira Guerra Mundial, os sectores mecânico e siderúrgico entraram em crise[307]. Esta situação viria a alastrar-se à

---

contrário ao direito de exoneração admitir o reembolso da participação social com base num balanço extraordinário, pois estaria aberta a porta a eventuais abusos da assembleia.

[304] Neste último sentido, *vide* U. NAVARRINI, *Commentario al* ..., cit., p. 569. Também neste sentido, G. FRÈ, *Sul Diritto di* ..., cit., p. 805, defendia que último balanço poderia ser o extraordinário, sob pena de o reembolso ser feito por recurso a um cálculo desactualizado. Neste sentido, ao nível da jurisprudência, *vide* o Ac. do Tribunal de Nápoles de 13.11.1909, F. It., Parte Prima, 1910, p. 214, sob pena de o sócio exonerado obter um enriquecimento injustificado, sempre que, por exemplo, tivessem posteriormente ocorrido perdas sociais. *Vide* ainda o Ac. da CssIt, de 31.12.1904, F. It., Parte Prima, 1905, pp. 557--559, e respectiva anotação de A. SCIALOJA, segundo o qual o cálculo do reembolso da participação social será tanto mais exacto quanto mais recente for relativamente ao tempo da exoneração.

[305] Segundo S. PESUCCI, *Autotutela dell'Azionista* ..., cit., pp. 111, nota 48, e 112--113, até 1915, altura da primeira restrição legal, as únicas derrogações ao art. 158.º, do Código Comercial de 1882, eram estatutárias, uma vez que nenhuma disposição legal o impedia.

[306] Sobre esta questão, *vide*, entre outros, B. DE'COCCI, *Diritto di Recesso per* ..., cit., pp. 363-364 e p. 369, G. FRÈ, *Sul Diritto di* ..., cit., p. 635 e ss., S. PESUCCI, *Autotutela dell'Azionista* ..., cit., pp. 114-124, A. SCIALOJA, *La Lunga Storia* ..., cit., pp. 302--318 e C. VITERBO, *Il Diritto di «Recesso» Verso la sua Fine*, Riv. Dir. Comm., ano 31, Parte I, Milão, 1933, p. 289 e ss..

[307] Neste sentido, *vide* M. ROSSI, *Sulla Legittimazione all'Esercizio del Diritto di Recesso dalla Società per Azioni*, Riv. Dir. Comm., ano 101, Parte II, Milão, 2003, p. 143, nota 1.

banca, uma vez que aquelas indústrias eram a sua principal fonte de financiamento. Por este motivo, afastou-se o direito de exoneração nas *fusões*, *aumentos do capital social* e *modificações do objecto social*, operações essenciais à sobrevivência das empresas, que poderiam não se concretizar se o direito de exoneração existisse[308].

2.4. As Causas Legais de Exoneração no Código Civil de 1942

O CC It. de 1942 confirmou, ao nível das sociedades anónimas, o desfavor legal que o legislador vinha demonstrando, desde 1915, pelo direito de exoneração, dando-lhe natureza excepcional[309]. Simultaneamente, acentuou-se a sua natureza pública, na medida em que quaisquer actos tendentes a afastar as causas legais ou tornar o seu exercício mais difícil seriam nulos.

---

[308] Destacam-se os seguintes diplomas:
– *1915* – O art. 2.º da Lei n.º 431, de 1.04, afastou o direito de exoneração durante um ano nos casos de fusão sem alteração do objecto social e de aumento do capital social por emissão de acções privilegiadas sem direito de voto;
– *1923* – O Real Decreto-Lei n.º 75, de 11.01, suspendeu, por dois anos, o direito de exoneração nos casos de fusão sem alteração do objecto social e de aumento do capital social, com emissão de novas acções ordinárias. A duração deste diploma viria a ser prorrogada com a Lei n.º 796, de 28.05.1925, até que entrasse em vigor o novo Código Comercial, o que não veio a acontecer;
– *1925* – A Lei n.º 473, de 17.04, afastou o direito de exoneração nos aumentos do capital social, através da emissão de acções privilegiadas;
– *1930* – Através do art. 2.º do Real Decreto-Lei n.º 37, de 13.02, o Governo voltou afastar o direito de exoneração, quando fosse aprovada uma fusão declarada de interesse público por decreto do Ministro da Justiça. Implicitamente, também se considerou que, quando tal deliberação modificasse o objecto social, o direito de exoneração não seria reconhecido, uma vez que tal efeito era decorrente da deliberação de fusão;
– *1931* – Com o Real Decreto-Lei n.º 1434, de 13.11, o direito de exoneração deixava de ter lugar quando a alteração do objecto social tivesse sido deliberada na sequência da atribuição de toda ou parte da actividade social a uma outra empresa;
– *1932* - O Real Decreto-Lei n.º 1623, de 24.11, eliminou o direito de exoneração nos aumentos do capital social, mediante a emissão de acções privilegiadas, contanto que a emissão fosse ministerialmente autorizada e que as novas acções pudessem ser subscritas pelos sócios actuais.
[309] Cf., neste sentido, G. Grippo, *Il Recesso del Socio*, Trattato delle Società per Azioni, di G. E. Colombo e G. B. Portale, Vol. 6.º, Utet, Turim, 1997, pp. 138-139.

Na versão originária, o direito de exoneração na sociedade anónima estava praticamente restrito ao art. 2437.º, inserido nas modificações do acto constitutivo, o que deixava antever um entendimento contratualista da figura. Conforme salienta G. GRIPPO[310], este preceito constituiu o resultado de um processo legislativo que procurou encontrar o ponto de equilíbrio entre o poder maioritário e a autonomia do sócio, que, garantindo ao sócio a permanência das condições mínimas iniciais da sua participação, acentuava, simultaneamente, a competência da organização relativamente a todos os aspectos evolutivos.

Com o CC It., o direito de exoneração deixou de ser reconhecido nos casos de fusão[311], incorporação, aumento do capital social e prorrogação da duração, reduzindo-se para quatro situações: *alteração do objecto social* (art. 2437.º), *transformação da sociedade* (art. 2437.º), *transferência da sede para o estrangeiro* (art. 2437.º) e *reavaliação do valor da entrada* (art. 2343.º).

Por força de legislação especial posterior, seriam acrescentadas mais três situações:

– *Deliberação de fusão de uma sociedade cotada em bolsa, quando a sociedade a fusionar, a constituir ou preexistente não fosse cotada* (art. 131.º, do Decreto-Lei n.º 58, de 24.02.1998 (TUF)[312]). Neste caso, o direito de exoneração pertencia ao sócio dissidente da deliberação que tivesse aprovado a fusão;

– *Deliberação de introdução do direito de veto do Estado em certas deliberações sociais no âmbito das sociedades a privatizar* (n.º 2 do art. 2.º, da Lei n.º 474/94, de 7.07). Neste caso, o direito de exoneração pertence ao sócio dissidente da deliberação que tivesse aprovado a introdução do direito de veto;

– *Nos acordos parassociais,* com duração indeterminada, celebrados por sociedades cotadas e relativos ao direito de voto (art. 123.º, da TUF[313]).

---

[310] *Il Recesso del ...,* cit., p. 141.

[311] Segundo B. DE'COCCI, *Diritto di Recesso per ...,* cit., p. 369, a exclusão da fusão no CC It. de 1942 teve a sua razão de ser na importância crescente que esta vinha assumindo como fenómeno de integração económica.

[312] Texto Único em Matéria de Intermediação Financeira. Actualmente, o art. 131.º encontra-se revogado pelo art. 9.º, n.º 1, do Decreto-Lei n.º 37, de 6.02.2004.

[313] Com maior desenvolvimento, *vide* M. ATELLI, *Recesso e Inadempimento ...,*

2.4.1. Alteração do Objecto Social

No que diz respeito a esta causa de exoneração, uma vez que a lei não era clara, continuou a suscitar-se se o direito de exoneração podia ocorrer nos casos de ampliação/redução do objecto social. Uma primeira tese, mais restritiva, limitava a alteração do objecto social à modificação do objecto principal ou essencial, apenas possibilitando o direito de exoneração quando existisse uma modificação total e radical da actividade[314]. Uma segunda interpretação, mais ampla, reconhecia este direito mesmo quando ocorresse uma extensão ou redução do objecto social[315], pelo que qualquer alteração constituiria uma modificação do objecto social e podia fundamentar a exoneração do sócio. Numa posição intermédia, considerando as outras duas teses extremas, G. TANTINI[316] defende que nem sempre será possível distinguir o objecto social principal do secundário e nem sempre todas as modificações do objecto social determinam a sua alteração. Deste modo, torna-se necessário distinguir as modificações formais/irrelevantes, das relevantes. Apenas estas últimas dão origem ao direito de exoneração, por se traduzirem num objecto diverso do precendentemente fixado.

Outra discussão em torno desta causa de exoneração era saber se a *revogação da liquidação da sociedade* ou a *prorrogação da sua duração* constituía uma alteração do objecto social e se, em consequência, deveria ser reconhecido o direito de exoneração. A questão era tanto mais pertinente, uma vez que com a entrada em vigor do CC It. estas duas situações deixaram de constituir, em si mesmas, causas de exoneração[317].

---

cit., pp. 68-87 e M. PINTO, *Sulla Validità dei Sindicati di Voto a Tempo Indeterminato nelle Società non Quotate*, Rev. Soc., ano 44, n.º 6, Milão, 1999, p. 1364 e ss..

[314] Assim o refere G. TANTINI, *Le Modificazioni* ..., cit., p. 185.

[315] Cf. D. SPEDICATI, *Il Diritto di Recesso: Il Rimborso del Recedente*, Riv. Soc., ano 38, Milão, 1993, p. 684, nota 13. Também relacionado com esta questão, *vide* F. DI SABATO, *Validità della Deliberazione di «Scorporo» Presa dall'Assemblea Ordinaria e Diritto di Recesso*, Riv. Soc., ano 26, n.ºs 4-5, Milão, 1981, p. 386 e ss..

[316] *Le Modificazioni dell'Atto* ..., cit., pp. 186-190.

[317] Ao nível da jurisprudência, destaque para o Ac. da CApp de Bolonha de 24.06.1946, transcrito por A. MIGNOLI, *Facoltà di Recesso del Socio Dissenziente per Revoca della Messa Liquidazione*, Riv. Dir. Comm., ano 45, Parte II, Milão, 1947, pp. 76 e ss., que considerou que a aprovação de uma deliberação de revogação da liquidação da

2.4.2. Deliberação de Transformação da Sociedade

A transformação da sociedade noutro tipo de sociedade comercial, implicando uma mudança radical na sua estrutura organizativa, alterava profundamente as condições iniciais de ingresso na sociedade. Por esse motivo foi reconhecida como uma causa de exoneração[318].

2.4.3. Deliberação de Transferência da Sede para o Estrangeiro

Sempre que uma sociedade delibera a transferência da sede para o estrangeiro perde a sua nacionalidade, passando a estar submetida às leis do país para onde foi transferida a sua sede, lei diversa daquela a que os sócios queriam que se encontrasse sujeita[319]. Por outro lado, fica mais difícil, senão impossível, os sócios controlarem a sua gestão social e assistir às suas assembleias gerais, razões suficientes para justificar o direito de exoneração do sócio.

---

sociedade que tinha atingido o prazo previsto no contrato, constituía uma modificação do fim actual da sociedade, reconhecendo ao dissidente o direito de exoneração.

Este entendimento não foi, contudo, sufragado pela doutrina.

Segundo A. MIGNOLI, *Facoltà di Recesso ...*, cit., pp. 76-78, o art. 2437.º, do CC It., apenas se referia ao objecto social e não ao seu fim, sendo certo que, no seu entendimento, o objecto social durante a liquidação da sociedade permaneceria inalterado, apenas se transformando o seu fim, que deixaria de ser a realização de um ganho, para passar a ser a repartição de um ganho. Deste modo, não se alterando o objecto social, o direito de exoneração não poderia ocorrer.

Em sentido semelhante, *vide* T. ASCARELLI, *In Tema de Revoca della Liquidazione di una Società per Azioni. Necessità di Deliberazione Unanime o Ricostituzione?*, Riv. Dir. Comm., ano 58, Parte II, Milão, 1950, p. 53.

Também D. GALLETTI, *Il Recesso nelle ...*, cit., pp. 319-320, sustenta que a deliberação de revogação da liquidação não muda o seu objecto social, porquanto a actividade económica da sociedade continua a ser a mesma, não deixando de ter um fim lucrativo. Apenas se a dissolução tiver sido deliberada pela sociedade, na medida em que haverá uma alteração da sua função social, que passaria a ser de liquidação, poderia aplicar-se, por analogia, o art. 2437.º, do CC It..

[318] Com maior desenvolvimento, *vide* G. GRIPPO, *Il Recesso del ...*, cit., pp. 168-171.

[319] Cf. R. FRANCESCHELLI, *Fusione con Trasferimento della Sede all'Estero e Diritto di Recesso*, Riv. Dir. Civ., ano 14, Parte I, Pádua, 1968, p. 143.

Segundo G. TANTINI, *Le Modificazioni ...*, cit., p. 222, esta causa de exoneração surgiu numa altura em que a Europa não se encontrava integrada, pelo que considera contraditória a sua manutenção actual, dado que as normas comunitárias são no sentido da liberdade de circulação de pessoas e bens.

2.4.4. Reavaliação da Entrada em Espécie ou de Créditos

Nos termos do § 1 do art. 2343.º, do CC It.[320], sempre que a entrada na sociedade fosse um bem em espécie ou a cessão de um crédito, devia ser precedida de uma avaliação efectuada por perito. Sem prejuízo, nos seis meses seguintes à constituição da sociedade, os seus administradores tinham de proceder a um controlo da avaliação das entradas em espécie e dos créditos cedidos e, se para tanto tiverem motivos, deviam proceder à sua reavaliação. Durante o período de reavaliação, as acções correspondentes a essa entrada eram inalienáveis, permanecendo depositadas na sociedade (§ 3 do art. 2343.º, do CC It.). Pretendeu-se, assim, evitar subvalorizações das entradas, protegendo-se, sobretudo, os interesses de terceiros[321].

Terminada a reavaliação e concluindo-se que o valor da entrada era inferior, em mais de 1/5 do valor inicialmente atribuído, a sociedade devia reduzir o capital social, amortizando as acções a descoberto, ficando o sócio visado com a sua participação social diminuída. Por esse motivo, o legislador concedeu-lhe, em alternativa, o direito de entrar com a diferença ou de se exonerar (§ 4 do art. 2343.º, do CC It.). Contudo, na realidade, não eram duas, mas três, as alternativas de que dispunha[322]: nada fazer e ver a sua participação social reduzida até ao montante da entrada real; entrar com a diferença, permanecendo a sua participação social inalterada, ou sair da sociedade, exonerando-se. Através da exoneração evitava-se que o sócio ficasse sujeito a uma modificação do valor atribuído à sua entrada aquando do acto constitutivo[323].

Optando pela exoneração, a doutrina maioritária sustentava que o sócio tinha direito à restituição da entrada em vez do seu valor[324].

---

[320] Sobre o regime de avaliação das entradas em espécie, com maior desenvolvimento, vide F. FERRARA JR., *Sulle Modalità dell'Aumento di Capitale con Conferimento in Natura nella Società per Azioni*, Riv. Dir. Comm., ano 61, Parte I, Milão, 1963, p. 88.

[321] Neste sentido, cf. T. ASCARELLI, *In Tema di Conferimento in Natura*, Riv. Soc., Parte I, Milão, 1959, p. 484. Esta protecção dos terceiros não é absoluta, pois se assim fosse estaria apenas prevista a obrigação de o sócio entrar com a diferença.

[322] Assim, conforme refere P. LUCARELLI, *Conferimento in Natura e Recesso*, Giur. Comm., 1993, p. 312, o principal interesse em causa é o do sócio, porquanto este poderá adoptar uma solução que prejudique os credores sociais, por exemplo, ficando com uma participação social mais reduzida ou exonerando-se. Em qualquer caso, certo é que passará a existir coincidência entre o valor das entradas e o valor do capital social.

[323] Neste sentido, cf. F. FERRARA JR., *Sulle Modalità dell'Aumento* ..., cit., p. 86.

[324] Sobre esta questão, *vide*, com maior desenvolvimento, P. LUCARELLI, *Conferimento in* ..., cit., p. 309.

Segundo F. FERRARA JR.[325], se o sócio não pudesse reaver o bem ficaria efectivamente sujeito a essa modificação societária. Já P. LUCARELLI[326], realçando que a *factis specie* prevista no art. 2343.º, do CC It., não podia ser reconduzida à exoneração do art. 2437.º, do CC It., apresentava outra explicação. No seu entender, a exoneração do art. 2343.º, do CC It., tinha uma dimensão patrimonial, calculada ao tempo da constituição da sociedade, uma vez que se o sócio tivesse optado por permanecer na sociedade com o valor da sua participação social reduzido, ou pelo pagamento da diferença entre o valor da entrada e o da sua reavaliação, o valor da participação não seria alterado por resultados entretanto gerados. Assim, a exoneração teria eficácia retroactiva, devendo ser restituído o bem que constituiu a entrada do sócio. Quanto a D. GALLETTI[327], sustentava que o direito de exoneração constante do art. 2343.º, do CC It., tinha um cunho marcadamente contratualista, com eficácia *ex nunc,* uma vez que não seria exercido pelo seu titular enquanto sócio, mas enquanto contraente. Nessa medida, tinha o sócio direito a reaver a sua entrada, não se colocando problemas de liquidação.

Ao nível da jurisprudência, destacava-se o Ac. do Tribunal de Florença de 1.08.1990[328], no qual se admitiu, perante a exoneração fundada no art. 2343.º, do CC It., a restituição da entrada em vez do seu valor.

2.5. *Regime e Consequências da Declaração de Exoneração no Código Civil de 1942*

2.5.1. Legitimidade

O direito de exoneração pertencia ao sócio dissidente de certa deliberação social.

---

[325] *Sulle Modalità dell'Aumento ..., cit.,* p. 86.

[326] *Conferimento in ..., cit.,* pp. 311-313.

[327] *Appunti in Tema di Recesso da Società Scissa Quotata in Borsa*, BBTC, Nuova Serie v. 51, n.º 3, Parte I, Milão, 1998, p. 350.

Em sentido semelhante, também P. LUCARELLI, *Conferimento in ..., cit.,* p. 317, defende que o sócio no art. 2343.º, do CC It., deve ser encarado como um contraente, uma vez que a exoneração representa a não adesão a uma proposta de modificação do vínculo contratual.

[328] Ac. transcrito por P. LUCARELLI, *Conferimento in ..., cit.,* pp. 307-309.

À semelhança do regime anterior, continuava a discutir-se se o sócio que se absteve podia ou não exonerar-se, uma vez que no § 1 do art. 2437.º, do CC It., se usava a expressão "sócio dissidente" ("*soci dissenzienti*"), mas no § 2 do mesmo preceito, a propósito do prazo de emissão da declaração de exoneração, se distinguia entre "sócio que interveio" e "sócio que não interveio" na assembleia. Tanto quanto é do nosso conhecimento apenas no Ac. do CApp de Roma de 14.03.1956[329] foi defendido que o sócio que se absteve não podia ser considerado dissidente para efeitos de impugnação de deliberação social e, consequentemente, também para efeitos de exoneração. Apesar disto a doutrina maioritária defendia que o sócio que se absteve deveria ser considerado dissidente e interventor na assembleia geral, podendo exonerar-se, pois para ser-se dissidente bastaria não subscrever a opinião aprovada[330].

2.5.2. Declaração de Exoneração

Com a entrada em vigor do CC It. deixou de vigorar o princípio da liberdade de forma da declaração de exoneração, passando-se a exigir que esta fosse feita por carta registada[331].

Por outro lado, os prazos para a emissão da declaração de exoneração foram alterados. Assim, quanto aos sócios intervenientes na assembleia geral, passou a ser 3 dias contados a partir da data do encerramento da assembleia geral. Quanto aos sócios não intervenientes na assembleia geral, passou a ser 15 dias contados a partir da data da inscrição no registo da deliberação social. Ultrapassado algum destes prazos o direito de exoneração caducaria[332].

---

[329] Ac. referido e anotado por V. ANGELONI, *Legittimazione del Socio Astenuto ad Impugnare le Deliberazioni Sociali*, Riv. Trim. Dir. Proc. Civ., ano 11, Milão, 1957, p. 1177, nota 1.

[330] Cf., entre outros, V. ANGELONI, *Legittimazione del ...*, cit., pp. 1178-1179, S. PESUCCI, *Autotutela dell'Azionista...*, cit., p. 68 e M. ROSSI, *Sulla Legittimazione ...*, cit., p. 162.

Ainda sobre esta questão, D. GALLETTI, *Il Recesso nelle ...*, cit., pp. 161-162, chama a atenção para a *ratio* do art. 2437.º, do CC It., ter sido a de permitir a exoneração do sócio que se absteve.

[331] Na Sentença da CApp de Milão de 13.05.2003, Giur. Comm., 32.3., Giuffrè, Milão, 2005, pp. 337-338, decidiu-se que o mero depósito das acções não configurava uma modalidade válida de exercício do direito de exoneração. Tal acto, sem mais, era neutro para efeitos da declaração de exoneração.

[332] Segundo D. GALLETTI, *Sulle Forme e Sulle Modalità della Dichiarazione di Recesso nelle Società di Capitali*, Giur. Comm., 26.3., Giuffrè, Milão, 1999, p. 254,

Apesar do prazo para a emissão da declaração de exoneração pelos sócios intervenientes na assembleia geral ter sido alargado para 3 dias, chegou-se à conclusão de que ainda era demasiado curto, uma vez que a declaração tinha de ser emitida por carta registada. Deste modo, levantou-se a dúvida se a declaração negocial para ser eficaz tinha de ser emitida nesse prazo ou se, pelo contrário, seria necessária a sua recepção pela sociedade, no limite desse período[333]. O entendimento da jurisprudência[334] e da doutrina[335] foi sempre que a declaração de exoneração tinha de ser recebida no prazo de 3 dias, sob pena de caducidade, uma vez que era um acto receptício. Porém, de modo a contornar os inconvenientes derivados da dificuldade real de uma carta registada ser recebida no prazo de 3 dias, admitiam os Tribunais[336] a possibilidade de o sócio recorrer a outros meios de comunicação equivalentes, designadamente, o telex ou a notificação judicial.

---

podiam alargar-se nos estatutos os prazos legais para o exercício da declaração de exoneração, uma vez que a sua fixação não obedecia a qualquer justificação de ordem pública.

[333] Segundo D. GALLETTI, *Sulle Forme ...*, cit., p. 253, a Itália era o único país do mundo onde se estabelecia um prazo de 3 dias para a declaração de exoneração, isto porque o legislador, ao tempo da elaboração do CC It., confiava na eficiência dos serviços postais.

[334] Entre outros, veja-se o Ac. da CssIt de 3.01.1998, Giur. It., 1998, pp. 503-505, com três argumentos. O primeiro argumento utilizado foi a interpretação literal do art. 2437.°, do CC It., que fala em "comunicar" e não em "declarar", sendo certo que a comunicação significa participar ao destinatário determinado facto e não apenas a manifestação de vontade. Em segundo lugar, atendendo à natureza da declaração de exoneração – declaração receptícia. Como terceiro argumento, o tribunal considerou, sob o plano de organi-zação da sociedade, como racional a fixação de um prazo de 3 dias. Com argumentação idêntica, vejam-se ainda os Acs. da CApp de Milão de 12.03.2002, Giur. It., 2002, p. 2103 e ss. e de 13.05.2003, Giur. It., 2004, pp. 122-125, anotado por S. LUONI.

[335] Assim o referem, entre outros, E. CORRADI, *Il Recesso Unilaterale ...*, cit., p. 104, E. RAVARA, *Il Recesso*, cit., p. 35 e G. PRESTI, *Questioni in Tema di Recesso nelle Società di Capitali*, Giur. Comm., 1982, p. 106. Também neste sentido, G. GABRIELLI, *Vincolo Contrattuale e ...*, cit., p. 139 e G. GRIPPO, *Il Recesso del ...*, cit., p. 178, defendem o carácter receptício da declaração de exoneração sujeitando-a ao art. 1334.°, do CC It..

Em sentido contrário, P. PISCITELLO, *Parere dei Componenti del Collegio dei Docenti del Dottorato di Ricerca in Diritto Commerciali Interno ed Internazionale, Università Cattolica di Milano*, Rev. Soc., ano 47, n.° 6, Milão, 2002, p. 1494, considera que se deveria atribuir relevo à data da expedição da carta e não da recepção, por não ser justo fazer recair sobre o sócio eventuais desacertos dos serviços postais.

[336] Vide nota de rodapé 334 e Acs. nela referidos.

2.5.3. Reembolso

O reembolso da participação social do sócio exonerado variava consoante a sociedade se encontrasse ou não cotada (§ 1 *in fine* do 2437.º, do CC It.).

Encontrando-se a sociedade cotada, o reembolso seria pelo preço médio das acções no último semestre[337].

Não se encontrando cotada em bolsa, o valor do reembolso deveria ser calculado na proporção do valor do património social resultante do balanço imediatamente anterior à data da exoneração, sem que assumisse relevo a situação patrimonial real da sociedade[338]. Referindo-se ao balanço do último exercício, estava afastado que o reembolso pudesse ser feito com base num balanço elaborado em função da exoneração, isto é, extraordinário[339]. Segundo a doutrina, a liquidação do valor reembolsável pelo balanço traduzia um desfavor legal pela exoneração, na medida em que, impondo uma avaliação inadequada à satisfação dos interesses do credor (*ex-sócio*), por não coincidir com o valor real da participação, criava-se um obstáculo ao seu recurso[340], vantajoso para a sociedade, os seus credores e restantes sócios[341].

Relativamente à tramitação do reembolso da participação social, o art. 2437.º, do CC It., nada estabelece. Perante esta lacuna, a doutrina defendia que a sociedade podia optar pela solução que mais lhe conviesse,

---

[337] A referência ao "preço médio do último semestre" não estava isenta de dúvidas, porque não se previa como é que se chegava a esse valor, existindo diferentes critérios para a sua determinação. Acerca desta questão, *vide* PAOLO JOVENITTI, *Scorporo e Diritto di Recesso: Il Caso delle Società Quotate*, Riv. Soc., ano 24, 1979, pp. 644-647 e G. PRESTI, *Questioni in Tema di ...*, cit., p. 114.

[338] Segundo G. PRESTI, *Questioni in Tema di ...*, cit., pp. 113-115, o balanço a ter em conta é o do último exercício anterior à exoneração, ainda que aprovado em data posterior, por ser aquele que melhor reflecte o valor da participação social, por ser mais recente. Ao nível de jurisprudência, veja-se o Ac. da CssIt, de 22.04.2002, F. It., Parte Prima, 2003, pp. 266-278.

[339] Cf. G. GRIPPO, *Il Recesso del ...*, cit., p. 188.

[340] Veja-se, neste sentido, o Ac. do Tribunal de Milão de 2.05.1996, F. It., Parte Prima, Roma, 1998, p. 265.

Na doutrina, *vide* C. GANDINI, *Modificazioni dell'Atto Costitutivo nelle Società di Capitali: Recesso, Aumento di Capitali e Diritto di Opzione*, Giur. Comm., Giuffrè, Milão, 1988, p. 731.

[341] Veja-se G. PRESTI, *Questioni in Tema di ...*, cit., p. 112.

ora utilizando fundos disponíveis, ora reduzindo o capital social[342]. No primeiro caso seria necessária uma deliberação social de aquisição de acções próprias pela sociedade, dentro dos limites do art. 2357.º, do CC It.. Uma outra alternativa seria o resgate das acções com o recurso a reservas disponíveis do último balanço aprovado[343]. Não dispondo a sociedade da soma necessária ao reembolso, poderia deliberar a redução do capital social pelo valor nominal das acções do sócio que se exonerou[344]. Neste caso, a redução do capital social seria considerada obrigatória, não dispondo os credores sociais de qualquer direito de oposição. Nos restantes casos, isto é, dispondo a sociedade de outras alternativas que não a redução do capital social, mas optando por esta, os credores sociais disporiam do direito de oposição (art. 2445.º, do CC It.)[345].

2.6. A Reforma do Código Civil Italiano de 2003

Não é exagero afirmar que com a reforma introduzida no CC It., pelo *Decreto-Legislativo n.º 6, de 17.01.2003*, a disciplina do direito de exoneração nas sociedades de capitais sofreu uma volta de trezentos e sessenta graus, em particular, nas sociedades anónimas, onde a matéria foi desmembrada em cinco artigos[346].

Através desta reforma procurou o legislador responder às divergências/problemas que até então vinham afligindo a doutrina e a jurisprudência, designadamente[347]: a tipicidade ou não das causas de exoneração; a possibilidade de os estatutos preverem um reembolso pelo valor real das

---

[342] Vide G. PRESTI, *Questioni in Tema di ...*, cit., p. 117.
[343] Cf. G. GRIPPO, *Il Recesso del ...*, cit., p. 185.
[344] Neste sentido, veja-se G. GRIPPO, *Il Recesso del ...*, cit., p. 186.
[345] Segundo G. PRESTI, *Questioni in Tema di ...*, cit., p. 118, se a oposição fosse aceite, a sociedade ficaria obrigada a satisfazer o sócio mediante o resgate das suas próprias acções e, no caso de não as ter, podia ser condenada por execução específica.
Vide ainda S. PESUCCI, *Autotutela dell'Azionista ...*, cit., pp. 175-176.
[346] Sobre as consequências desta reforma, em particular no que diz respeito ao direito de exoneração nas sociedade anónimas, *vide*, com maior desenvolvimento, L. SALVATORE, *Il «Nuovo» Diritto di Recesso nelle Società di Capitali*, Contratto e Impresa, ano 19, n.º 2, Pádua, 2003, pp. 629-645, R. SPARANO/E. ADDUCCI, *La Nuova Disciplina del Diritto di Recesso nelle S.P.A.,* em http://www.altalex.com/ index.php?idstr=129&idnot=6835 (recolhido em Fevereiro de 2005) e F. CHIAPPETTA, *Nuova Disciplina ...,* cit., p. 487 e ss..
[347] Cf. L. SALVATORE, *Il «Nuovo» Diritto di ...*, cit., p. 631.

acções; a obrigatoriedade ou não de proceder à redução do capital social por força do reembolso; a possibilidade ou não de a sociedade revogar a deliberação que causou a exoneração; a legitimidade ou não dos sócios que se abstiveram na assembleia geral para se exonerar.

Como segunda nota introdutória, destaque para o abandono da tese que atribuía natureza excepcional ao direito de exoneração. A partir de 2003 passou-se a dar prevalência ao princípio da autonomia estatutária (al. a) do n.º 2 do art. 4.º, da Lei n.º 366, de 3.10.2001).

A disciplina da exoneração foi revista com a preocupação[348] de permitir a ampliação estatutária das causas de exoneração, o estabelecimento de critérios de determinação do valor do reembolso das acções adequados à tutela dos interesses do sócio, e de assegurar a tutela da integridade do capital social, através da previsão de disposições imperativas, em particular no que diz respeito ao processo de liquidação da participação social e à redução do capital social como solução extrema (al. d) do n.º 9 do art. 4.º, da Lei n.º 366, de 3.10.2001).

2.7. Causas de Exoneração no Código Civil Actual

Com a reforma de 2003, as causas de exoneração foram alteradas, sendo agora possível distinguir três modalidades:

i) *Causas legais obrigatórias* (§§ 1 e 3 do art. 2437.º, do CC It.);
ii) *Causas legais não obrigatórias* (§ 2 do art. 2437.º, do CC It.);
iii) *Causas estatutárias* (§ 4 do art. 2437.º, do CC It.).
Passemos à análise de cada uma delas.

2.7.1. Causas Legais Obrigatórias

Uma causa legal de exoneração é obrigatória sempre que não possa ser afastada pelos estatutos. Nessa medida, corresponde a uma situação inderrogável, cuja ocorrência determina sempre o direito de exoneração do sócio.

A reforma de 2003, além de acolher as anteriores causas legais de exoneração, acrescentou outras. Actualmente são as seguintes:

a) *Modificação da cláusula do objecto social* (al. a) do § 1 do art. 2437.º, do CC It.);

---

[348] Cf. L. SALVATORE, *Il «Nuovo» Diritto di ...*, cit., p. 633.

b) *Transformação da sociedade* (al. b) do § 1 do art. 2437.º, do CC It.);

c) *Transferência da sede social para o estrangeiro* (al. c) do § 1 do art. 2437.º, do CC It.);

d) *Cessação da liquidação da sociedade* (al. d) do § 1 do art. 2437.º, do CC It.);

e) *Eliminação de causas legais não imperativas ou estatutárias de exoneração* (al. e) do § 1 do art. 2437.º, do CC It.);

f) *Modificação dos critérios de determinação do valor das acções no caso de exoneração* (al. f) do § 1 do art. 2437.º, do CC It.);

g) *Modificações relativas ao direito de voto ou participação* (al. g) do § 1 do art. 2437.º, do CC It.);

h) *Exoneração ad nutum* (§ 3 do art. 2437.º, do CC It.)[349];

i) *Exclusão da cotação das acções* (art. 2437.º-quinquies, do CC It.);

j) *Reavaliação da entrada em espécie ou de créditos* (§ 4 do art. 2343.º, do CC It.);

k) *Exoneração do sócio de sociedade sujeita à direcção e coordenação de outra* (art. 2497.º-quater, do CC It.)[350];

Vejamos então.

a) *Modificação da Cláusula do Objecto Social*

Com a reforma de 2003, apenas a deliberação de modificação da *cláusula do objecto social* confere ao sócio dissidente o direito de exoneração, ficando de fora a mudança de facto do objecto social. Contudo, consciente dos problemas que o anterior regime suscitava, o legislador esclareceu que não é qualquer modificação estatutária do objecto social que determina o direito de exoneração, mas apenas aquela que se traduzir numa alteração significativa das condições iniciais do risco de investimento do sócio, seja por substituição, por redução ou ampliação.

---

[349] Discute-se se esta causa de exoneração é obrigatória, uma vez que o § 5 do art. 2437.º, do CC It., apenas considera nulos os pactos que eliminam ou dificultam o direito de exoneração previstos no § 1 dessa disposição. Com maior desenvolvimento, *vide* M. Ventoruzzo, *I Criteri di Valutazione delle Azioni in Caso di Recesso del Socio*, Riv. Soc., ano 50, n.ºs 2-3, 2005, pp. 327, nota 55, e 328, que considera o facto de apenas se prever a possibilidade de a sociedade alargar o prazo de pré-aviso, situação que torna mais gravoso o exercício do direito de exoneração, e mais nenhuma outra limitação existir, decorre a inderrogabilidade desta causa de exoneração.

[350] No sentido de considerar esta causa de exoneração obrigatória, *vide*, por todos, F. Chiappetta, *Nuova Disciplina ...*, cit., p. 517.

b) *Transformação da Sociedade*

Há semelhança do regime anterior, a mudança do tipo de sociedade continuou a ser uma causa de exoneração. Contudo, situações antes excluídas, como a passagem a uma forma não societária[351], passaram também a possibilitar a exoneração do sócio dissidente.

c) *Transferência da Sede Social para o Estrangeiro*

Esta causa de exoneração do regime anterior permaneceu inalterada.

d) *Cessação da Liquidação da Sociedade*

Com a reforma de 2003, a questão até então debatida de saber se a revogação da liquidação da sociedade era ou não uma causa de exoneração, por alteração do objecto social, deixou de se colocar, na medida que passou a constituir uma causa autónoma de exoneração.

Procurou-se, deste modo, evitar que os sócios pudessem sair prejudicados no valor da sua participação social, pelo facto de tendo a sociedade iniciado a sua liquidação e eventual partilha decidisse voltar à situação anterior, retomando a sua actividade social.

e) *Eliminação de Causas Estatutárias ou Derrogáveis de Exoneração*

Passando o legislador a reconhecer a possibilidade de existirem causas estatutárias e legais não obrigatórias de exoneração, procurou garantir a sua efectividade, evitando que certo sócio fosse convencido a ingressar na sociedade, porque lhe tinha sido assegurado o direito de exoneração e, após o seu ingresso, a maioria eliminasse tal cláusula. Está, pois, em causa a tutela da confiança do sócio que, perante certos eventos, poderia exonerar-se.

Apesar de a lei apenas referir a eliminação de causas estatutárias/ /derrogáveis de exoneração, como causa legal obrigatória de exoneração,

---

[351] Apesar de a lei falar em *transformação* o direito de exoneração deverá também ocorrer nas situações que impliquem uma passagem da sociedade a um tipo social distinto, como a fusão ou a cisão. Neste sentido, vide P. PISCITELLO, *Riflessioni sulla Nuova Dis-ciplina del Recesso nelle Società di Capitali*, Riv. Soc., ano 50, n.ºs 2-3, Milão, 2005, pp. 520 e M. VENTORUZZO, *I Criteri di Valutazione* ..., cit., p. 320.

a mesma solução deve aplicar-se perante a sua substancial modificação em termos de dificultar o seu exercício[352].

f) *Modificação dos Critérios de Avaliação das Acções em Caso de Exoneração*
Reconhecendo o legislador a possibilidade de o critério de avaliação das acções ser determinado nos estatutos, procurou também garantir a sua efectividade ao estabelecer que a sua modificação constitui uma causa legal obrigatória de exoneração. Está, pois, em causa a tutela da confiança do sócio acerca do modo de cálculo do reembolso da sua participação social em caso de exoneração.

g) *Modificações Relativas ao Direito de Voto ou Participação*
Atentas as implicâncias, sobretudo ao nível patrimonial, que estas deliberações acarretam aos sócios, passaram a constituir uma causa legal de exoneração obrigatória[353].

Já a aprovação de deliberações que possam ter o mesmo resultado, mas de forma indirecta, porquanto a tal não se destinam, como, por exemplo, as referentes a aumento ou uma diminuição do capital social, não podem fundamentar a exoneração do sócio[354].

h) *Exoneração ad nutum*
A exoneração *ad nutum* na sociedade constituída por tempo indeterminado e não cotada em bolsa foi uma das grandes inovações da reforma da 2003. Neste caso, a exoneração pode ser efectuada tanto por sócios minoritários como por sócios de controlo, apenas tendo a respectiva declaração de exoneração de ser emitida com um pré-aviso de seis meses, que pode ser alargado nos estatutos até ao limite máximo de um ano.

O fundamento desta causa de exoneração não é a possibilidade de se estabelecerem limites estatutários à circulação de acções, dado que tem

---

[352] Também neste sentido, *vide* M. VENTORUZZO, *I Criteri di Valutazione* ..., cit., pp. 322-323.

[353] A este propósito, M. VENTORUZZO, *I Criteri di Valutazione* ..., cit., p. 326, chama a atenção para a ambiguidade do termo "direito de participação" fonte de incertezas e de previsíveis litígios.

[354] Com posição idêntica, *vide* F. CHIAPPETTA, *Nuova Disciplina* ..., cit., pp. 495-496.

lugar mesmo que estes existem. Assim, será evitar a existência de vínculos perpétuos, assegurando a possibilidade de desinvestimento do sócio. Por esse motivo, também não podem deixar de constituir causas de exoneração *ad nutum* as situações que, em termos práticos, levem ao mesmo resultado.

i) *Exclusão da Cotação das Acções*
Encontrando-se as acções cotadas em mercado regulamentado, tem direito de exoneração o sócio que não tenha contribuído na deliberação que resultou na exclusão da sua cotação[355]. Daqui resulta que não é a exclusão da cotação, sem mais, que determina o direito de exoneração, mas a aprovação de deliberação social que, de forma directa ou indirecta, conduza a esse resultado.

Deixando de ser cotadas, torna-se mais difícil o desinvestimento do sócio, justificando-se, por isso, o direito de exoneração[356]. Trata-se, pois, de assegurar também a possibilidade de desinvestimento do sócio.

j) *Reavaliação da Entrada em Espécie ou de Créditos*
Esta causa de exoneração do regime anterior manteve-se com a reforma de 2003. A única alteração está relacionada com o expresso reconhecimento do direito do sócio que se exonerou à restituição da entrada e não do seu valor, resolvendo-se, assim, uma dúvida anterior.

k) *Exoneração do Sócio de Sociedade Sujeita à Direcção e Coordenação de Outra*
Uma última novidade introduzida pelo legislador na reforma de 2003 foi o reconhecimento do direito de exoneração nos grupos de sociedades. Nos termos do disposto no art. 2497.º-quater, do CC It., o sócio de sociedade sujeita à actividade de direcção e coordenação de outra pode exonerar-se[357].

---

[355] Conforme observa M. VENTORUZZO, *I Criteri di Valutazione* ..., cit., p. 331, a expressão legal *esclusione dalla quotazione* não é clara, podendo contemplar quer a "perda do *status* de sociedade cotada" quer a "exclusão da cotação das acções".

[356] Neste sentido, *vide* L. SALVATORE, *Il «Nuovo» Diritto di* ..., cit., p. 636.

[357] São três as situações que permitem a exoneração do sócio:
    i) Quando a sociedade directora tenha deliberado uma transformação que implica a substituição do objecto social ou deliberado a sua modificação para o exercício de uma

2.7.2. Causas Legais Não Obrigatórias

Constitui uma causa legal de exoneração não obrigatória aquela que, estando prevista na lei, pode ser estatutariamente afastada. Assim, nada se estabelecendo em contrário, o sócio pode exonerar-se por:

a) *Prorrogação do Termo da Sociedade* (al. a) do § 2 do art. 2437.º, do CC It.)

Esta causa de exoneração, que existia na vigência do Código Comercial de 1882 e tinha sido posteriormente eliminada com o CC It., voltou a ser reconhecida na reforma de 2003.

b) *Introdução ou Remoção de Limitações à Circulação de Acções* (al. b) do § 2 do art. 2437.º, do CC It.)

Nos termos do art. 2355.º-bis, do CC It., é possível limitar a circulação das acções nominativas, bem como, por um período não superior a cinco anos contados a partir da constituição da sociedade, proibir a sua transmissão.

Sempre que a transmissão das acções depender de autorização dos órgãos sociais ou dos outros sócios, tal limitação só será eficaz se também se estipular a obrigação de a sociedade ou de os restantes sócios adquirirem, por ocasião de eventual exoneração, as acções do sócio alienante.

Sempre que, não havendo limites à circulação das acções, os mesmos sejam introduzidos, o sócio poderá ficar prisioneiro da sociedade. Neste caso, o reconhecimento do direito de exoneração destina-se a evitar esta possibilidade.

---

actividade que altere significativamente as condições económicas e patrimoniais da sociedade subordinada;

ii) Quanto tenha sido obtida uma sentença que obriga a que a actividade social seja dirigida por outra sociedade. Neste caso, a exoneração será obrigatoriamente integral;

iii) No início ou no termo da actividade de direcção e coordenação, salvo se se tratar de sociedade anónima cotada, não existir uma alteração das condições de risco do investimento e a situação não ficar submetida ao regime da oferta pública de aquisição.

Com maior desenvolvimento sobre as condições de funcionamento desta causa de exoneração, *vide* A. DENTAMARO, *Il Diritto dell'Azionista al Disinvestimento. Alienazione e Recesso tra Riforma del Diritto Societário e Testo Unico della Finanza*, La Riforma delle Società di Capitali Aziendalisti e Giuristi a Confronto, Giuffrè, Milão, 2004, p. 346 e ss..

Sempre que, existindo limites à transmissão das acções, os mesmos sejam removidos[358], poderão sair prejudicados os sócios que pretendiam ver assegurado um certo *status quo*, sendo-lhes reconhecido, no silêncio dos estatutos, o direito de exoneração.

2.7.3. Causas Estatutárias

Com a reforma de 2003 passou a ser possível nas sociedades que não tenha feito recurso ao mercado do capital de risco ("*non fanno ricorso al mercato del capitale di rischio*")[359] prever outras causas de exoneração além das legais. Não balizando a lei essas causas[360], apenas se pode concluir que o direito de exoneração deixou de estar conexo com uma ideia de protecção de minoria, podendo ser concedido a sócios maioritários[361].

2.8. Regime e Consequências da Declaração de Exoneração no Código Civil Actual

2.8.1. Legitimidade

Sempre que o direito de exoneração decorrer da aprovação de determinada deliberação social, têm legitimidade para se exonerar os sócios

---

[358] Para M. VENTORUZZO, *I Criteri di Valutazione* ..., cit., p. 337, também a mera modificação de tais cláusulas legitima o direito de exoneração.

[359] Segundo A. DENTAMARO, *Il Diritto dell'Azionista al* ..., cit., p. 340, o fundamento desta exclusão reside na permanente disponibilidade de desinvestimento que dispõe o sócio.

[360] O único limite, para P. PISCITELLO, *Riflessioni sulla* ..., cit., p. 523, é a proibição da exoneração *ad nutum*, uma vez que a lei admite a estipulação de outras causas de exoneração que não as legais.

Já V. BUONAURA, *Il Recesso del Socio di Società di Capitali*, Giur. Comm., 32.3., Giuffrè, Milão, 2005, pp. 303-304, tomando por referência as causas legais de exoneração, apenas admite como cláusulas estatutárias as decorrentes da aprovação de deliberações sobre outras matérias que não aquelas que originam o direito de exoneração legal. Recusa a exoneração *ad nutum*, que apenas pode ter por motivo a duração indeterminada da sociedade, assim como a exoneração com fundamento em justa causa, por incompatível com a irrelevância da pessoa do sócio na sociedade anónima.

Com reservas sobre a não admissão da exoneração *ad nutum* e admitindo a exoneração por justa causa, vide M. VENTORUZZO, *I Criteri di Valutazione* ..., cit., pp. 339-341.

[361] Cf., neste sentido, R. SPARANO/E. ADDUCCI, *La Nuova Disciplina del Diritto di* ..., cit..

que não tenham contribuído para a sua aprovação (§§ 1 e 2 do art. 2437.º, do CC It.)³⁶².

Uma outra inovação, com significativa importância neste instituto, foi a admissibilidade da exoneração parcial (§ 1 do art. 2437.º, do CC It.)³⁶³.

2.8.2. *Declaração de Exoneração*

Nos termos do § 1 do art. 2347.º-bis, do CC It., a declaração de exoneração deve constar de carta registada emitida³⁶⁴ no prazo de 15 dias contados a partir do registo da deliberação social³⁶⁵. Não sendo a causa da exoneração uma deliberação social, designadamente quando se trate de causas estatutárias de exoneração, ainda que ligadas à aprovação de deliberações sociais não sujeitas a registo³⁶⁶, o prazo é alargado para 30 dias, contados do conhecimento³⁶⁷.

---

³⁶² Na nova redacção deste preceito, a anterior expressão sócios "dissidentes" foi substituída por sócios que "*não tenham contribuído para a aprovação de determinada deliberação social*", de modo a não subsistirem dúvidas de que os sócios que se abstiveram também podem exonerar-se. Segundo M. VENTORUZZO, *I Criteri di Valutazione ...*, cit., p. 347, apesar da letra da lei não o limitar, na exoneração por modificação do direito de voto ou participação, apenas o sócio que não tenha contribuído para a aprovação da deliberação e fique directa ou indirectamente prejudicado por tal modificação pode exonerar-se.

³⁶³ Apesar de a exoneração parcial apenas se encontrar reconhecida nas situações elencadas no § 1.º do art. 2437.º, do CC It., considerando o papel preponderante dado na reforma de 2003 à participação social, deve admitir-se nas restantes causas legais. Na verdade, conforme consta do n.º 1 do art. 4.º, da Lei n.º 366, de 3.10.2001, foi intenção do legislador que a nova disciplina das sociedades anónimas colocasse no seu centro a acção em vez da pessoa do sócio.

³⁶⁴ Assim, ao contrário do regime anterior, o que releva para evitar a caducidade da declaração de exoneração é a data da sua emissão e não a data do seu conhecimento pela sociedade.

³⁶⁵ Segundo M. VENTORUZZO, *I Criteri di Valutazione ...*, cit., pp. 352-353, nada impede que a declaração de exoneração seja emitida imediatamente após a deliberação social, mas antes do seu registo. Neste caso, a declaração ficará suspensivamente condicionada à inscrição da deliberação.

³⁶⁶ Defendendo, nestes casos, um prazo de 15 dias contado da aprovação da acta, *vide* A. BARTOLACALLI, *Brevi Note su Forma e Modalità di Esercizio del Diritto di Recesso*, Giur. Comm., 32.3., Giuffrè, Milão, 2005, p. 348.

³⁶⁷ Considerando preferível o início da contagem do prazo para a emissão da declaração a partir do momento em que a causa de exoneração fosse conhecível, usando uma diligência normal, *vide* M. VENTORUZZO, *I Criteri di Valutazione ...*, cit., p. 353.

Ainda digno de registo é a preocupação quanto ao conteúdo da declaração de exoneração, estabelecendo-se que esta deverá indicar quem se exonera, um domicílio para efeitos de comunicação, assim como o número e a categoria das acções relativamente às quais se exerce o direito de exoneração.

Emitida a declaração de exoneração, as acções não podem ser transmitidas, até que o processo de liquidação esteja concluso, devendo, para o efeito, ficar depositadas[368] na sede social (§ 2 do art. 2437.º-bis, do CC It.)[369].

Uma outra questão resolvida com a reforma de 2003 é o reconhecimento da possibilidade de a sociedade revogar a deliberação social que originou o direito de exoneração (§ 3 do art. 2437.º, do CC It.). Neste caso, o direito de exoneração não poderá ser exercido ou, tendo-o sido, será ineficaz.

2.8.3. Reembolso

O sócio que se tenha validamente exonerado tem direito à liquidação das suas acções.

O cálculo do reembolso continua a variar consoante a sociedade se encontre ou não cotada.

Não se encontrando cotada, o valor das acções será determinado pela administração[370], tendo em conta parecer[371] de um colégio sindical ("*collegio sindacale*") e do órgão fiscal (§ 2 do art. 2437.º-ter, do CC It.). Todavia, ao contrário do regime anterior, a avaliação[372] é feita tendo por referência três parâmetros legais, segundo a seguinte ordem:

---

[368] Esta obrigatoriedade de depositar as acções destina-se a evitar, conforme observa M. VENTORUZZO, *I Criteri di Valutazione* ..., cit., p. 354, uma dissociação entre o sócio que declarou exonerar-se e o sujeito credor do reembolso. Por outro lado, facilita a transmissão das acções para outros sócios ou terceiros.

[369] Apesar do silêncio da lei, A. BARTOLACALLI, *Brevi Note su* ..., cit., p. 353, considera que o depósito das acções tem de estar efectuado até à recepção da declaração de exoneração pela sociedade.

[370] Cf. P. IOVENITTI, *Il Nuovo Diritto di Recesso: Aspetti Valutativi*, Riv. Soc., ano 50, n.ºs 2-3, 2005, p. 461.

[371] Estes pareceres, segundo P. IOVENITTI, *Il Nuovo Diritto* ..., cit., p. 461, têm uma função meramente consultiva.

[372] Esta avaliação tem por objecto o período anterior à deliberação que originou a exoneração, e tem de ser depositada na sede social, a fim de poder ser consultada pelos

i) Situação patrimonial da sociedade – Segundo este critério, o valor da sociedade é determinado segundo o seu activo e passivo, tendo por base valores contabilísticos actualizados. Por outro lado, ter-se-ão ainda de considerar os elementos que, não constando do balanço, contribuem para a produção de resultados positivos, como o *know-how*, segredos industriais, direitos da propriedade industrial, alvarás, etc[373].

ii) Perspectivas de rendimentos – Correspondem aos rendimentos que se esperam que a gestão da sociedade produza em determinado período de tempo[374];

iii) Valor de mercado das acções – Parâmetro eventual, sempre que não sendo negociadas num mercado regulamentado as acções tenham um valor de mercado[375].

Assim, abandonou-se o modelo unitário de avaliação, assente no balanço, substituindo-o por três parâmetros distintos[376], assegurando ao sócio que o reembolso da participação social é feito pelo valor real[377].

Do § 4 do art. 2437.º-ter, do CC It., decorre a possibilidade, quanto às sociedades não cotadas, de os estatutos[378] estabelecerem outros crité-

---

sócios (§ 5 do art. 2437.º-ter, do CC It.). Na verdade, só assim poderá o sócio fundadamente pôr em causa o valor atribuído à sua participação social.

[373] Cf. M. VENTORUZZO, *I Criteri di Valutazione* ..., cit., pp. 368-371.

[374] Sobre as diferentes técnicas de cálculo dos rendimentos esperados, *vide*, com maior desenvolvimento, M. VENTORUZZO, *I Criteri di Valutazione* ..., cit., pp. 375-379, que destaca, entre outras, a teoria da "projecção dos resultados históricos" que prevê os resultados esperados com base nos resultados anteriores, e a teoria "das perspectivas de crescimento", que assenta nas possibilidades de crescimento da sociedade. No seu entender, cit., p. 402, apenas não se podem ter em conta os efeitos económicos da operação que originou a exoneração, uma vez que tal seria permitir ao sócio adquirir vantagens da operação com base na qual decidiu desvincular-se da sociedade.

[375] Sobre esta questão, *vide*, com maior desenvolvimento, P. IOVENITTI, *Il Nuovo Diritto* ..., cit., pp. 472-474, e M. VENTORUZZO, *I Criteri di Valutazione* ..., cit., p. 380 e ss..

[376] Conforme observa M. VENTORUZZO, *I Criteri di Valutazione* ..., cit., pp. 366--367, a necessidade de ter em conta estes três elementos não significa a obrigação de dar igual valor aos três. Apenas em concreto poderá ser aferido o relevo de cada elemento, havendo, portanto, uma margem de discricionariedade. Assim, por exemplo, numa sociedade recém-constituída, as perspectivas de ganho terão pouco relevo, e numa empresa de *software* a situação patrimonial será mais baixa.

[377] Neste sentido, *vide* L. SALVATORE, *Il «Nuovo» Diritto di* ..., cit., p. 638 e P. PISCITELLO, *Riflessioni sulla* ..., cit., p. 524.

[378] Segundo M. VENTORUZZO, *I Criteri di Valutazione* ..., cit., p. 419, sabido que o objectivo desta disciplina foi determinar o justo valor das acções, serão ilícitos todos os

rios para determinar o valor da liquidação, com indicação dos elementos do activo e do passivo do balanço que podem ser rectificados, dos respectivos critérios de rectificação, bem como a indicação de outros elementos de avaliação patrimonial susceptíveis de ter em conta, designadamente o aviamento[379] ou os descontos de minoria[380].

Quando a sociedade estiver cotada em bolsa[381], o valor da liquidação das acções é calculado de maneira directa, através da média aritmética do seu preço de fecho nos seis meses[382] anteriores à publicação/recepção da convocatória da assembleia geral que legitimou a exoneração[383] (§ 3 do art. 2437.º- ter, do CC It.)[384].

---

critérios de avaliação incompatíveis com esta finalidade. Porém, tal não significa que, dentro da autonomia estatutária permitida, a sociedade não possa alterar os critérios de avaliação, ainda que venham a revelar-se menos vantajosos para os sócios. Em sentido idêntico, V. BUONAURA, *Il Recesso del Socio ...*, cit., p. 315, entende que os critérios estatutários de fixação do valor das acções não têm de ser os mais favoráveis ao sócio, mas têm de representar adequadamente o valor efectivo das participações.

Ainda sobre esta questão, P. IOVENITTI, *Il Nuovo Diritto ...*, cit., p. 475, considera que os estatutos só podem derrogar o primeiro parâmetro legal de avaliação, uma vez que os critérios exemplificados na lei referem-se apenas a este parâmetro.

[379] Veja-se F. CHIAPPETTA, Nuova Disciplina ..., cit., p. 508 e N. ANGIOLA, *Il Diritto di Recesso del Socio di Società di Capitali. Riflessioni Economico-Aziendali alla Luce dell'Inovata Disciplina Civilistica*, La Riforma delle Società di Capitali Aziendalisti e Giuristi a Confronto, Giuffrè, Milão, 2004, pp. 301 e 311.

[380] Cf. V. BUONAURA, *Il Recesso del Socio ...*, cit., p. 315.

[381] Segundo M. VENTORUZZO, *I Criteri di Valutazione* ..., cit., pp. 386-387, para se aplicar este critério de liquidação é necessário que as acções se encontrem cotadas quando se perfecciona a declaração de exoneração, não bastando a sua cotação ao tempo da aprovação da deliberação social que causou a exoneração.

[382] Deste modo, evita-se que a deliberação social que motivou a exoneração tenha reflexos na avaliação da própria participação social. *Vide* o Ac. da CssIt, de 26.08.2004, F. It., Parte Prima, 2005, p. 755.

No entender de M. VENTORUZZO, *I Criteri di Valutazione* ..., cit., pp. 391-392, este prazo de seis meses é excessivamente amplo, sobretudo nos casos de elevada volatilidade dos preços de mercado, dificilmente exprimindo um valor semelhante ao da cotação no momento da declaração de exoneração.

[383] Segundo M. VENTORUZZO, *I Criteri di Valutazione* ..., cit., p. 391, a mesma solução deve ter lugar nas causas de exoneração que não decorram da aprovação de certa deliberação social.

[384] Esta solução conduz a que, sempre que o valor das acções, segundo este critério, seja inferior ao valor da sua cotação actual, o sócio optará por não exonerar-se, antes vendendo as suas acções em bolsa. No caso contrário, de o valor das acções, segundo o

Por último, quanto ao momento do cálculo do valor do reembolso, apenas se prevê que o sócio tem o direito de conhecer o valor atribuído às acções nos 15 dias anteriores à data marcada para a assembleia geral que legitima o direito de exoneração[385] (§ 5 do art. 2437.°-ter, do CC It). Desta regra pode inferir-se que a avaliação terá de ser efectuada antes da realização da assembleia geral[386].

No caso de contestação do valor das acções, aquando da declaração de exoneração, o mesmo será determinado por perito judicial, a pedido da parte mais diligente, nos termos do disposto no art. 1349.°, do CC It.[387] (§ 6 do art. 2437.°-ter, do CC It.).

2.8.4. *Processo de Liquidação*

A omissão na versão inicial do CC It. de um processo de liquidação levantou diversos problemas jurídicos, designadamente saber se a sociedade podia ou não adquirir as acções do sócio exonerado, se o reembolso podia ou não ser feito com reservas disponíveis ou quais as disposições aplicáveis no caso de se realizar uma redução do capital social.

Com a reforma de 2003, o legislador pôs termo a estes problemas prevendo um processo de liquidação, através de etapas sucessivas (art. 2437.°-quater, do CC It.). Trata-se de uma tramitação imperativa[388], porquanto destinada a assegurar a integridade do capital social.

---

critério legal, ser superior ao valor da sua cotação actual, dificilmente a sociedade encontrará interessados na sua aquisição.

[385] Segundo F. CHIAPPETTA, *Nuova Disciplina ...,* cit., p. 509, esta obrigação tem por finalidade fixar e dar a conhecer antecipadamente o valor atribuído às acções, de modo a permitir, mais esclarecidamente, o sócio aferir da conveniência ou não de sair da sociedade.

[386] Na falta de indicação de um momento preciso para a realização da avaliação, M. VENTORUZZO, *I Criteri di Valutazione ...,* cit., pp. 398-399, sustenta que este deve ser o mais próximo da data da declaração de exoneração, por ser aquele que mais faz coincidir o valor das acções com o seu valor real. Mais considera, sempre que a exoneração não seja motivada por deliberação social, que o valor das acções seja calculado por referência ao momento em que esse facto ocorre.

[387] Na sua avaliação, conforme defende M. VENTORUZZO, *I Criteri di Valutazione ...,* cit., p. 435, o perito deverá socorrer-se, consoante os casos, dos critérios legais ou estatutários de avaliação, apenas podendo afastar os critérios estatutários, quando estes não permitirem chegar ao valor efectivo das acções.

[388] *Vide* L. SALVATORE *Il «Nuovo» Diritto di ...,* cit., pp. 640-641 e F. CHIAPPETTA, *Nuova Disciplina ...,* cit., p. 512.

Em primeiro lugar, prevê-se a aquisição das acções do sócio que se exonerou pelos restantes sócios, na proporção das acções por estes detidas (§ 1 do art. 2437.º-quater, do CC It.). Esta solução, além de assegurar a integridade do capital social, permite aos restantes sócios manter, em termos proporcionais, a sua posição na sociedade.

No caso de os restantes sócios não adquirirem a totalidade das acções, podem estas ser alienadas a terceiros (§ 4 do art. 2437.º-quater, do CC It.).

Quando as acções do sócio não forem adquiridas na totalidade nem pelos sócios, nem por terceiros, serão adquiridas pela sociedade, com reservas disponíveis e nos limites legais de aquisição de acções próprias (§ 5 do art. 2437.º-quater, do CC It.).

Por último, na falta de reservas disponíveis, o reembolso será feito com redução do capital social[389], deliberado em assembleia geral extraordinária, podendo, em alternativa, a assembleia deliberar a sua dissolução (§ 6 do art. 2437.º-quater, do CC It.).

Apenas se releva a falta de fixação de um prazo para cada uma das etapas, prazo esse que, uma vez ultrapassado, determinaria automaticamente a passagem para a etapa seguinte, sob pena de o sócio ficar *ad eternum* a aguardar o reembolso da sua participação social. Uma outra solução, a nosso ver mais vantajosa para o sócio que se exonerou, seria obrigar a sociedade a proceder desde logo ao reembolso da participação social. Posteriormente, procederia à transmissão dessas acções para os outros sócios, para terceiros ou ficaria com elas ou, no limite e no caso de nada disto ser possível, procederia à sua eliminação, na sequência da redução do capital social.

---

[389] Havendo oposição dos credores sociais à redução, a sociedade dissolver-se-á (§ 7 do art. 2437.º-quater *in fine*, e §§ 3 e 4 do art. 2445.º, do CC It.). Esta solução, conforme observa V. BUONAURA, *Il Recesso del Socio ...*, cit., p. 307, ainda que não confira grande tutela aos credores sociais, porquanto concorrerão em situação de igualdade com o crédito ao reembolso do sócio exonerado, pode "forçar" os restantes sócios a adquirir as acções do sócio que se exonerou.

3. O Direito de Exoneração nas Sociedades de Responsabilidade Limitada

3.1. *Código Civil Italiano*

Nas sociedades de responsabilidade limitada, equivalentes às nossas sociedades por quotas, o CC It., na sua versão inicial, limitava-se a remeter para o regime das sociedades anónimas (art. 2494.º, do CC It.).

Apenas com a reforma do CC It. de 2003 viria o legislador a estabelecer um regime próprio para o direito de exoneração[390] nas sociedades de responsabilidade limitada. Todavia, nalguns aspectos, este novo regime permanece incompleto, não tendo sido abordadas questões como o exercício da declaração de exoneração ou o processo de liquidação. Quanto a estas omissões e nada se estabelecendo nos estatutos, será de aplicar, por analogia, o regime previsto nas sociedades anónimas[391].

3.1.1. *Causas de Exoneração*

Com a reforma de 2003 foram duas as causas de exoneração reconhecidas: as l*egais obrigatórias*[392] e as *estatutárias*.

---

[390] Em geral, sobre as reformas introduzidas no regime das sociedades de responsabilidade limitada, *vide*, com maior desenvolvimento, M. PERRINO, *La Nuova S.R.L. nella Riforma delle Società di Capitali*, Riv. Soc., ano 47, Milão, 2002, pp. 1118-1138 e G. ZANARONE, *Introduzione alla Nuova Società a Responsabilità Limitata*, Riv. Soc., ano 48, Milão, 2003, pp. 58-111.

[391] Segundo L. SALVATORE, *Il «Nuovo» Diritto di ...*, cit., pp. 641-642, uma eventual aplicação analógica das regras previstas para a sociedade anónima não pode ser decidida *a priori*, tendo de se analisar a compatibilidade de tais normas com o regime das sociedades de responsabilidade limitada, atento o seu regime legal, tendencialmente auto-suficiente, e a relevância da pessoa do sócio.

[392] Apesar de não existir nas sociedades de responsabilidade limitada uma proibição como a do § 6 do art. 2437.º, do CC It., que determina a nulidade das convenções que excluem ou tornam mais difícil o exercício do direito de exoneração, a doutrina maioritária defende a inderrogabilidade das causas legais de exoneração nas sociedades de responsabilidade limitada, por identidade substancial com as causas legais de exoneração previstas nas sociedades anónimas. *Vide*, por todos, F. CHIAPPETTA, *Nuova Disciplina ...*, cit., p. 498.

i) *Causas Legais Obrigatórias*

Actualmente, pode exonerar-se o sócio que não consentiu na aprovação de alguma das seguintes deliberações (§ 1 do art. 2473.º, do CC It.):

a) *Alteração, significativa ou não[393], do objecto da sociedade*;
b) *Transformação da sociedade*;
c) *Fusão da sociedade*;
d) *Cisão da sociedade;*
e) *Revogação da liquidação*;
f) *Transferência da sede social para o estrangeiro*;
g) *Eliminação de causas de exoneração previstas no acto constitutivo*;
h) *Realização de operações que comportam uma modificação substancial do objecto social*;
i) *Realização de operações que comportam uma modificação relevante dos direitos atribuídos ao sócio no § 4 do art. 2468.º, do CC It.*, isto é, na regra da proporcionalidade do exercício dos direitos sociais.

A estas causas acrescem as quatro seguintes:

j) *Exoneração ad nutum*, quando a sociedade tiver duração indeterminada (§ 2 do art. 2473.º, do CC It.)[394];

k) *Intransmissibilidade da participação social ou dependência da sua transmissão de autorização do órgão social, de sócio ou de terceiro* (§ 2 do art. 2469.º, do CC It.)[395];

l) *Deliberação de aumento do capital social, mediante a emissão de novas quotas a serem subscritas por terceiros* (art. 2481.º-bis, do CC It.)[396];

m) *Exoneração do sócio de uma sociedade sujeita à direcção e coordenação de outra* (art. 2497.º-quater, do CC It.).

---

[393] Ao contrário das sociedades anónimas, não é a alteração da cláusula do objecto social que faz surgir o direito de exoneração, mas a simples alteração do objecto social.

Segundo F. CHIAPPETTA, *Nuova Disciplina ...*, cit., p. 492, a modificação do objecto social terá de ser significativa, por equivalência com a disciplina prevista nas sociedades anónimas e fundamento do instituto.

[394] Também aqui se fixou um pré-aviso de 180 dias, que pode ser alargado nos estatutos até um ano.

[395] Os estatutos apenas podem prever que a exoneração não pode ter lugar antes de ter decorrido certo prazo, no máximo dois anos, contados da data da constituição da sociedade ou da data da subscrição da participação social.

[396] L. SALVATORE, *Il «Nuovo» Diritto di ...*, cit., p. 642, considera esta disposição imperativa, porquanto justificada pela centralidade da pessoa do sócio subjacente à reforma nas sociedades de responsabilidade limitada.

ii) *Causas Estatutárias*

Além das causas legais obrigatórias, o acto constitutivo pode prever outras causas de exoneração e o modo da exoneração, não se estabelecendo quaisquer limites quanto ao seu conteúdo (§ 1 do art. 2473.º, do CC It.).

3.1.2. *Regime e Consequências da Declaração de Exoneração*

i) *Legitimidade*

Enquanto que nas sociedades anónimas o direito de exoneração é reconhecido ao sócio que não tenha concorrido na aprovação de determinada deliberação social (*"no hanno concorso"*), nas sociedades de responsabilidade limitada, esse direito é reconhecido ao sócio que não haja consentido (*"non hanno consentito"*). Apesar da diferença de linguagem, pensa-se que não terá sido intenção do legislador excluir nas sociedades de responsabilidade limitada o direito de exoneração do sócio que se absteve, pelo que também este o poderá fazer.

Como segunda nota, releva-se que a exoneração parcial não se encontra expressamente admitida, sendo, portanto, discutível a sua admissibilidade[397].

ii) *Declaração de Exoneração*

Quanto ao modo de exercício da declaração de exoneração, nada se prevê, vigorando a regra da liberdade de forma. No que concerne ao seu conteúdo, também nada de prevê, sendo de aplicar, na ausência de regulamentação estatutária, o disposto no regime das sociedades anónimas.

iii) *Cálculo do Reembolso*

Relativamente à avaliação da participação social, o § 3 do art. 2473.º, do CC It., estabelece apenas que o sócio que se tiver exonerado tem direito ao reembolso da sua quota, na proporção que represente no património social, devendo ter-se em conta o seu *valor de mercado* ao tempo da declaração de exoneração. Porém, não são mencionados quais os indicadores a considerar para se chegar a esse valor, pelo que melhor teria sido a previ-

---

[397] No sentido da sua exclusão, veja-se M. PERRINO, *La "Rilevanza del Socio" nelle S.R.L.: Recesso, Diritti Particolari, Esclusione*, Giur. Comm., 30.6., Giuffrè, Milão, 2003, p. 820 e L. SALVATORE, *Il «Nuovo» Diritto di ...*, cit., p. 643.

são de uma solução análoga à das sociedades anónimas, tanto mais que nas sociedades de responsabilidade limitada um *valor de mercado* será mais difícil de encontrar.

Também nas sociedades de responsabilidade limitada reconheceu-se que o sócio pode contestar o valor da liquidação sendo, nesse caso, o mesmo determinado por perito judicial, a pedido da parte mais diligente.

iv) *Processo de Liquidação*

Finalmente, no que diz respeito ao processo de liquidação, não parece existir nas sociedades de responsabilidade limitada uma rigidez tão grande como nas sociedades anónimas[398]. A sociedade é livre de optar entre a aquisição da quota pelos restantes sócios ou por terceiros[399]. Quando tal não suceda, o reembolso será efectuado com recurso às reservas disponíveis[400] da sociedade ou, na sua falta, através da redução do capital social[401] (§ 4 do art. 2473.º, do CC It.). Se não for possível o reembolso da quota através de algum destes mecanismos, a sociedade dissolver-se-á.

Contados 180 dias a partir da emissão da declaração de exoneração, a liquidação da quota torna-se exigível (§ 4 do art. 2473.º, do CC It.).

Também nas sociedades de responsabilidade limitada, a revogação da causa de exoneração ou a deliberação da dissolução da sociedade impe-

---

[398] M. PERRINO, La *"Rilevanza del Socio"* ..., cit., p. 824, defende, na ausência de regra legal, ora a aplicação do regime das sociedades em nome colectivo, que obriga à comunicação da declaração de exoneração a todos os sócios, ora a aplicação do regime das sociedades anónimas, consoante se conclua que o elemento preponderante é o pessoal ou o patrimonial.

[399] Neste sentido, L. SALVATORE, *Il «Nuovo» Diritto di* ..., cit., p. 645 e F. CHIAPPETTA, *Nuova Disciplina* ..., cit., p. 515.

[400] Neste caso, a quota será amortizada, atenta a proibição da aquisição de quotas próprias (art. 2474.º, do CC It.). Deixará de haver uma quota e o valor das restantes aumentará proporcionalmente. Neste sentido, V. BUONAURA, *Il Recesso del Socio* ..., cit., p. 307.

[401] Cf. art. 2482.º, do CC It.. No caso de ser deliberada a redução do capital social, a mesma deve ser registada, não podendo ser efectuada antes de decorridos três meses sobre o seu registo. Neste prazo, os credores à data do registo da deliberação de redução podem opor-se à mesma e, no caso de o tribunal considerar a oposição fundada, a redução não pode efectuar-se entrando a sociedade em liquidação, a fim de, por esta via, se satisfazer o crédito do sócio que se exonerou.

dem o exercício do direito de exoneração ou tornam o seu exercício ineficaz (§ 5 do art. 2473.º, do CC It.).

4. O Direito de Exoneração nas Sociedades em Comandita. Remissão

Uma vez que o regime do direito de exoneração das sociedades em comandita, quer simples quer por acções, é aferido por remissão legal, respectivamente, para o regime das sociedades em nome colectivo (art. 2315.º, do CC It.) e das sociedades anónimas (art. 2454.º, do CC It.), dão-se aqui por reproduzidas as considerações *supra* feitas acerca do direito de exoneração em cada um destes tipos societários.

CAPÍTULO IV
Direito Norte-Americano

1. Origem e Noção do Appraisal Right

O *appraisal right* nasce do confronto entre princípios contratuais e exigências negociais[402-403].

Inicialmente, surgiu nas sociedades de capitais (*corporations*[404]) com a *vested rights doctrine*, doutrina do século XIX, segundo a qual o

---

[402] Cf. MARY SIEGEL, *Back to the Future: Appraisal Rights in the Twenty-First Century*, Harvard Journal on Legislation, Vol. 32, 1995, p. 87.
Sobre o surgimento do *appraisal right*, com maior desenvolvimento, cf. BARRY WERTHEIMER, *The Shareholder's Appraisal Remedy and how Courts Determine Fair Value*, Duke Law Journal, Vol. 47, 1998, pp. 618-626.

[403] O *appraisal right* não é reconhecido no Direito inglês. Aqui, a obrigação de a sociedade adquirir a participação de algum sócio, pode ocorrer nos termos do § 459, (1), do *Companies Act* de 1985. Neste se prevê que o sócio possa requerer uma *order* sempre que os assuntos sociais estejam a ser, ou tenham sido, conduzidos de maneira injustamente prejudicial (*unfair prejudice*) para os interesses dos sócios, em geral, ou para os interesses de alguns dos seus sócios, em particular, ou ainda quando tenha ocorrido ou possa ocorrer qualquer facto, por acção/omissão, que prejudique ou possa prejudicar a sociedade.
Quanto tal suceder, se o Tribunal entender que a petição do sócio tem fundamento, pode tomar qualquer medida que considere adequada a assegurar a cessação dessa situação. No § 461, (2), do *Companies Act* de 1985, estão elencadas um conjunto de medidas possíveis. Entre elas, consta na sua al. c), a aquisição das acções dos sócios por outros sócios ou pela própria sociedade, caso em que o capital social seria reduzido. Esta possibilidade corresponde, *grosso modo*, ao direito de exoneração com fundamento em justa causa.

[404] Dentro das *corporations* é ainda possível distinguir as *public corporations*, que equivalem às nossas sociedades anónimas, e as *close corporation*, que equivalem às sociedades por quotas.

sócio tinha o direito de manter inalterados os seus interesses na sociedade. Com efeito, enquanto parte do contrato, tinha de consentir nas alterações à escritura (*articles of association*[405]). Os *vested rights* correspondiam, assim, a direitos contratualmente adquiridos pelas partes, que não podiam ser alterados sem o consentimento de todos os sócios[406] ou apenas se os vencedores comprassem os interesses dos minoritários, através do pagamento de um prémio[407].

No final do século XIX, com o advento da Revolução Industrial, o comércio explodiu nos Estados Unidos. Com ele aumentou o número de sócios nas sociedades comerciais e a necessidade de realizar fusões por imperativos tecnológicos. Esta nova era mostrou-se incompatível com o sistema da unanimidade, que passou a ser visto como um entrave ao progresso económico[408] e ao crescimento empresarial[409]. A possibilidade de um sócio bloquear toda a operação começou a ser vista como uma solução injusta e contrária a interesses superiores[410].

Rapidamente os tribunais[411], através das suas decisões, e depois os Estados, através de modificações legislativas[412], começaram a possibilitar alguma flexibilidade no funcionamento das sociedades e a sua adequação aos novos tempos. Este movimento começou nas sociedades de capitais, em particular, nas sociedades ferroviárias (*railroad corporations*), alar-

---

[405] Os chamados *articles of incorporation/certificate* destinam-se a documentar a constituição da *corporation* e a estabelecer regras da sua administração. Posteriormente, cada *corporation* irá adoptar os seus *bylaws*, equivalente aos nossos estatutos, que correspondem a um conjunto de regras que definem os direitos e obrigações dos diferentes membros que integram a *corporation*: sócios, administradores, etc.

[406] Cf., JOSEPH CALIO, *New Appraisals of Old Problems: Reflections on the Delaware Appraisal Proceeding*, American Business Law Journal, Vol. 32, 1994, p. 9.

[407] Veja-se JOSEPH CALIO, *New Appraisals of ...*, cit., p. 9, nota 35.

[408] *Vide* BARRY WERTHEIMER, *The Purpose or the Shareholders' Appraisal Remedy*, Tennessee Law Review, n.º 3/98, Vol. 65, 1998, p. 664.

[409] Cf. JOSEPH CALIO, *New Appraisals of ...*, cit., p. 10.

[410] *Vide* BARRY WERTHEIMER, *The Purpose of the ...*, cit., p. 665.

No caso Paine V. Saulsbury, 166 New York 1036 (1918) recusou-se a dissolução de uma sociedade, porque a deliberação tinha sido aprovada apenas com 99% dos votos.

[411] Segundo MARY SIEGEL, *Back to the* ..., cit., p. 86, esta mudança iniciou-se no caso Trustees of Darmouth College v. Woodward 17 US (4 Wheasrt) 518 (1819), quando Justice Storu sugeriu que os Estados podiam reservar o poder de alterar o contrato de sociedade.

[412] Cf. JOSEPH CALIO, *New Appraisals of ...*, cit., p. 13.

gando-se depois à generalidade das sociedades[413]. Deste modo, os tribunais começaram por permitir a aprovação, por maioria, de deliberações sobre a venda de todos os bens da sociedade em dinheiro, quando esta estivesse numa situação de falência. Posteriormente, a regra da maioria foi alargada quando a contrapartida fossem acções e quando a sociedade não se encontrasse ainda falida. Nesta altura, a venda de bens podia ser usada como alternativa à fusão, de modo a contornar a exigência da unanimidade[414]. Mais tarde, a regra da maioria passou a contemplar também as deliberações de fusão.

Em 1909, mais de metade dos Estados já permitiam a aprovação de certas deliberações sociais por maioria dos votos[415]. Porém, à medida que os sócios foram perdendo o seu direito de veto, foram recebendo, numa espécie de *qui pro quo*, o *appraisal right*[416], direito que lhes permitia, se não desejassem permanecer vinculados à deliberação da maioria, abandonar a sociedade[417].

Actualmente, o *appraisal right*, além das *corporations*, alargou-se às *limited liability companies*[418] e às *partnership companies*[419], ainda que, nestes dois casos, de modo desigual de Estado para Estado[420].

---

[413] Cf. PETER LETSOU, *The Role of Appraisal in Corporate Law*, Boston College Law Review, n.º 39, 1998, p. 1165 e ROBERT THOMPSON, *Exit, Liquidity, and Majority Rule: Appraisal's Role in Corporate Law*, Georgetown Law Journal, n.º 84, 1995, pp. 12-13.

Sobre o surgimento do *appraisal right* no Delaware, com maior desenvolvimento, vide, por todos, RANDALL THOMAS, *Revising the Delaware Appraisal Statute*, Delaware Law Review, n.º 3, 2000, pp. 3-10.

[414] Cf. BARRY WERTHEIMER, *The Purpose of the ...*, cit., p. 666 e MARY SIEGEL, *Back to the ...*, cit., pp. 87-88.

[415] Cf. ROBERT THOMPSON, *Exit, Liquidity, and ...*, cit., p. 14.

[416] Em Delaware, por exemplo, o *appraisal right* surgiu em 1899.

[417] O reconhecimento deste direito não acompanhou, todavia, de modo imediato, a eliminação da unanimidade. Inicialmente, dos Estados que passaram a consagrar a regra da maioria, poucos reconheciam o *appraisal right*. Só nas décadas de 1920 e 1930, o *appraisal right* se alargou a todos os Estados. *Vide* BARRY WERTHEIMER, *The Shareholder's Appraisal ...*, cit., p. 615 e ROBERT THOMPSON, *Exit, Liquidity, and ...*, cit., p. 14.

[418] As *limited liability companies* surgiram em 1977 e combinam elementos patrimoniais e pessoais. O diploma de base, ao nível federal, é o Uniform Limited Liability Company Act (ULLCA) (1996). Apesar de serem sociedades de responsabilidade limitada, pode acordar-se na responsabilidade dos sócios pelas dívidas sociais (§ 303, (c), do ULLCA).

[419] As *partnership* equivalem às nossas sociedades em *nome colectivo* e constituem-se por acordo dos sócios em realizar tarefas de administração. O diploma de base, ao

O *appraisal right* tem, assim, por subjacente ao seu surgimento uma ideia de *contrapartida* dada ao sócio que perdeu o seu direito de veto[421]. A maioria pode seguir o seu rumo, mas ao sócio minoritário é assegurado o direito de sair da sociedade, recebendo o valor das suas acções.

Uma outra função apontada ao surgimento do *appraisal right* é uma função de *liquidez*[422]. Com a perda do direito de veto, o sócio passaria a permanecer vinculado a um investimento numa sociedade com uma configuração diferente da inicial. O *appraisal right* dar-lhe-ia a oportunidade de sair desse investimento, involuntariamente alterado, recebendo o justo valor das suas acções.

Uma terceira função, defendida por DEAN MANNING[423], sustentava que o *appraisal right* servia para proteger os sócios maioritários, facilitando a realização de transacções por estes desejadas. Através do reconhecimento deste direito, os sócios dissidentes intentariam menos acções contra a sociedade ou mesmo contra os seus administradores, uma vez que tinham ao seu dispor o *appraisal right*. Porém, esta teoria não pode ser tomada como certa[424]. Desde logo, porque os custos associados com a

---

nível federal, é o Uniform Partnership Act (1997). Nas *partnership* os sócios (*general partnership*) respondem pelas dívidas sociais, pessoal, solidária e subsidiariamente (§ 306, do UPA).

A *partnership* distingue-se da *limited partnership company* ou *limited partnership* na medida em que neste último tipo além dos sócios de responsabilidade ilimitada, isto é, que podem responder pelas dívidas sociais, é composta por sócios de responsabilidade limitada, isto é, que limitam a sua responsabilidade à obrigação de entrada (*limited partners*). Em certas circunstâncias é possível a reunião destas duas condições na mesma pessoa. O diploma de base, ao nível federal, é o Uniform Limited Partnership Act (2001).

[420] Estas desigualdades são, muitas das vezes, corrigidas por recurso às regras das *corporations*. Em qualquer caso, o *appraisal right* é reconhecido nos casos de fusão. Por esta razão, a análise do *appraisal right* cingir-se-á às *corporations*.

[421] Neste sentido, *vide* BARRY WERTHEIMER, *The Purpose of the ...*, cit., p. 662. Em sentido contrário, MARY SIEGEL, *Back to the ...*, cit., pp. 93-94, afasta esta explicação, porque considera que quando a regra da maioria surgiu não era vista como algo de errado que o *appraisal right* deveria compensar. Pelo contrário, diversos AA e mesmo alguma jurisprudência já desacreditavam o direito de veto, por desrespeitar as regras da democracia societária.

[422] *Vide* BARRY WERTHEIMER, *The Purpose of the ...*, cit., pp. 662-663.

[423] *The Shareholder's Appraisal Remedy: An Essay for Frank Coker*, The Yale Law Journal, n.º 2, 1962, p. 227.

[424] Cf. MARY SIEGEL, *Back to the ...*, cit., pp. 97-98.

aquisição das acções dos sócios minoritários, na sequência do *appraisal right*, não facilitam a maioria. No limite, tal exercício pode mesmo levar à desistência da transacção que originou a saída do sócio. Por outro lado, nada garante que, pelo facto de terem ao seu dispor o *appraisal right*, os sócios não recorram a outros instrumentos jurídicos, sempre que pretendam permanecer na sociedade[425], designadamente procedimentos cautelares (*injunctive relief*).

Actualmente, são outras as finalidades apontadas ao *appraisal right*.

Segundo BARRY WERTHEIMAR[426], as mudanças no direito societário, designadamente a possibilidade do recurso a fusões como modo de eliminar sócios minoritários, faz com que o *appraisal right* e *remedy* sejam vistos como instrumentos de tutela dos sócios minoritários.

Outro é o entendimento de HIDEKI KANDA e SAUL LEVMORE[427], que, depois de analisarem os regimes societários dos diferentes Estados, concluem que as legislações existentes são inconsistentes no que diz respeito às situações que fazem despoletar quer o *appraisal right*, quer as excepções ao seu surgimento. Nalguns Estados, os sócios minoritários têm *appraisal right* em certas situações, e noutros, em situações em tudo idênticas, já não. Não afastando uma intenção legislativa de protecção de minorias, acabam por concluir que as diferentes legislações falham na sua prossecução. Assim, acabam por ver no *appraisal right* um processo através do qual os sócios podem prevenir e obter reparação de comportamentos ofensivos da administração[428].

Já MARY SIEGEL[429] aponta que as principais finalidades do *appraisal right* continuam a ser, por um lado, a atribuição de um justo valor pelas

---

[425] São poucos os Estados onde o *appraisal remedy* é instrumento judicial exclusivo, não se permitindo a quem a ele recorre o uso de outros meios de reacção. Cf. PAUL MAHONEY/MARK WEINSTEIN, *The Appraisal Remedy and Merger Premiums*, 1999, http://papers.ssrn.com/paper.taf?abstract_id=151488 (recolhido em Novembro de 2004), p. 14, nota 37.

Segundo o § 13.02, (d), do MBCA, os actos que dão origem ao *appraisal right* só podem ser postos em causa pelos sócios, sem ser através do appraisal remedy, quando ilegais, fraudulentos ou assentes em elementos falsos.

Sobre esta questão, veja-se ainda os §§ 7.24 e 7.25, dos PCG.

[426] *The Purpose of the ...*, cit., p. 663.

[427] *The Appraisal Remedy and the Goals of Corporate Law*, 32, UCLA Law Review, 1985, pp. 445-463.

[428] *The Appraisal Remedy and the ...*, cit., p. 471.

[429] *Back to the ...*, cit., p. 79.

acções e, por outro, um modo de monitorização dos actos da administração em transacções que envolvam um conflito de interesses.

Em sentido semelhante, DANIEL R. FISCHEL[430] analisando o *appraisal right ex ante*, isto é, antes de ser accionado, conclui que o seu reconhecimento conduz a uma melhor distribuição de recursos, aumentando a riqueza do accionista, porquanto permite monitorizar as transacções que a sociedade venha a realizar. Assegurando *ex ante* um certo preço pela participação social, o *appraisal right* protege os sócios minoritários da apropriação das suas acções por valor indevido, resultante da falta de negociação ou de conflitos de interesses entre minoritários e maioritários[431]. Assim, acaba por reconduzir o *appraisal right* a uma função de liquidez.

Para RICHARD HOSSFELD[432], RANDAL THOMAS[433] e ROBERT THOMPSON[434], a principal função do *appraisal right* é o controlo de actuações oportunistas dos sócios maioritários em fusões e outras transacções, apesar de nem sempre ser alcançada.

Finalmente, destaque para PETER LETSOU[435], segundo o qual o *appraisal right* mais não é do que um mecanismo destinado a reconciliar conflitos entre sócios com diferentes preferências pelo risco. Destina-se a assegurar que, na realização de operações que possam ter diferentes efeitos nos sócios, em função das suas preferências pessoais pelo risco, estas sejam vantajosas para todos.

Apesar das diferentes finalidades apontadas, o *appraisal right* está actualmente, na maioria dos casos, relacionado com fusões e, em particular, com as chamadas *cash-out mergers*, normalmente *instituídas* por um accionista maioritário[436], e destinadas ao afastamento dos sócios minori-

---

[430] *The Appraisal Remedy in Corporate Law*, American Bar Foundation Res. Journal, 1983, pp. 877-884.
[431] *The Appraisal Remedy in ...*, cit., pp. 721-722 e 885.
[432] *Short-Form Mergers after Glassman v. Unocal Exploration Corp.: Time to Reform Appraisal*, Duke Law Journal, n.º 53, 2004, pp. 1345 e 1357.
[433] *Revising the ...*, cit., p. 1.
[434] *Exit, Liquidity, and ...*, cit., pp. 4 e 10. Segundo este A., menos de um em cada dez casos de *appraisal right* são derivados de problemas de liquidez ou de alterações fundamentais da escritura. Na maioria dos casos são operações de *freeze-out* nas quais a maioria força a minoria a sair da sociedade e a receber dinheiro pelas suas acções.
[435] *The Role of Appraisal in ...*, cit., p. 1149.
[436] Vide BARRY WERTHEIMER, *The Shareholder's Appraisal ...*, cit., p. 615.

A *cash-out merger* é uma forma de *squeeze-out*, também designada de *freeze-out*, que se caracteriza por ser uma operação destinada a reduzir ou eliminar sócios minoritários. Surgiram em meados dos anos 70 e consistem em fusões cuja contrapartida, em vez de consistir na entrega de acções da sociedade sobrevivente, consiste em dinheiro. Na maioria dos casos, estas fusões ocorrem entre sociedades em relação de grupo. Segundo BARRY WERTHEIMER[437], esta foi a solução encontrada pelos sócios maioritários para afastar, eliminando ou reduzindo, os sócios minoritários. O problema nas *cash-out mergers* não é de liquidez, uma vez que os sócios recebem dinheiro pela sua saída, mas sim de saber qual o valor dessa saída, ou seja, o preço escolhido pelos accionistas responsáveis pela saída dos minoritários. Aqui, o *appraisal remedy* afigura-se como um mecanismo de reacção contra actuações oportunistas dos sócios maioritários, assegurando uma saída do sócio, mas pelo seu justo valor.

Porém, apesar de menos frequente, o *appraisal right* ocorre ainda, pelo menos, noutras três situações: outros tipos de fusão, alterações à escritura e operações de venda de activos da sociedade que tenham repercussões na sua organização interna. Nestes três casos, a *appraisal right* afigura-se como um instrumento que permite a saída (*way out*) do sócio perante alterações involuntárias no seu investimento[438]. Simultaneamente, assegura a liquidez da participação social, já que, dada a posição minoritária, dificilmente conseguiria transmiti-la.

No seu sentido literal, *appraisal right* não significa direito de exoneração. Se dúvidas não subsistem que "*right*" deve ser traduzido por "direito", já o termo "*appraisal*" deverá ser traduzido por "avaliação",

---

tários, através de uma compensação pecuniária. Na grande maioria dos casos, a *freeze-out* envolve o recurso à *cash-out merger,* que obriga o sócio minoritário a entregar as suas acções a uma maioria de controlo, recebendo apenas o valor das suas acções e sem que os sócios tenham a opção de continuar a fazer parte da sociedade. Em alternativa, pode o sócio receber acções de uma outra sociedade, ficando igualmente sem o controlo dessa sociedade.

Com maior desenvolvimento, cf. ALEXANDER KHUTORSKY, *Coming in from the Cold: Reforming Shareholders' Appraisal Rights in Freeze-Out Transactions*, Columbia Business Law Review, 133, 1997, pp. 133-136 e THOMAS MADDI, *Nodak Bancorporation v. Clarke and Lewis v. Clark: Squeezing Out "Squeeze-Out" Mergers under National Bank ACT*, Washington and Lee Law Review, n.º 51/94, 1994, pp. 773-776.

Vide ainda RICHARD HOSSFELD, *Short-Form Mergers ...*, cit., p. 1337 e ss..

[437] *The Purpose of the ...*, cit., pp. 677-678.

[438] Com maior desenvolvimento, cf. BARRY WERTHEIMER, *The Purpose of the ...*, cit., pp. 681-684.

"cálculo" ou "estimativa" do valor de um bem, efectuado por pessoa desinteressada ou habilitada para tanto[439]. Neste sentido, *appraisal right* significa o direito do sócio a que sejam avaliadas as suas acções perante a ocorrência de determinadas situações. No entanto, deste direito decorre ainda a obrigação de a sociedade adquirir as acções do sócio pelo preço porque foram avaliadas. Nessa medida, porque está relacionado com a saída da sociedade[440] justifica-se o seu tratamento.

2. A Saída do Sócio nas *Limited Liability Companies* e nas *Limited Partnership Companies*

Nas limited liability companies e nas *partnership companies* não é necessário o *appraisal right*. A explicação reside no facto de se permitir a livre saída do sócio por simples vontade, através da:
– *Dissociation,* prevista ao nível federal para as *limited partnership company.*
– *Withdrawal*[441], prevista ao nível estadual para a *limited partnership company;*
– *Resignation*, prevista ao nível estadual para a *limited liability company*[442].

Apesar disso, ao nível estadual, verifica-se que algumas legislações reconhecem o *appraisal right* em certos casos[443], enquanto outras prevêem apenas a possibilidade de ser contratualmente previsto em certas situações[444].

---

[439] Cf., neste sentido, *Black's Law Dictionary with Pronunciations*, Sixth Edition, West Publishing Co., 1990, p. 100.

[440] Cf. BARRY WERTHEIMER, *The Shareholder's Appraisal ...*, cit., p. 615.

[441] A *withdrawal* de um sócio está prevista, por exemplo, nos § 17-602 e § 17-603, do Delaware Partnership Act (DPA).

[442] A *resignation* de um sócio está prevista, por exemplo, no § 18-603, do Delaware Limited Liability Company Act (DLLCA).

[443] Veja-se, por exemplo, o Estado da Califórnia, nos casos de fusões em que os sócios passem a assumir responsabilidade ilimitada e o projecto de fusão não tenha de ser aprovado por maioria (§ 15679.1 e § 15679.2, do California Revised Limited Partnership Act), ou ainda o Estado da Georgia que prevê o *appraisal right* em casos semelhantes aos previstos no MBCA (§ 14-11-1002, do Georgia Business Corporation Code (2004)).

[444] Cf. § 17-212, do DPA, e § 18-210, do DLLCA.

Entre as causas de dissociação (*dissociation*) constam, designadamente, a vontade de o sócio sair[445], a ocorrência de um evento previsto nos estatutos e a exclusão de um sócio por decisão dos restantes[446]. Quanto aos seus efeitos, existem algumas diferenças entre o regime estabelecido no UPA e no ULLCA. Usualmente, a dissociação do sócio não conduz à dissolução da sociedade e apenas gera a obrigação de a sociedade adquirir a participação social do sócio que saiu pelo seu justo valor. Em termos de regime, a diferença mais significativa está no procedimento de avaliação da participação do sócio da sociedade. Enquanto na *limited liability company* o procedimento de avaliação está próximo do *appraisal right* (§ 701, (a), do ULLCA[447]), o mesmo não sucede na *partnership company* (§ 701, (a), do UPA[448]).

---

[445] Ao nível federal, nos termos do § 602, do ULLCA, salvo disposição em contrário, os sócios de uma *limited liability company* têm o direito de se separar dela a todo o tempo, com ou sem justa causa.

Nas *partnership companies* a saída é sempre livre (§ 602, (a), do UPA). Todavia, em certos casos, essa saída será tida como ilícita (*wrongful*) devendo o sócio que sair responder pelos danos causados à sociedade e outros sócios (als. (b) e (c) do § 602, do UCLLA, e (b) e (c) do § 602, do UPA). Será, por exemplo, a saída de um sócio de uma sociedade com duração limitada, antes da ocorrência do seu termo, ou a saída em violação do estabelecido nos estatutos.

Nas *limited partnerships* esta matéria encontra-se tratada no artigo 6, da ULPA, tornando-se necessários distinguir o *general partner* do *limited partner*. Relativamente ao primeiro a sua saída da sociedade está assegurada a todo o tempo. Já o *limited partner* não pode deixar de o ser antes do termo acordado, salvo nas situações legalmente previstas.

[446] A declaração de *dissociation* deve ser dirigida à sociedade, não obedecendo a qualquer forma específica, tornando-se eficaz a partir do momento da sua recepção (§ 102, do UPA).

[447] Após a recepção da declaração de *dissociation*, a sociedade fica obrigada a fazer, num prazo máximo de 30 dias, uma oferta de compra da participação social. Essa oferta deve ser acompanhada de uma declaração onde constem o activo e o passivo existentes à data da saída do sócio, último balanço actualizado da sociedade e uma justificação do montante oferecido.

Se esta oferta não for feita, o sócio poderá, passados 120 dias, propor uma acção destinada a efectivar este direito, sendo, nesse caso, o justo valor fixado judicialmente. A falta de pagamento depois da fixação judicial do justo valor implicará a dissolução da sociedade.

[448] Nas *partnership companies*, a falta de acordo sobre o pagamento da participação do sócio na sociedade no prazo de 120 dias tem por consequência que a sociedade fica

Na saída (*withdrawal*) do sócio importa distinguir consoante se trate de um sócio com responsabilidade ilimitada (*general partner*) ou limitada (*limited partner*). Quanto aos primeiros, a *withdrawal* pode ocorrer nas situações previstas nos estatutos (*partnership agreement*), mesmo que tenha ficado estabelecido que o sócio não pode sair da sociedade. Este pode sempre fazê-lo a todo o tempo, desde que informe os restantes. Porém, quando o fizer tendo ficado acordado o contrário, pode responder pelos danos causados à sociedade. Já os sócios de responsabilidade limitada só podem sair da sociedade nas situações previstas nos estatutos. Nada se prevendo só podem sair aquando da sua dissolução. Sempre que tal aconteça, têm direito a receber, num prazo de tempo razoável depois da sua saída, prazo esse cuja duração não está fixada na lei, o justo valor da sua participação na sociedade.

Quanto à resignação (*resignation*), o regime é idêntico ao da *withdrawal* do *general partner* nas *limited partnership company* acima descrito.

Pelo exposto, será de concluir que quer se esteja perante o *appraisal right*, quer perante a *dissociation*, *withdrawal* ou *resignation*, estaremos perante uma saída do sócio. Todavia, apenas no *appraisal right* esta saída será motivada, porquanto se torna necessária a ocorrência de certa situação que faz despoletar tal direito. Pelo contrário, na *dissociation* e na *withdrawal do general partner*, estaremos perante uma exoneração da sociedade por livre vontade do sócio, que não dependente da ocorrência de causas específicas, ainda que, em certos casos, possa ser considerada ilícita. Nos restantes casos – *withdrawal* do *limited partner* e *resignation* –, a saída dependerá de uma causa estatutária, mas não parece estar proibida a previsão da saída arbitrária.

3. O Reconhecimento Federal do *Appraisal Right* nas *Corporations*

O *appraisal right* encontra-se reconhecido, quer ao nível federal, quer ao nível estadual.

---

obrigada a pagar em dinheiro ao sócio o valor da sua participação social acrescido de juros de mora, segundo o valor que considerar devido, reduzida qualquer indemnização a que tenha eventualmente direito.

Ao nível federal não pode deixar de ser feita referência aos *Principles of Corporate Governance (PCG)* e ao *Model Business Corporation Act* (2002)[449].

3.1. Principles of Corporate Governance

Os PCG do American Law Institute de 1994 são um conjunto de regras, formadas em resultado da actividade doutrinal e jurisprudencial dos Estados, que definem padrões mínimos de organização, condução e fiscalização dos negócios sociais. Os princípios de governo das sociedades foram elaborados com o objectivo de servir de modelo para os legisladores estaduais, de serem adoptados voluntariamente pelas sociedades e de ajudarem os juízes na aplicação do Direito.

Neste conjunto de princípios encontramos no Capítulo IV da Parte VII o reconhecimento do *appraisal remedy*, onde se inclui o *appraisal right*. Deste modo, no § 7.2.1, dos PCG, estão elencadas as operações que dão origem ao *appraisal right*, a saber:

– Fusão[450], consolidação (*consolidation*)[451], troca compulsiva de acções (*mandatory share exchange*) e troca de acções por bens ou valores mobiliários equivalentes de outra sociedade;
– Qualquer acordo negocial, alteração da escritura, acto ou operação da sociedade, que tenha por efeito eliminar a participação social, salvo o arredondamento resultante de negociações em mercado;
– Venda, locação, troca ou outra forma de disposição significativa de bens da sociedade;
– Alteração da escritura, cujo efeito seja a alteração ou modificação de determinados direitos dos sócios, redução do número de

---

[449] Sobre as relações entre o MBCA e o projecto dos PCG, *vide* ELLIOTT GOLDSTEIN, *The Relationship Between the Model Business Corporation Act and the Principles of Corporate Governance: Analysis and Recommendations*, The George Washington Law Review, n.º 4-5/84, Vol. 52, 1984, pp. 502-517.

[450] Todavia, se a participação dos sócios da sociedade sobrevivente não se alterar significativamente depois da fusão, este direito apenas assiste aos sócios da sociedade fusionada.

[451] Ocorre uma *consolidation*, sempre que duas ou mais sociedades se combinam a fim de criarem uma terceira sociedade por elas detida. Essas duas sociedades extinguem-se, mas, simultaneamente, é criada uma nova sociedade, cujos bens e responsabilidades são as das sociedades até então existentes.

acções, criação do direito de amortizar acções, exclusão ou limitação o direito de voto;
- Qualquer outro facto cuja ocorrência, nos termos da escritura, faça surgir o *appraisal right*.

3.2. Model Business Corporation Act

O *Model Business Corporation Act (MBCA)* (2002) é um *Model Act*, isto é, um modelo legislativo, fruto da prática jurisprudencial e das diversas legislações estatais, elaborado a fim de ser adoptado pelos legisladores estaduais, procurando-se, assim, uma certa uniformização legislativa.

Os Estados têm competência para estabelecer as regras relativas à criação, organização e dissolução das *corporations*, mas muitos deles seguem o MBCA. Na verdade, o MBCA tem sido adoptado, no todo ou pelo menos em parte, pela maioria dos Estados[452].

Em concreto, no que diz respeito ao *appraisal right*, apesar de todos os Estados reconhecerem este direito, muitos restringem as situações em que este pode ocorrer, enquanto outros o prevêem em moldes diferentes dos previstos no MBCA.

As causas legais de *appraisal right*, reconhecidas no Capítulo 13, do MBCA (§ 13.02), à semelhança dos PCG, podem reconduzir-se a dois modelos:

a) Combinações empresariais:
   a.1) Fusão da sociedade[453], sempre que seja necessária a sua aprovação pela assembleia geral e o sócio disponha do direito de voto ou sempre que não seja necessário o seu voto, se se tratar de uma fusão abreviada (*short-form merger*)[454];

---

[452] Em 1997 cifravam-se em vinte e três os Estados que já tinham adoptado, total ou parcialmente, o MBCA.

[453] *Merger* engloba tanto a fusão por absorção, como a fusão por criação de uma nova sociedade.
Cf. STEPHEN SCHULMAN/ALAN SCHENK, *Shareholder's Voting and Appraisal Rights in Corporate Acquisition Transactions*, The Business Lawyer, Vol. 38, 1983, pp. 165-166. Nas fusões, o *appraisal right* é reconhecido, na maioria das legislações, quer aos sócios da sociedade sobrevivente, quer da sociedade fusionada.

[454] Dá-se entre sociedades em relação de grupo. Nos termos do § 11.05, do MBCA, sempre que uma sociedade tiver, pelo menos, 90% dos direitos de voto, a fusão pode ocor-

a.2) Intercâmbio de acções da sociedade[455];
a.3) Transmissão de todo ou parte dos activos da sociedade[456].

b) Mudanças na escritura de constituição que afectam negativamente os sócios dissidentes:
b.1) Modificação ou exclusão de direitos de preferência[457];

---

rer sem a necessidade de aprovação pelo colectivo dos sócios da sociedade subsidiária, salvo disposição em contrário. Uma simples deliberação da administração é suficiente para aprovar a operação. As duas sociedades podem fusionar-se numa delas ou numa terceira sociedade. Nesse caso, a sociedade-mãe, após a fusão, deve informar os accionistas da sociedade filha no prazo de 10 dias depois de a fusão ter ocorrido. O *appraisal right* do sócio da sociedade subsidiária tem lugar, ainda que este não tenha direito de voto, uma vez que a operação seria sempre aprovada pelo sócio maioritário. Quando tal acontecer, o *appraisal right* é apenas reconhecido aos sócios de sociedade-filha.

A fusão abreviada é uma forma de liquidar (*freeze-out*) os sócios minoritários, pela razão de que o seu voto é insuficiente para impedir a aprovação de qualquer deliberação.

[455] *Share exchange* significa a operação pela qual uma sociedade adquire todas as acções de outra em troca de acções, outros valores mobiliários (*securities*), obrigações, dinheiro, direito de aquisição de outras acções, outros bens ou ainda a combinação de todos estes elementos, nos termos de um plano de troca de acções. Vide § 11.03, do MBCA. Enquanto na fusão se procede à extinção de uma ou mais sociedades, na *share exchange* a existência da sociedade transmitente não é afectada. As suas participações sociais passam é a pertencer a um só sócio (§ 11.07, do MBCA). Segundo o MBCA, só os sócios da sociedade transmitente têm *appraisal right* (§ 13.02, (a), (2), do MBCA), isto porque a compra é entendida como implícita nos poderes da sociedade. Pelo contrário, nos PCG, tanto os sócios da sociedade adquirente como da transmitente gozam de *appraisal right* (§ 7.21, (a), dos PCG).

[456] Trata-se de uma operação equivalente à cessão global do activo e passivo da sociedade, operação reconhecida nas diversas legislações estaduais. A principal diferença com a fusão é que a sociedade adquirente não fica responsável pelas obrigações da sociedade transmitente, salvo eventual aplicação da *de facto merger doctrine*.

O *appraisal right* apenas é conhecido quanto a transmissões em que seja exigido o voto do sócio, o que não sucede, designadamente, na venda de activos inserida no curso regular ou normal dos negócios, na distribuição *pro rata* entre os sócios de bens sociedade (§13.02, (a), (3) e § 12.01, (1) a (4), do MBCA). Fora destes casos, é necessária a aprovação dos sócios, sempre que, pelo acto de disposição, a sociedade fique sem parte significativa dos seus bens.

[457] Situação rara, uma vez que nos Estados Unidos o reconhecimento do direito de preferência (*preemptive right*) é secundário e marginal. Apenas existe quando previsto nos estatutos (§ 6.30, (a), do MBCA).

b.2) Criação, modificação ou extinção do direito de reaquisição (*redemption*)[458];

b.3) Exclusão ou limitação do direito de voto[459];

b.4) Fraccionamento de acções[460].

c) Outras alterações significativas – Certas transformações da sociedade;

Este direito é ainda reconhecido noutras causas previstas na escritura de constituição, estatutos ou por deliberação do conselho de administração.

Em síntese, dir-se-á que o reconhecimento do *appraisal right* resulta da consciência de que qualquer uma destas operações coloca problemas de modificação significativa dos *riscos* até então assumidos pelos sócios. Uma fusão acarreta os riscos de uma nova direcção com soluções e propostas diferentes. A venda de todos os bens pode afectar a valorização das acções em função do destino dado ao produto da venda, etc.

4. O Reconhecimento Estadual do A*ppraisal Right* nas *Corporations*

Apesar de nem todos os diplomas estaduais relativos às *corporations* tratarem de modo igual o *appraisal right*[461], a nossa análise cingir-se-á,

---

[458] A criação de acções resgatáveis, isto é, sujeitas a recompra por opção da sociedade, tem como consequência que o seu destino final seja a amortização, terminando assim com os interesses dos sócios minoritários.

[459] As acções que conferem direito de voto são as chamadas *common shares* ou *common stock*. As *corporation* são obrigadas a emitir estas acções (§ 6.01, (b), do MBCA). Sendo um direito essencial do sócio, a sua limitação ou supressão pela maioria implica a concessão do *appraisal right*.

[460] É possível afastar um sócio da sociedade através do fraccionamento de acções, sempre que lhe seja paga a diferença (*reverse stock split/stock split*). Por força desta transacção, o sócio maioritário reduz o número de acções mediante uma divisão das mesmas. É possível ir eliminando os sócios minoritários pagando-lhes a diferença em dinheiro. Com o *appraisal right* pretende garantir-se a protecção dos sócios minoritários, evitando ter de aceitar o preço fixado pelas suas acções e obtendo o seu justo preço.

[461] As causas estaduais de *appraisal right* variam de acordo com as disposições de cada Estado, cuja regulação, nuns casos, é mais flexível para atrair o maior número de empresas e, noutros, menos. Segundo PETER LETSOU, *The Role of Appraisal in* ..., cit.,

quase em exclusivo, ao *Delaware General Corporation Law (DGCL)*[462]. A razão é simples. Constata-se que a maioria das *corporations* tem a sua sede no Estado de Delaware[463]. Só das empresas cotadas na bolsa de valores de Nova York mais de 40% estão sediadas em Delaware[464]. Por esta razão, a DGCL é das legislações estaduais societárias mais influentes nos Estados Unidos, acabando por suavizar[465] parte da complexidade normativa societária existente neste país.

Porém, neste Estado, ao contrário das legislações federais e de outras legislações estaduais[466], o reconhecimento do *appraisal right* é muito restrito. São três as situações a distinguir. Na primeira estabelece-se uma concessão genérica do *appraisal right* (§ 262, (b), do DGCL), na segunda, uma excepção a essa concessão genérica (§ 262, (b), (1), do DGCL), e na terceira, excepções à excepção voltando a conceder-se o *appraisal right* (§ 262, (b), (2), do DGCL).

O *appraisal right* é apenas reconhecido, com carácter geral, nos casos de fusão, quer aos sócios da sociedade sobrevivente[467], quer da sociedade adquirente (§§ 251, 252, 254, 257, 258, 263 ou 264, do DGCL).

---

p. 1121, apesar de as regras variarem de Estado para Estado, é possível encontrar alguns aspectos comuns, designadamente o facto de ser um direito relativo a mudanças societárias fundamentais, como fusões ou venda da totalidade ou parte significativa dos activos da sociedade, e o facto de o justo valor da participação social ser aferido antes da ocorrência da mudança e, frequentemente, ser excluído quando as acções são negociadas em bolsa (*publicly traded*).

[462] Surgido em 1899, só previa o *appraisal right* nos casos de consolidação, devendo a sociedade pagar no prazo de três meses a contar da oposição dos sócios dissidentes o valor das acções. No caso de desacordo sobre o seu valor, o mesmo seria determinado por um júri composto por três membros, um designado por cada uma das partes, e o terceiro, por comum acordo. Em 1943, o processo de avaliação das acções passou a ser judicial e, em 1967, consagrou-se a *market-out provision*.

[463] Vide PAUL MAHONEY/MARK WEINSTEIN, *The Appraisal Remedy* ..., cit., p. 20.

[464] Cf. JOSEPH CALIO, *New Appraisals of* ..., cit., p. 2. As principais *corporations* constantes na lista Fortune 500 têm sede no Delaware. Vide sítio http://www.fortune.com/fortune/fortune500.

[465] Para este facto, não terá sido indiferente a contribuição da *American Bar Association* através da disponibilização de diversos modelos para os legisladores estaduais.

[466] Vejam-se, entre outros, os Estados do Indiana, Georgia, Idaho, Alabama, Minnesota ou Iowa.

[467] Já no Estado de Oklahoma, por exemplo, os sócios da sociedade sobrevivente, quando não seja necessário o seu voto para a aprovação da fusão, não têm *appraisal right* (§ 18-1091, do Oklahoma State Statutes – 1999).

Contudo, mesmo nos casos em que é reconhecido, há que contar com a *market exception*[468], que afasta o *appraisal right*, sempre que as acções se encontrem admitidas à negociação em sistema de negociação de valores mobiliários ou pertençam a mais de dois mil accionistas, por se entender que nestas situações existe um mercado para as acções.

Por último, a excepção à excepção, que faz restaurar o *appraisal right*, ocorre quando os accionistas das sociedades obtiverem, por força da fusão ou consolidação, uma contrapartida que não acções, eventualmente dinheiro, por conta do fraccionamento das acções, bens, direitos ou outros activos.

Fora destes casos, designadamente por ocasião da venda da totalidade ou parte significativa dos activos da sociedade, de alterações fundamentais na escritura ou de outras alterações fundamentais, o *appraisal right* só tem lugar se tiver sido reconhecido na escritura de constituição (§ 262, (c), do DGCL). É difícil compreender o não reconhecimento do *appraisal right*, pelo menos quando a sociedade vende todo o seu activo ou parte significativa. Conforme observam HIDEKI KANDA/SAUL LEVMORE[469], à semelhança da fusão, também aqui a sociedade que permanece é substancialmente diferente da que existia, e surgem problemas de coordenação da sua actuação no futuro.

5. Exercício do A*ppraisal Right*

O exercício do *appraisal right* é um processo complexo, que depende da prática de uma série de actos (*procedural standards*), uns por parte da sociedade, outros por parte dos sócios, cuja omissão, nalguns casos, poderá resultar no seu não reconhecimento[470].

---

[468] Com maior desenvolvimento, *vide* LAWRENCE A. CUNNINGHAM, *Behavioral Finance and Investor Governance,* Washington & Lee Law Review, 2002, pp. 834-837.

[469] *The Appraisal Remedy ...*, cit., pp. 449-450.

[470] Com maior desenvolvimento, cf. PETER LETSOU, *The Role of Appraisal in ...*, cit., pp. 1158-1160 e BARRY WERTHEIMER, *The Purpose of the ...*, cit., pp. 624-625.

Sobre a tramitação no Estado de Delaware, *vide* RICHARD HOSSFELD, *Short-Form Mergers ...*, cit., pp. 1345-1347.

Segundo JOEL SELIGMAN, *Reappraising the Appraisal Remedy*, George Washington Law Review, n.º 52, 1984, p. 857, são quarenta e três os Estados que o exigem, enquanto

Apesar de não ser igual em todos os Estados, existem alguns aspectos comuns que importa salientar.

Em primeiro lugar, a sociedade deverá informar os sócios titulares do *appraisal right*[471] na convocatória da assembleia geral que lhes assiste tal direito e de como o mesmo poderá ser exercido (*notice of appraisal rights*).

Após essa informação, o sócio deverá notificar a sociedade se perante a aprovação dessa deliberação social será ou não sua intenção exercer o *appraisal right* (*notice of intent to demand payment*[472]). Esta notificação destina-se a informar a sociedade do número máximo de sócios que poderão vir a exercer o *appraisal right*, de modo a poder calcular os custos que possa ter de despender. Simultaneamente, reduz-se alguma incerteza sobre quem serão os sócios que poderão vir a exercer o *appraisal right*. No limite, esta notificação poderá levar ao abandono da operação ou a que alguns dos sócios votem contra a deliberação, pelos custos que o *appraisal right* acarretará para a sociedade[473].

Por outro lado, aquando da votação, é necessário que o sócio tenha votado contra ou se abstido[474]. Com efeito, na maioria dos casos, o facto do qual resulta o *appraisal right* depende de deliberação dos sócios[475]. A

---

oito prevêem um processo mais simplificado quando o sócio discordante não vote e nos casos de *short-form mergers*.

[471] Cf. § 7.23 (a), dos PCG, e §§ 13.20, (b) e 13.22, do MBCA, onde se fala em *notification*.

Nos Estados de Delaware e Oklahoma, esta informação deve ser prestada com, pelo menos, 20 dias de antecedência sobre a data da realização da assembleia geral.

[472] Cf. § 7.23, (b), dos PCG, onde se fala em *response*. Vejam-se, ainda, o § 13.21, do MBCA, e o § 262, (d), (1), do DGCL.

[473] *Vide* PETER LETSOU, *The Role of Appraisal in ...*, cit., p. 1158.

Segundo PAUL MAHONEY/MARK WEINSTEIN, *The Appraisal Remedy ...*, cit., p. 5, nos acordos de fusão é frequente estipular-se que se certa percentagem de sócios, normalmente 5%, declarar pretender exercer o *appraisal right*, a sociedade adquirente poderá recusar a conclusão da fusão.

[474] Por esta razão há quem fale, em vez de *appraisal right*, em *dissenterer's right*. Neste sentido, cf. ROBERT THOMPSON, *Preemption and Federalism in Corporate Governance: Protecting Shareholders Rights to Vote, Sell, and Sue*, Law & Contemporary Problems, 215, 1999, p. 217 e BARRY WERTHEIMER, *The Shareholder's Appraisal ...*, cit., p. 614. No mesmo sentido, na legislação de alguns Estados como, por exemplo, Indiana, Georgia, Alabama e Minnesota fala-se em direito dos dissidentes (*dissenters' right*).

[475] Só não costuma ser assim nas *short-form mergers*, uma vez que nestas é dispensado o voto dos sócios minoritários. Sempre que a deliberação social seja aprovada, a

ausência do sócio na deliberação social, ainda que discorde do seu conteúdo, não permite o *appraisal right*.

Sendo efectivamente aprovada a deliberação social que constitui a *appraisal cause,* a sociedade notificará por escrito todos os sócios efectivamente titulares do *appraisal right* (*appraisal notice*) (§ 13.22., (b), do MBCA). Desta notificação tem de constar, entre outros elementos, a informação do local para onde as acções devem ser enviadas ou depositadas, a data limite para a sociedade receber a declaração do exercício do *appraisal right* do sócio, que pode variar entre os 40 e os 60 dias, e o justo valor das acções estimado pela sociedade.

O sócio que pretenda então exercer o *appraisal right* poderá ter de demonstrar à sociedade, em formulário por esta enviado, que já era sócio antes da data da comunicação da sociedade para o exercício do *appraisal right* e, tratando-se de acções tituladas proceder ao seu depósito de acordo com as instruções da sociedade. A partir do momento do depósito das acções e da devolução do formulário enviado pela sociedade o sócio perde todos os seus direitos de sócio, salvo se desistir (*withdraw*) do *appraisal right*[476]. Não desistindo, o sócio tem o direito a ser pago, em dinheiro, nos trinta dias seguintes ao envio do formulário, no justo valor das acções estimado pela sociedade, acrescido de juros. Este pagamento deve ser acompanhado do fornecimento dos elementos financeiros da sociedade, reportados aos dezasseis meses anteriores à data do pagamento, de uma declaração da sociedade que considera justo o valor pago justo e da informação ao sócio de que pode sempre, nos termos legais, exigir um pagamento adicional. Estas informações têm por finalidade permitir ao sócio comprovar se o valor recebido pelas acções foi ou não justo[477].

---

sociedade deverá informar os sócios dissidentes nos dez dias seguintes à efectivação da fusão/consolidação (§ 262, (d), (1), do DGCL).

[476] Cf. § 13.23., do MBCA.

Cf. § 262, (e), do DGCL, onde a desistência, com aceitação das condições oferecidas pela sociedade na fusão ou consolidação, apenas pode ter lugar no prazo de 60 dias a contar da conclusão dessa operação. No mesmo sentido, a legislação do Estado de Oklahoma (§ 18-1091, (e), do Oklahoma State Statutes).

Vide ainda JOEL SELIGMAN, *Reappraising the Appraisal ...,* cit., p. 859.

[477] Cf. § 13.24., (b), do MBCA. No § 7.23, (c), dos PCG, fala-se em *mandatory prepayment*. A sociedade deverá pagar, em dinheiro, ao sócio dissidente, aquilo que considera o justo valor pelas acções, sem prejuízo de este, não concordando com o montante atribuído, poder recorrer ao tribunais, quanto à diferença.

Por último, segue-se a fase resultante da eventual insatisfação do sócio do pagamento recebido pelas suas acções. Neste caso, o sócio deverá, por escrito enviado à sociedade nos trinta dias seguintes ao pagamento, declarar o montante que considera justo pelas acções e exigir o pagamento da diferença, acrescida de juros[478]. Não aceitando pagar a diferença fica a sociedade obrigada a iniciar um procedimento judicial de avaliação do justo valor das acções e respectivos juros. O sócio poderá ter então direito à diferença entre o justo valor determinado pelo tribunal e o valor pago pela sociedade, acrescida de juros[479].

A tramitação acima desenvolvida, além de complexa, tem custos judiciais relativamente altos[480], resultantes da contratação de peritos, da demora do processo e da possibilidade de, nalguns Estados, as sociedades se recusarem a pagar o valor das acções até à determinação judicial do *fair value*[481], sem sequer ter de compensar o sócio dissidente por esse período de indisponibilidade[482].

---

[478] Cf. § 13.26., do MBCA.
[479] Cf. § 13.30., do MBCA.
[480] Em regra, na maioria dos Estados, os custos com honorários de advogados e peritos são suportados, respectivamente, por cada uma das partes. Nalguns Estados, porém, provando-se que o valor oferecido foi arbitrário, vexatório ou contra as regras da boa fé, tais despesas podem ser imputadas à outra parte. Veja-se JOEL SELIGMAN, *Reappraising the Appraisal ...*, cit., pp. 860-863.
Cf. § 7.23, (d), dos PCG.
No mesmo sentido, nas *limited liability companies*, cf. § 702, (d), do ULLCA.
Já quanto às custas, nalguns Estados, como Delaware e Oklahoma, o tribunal pode fixar a divisão do seu pagamento, de acordo com aquilo que considerar equitativamente justo.
Já no Estado de Tennessee as custas serão por conta da sociedade, podendo o tribunal atribuir parte delas aos sócios, em termos considerados equitativos, na medida em que considere que o recurso ao *appraisal right* foi arbitrário, vexatório ou contrário à boa fé. Também neste Estado, o tribunal pode fixar a divisão do pagamento dos honorários, de acordo com aquilo que considerar equitativamente justo (§ 48-23-302, do Tennessee Code).
[481] Cf. § 262, (h), do DGCL.
Pelo contrário, no § 13.25, (c), do MBCA, exige-se que a sociedade pague ao sócio o justo valor que tenha atribuído às acções, no prazo de 10 dias após o sócio ter tal informação. Solução semelhante é adoptada nos Estados de Indiana (§ 23-1-44-15, do Indiana Business Corporation Law), Alabama (§ 10-2B.13.25, do Alabama Business Corporation Act) ou Iowa (§ 490.1324, do Iowa Code), onde o *appraisal remedy* se destina ao pagamento da diferença que o sócio entende ter direito.
[482] Veja-se ALEXANDER KHUTORSKY, *Coming in ...*, cit., pp. 160-161. Assim sucede, por exemplo, no Estado de Ohio.

Se a estes inconvenientes se somar a impossibilidade de recurso às acções colectivas (*class actions*[483]) e a possibilidade, ainda que remota, de o valor fixado ser abaixo do valor oferecido, são poucos os incentivos para se recorrer ao *appraisal remedy,* optando os sócios minoritários por outras soluções[484]. Assim se compreende que alguns AA apontem pouca utilidade ao *appraisal right*, salvo tratando-se de sócios que, apesar de minoritários, disponham de um número elevado de acções[485].

Não é de estranhar, por isso, as diversas tentativas de rever todo este procedimento.

RICHARD HOSSFELD[486] refere a necessidade de redução da duração destas acções, que podem chegar aos dois anos, e do reconhecimento da possibilidade genérica de, em certos casos, se condenar a sociedade ao pagamento dos honorários dos advogados e especialistas do sócio dissidente. Mais sugere a obrigatoriedade de a sociedade pagar imediatamente ao sócio o valor nominal ou de transacção das acções, sem prejuízo de este exigir judicialmente que lhe seja paga a diferença até ao seu justo valor.

Em sentido semelhante, RANDALL THOMAS[487] defende que o justo valor possa ser determinado por uma comissão de peritos composta por

---

[483] A *class action* confere a possibilidade de uma ou mais pessoas de um grupo de pessoas com interesse em determinado assunto poderem propor a acção em representação desse grupo, sem a necessidade de adesão de cada membro desse grupo. Assim, permite aos sócios com poucas acções aderir a este tipo de acção com custos menores. Por outro lado, confere uma maior eficácia *ex ante* ao *appraisal right*, uma vez que o oferente sabe que, perante uma oferta demasiado baixa, são mais os accionistas a recorrer a esta medida.

Cf. ALEXANDER KHUTORSKY, *Coming in ...,* cit., p. 158, RICHARD HOSSFELD, *Short-Form Mergers ...,* cit., pp. 1350-1354 e PAUL MAHONEY/MARK WEINSTEIN, *The Appraisal Remedy ...,* cit., pp. 15-16.

[484] *Vide* ALEXANDER KHUTORSKY, *Coming in ...,* cit., p. 149.

Segundo RICHARD HOSSFELD, *Short-Form Mergers ...,* cit., p. 1339, os especialistas chegam mesmo a apelidar o *appraisal remedy* como uma "acção de desespero".

Uma solução alternativa, além da impugnação das deliberações sociais e da propositura de acções por violação de deveres fiduciários, é o chamado *entire fairness remedy*, acção não destinada a avaliar a participação social, mas a examinar o valor atribuído. Nesta acção, o proponente da transacção terá de provar que o valor oferecido não é fruto de uma negociação justa nem reflecte o justo preço. Se o conseguir, pode ser atribuída ao sócio uma indemnização pelos prejuízos causados (*rescissory damages*).

[485] Veja-se MARY SIEGEL, *Back to the ...,* cit., p. 80 e RICHARD HOSSFELD, *Short-Form Mergers ...,* cit., p. 1352.

[486] *Short-Form Mergers ...,* cit., pp. 1357-1365.

[487] *Revising the ...,* cit., pp. 17-30.

três membros, através de decisão aprovada por maioria. Defende ainda a simplificação de todo o processo, com a eliminação da obrigatoriedade de o accionista ter de comunicar à sociedade a intenção de exercer o *appraisal right*, devendo ser antes a sociedade a ter de averiguar quem são os sócios que poderão exercer tal direito.

6. O *Appraisal Remedy*

Directamente relacionado com o *appraisal right* está o chamado *appraisal remedy*[488]. Trata-se de uma acção judicial proposta contra a sociedade e destinada a efectivar a saída dos sócios minoritários, uma vez que obriga a sociedade a adquirir tais acções pelo seu justo valor (*fair value*). Tem também lugar quando o sócio não aceite o valor oferecido pela sociedade pela sua participação social.

Na falta do *appraisal remedy*, o sócio ver-se-ia forçado, querendo sair da sociedade, a vender as suas acções por um preço tendencialmente inferior ao seu preço real ou ainda a propor uma acção judicial contra os seus administradores, pelos danos causados com a violação de deveres fiduciários (*fiduciary duties*), em concreto, do dever de actuar com vista ao bem da sociedade e de todos os seus sócios[489]. Esta acção poderia ressarci-lo dos danos sofridos mas, além de dispendiosa, seria necessário provar os factos constitutivos desse direito[490]. O *appraisal remedy* é um processo mais rápido, menos oneroso e dispensa tal prova[491].

---

[488] Cf. PETER LETSOU, *The Role of Appraisal in ...*, cit., pp. 1157-1159.

[489] *Vide* HIDEKI KANDA/SAUL LEVMORE, *The Appraisal Remedy ...*, cit., p. 429.

[490] Acresce, ainda, que, segundo os tribunais e a legislação de Delaware, relativamente à apreciação das condutas dos administradores, vigora a *business judgment rule*, que evita que os tribunais tenham de se pronunciar sobre o complexo processo decisório societário, limitando a responsabilidade dos administradores.

Sobre esta questão, veja-se SARA NICKERSON, *The Sale of Conrail: Pennsylvania's Anti-Takeover Statutes versus Shareholders Interests*, Tulane Law Review, Vol. 72, 1998, pp. 1382-1383 e RICHARD HOSSFELD, *Short-Form Mergers ...*, cit., pp. 1341-1342. Este último A. refere que esta presunção foi afastada no caso Wieberger v. UOP, Inc. (1983) onde estava em causa uma fusão entre uma sociedade-mãe e uma sociedade-filha, por o tribunal ter considerado que o accionista maioritário estava representado nos dois lados da transacção.

No Direito português, sobre a *business judgment rule*, cf. MANUEL CARNEIRO DA FRADA. *A Business Judgment Rule no Quadro dos Deveres Gerais dos Administradores*,

Independentemente do método de avaliação seguido, a maioria da doutrina defende que este será sempre resultante de uma avaliação da empresa, no seu todo, e não de uma valoração do interesse minoritário da mesma. Assim, uma vez aferido o valor da empresa, o sócio dissidente será pago, segundo um critério *pro rata*, pelo valor que a sua participação social representa na sociedade[492]. Também em regra, a apreciação do *fair value* das acções é feita sem consideração da valorização ou desvalorização produzida na participação pelo acto que gerou o *appraisal right* (*exclusion of merger-related appreciation*).

O reconhecimento do *appraisal remedy* conduz a que as sociedades, antes de deliberarem sobre matérias nas quais possa surgir tal direito, pensem duas vezes, *fazendo contas à vida*, no sentido de saber se as vantagens da operação a realizar compensam os custos de ter de pagar aos sócios dissidentes o valor das suas acções[493].

Segundo BARRY WERTHEIMER[494], o sucesso do *appraisal remedy* na protecção dos sócios minoritários depende do modo como o tribunal avalia as acções. Se não for feito de modo consistente, os sócios minoritários procurarão outras soluções alternativas, como a anulação de deliberações sociais ou acções de responsabilização por quebra de *fiduciary duties*. Contudo, a prática tem demonstrado que a maioria dos sócios que recorreu ao *appraisal remedy* viu o valor judicialmente fixado ser superior ao preço oferecido pelas suas acções ou ao seu valor nominal[495].

Jornadas Sociedades Abertas, Valores Mobiliários e Intermediação Financeira, Almedina, Coimbra, 2007, pp. 201-242/A Reforma do Código das Sociedades Comerciais, Almedina, Coimbra, 2007, pp. 61-102, e PEDRO CAETANO NUNES, *Corporate Governance*, Almedina, Coimbra, 2006, pp. 23-25.

[491] Vide HIDEKI KANDA/SAUL LEVMORE, *The Appraisal Remedy ...*, cit., p. 443.

[492] Neste sentido, veja-se BARRY WERTHEIMER, *The Shareholder's Appraisal ...*, cit., pp. 642-654, que analisa diversas decisões jurisprudenciais em diferentes Estados. Cf. JOSEPH CALIO, *New Appraisals of ...*, cit., pp. 23-24.

[493] Cf. PETER LETSOU, *The Role of Appraisal in ...*, cit., p. 1152.

[494] *The Shareholder's Appraisal ...*, cit., p. 626.

[495] Veja-se BARRY WERTHEIMER, *The Shareholder's Appraisal ...*, cit., pp. 679-681. Nalguns casos foi porque se provou que havia uma terceira entidade disposta a pagar mais pelas acções. Noutros porque se provou que o preço oferecido era inferior ao anteriormente oferecido pelo sócio maioritário e, noutros ainda, porque se provou que o preço oferecido era inferior ao preço considerado como justo por determinada instituição bancária independente.

ANGIE WOO, *Appraisal Rights in Mergers of Publicly-held Delaware Corporations: Something Old, Something New, Something Borrowed, and something B.L.U.E.*, Southern

7. O Justo Valor da Participação Social

Segundo o MBCA, *fair value* é o valor da participação social antes da causa de surgimento do *appraisal right*. Esse valor é determinado por recurso a qualquer método de avaliação correntemente aceite em operações semelhantes e sem qualquer desconto decorrente da falta de liquidez das acções ou de as acções pertencerem a sócios minoritários[496] (§ 13.01, (4), do MBCA).

O MBCA apenas não esclarece[497], à semelhança das demais legislações estaduais, qual o critério de avaliação da participação social. Esta omissão explica-se, por um lado, por razões históricas e, por outro, por questões de funcionalidade.

Até 1981, para determinar o justo valor das acções era usado, quer no Estado de Delaware, quer noutros Estados, o chamado *Delaware Block Method*[498], método que consistia numa análise tripartida, com base[499] no

---

California Law Review, Vol. 68, 1995, pp. 719-721, refere o caso Cinerama, Inc. v. Technicolor, Inc. (Civil Action n.º 7129, 19 Outubro 1990), em que as acções foram avaliadas por um preço inferior ao da oferta e, inclusive, do mercado. Neste caso, a oferta foi de 23,00 dólares por acção, e o tribunal acabou por concluir que o justo valor das acções era 21,60 dólares por acção.

[496] Com maior desenvolvimento, cf., por todos, JOHN COATES IV, *"Fair Value" as an Avoidable Rule of Corporate Law: Minority Discounts in Conflict Transactions*, University of Pennsylvania Law Review, n.º 147, 1999, pp. 1262-1276. No mesmo sentido, o § 7.22, (a), dos PCG, estabelece que o justo valor das acções é o valor que estas representam na sociedade sem qualquer desconto minoritário.

[497] No mesmo sentido, veja-se § 7.22, (a), dos PCG.

[498] Cf., com maior desenvolvimento, JOSEPH CALIO, *New Appraisals of ...*, cit., pp. 30-38, ALEXANDER KHUTORSKY, *Coming in ...*, cit., pp. 144-147 e MICHAEL WACHTER, *Takeover Defense When Financial Markets are (Only) Relatively Efficient*, University of Pennsylvania Law Review, Vol. 151, 2003, pp. 795-796.

[499] Com maior desenvolvimento, *vide*, por todos, JOEL SELIGMAN, *Reappraising the Appraisal ...*, cit., pp. 843-864.

Destes três elementos, o mais difícil de calcular era o valor dos ganhos/lucros, que era efectuado com base na média dos ganhos anteriores, normalmente dos últimos cinco anos, posteriormente multiplicada por uma taxa de capitalização. Este elemento podia ainda ser calculado através da comparação dos ganhos históricos de outras sociedades no mesmo sector.

Quanto ao valor dos activos da sociedade, o mesmo era calculado determinando o valor de cada activo no mercado. Na falta de mercado, conforme sucedia com patentes ou aviamento, o valor do bem seria determinado por recurso ao *book value*, conceito con-

valor de mercado (*market value*), dos ganhos (*earnings ou investment value*) e dos activos (*asset value*) da sociedade. Este método foi objecto de diversas críticas, designadamente no que diz respeito ao cálculo dos *earnings*, por desconsiderar que os futuros ganhos de uma sociedade não resultavam dos ganhos passados, mas da expectativa de retorno dos investimentos feitos[500], e por chegar a um resultado penalizador para os sócios dissidentes, sempre que se estivesse em períodos de inflação. Por outro lado, o valor de mercado não era um indicador preciso do valor das empresas. Assim, o resultado mais frequente era a subvalorização das sociedades.

Apenas em 1983[501], numa decisão que mudou o rumo da história do *appraisal remedy*, que há décadas se socorria em exclusivo do *Delaware Block Method*, o Supremo Tribunal do Delaware, no caso Weinberger v. Vop. Inc[502], liberalizou o método de determinação do *fair value*, defendendo que podia ser usada qualquer técnica ou método usualmente aceite na comunidade financeira[503].

Assim, ao contrário do que sucedia no âmbito da vigência do Delaware Block Method, em que este era discutido até à exaustão, passaram a

---

tabilístico no qual é atribuído um valor ao bem, nalguns casos com base no seu valor de aquisição e depois somada ou diminuída, consoante o caso, alguma valorização ou desvalorização ocorrida. Da soma do valor individual de todos os bens chegava-se ao valor dos activos da sociedade.

Por último, o valor de mercado, quando considerado pelos tribunais, resultava da análise do preço de transacção das acções durante um determinado período de tempo, com ajustes decorrentes de factores externos. Quando as acções não eram transaccionadas em mercado ou eram detidas por um número limitado de pessoas, o valor era calculado num mercado hipotético, tendo por referência a data antecedente ao facto gerador do *appraisal right*.

Obtidos estes três elementos, era atribuído um valor percentual a cada um deles, em função dos factos e circunstâncias de cada caso, designadamente o nível de precisão de cada uma das avaliações, alcançando-se um resultado presumivelmente mais justo. Depois, cada elemento seria multiplicado pelo seu "peso" e o valor final resultante da soma corresponderia ao *fair value*.

[500] Cf. JOSEPH CALIO, *New Appraisals of ...*, cit., pp. 38-41.

[501] Depois de 1983, o *Delaware Block Method* foi usado ocasional e pontualmente, passando a ser rejeitado pelas partes e pelos tribunais, ao ponto de certos AA afirmarem que o mesmo ficará registado como uma anomalia histórica. Vide JOSEPH CALIO, *New Appraisals of ...*, cit., pp. 44 e 67.

[502] A. 2d 701, 713 (Del. 1983). Com maior desenvolvimento, vide JOSEPH CALIO, *New Appraisals of ...*, cit., pp. 41-54.

[503] Cf. Joseph Calio, *New Appraisals of ...*, cit., pp. 4-5 e 67 e BARRY WERTHEIMER, *The Shareholder's Appraisal ...*, cit., p. 627 e ss..

ser apresentados diferentes modelos de avaliação, deixou de haver uniformidade, podendo o tribunal optar por qualquer um dos modelos que lhe fosse apresentado. Nalgumas situações, o tribunal rejeitou as posições das partes, em favor de uma posição intermédia. As discrepâncias entre as posições dos peritos eram tais que em 1992 o Supremo Tribunal do Delaware recomendou que os tribunais designassem o seu próprio perito[504].

Actualmente, no Estado de Delaware, o método mais utilizado é o método dos *fluxos financeiros futuros descontados* (*discounted cash flow*)[505]. Além deste, também são usados outros métodos, designadamente a comparação com outras sociedades (*comparable company method*)[506]. O sucesso deste método dependerá da maior ou menor similitude entre as sociedades e apenas é usado no caso de existirem sociedades efectivamente comparáveis. BARRY WERTHEIMER[507] refere ainda a avaliação segundo o valor de transacção das acções, caso fossem adquiridas por terceira entidade (*third party sales value*), uma vez que na maioria dos casos estamos a falar da venda de activos da sociedade ou fusões. Trata-se também de um critério subjectivo, tendo em conta o valor pelo qual um comprador médio estaria disposto a adquirir a companhia pelo seu todo. Este será, no seu entender, um forte indiciador do *fair value*.

O período de indisponibilidade do valor da participação social também pode ser considerado na fixação do *fair value* pelo tribunal[508]. Assim, a taxa de juro pode ser utilizada no cálculo do valor das acções, uma vez que, durante o litígio, o accionista ficou privado de usar as acções ou o dinheiro a que teria direito caso já tivesse sido reembolsado do seu valor.

---

504 JOSEPH CALIO, *New Appraisals of...*, cit., pp. 64-65, considera esta solução inadequada, designadamente porque os advogados são hostis perante tais nomeações e porque os próprios juízes são relutantes em se socorrerem deste expediente, porque sentem que tal nomeação é inapropriada e, muitas vezes, nem sequer têm recursos para o fazer.
Também RANDALL THOMAS, *Revising the ...*, cit., pp. 25-27, salienta que as partes usualmente se opõem à nomeação judicial de peritos, porquanto não querem transferir o controlo do seu caso para uma terceira pessoa e porque os peritos nomeados não são verdadeiramente neutrais.
505 Cf. BARRY WERTHEIMER, *The Shareholder's Appraisal ...*, cit., p. 627, JOSEPH CALIO, *New Appraisals of...*, cit., p. 49 e MICHAEL WACHTER, *Takeover Defense when ...*, cit., pp. 796-798.
Vide nota de rodapé 1163.
506 Cf. JOSEPH CALIO, *New Appraisals of...*, cit., pp. 54-56.
507 *The Shareholder's Appraisal ...*, cit., pp. 654-678.
508 Cf. JOSEPH CALIO, *New Appraisals of...*, cit., pp. 56-59.

CAPÍTULO V
Direito Brasileiro

1. O Direito de Retirada nas Sociedades em Nome Colectivo e em Comandita Simples

O direito de retirada[509] nas sociedades em nome colectivo e comandita simples rege-se pelo regime previsto nas sociedades simples (arts. 1029.º, 1040.º e 1046.º, do CC Br.).

Além das causas estatutárias de retirada, podem os sócios retirar-se *ad nutum* nas sociedades com duração indeterminada, desde que notifiquem os restantes sócios, com um pré-aviso de, pelo menos, 60 dias. Nas sociedades com duração determinada, a retirada é possível com fundamento em justa causa[510] judicialmente demonstrada.

Confrontados com uma declaração de exoneração podem os restantes sócios, nos 30 dias subsequentes à notificação, optar pela dissolução da sociedade. Se assim não suceder, a participação do sócio que se exonerou será avaliada pelo montante realizado segundo o disposto no contrato social[511] e, na falta de estipulação, com base na situação patrimonial da

---

[509] Por influência do Direito italiano, a doutrina e a jurisprudência também utilizam a expressão *direito de recesso*, apesar de o legislador falar em *direito de retirada*. Não obstante, ambas as expressões têm o mesmo significado. Cf. TRAJANO VALVERDE, *Sociedade por Ações, Vol. II, Arts. 74.º a 136.º*, 3.ª edição, Forense, Rio de Janeiro, 1959, p. 241.

[510] Segundo EDUARDO PIMENTA, *Exclusão e Retirada de Sócios, Conflitos Societários e Apuração de Haveres no CC Br. e na Lei das Sociedades Anónimas*, Mandamentos Editora, Belo Horizonte, 2004, p. 63, a expressão *justa causa* refere-se ao cumprimento das obrigações dos sócios para com a sociedade.

[511] Cf., entre outros, EDUARDO PIMENTA, *Exclusão e Retirada ...*, cit., p. 117 e ss.. Segundo este A., até à entrada do CC Br. de 2002, a posição na jurisprudência era que a

sociedade segundo balanço levantado aquando da declaração de exoneração (art. 1031.º, § 1, do CC Br.)[512], não existindo consenso, quer na doutrina, quer na jurisprudência, quanto a saber se as reservas devem ser consideradas na avaliação da quota. Enquanto alguns AA defendem, com base no princípio da integridade do capital social, que o sócio não tem o direito a tal valor, outros entendem que as reservas devem ser consideradas uma vez que têm origem no lucro não distribuído a que o sócio teria direito. Numa posição mais intermédia, há quem defenda que apenas não devem ser consideradas as reservas legais obrigatórias[513].

Não havendo acordo quanto ao valor da quota, tem lugar uma acção judicial "*de apuração de haveres*", por iniciativa do sócio ou da sociedade[514]. Esta acção tem por finalidade determinar o valor devido ao sócio e condenar a sociedade no seu pagamento, podendo eventualmente ser cumulada com um pedido de indemnização por danos sofridos.

Determinado o valor do reembolso, o mesmo deve ser integralmente efectuado em dinheiro nos 90 dias seguintes, salvo acordo ou disposição estatutária em contrário. O capital social sofrerá a correspondente redução, salvo se os restantes sócios procederem ao seu aumento ou adquirirem as quotas do sócio (art. 1031.º, do CC Br.).

2. O Direito de Retirada nas Sociedades Limitadas

2.1. *Decreto n.º 3.708, de 10 de Janeiro de 1919*

Até à entrada em vigor do novo CC Br., a matéria das sociedades limitadas, então designadas por "sociedades por quotas de responsabi-lidade limitada", estava tratada nos dezanove artigos que compunham o Decreto n.º 3.708, de 10.01.1919.

Nos termos do art. 15.º, do referido Decreto, sempre que o sócio divergisse de alterações ao contrato de sociedade aprovadas pelos restantes sócios, tinha o direito de se retirar da mesma.

---

avaliação da participação social deveria ser feita como se tratasse de uma dissolução total, calculando-se posteriormente o valor devido ao sócio.

[512] Cf. PRISCILA FONSECA, *Dissolução Parcial*, ..., cit., pp. 213-214.
[513] Veja-se PRISCILA FONSECA, *Dissolução Parcial*, ..., cit., pp. 235-237.
[514] Cf. PRISCILA FONSECA, *Dissolução Parcial*, ..., cit., pp. 119-126.

Por outro lado, nos termos do art. 335.º, V, do Código Comercial Brasileiro, sempre que a sociedade fosse constituída por prazo indeterminado tinha o sócio o direito de denunciar o contrato a qualquer momento, dissolvendo-se a sociedade. Todavia, por motivos de conservação da sociedade, da sua utilidade social e económica e atendendo aos prejuízos que a sua dissolução poderia acarretar, a doutrina e a jurisprudência vieram a interpretar restritivamente este direito[515], apenas admitindo a chamada "dissolução parcial". Deste modo, não haveria uma dissolução da sociedade, mas o sócio afectado tinha o direito a haver a sua participação social, calculada como se a sociedade se tivesse dissolvido.

Exercido o direito de recesso, o sócio tinha direito a obter da sociedade o reembolso do valor da sua quota no capital social, na proporção do último balanço aprovado ou segundo o critério que tivesse sido fixado no contrato social. Contudo, conforme observa PRISCILA FONSECA[516], os tribunais reconheciam a possibilidade de o valor do reembolso ser calculado segundo as regras da chamada "dissolução parcial", por terem concluído que muitas das vezes o valor constante do último balanço era aquém do valor da participação social (art. 335.º, do Código Comercial[517]). Segundo esta disposição, a avaliação da quota deveria ser realizada por meio de um levantamento técnico promovido por perito judicialmente nomeado.

2.2. Regime Actual

Actualmente, o direito de recesso nas sociedades limitadas encontra-se previsto no CC Br.[518] e é reconhecido ao sócio dissidente[519] das

---

[515] Cf. EDUARDO PIMENTA, *Exclusão e Retirada* ..., cit., p. 60 e PRISCILA FONSECA, *Dissolução Parcial*, ..., cit., pp. 25 e 70 e ss..

[516] *Dissolução Parcial*, ..., cit., pp. 198-203.

[517] Em sentido semelhante, RUBENS REQUIÃO, *Curso de Direito Comercial, 1.º Volume*, 25.ª edição, Editora Saraiva, São Paulo, 2003, p. 493, observa que, sempre que os valores constantes do balanço estiverem desactualizados, sobretudo os do activo e, dentro destes, o do imobilizado, os tribunais, com vista a evitar um empobrecimento do sócio, defendiam a realização de um balanço actualizado.

[518] Sobre o regime geral das sociedades limitadas no CC Br., vide, com maior desenvolvimento, EDUARDO SPÍNOLA CASTRO, *As Sociedades de Responsabilidade Limitada no Novo Código Civil – Breves Comentários e Uma Visão Crítica*, no sítio

deliberações sociais que aprovem a alteração do contrato, a fusão ou a incorporação (art. 1077.º, do CC Br.)[520].

A declaração de exoneração deve ser emitida nos 30 dias seguintes à aprovação da deliberação social que origina o direito de retirada.

Relativamente ao regime e consequências da declaração de retirada é, salvo disposição estatutária em contrário, o previsto nas sociedades simples, já analisado a propósito das sociedades em nome colectivo, pelo para que lá se remete.

3. O Direito de Retirada nas Sociedades Anónimas

O nascimento do direito de recesso dos accionistas está relacionado com a admissão das acções preferenciais, mais precisamente com o Decreto n.º 21.536, de 15.06.1932, que conferiu, no seu art. 9.º, aos accionistas discordantes da deliberação de modificação do regime das acções preferenciais, «*o direito ao reembolso do valor de suas acções, se o reclamarem à directoria dentro de trinta dias contados da publicação da acta da assembleia geral*»[521]. Neste caso, o valor do reembolso seria determi-

---

http://www.mundojuridico.adv.br/documentos/artigos/texto445.doc. (recolhido em Dezembro de 2004).

Actualmente, por força do disposto no art. 1053.º, remete-se, em tudo aquilo que não esteja especialmente previsto no regime das sociedades limitadas, para as normas aplicáveis às sociedades simples. No regime anterior, o art. 18.º, do Dec. 3.708/19, remetia para o regime das sociedades por acções. Esta nova opção afigura-se criticável, uma vez que este tipo societário se aproxima mais da sociedade anónima que da sociedade simples.

[519] Apesar de a lei não esclarecer o que entende por "sócio dissidente", a maioria da doutrina entende por sócio dissidente aquele que votou contra ou que se absteve. Já PRISCILA FONSECA, *Dissolução Parcial*, ..., cit., p. 35, defende que mesmo um sócio que tenha contribuído para a aprovação de determinada deliberação social que se convença posteriormente da sua ilegalidade ou inconveniência pode retirar-se da sociedade.

[520] Esta distinção entre alteração do contrato, fusão e incorporação é criticável e susceptível de interpretações equívocas, uma vez que quer a fusão, quer a incorporação são alterações do contrato. Neste sentido, *vide* PRISCILA FONSECA, *Dissolução Parcial*, ..., cit., p. 31.

[521] Cf. FRAN MARTINS, *O Direito de Recesso na Lei Brasileira das Sociedades Anónimas*, Revista de Direito Comparado Luso-Brasileiro, ano 3, n.º 4, Rio de Janeiro, 1984, pp. 116-117.

nado «*pelo resultado da divisão do activo líquido da sociedade, constante do último balanço aprovado pela assembleia geral*», salvo se os sócios dissidentes, titulares de acções preferenciais, optassem pela determinação do valor das acções por meio de avaliação. Se nos 60 dias seguintes à publicação da acta da assembleia geral não tivessem sido substituídos os accionistas que se retiraram, o capital social considerava-se automaticamente reduzido (§ 2 do art. 9.º).

Mais tarde, em 1940, com o Decreto-Lei n.º 2.627, de 26.09[522], o direito de retirada passou a ser reconhecido como um direito individual do accionista, que não podia ser eliminado, nem estatutariamente, nem por deliberação social (art. 78.º). Por outro lado, alargaram-se as causas de retirada, permitindo-se a saída a todos os accionistas que discordassem da aprovação de «*resoluções da assembleia geral extraordinária*» que tivessem aprovado (arts. 107.º e 150.º) a criação ou modificação de acções preferenciais, a mudança do objecto essencial, a incorporação e a fusão da sociedade, a cessação da liquidação da sociedade, mediante a retoma da actividade normal, ou a sua transformação.

Nesta altura, as condições para o exercício do direito de recesso eram três: a presença do sócio na assembleia geral, a manifestação contra a aprovação da deliberação social[523] e a apresentação de uma "reclamação" nos 30 dias seguintes ao da publicação da acta.

O modo de cálculo do reembolso permaneceu igual, mas o recurso à avaliação apenas passou a ser possível quando prevista nos estatutos (art. 107.º, § 1 e 132.º, § único). Assim, se nada se dissesse, o valor do reembolso era obtido pela divisão do activo líquido[524] da sociedade, cons-

---

[522] Com maior desenvolvimento, *vide* ANNA PARAISO, *O Direito de Retirada na Sociedade Anónima*, 2.ª edição, Lúmen Juris, Rio de Janeiro, 2000, pp. 59-64.

[523] Segundo TRAJANO VALVERDE, *Sociedade por Acções, Vol. II*, ..., cit., p. 243, os abstencionistas e os ausentes não ficavam protegidos. Em sentido contrário, defendendo que os accionistas ausentes podiam retirar-se da sociedade, se o reclamassem, no prazo legal, veja-se WALDEMAR FERREIRA, *Compêndio de Sociedades Mercantis, Vol. II, Sociedades Anónimas*, 2.ª edição, Livraria Editora Freitas Bastos, Rio de Janeiro, 1942, pp. 191-192. Na sua opinião, só fazia sentido exigir-se a publicação da acta, se os sócios ausentes pudessem exonerar-se. Caso contrário, se o direito de retirada apenas coubesse aos sócios presentes, a contagem do prazo seria a partir da data da realização da assembleia geral.

[524] Cf. WALDEMAR FERREIRA, *Compêndio de Sociedades Mercantis* ..., cit., pp. 192-195.

tante do último balanço⁵²⁵ aprovado, pelo número de acções em circulação, posteriormente multiplicado pelo número de acções detidas pelo sócio que se exonerara.

Apesar de a lei não ser expressa, a doutrina defendia que o reembolso tinha de ser em dinheiro, não podendo o accionista ser forçado a receber coisa diversa⁵²⁶.

No caso de a sociedade não conseguir colocar as acções reembolsadas, o seu capital seria proporcionalmente reduzido ao montante do valor nominal das acções do sócio exonerado (art. 107.º, § 2). À semelhança do regime de 1932, tratava-se de uma redução automática, consequência do reembolso das acções e da ausência de compradores. Nesse caso, o conselho de administração (*directoria*) apenas tinha de convocar uma assembleia geral, nos 5 dias seguintes ao da redução, para disso tomarem conhecimento os restantes accionistas.

3.1. Causas Legais de Retirada

O actual regime das sociedades anónimas encontra-se previsto na Lei das Sociedades Anónimas (LSAn), Lei n.º 6.404, de 15.12.1976⁵²⁷. Nesta, o direito de retirada do sócio tem natureza inderrogável, uma vez que os sócios não podem, nem nos estatutos, nem por deliberação social, afastar as causas legais de exoneração (art. 109.º, V)⁵²⁸.

---

⁵²⁵ A posição dominante era de que ao referir-se a "último balanço" o legislador estar-se-ia a referir ao último balanço ordinário aprovado e não a um balanço extraordinário. Só se os accionistas colocassem em causa o balanço ordinário, é que teria lugar o levantamento de um balanço extraordinário. Cf. ANNA PARAISO, *O Direito de Retirada na ...*, cit., pp. 62-63.

⁵²⁶ Cf. TRAJANO VALVERDE, *Sociedade por Ações, Vol. I, Arts. 1.º a 73.º*, 3.ª edição, Forense, Rio de Janeiro, 1959, p. 167.

⁵²⁷ Nos termos do art. 1.089.º, do CC Br., a sociedade anónima rege-se por lei especial, aplicando-se-lhe, nos casos omissos, as disposições deste Código.

⁵²⁸ Apesar desta posição legal vários são os AA que discordam da recondução deste direito a um direito inderrogável. Neste sentido, NEWTON DE LUCCA, *O Direito de Recesso no Direito Brasileiro e na Legislação Comparada,* Revista da Faculdade de Direito, vol. 94, São Paulo, 1999, pp. 108-110, defende que os direitos inderrogáveis dos sócios só correspondem a prerrogativas essenciais dos mesmos, inerentes a qualquer sociedade, como, por exemplo, o direito aos lucros.

Defendendo tratar-se de um direito irrenunciável, por o art. 109.º, da LSAn, ser uma norma de ordem pública, cf. MODESTO CARVALHOSA, *Comentários à Lei de Sociedades*

Ao longo da sua vigência, a LSAn sofreu três alterações significativas no que diz respeito ao direito de recesso, pelo que importa analisá-las em separado.

3.1.1. Versão Inicial

Com a LSAn, as causas legais de recesso foram novamente ampliadas. O legislador começou por elencar no art. 136.º, da LSAn, as deliberações sociais cuja aprovação dependia dos votos favoráveis de accionistas que representassem, pelo menos, metade das acções com direito de voto, ou percentagem maior, se tal fosse exigido nos estatutos, para no art. 137.º do mesmo diploma indicar dessas deliberações quais as que conferiam ao accionista dissidente o direito de retirada. Eram elas as seguintes:

a) Criação ou aumento da classe de acções preferenciais existentes sem guardar proporção com as demais classes de acções preferenciais existentes, excepto se prevista ou autorizada nos estatutos;

b) Modificação do regime das acções preferenciais ou criação de uma classe mais favorecida;

c) Alteração do dividendo obrigatório;

d) Alteração do objecto social;

e) Incorporação, fusão ou cisão;

f) Dissolução da sociedade[529] ou cessação do estado de liquidação;

g) Participação em grupo de sociedades;

Além destas causas de recesso tinham os accionistas o direito de recesso nos casos de:

h) Transformação (art. 221.º, da LSAn);

i) Conversão, por incorporação de acções, da sociedade em subsidiária integral (arts. 251.º e 252.º, da LSAn);

j) Aquisição do controle de sociedade mercantil (art. 256.º, § 2, da LSAn).

Anônimas, 1.º Volume – Arts. 1.º a 45.º, 2.ª edição, edição Saraiva, 1977, p. 231 e ANNA PARAISO, *O Direito de Retirada na ...*, cit., p. 16.

[529] O fundamento da exoneração na *dissolução* da sociedade era a transformação radical da sociedade, porquanto esta deixaria de prosseguir o seu fim lucrativo. Todavia, uma vez que o efeito da dissolução da sociedade era o mesmo da exoneração, não fazia sentido reconhecer esta causa de exoneração. Assim, bem esteve o legislador ao eliminar posteriormente a dissolução da sociedade entre as causas legais de exoneração.

3.1.2. A Lei Lobão

Em 1989, por força da Lei n.º 7.958/89, de 20.12, conhecida como *lei lobão*[530], foi alterado o art. 137.º, da LSAn, deixando de constar entre as causas legais de exoneração a *incorporação*, a *fusão*, a *cisão* e a *participação em grupos de sociedades*. Todavia, a lei lobão apenas na norma geral do art. 137.º, da LSAn, eliminou o direito de recesso nos casos de fusão, incorporação, cisão e participação em grupos de sociedades. As referências expressas ao direito de recesso nas normas especiais[531] que tratavam dessas matérias não foram eliminadas, discutindo-se se afinal o direito de recesso tinha ou não sido eliminado[532].

3.1.3. A Reforma de 1997

No ano de 1997, a matéria do direito de exoneração nas sociedades anónimas seria novamente alterada, através da Lei n.º 9.457/97,

---

[530] O seu responsável foi o então deputado do Estado do Maranhão, Edson Lobão, com o objectivo de atender aos interesses de uma sociedade que queria realizar uma cisão evitando os custos de ter de reembolsar eventuais sócios dissidentes. O conhecimento desta finalidade causou grande indignação quer nos meios jurídicos, quer na opinião pública daquele tempo. NEWTON DE LUCCA, *O Direito de Recesso ...*, cit., p. 128, afirma mesmo que se tratou «*de mais um dos casuísmos vergonhosos que grassam em nossa ordenação jurídica*».

[531] Cf. arts. 225.º, IV, 264.º, §§ 2 e 3 e 230.º, da LSAn, para as fusões, incorporações e cisões, e o art. 270.º, da LSAn, para os grupos societários.

[532] De um lado, tínhamos os que defendiam uma revogação implícita do direito de recesso em tais normas, uma vez que não fazia sentido eliminar o direito de recesso no art. 137.º, da LSAn, e mantê-lo nos restantes artigos, alguns dos quais, inclusive, remetiam para o próprio art. 137.º, da LSAn. Do outro lado, a maioria da doutrina opinava a permanência do direito de recesso, com o fundamento de que a Lei Lobão ter-se-ia limitado a modificar a redacção do art. 137.º, da LSAn, eliminando nessa disposição as referências ao direito de recesso nos casos de fusão, incorporação, cisão e participação em grupos de sociedades, mas não teria modificado o direito de recesso, porquanto continuava a ser reconhecido noutras disposições. Com maior desenvolvimento, veja-se PAULO AMARAL, *O Direito de Recesso na Incorporação, Fusão, Cisão e Participação em Grupo de Sociedades*, Revista do Advogado, n.º 52, São Paulo, 1998, pp. 45-46, NEWTON DE LUCCA, *O Direito de Recesso ...*, cit., pp. 130-137 e NELSON EIZIRIK, *Reforma das S.A. e Direito de Recesso*, Revista de Direito Mercantil, Industrial, Económico e Financeiro, 111, Ano XXXVI (Nova Série), São Paulo, 1998, p. 75. *Vide* ainda ANNA PARAISO, *O Direito de Retirada na ...*, cit., pp. 173-179.

de 5.05⁵³³. Este diploma revogou a *lei lobão*, restabelecendo o direito de recesso nos casos de fusão, incorporação e participação em grupos de sociedades, ainda que, conforme se verá, apenas quando estivessem preenchidos certos condicionalismos.

Em contrapartida, a nova redacção do art. 137.º, da LSAn, não considerou a dissolução, a cessação do estado de liquidação e a cisão como causas legais de recesso⁵³⁴, que deixaram de o ser. Deste modo, apenas quando na sequência da aprovação de algumas destas deliberações ocorresse uma outra causa legal de retirada podia o accionista exonerar-se⁵³⁵.

No entender de MODESTO CARVALHOSA⁵³⁶ e MANOEL CALÇAS⁵³⁷, o afastamento do direito de exoneração nos casos de *cisão* destinou-se a diminuir os custos do Governo nos processos de privatização, uma vez que estes assentavam na prévia cisão de empresas estatais, principalmente nos sectores das telecomunicações e energia eléctrica.

Quanto ao desaparecimento do direito de recesso por *cessação da liquidação*, foi objecto de críticas, designadamente por MAURO PENTEADO⁵³⁸ e NEWTON DE LUCCA⁵³⁹, uma vez que a sociedade que *ressurgia* podia ser de tal modo diferente da anterior, causando prejuízos aos accio-

---

⁵³³ Sobre as alterações gerais introduzidas por esta lei, veja-se MODESTO CARVALHOSA, *A Reforma da Lei de Sociedades por Ações*, http://www.cjf.gov.br/revista/seriecadernos/VOL15-4.htm (recolhido em Dezembro de 2004), MANOEL CALÇAS, *A Reforma da Lei ...*, cit. e ALCIR DA SILVA, *Anotações Preliminares sobre Recentes Alterações Havidas na Lei das Sociedades por Ações*, http://www2.uerj.br/~direito/publicacoes/mais_artigos/anotacoes_preliminares.html (recolhido em Dezembro de 2004).

Sobre as alterações introduzidas no direito de recesso, *vide* NELSON EIZIRIK, *Reforma das S.A. ...*, cit., p. 74 e ss..

⁵³⁴ Na nova redacção do art. 137.º, da LSAn, foi eliminada qualquer referência a esta situação e, no mesmo sentido, eliminou-se no art. 230.º, da LSAn, qualquer referência à cisão como causa de direito de recesso.

⁵³⁵ NELSON EIZIRIK, *Notas sobre o Direito de Recesso na Incorporação, Fusão e Cisão das Companhias*, Revista de Direito Mercantil, Industrial, Económico e Financeiro, 113, ano XXXVII (nova série), São Paulo, 1999, p. 124.

⁵³⁶ *A Reforma da Lei de Sociedades por Ações*, Revista do Advogado, n.º 52, São Paulo, 1998, p. 28.

⁵³⁷ *A Reforma da Lei ...*, cit..

⁵³⁸ *A Lei n.º 9.457/97 e as Companhias Fechadas*, Revista do Advogado, n.º 52, São Paulo, 1998, p. 22.

⁵³⁹ *O Direito de Recesso ...*, cit., p. 138.

nistas. Quando tal sucedesse, apenas lhes restava o recurso à responsabilidade civil.

A reforma de 1997 visou ainda eliminar a "indústria de recesso", impedindo a exoneração do sócio sempre que a aquisição das acções tivesse lugar depois de a causa de exoneração já ter sido divulgada[540].

Em sede de conclusão dir-se-á que a reforma de 1997 teve por finalidade[541] facilitar os processos de concentração empresarial e privatizações do governo, tornando-os menos onerosos, ainda que para isso fossem prejudicados direitos dos sócios minoritários.

3.1.4. *A Reforma de 2001*

Em 2001, através da Lei 10.303, de 31.10, voltou a reforçar-se a tutela dos sócios minoritários[542], recuperando-se a cisão e a cessação do estado de liquidação da sociedade como causas de recesso, por se ter concluído que eram alterações significativas na vida da sociedade. Todavia, o direito de recesso nos casos de cisão ficou condicionado, apenas existindo quando esta implicasse a alteração do objecto social, a redução do dividendo obrigatório e/ou a participação em grupo de sociedades (art. 137.º, III, da LSAn). No fundo, a cisão deixou ser, em si mesma, uma causa de recesso para o ser apenas quando, por seu intermédio, ocorram outras situações que legalmente já se encontravam previstas como causas de recesso autónomas.

3.1.5. *Regime Actual*

No panorama legal actual são as seguintes as causas de retirada dos accionistas:

a) Criação[543] ou aumento da classe de acções preferenciais existente,

---

[540] Neste sentido, cf. NELSON EIZIRIK, *Reforma das S.A. ...*, cit., p. 74. Vide nota de rodapé 559.

[541] NELSON EIZIRIK, *Notas sobre ...*, cit., pp. 125-126.

[542] Cf. KEILA DO NASCIMENTO, *O Ajuste das Ações Frente à Nova Lei de S.A.*, 2002, no sítio, http://www.revistaautor.com.br/index.php?option=com_content&task=view&id=273&Itemid=44 (recolhido em Dezembro de 2004).

[543] Nos termos do art. 17.º, da LSAn, acções preferenciais são aquelas que atribuem maiores vantagens patrimoniais aos seus detentores, designadamente a prioridade na

sem guardar proporção com as demais classes de acções preferenciais, salvo se previsto ou autorizado nos estatutos (art. 137.º, da LSAn);

b) Modificação do regime das acções preferenciais (condições de resgate ou amortização[544]) ou criação de uma classe mais favorecida (art. 137.º, da LSAn);

c) Redução do dividendo obrigatório (art. 137.º, da LSAn);
d) Alteração do objecto social (art. 137.º, da LSAn);
e) Fusão e incorporação (art. 137.º, da LSAn);
f) Participação em grupo de sociedades (art. 137.º, da LSAn);
g) Cisão (art. 137.º, da LSAn);
h) Cessação do estado de liquidação (art. 137.º, da LSAn);
i) Transformação (art. 221.º, da LSAn);
k) Conversão, por incorporação de acções, de uma sociedade em subsidiária integral (art. 252.º, § 1, da LSAn);
l) Aquisição do controle de sociedade mercantil (art. 256.º, § 2, da LSAn).

Nas situações elencadas nas alíneas a) e b) só tem direito de exoneração o accionista *lesado*, pelo que terá de provar que os seus interesses patrimoniais foram prejudicados na sequência da criação de outras acções preferenciais, aumento ou alteração das existentes. Assim, o fundamento da exoneração reside na perda patrimonial que o sócio sofreu.

Nos termos do art. 202.º, da LSAn, estabelece-se um *dividendo obrigatório*, a ser distribuído pelos accionistas. Todavia, em certos casos, a assembleia geral pode deliberar a distribuição de um dividendo inferior ao obrigatório (art. 202.º, § 3, da LSAn). Nesses casos, o accionista dissidente dessa deliberação pode retirar-se da sociedade[545].

Na *fusão*[546], porque desaparecem todas as sociedades envolvidas nesta operação, há uma alteração significativa na vida socie-

---

distribuição de dividendo, fixo ou mínimo, no reembolso do capital, com prémio ou sem ele, ou em ambas as situações.

[544] As acções preferenciais resgatáveis são aquelas com prazo determinado para o pagamento do seu valor. Já as acções preferenciais amortizáveis são aquelas cujos detentores têm o direito de receber, em antecipação, o pagamento a que teriam direito aquando da sua liquidação pela sociedade.

[545] Chama-se a atenção para o Parecer n.º 55/81 da Comissão dos Valores Mobiliários Brasileira, segundo a qual a criação de reservas, além das legais, não configura uma alteração do dividendo obrigatório.

[546] Nos termos do art. 228.º, da LSAn, fusão é a operação pela qual se unem duas

tária, e os accionistas de todas as sociedades envolvidas podem exonerar-se.

Já na *incorporação*, apenas uma ou mais sociedades são absorvidas por outra, que lhes sucede em todos os direitos e obrigações (art. 227.º, da LSAn). No Direito português equivale à fusão-incorporação (art. 97.º, n.º 4, al. a)). Assim, desaparece a companhia incorporada, e permanece a sociedade incorporadora. Por isso, certa doutrina tem defendido que apenas os accionistas da sociedade incorporada que não concordem com essa operação têm direito de recesso[547]. Pelo contrário, os accionistas da sociedade incorporadora, porque tal operação não ocasiona qualquer alteração radical na sua estrutura, mas apenas um aumento do seu capital, não têm direito de recesso.

Nos *grupos de sociedades*[548], o fundamento do direito de recesso é a perda da autonomia empresarial, uma vez que o interesse do grupo deve preponderar sobre os interesses individuais de cada sociedade.

Porque na *cisão*[549] também se está perante uma alteração profunda da sociedade, uma vez que a sociedade deixará de existir ou perderá parte significativa do seu património, o direito de recesso é reconhecido aos sócios dissidentes da sociedade cindida. Quanto aos accionistas da sociedade que absorver o património da sociedade cindida, a lei não lhes reco-

---

ou mais sociedades para formar uma sociedade nova, que lhes sucederá em todos os direitos e obrigações.

[547] Vide ANNA PARAISO, *O Direito de Retirada na...*, cit., p. 90.

[548] Nos termos do art. 265.º, da LSAn, o grupo de sociedades é formado por sociedades que, embora mantendo a sua personalidade jurídica, se associam para actuar em conjunto, com uma finalidade comum, na maioria dos casos porque se encontram economicamente ligadas. Assim, haverá uma sociedade de comando, controladora e sociedades filiadas, controladas.

[549] Segundo o art. 229.º, da LSAn, a cisão consiste na operação através da qual a sociedade transfere parcelas do seu património para uma ou mais sociedades. São duas as modalidades admitidas. Numa primeira, todo o património social vai para uma ou mais sociedades, extinguindo-se a sociedade cindida (*cisão total*). Na segunda modalidade, apenas parte do património da sociedade cindida é afecto a outra sociedade (*cisão parcial*).

Todavia, nos termos do disposto no do art. 137.º, III, da LSan, somente haverá direito de retirada se a cisão implicar a mudança do objecto social, salvo quando o património cindido for transferido para sociedade cuja actividade preponderante coincida com a decorrente do objecto social da sociedade cindida, redução do dividendo obrigatório ou participação em grupo de sociedades.

nhece o direito de recesso, porquanto aparentemente não sofrerão quaisquer prejuízos[550].

A sociedade dissolvida conserva a sua personalidade jurídica até à sua extinção, a fim de proceder à liquidação (art. 207.º, da LSAn). Porém, a cessação da liquidação, através da retoma da actividade social, pode ocorrer num estado tão avançado do processo de dissolução que a situação dos sócios não fique idêntica à que existia no início da liquidação. Terá sido, pois, esta a razão para lhes ter sido reconhecido o direito de retirada apesar de, nos termos da lei, o seu exercício não depender da efectiva existência de prejuízo.

Na *transformação*, a sociedade altera as suas características iniciais, ainda que os sócios e o património seja o mesmo. Tal circunstância é suficiente para justificar o direito de retirada[551].

Uma *subsidiária integral* é uma sociedade que possui como único accionista uma outra sociedade. É, pois, uma sociedade unipessoal, cujo funcionamento se rege pelos interesses do seu único titular. A conversão numa subsidiária integral, mediante a incorporação de acções, dá-se quando uma sociedade anónima (incorporadora) procede ao aumento do seu capital social. O aumento do capital social será em montante igual ao valor das acções a serem incorporadas, não tendo os seus sócios direito de preferência. Por sua vez, os accionistas da sociedade incorporada subscrevem esse aumento do capital social, pagando as acções subscritas com as acções de que eram titulares, que passam assim para a sociedade incorporadora. Esta operação efectiva-se através de deliberação social adoptada por cada uma das sociedades envolvidas. Os sócios dissidentes das respectivas assembleias gerais, quer da incorporadora, quer da subsidiária integral, têm direito de retirada[552].

---

[550] Com maior desenvolvimento, cf. ANNA PARAISO, *O Direito de Retirada na ...*, cit., pp. 92-93.

[551] Uma vez que nos termos do art. 221.º, da LSAn, a transformação da sociedade, salvo disposição em contrário dos estatutos, exige a unanimidade dos votos, só quando possa ser aprovada por maioria existirá direito de recesso aos sócios dissidentes.

[552] Já na incorporação, apenas os sócios dissidentes da sociedade incorporada gozam do direito de retirada, facto que tem sido apontado por certos AA como uma incoerência de regime. Neste sentido, cf. ANNA PARAISO, *O Direito de Retirada na ...*, cit., pp. 118-119. Note-se, porém, que a conversão em subsidiária integral, por incorporação de acções, é uma operação distinta da incorporação, porquanto aquela não implica uma extinção da personalidade jurídica da sociedade incorporada.

Uma sociedade anónima aberta pode adquirir o controlo de qualquer sociedade mercantil, comprando a maioria das participações dessa sociedade. Quando o investimento for relevante ou o preço médio de aquisição ultrapassar os valores legais fixados no art. 256.º, II e § 2[553], da LSAn, a operação tem de ser aprovada pela sociedade compradora em assembleia geral, conferindo-se ao sócio dissidente o direito de recesso. Aqui, o fundamento da saída é o dano patrimonial que o sócio pode sofrer em razão da aquisição por um preço considerado alto[554]. Evita-se, deste modo, o perigo de beneficiar terceiros, designadamente através do pagamento de um ágio excessivo, em detrimento dos sócios minoritários da sociedade compradora.

3.2. Fundamento Geral

O fundamento apontado pela maioria da doutrina para justificar as causas legais de recesso assenta na alteração das *bases essenciais do negócio,* em função das quais o sócio teria tomado a decisão de participar na sociedade[555]. Uma vez que tal alteração passou a poder ser aprovada segundo uma regra de maioria, os sócios dissidentes passaram a ter direito de recesso.

Já MODESTO CARVALHOSA[556] refere que o fundamento do direito de recesso é a protecção dos accionistas não controladores, logo minoritários. A harmonização dos interesses entre accionistas controladores e não controladores permitiria a subsistência da sociedade com respeito do princípio da maioria, mas também a saída dos que não se conformassem com certas deliberações sociais incompatíveis com os seus interesses.

Analisadas as diferentes causas legais de recesso no Direito brasileiro, verificamos que estas explicações não conseguem uniformemente justificar a figura. Deverá, pelo menos, distinguir-se entre as modificações que afectam directamente os direitos patrimoniais dos sócios, como, por exemplo, as

---

[553] Esses valores são, se a aquisição ultrapassar uma vez e meia a cotação média das acções nos 90 dias anteriores à data da aquisição, o valor do património líquido da acção ou da quota, avaliada a preço de mercado, ou o valor do lucro líquido das acções ou quotas.
[554] Veja-se ANNA PARAISO, *O Direito de Retirada na ...,* cit., p. 124.
[555] Veja-se PAULO AMARAL, *O Direito de Recesso na ...,* cit., p. 44.
[556] *Comentários à ..., 1.º Volume ...,* cit., p. 231.

deliberações que alteram as regras do dividendo obrigatório ou o regime das acções preferenciais, e as que, modificando a estrutura jurídica original da sociedade, podem, apenas de maneira indirecta, alterar a situação patrimonial dos sócios[557]. Apenas neste segundo grupo é possível falar numa alteração *das bases essenciais do negócio*. No primeiro grupo, o reconhecimento do direito de recesso explica-se mais por questões de tutela dos interesses económicos dos sócios minoritários. Assim, em última análise, o fundamento comum de todas as causas de recesso será a protecção dos sócios minoritários, na sequência da aprovação de deliberação social contrária à sua vontade, ainda que contra ela não se tenha expressamente manifestado e possa não ter sofrido danos com a sua aprovação[558].

3.3. Condições de Exercício

O exercício do direito de recesso depende do preenchimento dos seguintes pressupostos:

a) Ser-se sócio na data da primeira convocação da assembleia geral ou na data da comunicação do facto relevante objecto de deliberação, no caso de sociedade aberta (§ 1 do art. 137.º, da LSAn)[559];

b) Aprovação de uma deliberação social sobre algumas das matérias acima referidas;

c) Não ter o accionista votado a favor da deliberação social aprovada;

d) Prova de um prejuízo, sempre que a causa de retirada for relativa às acções preferenciais[560].

---

[557] Em sentido semelhante, *vide* ANNA PARAISO, *O Direito de Retirada na ...*, cit., p. 131 e ss..

[558] Veja-se NEWTON DE LUCCA, *O Direito de Recesso ...*, cit., pp. 114-118.

[559] Esta exigência, introduzida com a reforma de 1997, pretendeu eliminar uma "*indústria de recesso*" que vinha tendo lugar até então, uma vez que para o exercício do direito de recesso bastava ser-se accionista na data da assembleia. Em consequência, era frequente a aquisição de acções, por baixo valor, após a data da convocação da assembleia geral ou da comunicação do facto relevante que foi objecto de deliberação, com a finalidade especulativa de sair da sociedade por um valor superior àquele com que se entrou.

Com relevo nesta matéria, refira-se a Decisão do Superior Tribunal de Justiça, de 17.05.1999, transcrita na íntegra por ANNA PARAISO, *O Direito de Retirada na ...*, cit., p. 247 e ss..

[560] *Vide*, com maior desenvolvimento, ANNA PARAISO, *O Direito de Retirada na ...*, cit., pp. 145-151. Segundo esta A., nas causas legais de retirada motivadas por alterações objectivas nos direitos patrimoniais, os accionistas teriam de invocar e provar um

Quanto ao prazo, a declaração de retirada deve ser emitida nos 30 dias seguintes à publicação da acta da assembleia geral, não estando sujeita a requisitos de forma (art. 137.º, IV e § 4, da LSAn).

3.4. Reembolso

Segundo MODESTO CARVALHOSA[561], o reembolso consiste na operação através da qual a sociedade é obrigada a pagar aos accionistas dissidentes o valor das suas acções e representa uma forma de transmissão forçada da propriedade das acções para a sociedade, consequência do exercício do direito de retirada (art. 45.º, da LSAn).

Quanto ao seu valor, em primeiro lugar há que atender se nos estatutos se estabelecem regras para a sua determinação. Se a resposta for afirmativa, o valor do reembolso será segundo tais regras, mas o valor assim determinado só poderá ser inferior ao valor patrimonial líquido, de acordo com o último balanço aprovado pela assembleia geral, se essa avaliação, segundo os estatutos, tiver sido feita com base no valor económico da sociedade[562], valor esse apurado por avaliação fundamentada realizada por três peritos ou empresa especializada[563] (art. 45.º, §§ 1, 3 e 4, da LSAn)[564].

Na falta de disposição estatutária, o reembolso é calculado com base no valor patrimonial líquido das acções, de acordo com o último balanço[565] aprovado pela assembleia geral[566]. A razão apontada pela dou-

---

prejuízo. Nas resultantes de reorganizações da sociedade, bastaria apenas provar a aprovação de certa deliberação social. Vide ainda PAULO AMARAL, *O Direito de Recesso na ...*, cit., p. 44.

[561] *Comentários à ..., 1.º Volume ...*, cit., p. 231.

[562] O "valor económico" (*forecast profit*) é calculado com base na perspectiva de rendibilidade da sociedade, feita através da análise do fluxo de caixa e da taxa de desconto. É assim uma avaliação dinâmica, oposta à avaliação estática do valor patrimonial líquido. Actualmente, para o cálculo do valor económico das acções, o método mais usado é o do *fluxo de caixa* descontado. Neste sentido, cf. MANOEL CALÇAS, *A Reforma da Lei ...*, cit. e NELSON EIZIRIK, *Reforma das S.A. ...*, cit., p. 80.

[563] Nos termos do § 4 do art. 45.º, da LSAn, os peritos ou a empresa especializada deverão ser escolhidos em deliberação tomada por maioria absoluta dos votos, cabendo o voto a todas as acções, independentemente da classe ou espécie. Evita-se, assim, eventuais manobras com vista a prejudicar os accionistas preferenciais.

[564] Veja-se ANNA PARAISO, *O Direito de Retirada na ...*, cit., p. 204.

[565] Segundo a maioria da doutrina, o balanço que determina o reembolso da par-

trina para o valor do reembolso não ser calculado pelo valor patrimonial real é que o recesso não gera a liquidação da sociedade[567]. Todavia, se a deliberação da assembleia geral que fez surgir o direito de recesso tiver mais de 60 dias sobre a data do último balanço aprovado, o accionista dissidente pode exigir a realização de um balanço especial para determinar o valor do reembolso das suas acções (art. 45.º, § 2, da LSAn)[568]. Este balanço continua a ser elaborado segundo as regras de um balanço ordinário, destinado a determinar o valor da participação social, mas é efectuado numa data mais recente relativamente à data da causa da exoneração.

Uma vez que o reembolso das acções pode ser prejudicial à sociedade, pondo em causa a sua estabilidade financeira, sempre que esta não conseguir vender as acções, a lei faculta ao órgão de administração a possibilidade de convocar, nos 10 dias subsequentes ao termo do prazo para a emissão da declaração de recesso, uma assembleia geral, destinada a reconsiderar ou a ratificar a deliberação que originou o direito de recesso (art. 137.º, § 3, da LSAn).

A reconsideração da deliberação social terá por consequência tornar ineficaz a deliberação anteriormente tomada[569]. Sempre que tal ocorra, porque está em causa a manutenção do capital social[570] e se trata do exercício de uma faculdade concedida pela própria lei, não caberá qualquer indemnização ao sócio que pretenda sair da sociedade.

Não havendo reconsideração da deliberação social, o sócio deverá ser reembolsado no prazo de 40 dias contados a partir da publicação da assembleia geral que originou o direito de exoneração.

Havendo ratificação da deliberação social, o sócio deverá ser pago logo após a ratificação.

---

ticipação social é o "balanço ordinário". *Vide*, por todos, ANNA PARAISO, *O Direito de Retirada na ...,* cit., p. 158.

[566] Nos casos de incorporação de sociedade controlada, *vide*, quanto aos accionistas minoritários da sociedade controlada, o art. 264.º, § 3, da LSAn.

[567] Cf. ANNA PARAISO, *O Direito de Retirada na ...,* cit., pp. 156-157.

[568] Neste caso, a sociedade pagará imediatamente ao sócio 80% do valor do reembolso, calculado com base no último balanço. Uma vez concluído o balanço especial, o remanescente será pago no prazo de 120 dias a contar da data da deliberação da assembleia geral.

[569] *Vide* MODESTO CARVALHOSA, *Comentários à ..., 1.º Volume ...,* cit., p. 231

[570] Neste sentido, MODESTO CARVALHOSA, *Comentários à ..., 4.º Volume ...,* cit., p. 312.

O reembolso deve ser efectuado em dinheiro, podendo ser pago à conta dos lucros ou das reservas, à excepção da legal ou do capital social (§ 5 do art. 45.º, da LSAn).

Uma vez efectuado o reembolso do valor da participação social, a sociedade pode ficar com as acções, quando estas tenham sido reembolsadas à conta de lucros ou de reservas (arts. 45.º, § 5 e 200.º, II, da LSAn)[571], ou extinguir as acções, com a consequente redução compulsória do capital social[572], sempre que as acções forem reembolsadas à conta do capital social e a sociedade não substituir no prazo de 120 dias contados a partir da publicação da acta da assembleia geral os accionistas que se retiraram (art. 45.º, § 6, da LSAn).

4. O Direito de Retirada nas Sociedades em Comandita por Acções. Remissão

O seu regime, por força do disposto no art. 1090.º, do CC Br., é o mesmo das sociedades anónimas, pelo que para lá se remete.

---

[571] Relativamente à venda destas acções, não se prevê qualquer direito de preferência dos restantes sócios.

[572] Compulsória, porque a assembleia geral apenas deve homologar tal redução e não deliberar sobre ela.

TERCEIRA PARTE

O DIREITO DE EXONERAÇÃO DO SÓCIO NO DIREITO PORTUGUÊS

CAPÍTULO I
Desenvolvimento Histórico

1. Das Ordenações Filipinas às Companhias Pombalinas

A consagração legal do contrato de sociedade e da companhia[573] surgiu pela primeira vez no Direito português com as Ordenações Filipinas (título XLIV do Livro IV), cujo regime era inspirado no Direito Romano (Digesto 17.2. "Pro Socio").

Dos nove números do título XLIV que regulavam o contrato de sociedade e companhia, quatro eram dedicados à exoneração do sócio, o que revela a importância que lhe era reconhecida. Nessa altura, as expressões usadas eram a *"renúncia dos companheiros"* e o *"afastar da companhia"*.

O direito de renúncia era reconhecido em dois casos, consoante a duração da sociedade.

Se a duração da sociedade fosse indeterminada, o sócio tinha sempre o direito de renúncia, que era de livre exercício e imotivado (n.º 5 do Tit. XLIV).

Tendo a sociedade duração limitada, a renúncia à companhia só podia acontecer (n.º 8 do Tit. XLIV):
– Quando o relacionamento com algum dos outros sócios fosse de *"condição tão aspera e forte, que com elle se não possao avir"*;

---

[573] Os termos "sociedade" e "companhia" eram sinónimos. Apenas com o Código Comercial de 1833, o termo companhia passou a ser restrito às sociedades anónimas (art. XIII, 538.º, do Código Comercial de 1833). Vide MENEZES CORDEIRO, *Manual de Direito das Sociedades, I, ...,* cit., p. 116.

– Quando aquele que pretendesse renunciar invocasse o cumprimento de missão oficial ("*he inviado per Nós, ou pela Republica a algum negocio*");
– No caso de incumprimento de "*alguma condição, a qual entrou na companhia*";
– "*Se lhe foi tomada ou embargada a cousa*" com que tinha entrado para a sociedade.

Assim, o embrião da exoneração *ad nutum*, quando a sociedade tem a sua duração indeterminada, e da exoneração por justa causa, nas restantes causas legais, encontra-se nas Ordenações Filipinas.

Relativamente ao exercício da declaração de renúncia, estabelecia-se que, quando a sociedade não tivesse duração limitada, esta tinha de ser emitida pelo sócio ou pelo seu procurador e ser dirigida aos restantes sócios (n.º 5 do Tit. XLIV). Mais se estabelecia que, ainda que esta fosse emitida de má fé ("*por manha e engano*") ou inoportuna, a renúncia não deixava de ser eficaz relativamente ao sócio que pretendia sair da sociedade, não libertando os outros (n.º 6 do Tit. XLIV)[574]. Todavia, se a saída nessas condições fosse danosa, o sócio ficava obrigado ressarcir os restantes sócios pelos danos causados e a comunicar qualquer lucro ("ganho") que obtivesse ou a companhia a ficar com ele se não fosse a renúncia (n.º 7 do Tit. XLIV).

Em regra, o exercício do direito de renúncia provocava a dissolução da sociedade ("*assi mais se desfaz a companhia*").

Mais tarde, na época das companhias coloniais, em particular no que diz respeito às companhias pombalinas do séc. XVIII, o direito de exoneração, segundo RUI FIGUEIREDO MARCOS[575], era apenas admitido nas causas previstas, não sendo possível a exoneração por mero arbítrio. Apenas perante modificações em áreas nevrálgicas, designadamente alteração do governo mercantil da sociedade ou falta de cumprimento dos privilégios atribuídos, o sócio podia exonerar-se, obtendo o reembolso do

---

[574] Nestes casos, RAÚL VENTURA, *Sociedades Comerciais: Dissolução e Liquidação*, I, Edições Ática, Lisboa, 1960, p. 469, fala numa renúncia ilícita. Já JOÃO CURA MARIANO, *Direito de Exoneração dos ...*, cit., p. 16, qualifica estes casos de abuso do direito de renúncia.

[575] *As Companhias Pombalinas Contributo para a História das Sociedades por Acções em Portugal*, Livraria Almedina, Coimbra, 1997, p. 598.

capital representativo da sociedade, acrescido dos lucros que até então tivesse direito[576].

2. Do Código Comercial de 1833 à Lei das Sociedades Anónimas de 1867

No Código Comercial de 1833, o direito de exoneração do sócio continuou a não ter um tratamento autónomo, sendo reconhecido, de forma indirecta, através da possibilidade de o sócio promover a dissolução da sociedade, fruto de uma concepção muito personalista do contrato de sociedade. Só mais tarde, fruto de concepções de natureza institucional/ /empresarial, a sociedade passou a subsistir apesar da saída dos seus sócios[577].

Assim, não tendo a sociedade duração fixada, previa-se, no art. CLXVIII (n.º 693), que qualquer sócio podia fazer dissolver a sociedade, desde que fizesse saber aos demais a sua intenção.

Tendo a sociedade a duração limitada, qualquer sócio podia requerer judicialmente a sua dissolução (art. CLXXI, n.º 696):
– Por mau comportamento de algum dos restantes sócios;
– Provando a impossibilidade de continuação da sociedade nos termos em que foi convencionada;
– Havendo abuso de boa fé da parte de qualquer dos restantes sócios.

Por último, no caso de falência ("quebra") de algum sócio também era reconhecido ao sócio falido o direito de sair da sociedade, requerendo a sua dissolução (art. CLXXIII, n.º 698).

Sempre que a sociedade pudesse ser dissolvida por vontade de algum dos sócios e os restantes se opusessem, a questão seria decidida por árbitros comerciais (art. CLXXVIII, n.º 703).

Assim, a saída do sócio efectivava-se através da dissolução da sociedade, e o reembolso da participação social seria assegurado

---

[576] Esta é a conclusão a que chega RUI FIGUEIREDO MARCOS, *As Companhias Pombalinas ...*, cit., p. 599 e nota 1610, depois de analisar cláusulas estatutárias de diferentes companhias desta época.

[577] Cf. MENEZES CORDEIRO, *Manual de Direito das Sociedades, II, ...*, cit., p. 319 e indicações na nota 823.

também pelas regras da dissolução da sociedade, ou seja, pagas as dívidas sociais, teria o sócio direito de receber o remanescente, na proporção dos seus interesses na sociedade (art. CLXXXIII, n.º 707).

No demais, permanecia aplicável subsidiariamente o regime previsto nas Ordenações (n.º 1 do Código Comercial de 1833).

Podemos assim concluir que, à semelhança das Ordenações, a saída do sócio era imotivada, quando a duração da sociedade não estivesse prevista, ou motivada, nos restantes casos, por causas reconduzíveis a uma ideia de justa causa.

A 22 de Junho de 1867 foi aprovada a Lei das Sociedades Anónimas, de FERREIRA BORGES, com vista a impulsionar o desenvolvimento das companhias. Porém, neste diploma e no que concretamente diz respeito ao direito de exoneração, nada se estabeleceu, designadamente na secção dedicada à dissolução da sociedade (secção IX).

3. Código Civil de 1867

Neste Código o contrato de sociedade civil encontrava-se previsto nos seus arts. 1240.º a 1297.º.

Apesar de o direito de exoneração do sócio nas sociedades comerciais continuar a reger-se pelo Código Comercial de 1833 e, subsidiariamente, pelas Ordenações, a verdade é que, com a posterior aprovação do Código Comercial de 1888, passaria a debater-se a questão de serem ou não aplicáveis às sociedades comerciais algumas das causas de exoneração previstas no Código Civil de 1867. Nessa medida, afigura-se oportuno analisar, ainda que de maneira sumária, o regime legal do direito de exoneração no contrato de sociedade civil.

Uma vez mais, também no CC de 1867 eram duas as causas legais de renúncia, consoante a duração da sociedade tivesse ou não sido determinada.

No primeiro caso, a sociedade só poderia ser dissolvida por renúncia, ocorrendo causa legítima, sendo que, nos termos do § 1 do art. 1279.º, do CC de 1867, era causa legítima de renúncia a que resultasse da incapaci-

---

[578] Segundo CUNHA GONÇALVES, *Tratado de Direito Civil, Volume VIII*, Coimbra Editora, Coimbra, 1933, p. 333, esta *incapacidade* seria a incapacidade técnica, a incompetência, a falta da habilidade ou ainda a incapacidade física.

dade[578] de algum dos sócios para os negócios da sociedade, da falta de cumprimento das obrigações de algum sócio, ou de outro facto semelhante de que pudesse resultar prejuízo irreparável para a sociedade[579].

Sendo constituída por tempo indeterminado, a renúncia era livre e imotivada[580], mas apenas produzia efeitos se exercida de boa fé[581], emitida em tempo oportuno[582] e notificada aos sócios (art. 1278.º, § 1, do CC de 1867). Quando tal não fosse respeitado, podiam os restantes sócios opor-se à renúncia, como se esta não tivesse ocorrido[583]. Nos termos do § 2 do art. 1278.º, do CC de 1867, seria de má fé a renúncia destinada à apropriação exclusiva de benefícios que os sócios se propunham colher em comum e, nos termos do § 3 do mesmo preceito, seria inoportuna a renúncia quando as coisas não estivessem no seu estado integral ou quando a sociedade pudesse ser prejudicada com a dissolução nesse momento[584].

---

[579] Segundo RAÚL VENTURA, *Sociedades Comerciais: Dissolução e ...*, cit., p. 88, esta causa de dissolução corresponderia à resolução do contrato.

CUNHA GONÇALVES, *Tratado de ..., Volume VIII*, cit., pp. 333-334, dava como exemplos de prejuízos irreparáveis para a sociedade os resultantes da impossibilidade de um sócio exercer a gerência, de conflitos entre os sócios, da incapacidade moral dos sócios ou ainda da má administração do gerente nomeado.

[580] O seu fundamento, segundo CUNHA GONÇALVES, *Tratado de ..., Volume VIII*, cit., pp. 327, 329 e 334, era «*impedir que um sócio aliene a sua liberdade por tempo indefinido ou por tôda a vida*». No entanto, este A. parecia admitir como válida a cláusula na sociedade indeterminada segundo a qual nenhum sócio poderia promover a dissolução da sociedade por sua exclusiva vontade. Apenas a dissolução por justa causa não podia ser afastada por ser de ordem pública.

Segundo RAÚL VENTURA, *Sociedades Comerciais: Dissolução e ...*, cit., p. 88, esta causa de dissolução corresponderia à denúncia do contrato. Em sentido semelhante, AVELÃS NUNES, *O Direito de Exclusão ...*, cit., p. 72, sustentava que o direito de renúncia se destinava a impedir que alguém fosse obrigado a manter-se indefinidamente ligado pelo contrato social, contra a sua vontade.

[581] Cf. CUNHA GONÇALVES, *Tratado de ..., Volume VIII*, cit., p. 330.

[582] Segundo CUNHA GONÇALVES, *Tratado de ..., Volume VIII*, cit., p. 330, a renúncia seria inoportuna quando, por exemplo, fosse efectuada «*numa ocasião de baixa de preços, sendo transitória a crise; ou se a sociedade tiver de desistir dum negócio já encetado*».

[583] Cf. CUNHA GONÇALVES, *Tratado de ..., Volume VIII*, cit., p. 332.

[584] A este propósito, RAÚL VENTURA, *Sociedades Comerciais: Dissolução e ...*, cit., pp. 466-467, explicava que a redacção do § 3 do art. 1278.º, do Código Civil de 1867, tinha origem num erro de tradução do regime previsto no Código de Napoleão. O que se pretendia era apenas excluir, por inoportuna, a renúncia no início da actividade social.

Havia, contudo, quem acrescentasse como quarta causa de oposição à renúncia o seu exercício abusivo[585].

A renúncia do sócio acarretava a extinção da sociedade (art. 1276.º, n.º 5, do CC de 1867), situação que apenas seria alterada em 1901 com a LSQ[586].

4. Código Comercial de 1888

Com a entrada em vigor do CCom. de Veiga Beirão, o direito de exoneração do sócio continuou sem beneficiar de um tratamento sistemático. Pontualmente, era possível encontrar nalguns preceitos este direito, apesar de o legislador não usar tal expressão nem, muitas vezes sequer, expressão semelhante. Com efeito, num caso falava de dissolução "por simples vontade de um dos sócios" (art. 120.º, § 1, do CCom.), noutros dois em "direito de retirada" (art. 128.º, do CCom.) e "rescisão do contrato" (art. 155.º, § único, do CCom.) e, numa última situação, a locução era "apartar-se da sociedade" (art. 205.º, § 1, do CCom.). Contudo, em todas estas situações, estava em causa o direito de exoneração do sócio, expressão apenas utilizada por algum sector da doutrina[587].

4.1. Causas Legais de Exoneração

4.1.1. *A Dissolução da Sociedade em Nome Colectivo por Simples Vontade de Um dos Sócios*

Na sua redacção original, o art. 120.º, § 1, do CCom., previa a dissolução das sociedades em nome colectivo constituídas por tempo indeterminado por simples vontade de um dos sócios[588], salvo disposição em

---

[585] Neste sentido, cf. AVELÃS NUNES, *O Direito de Exclusão* ..., cit., p. 72. Porém, o exercício abusivo mais não era do que um exercício contrário às regras da boa fé.

[586] Vide CUNHA GONÇALVES, *Tratado de* ..., Volume VIII, cit., p. 328.

[587] Cf., entre outros, JOSÉ TAVARES, *Das Sociedades Commerciaes*, França Amado Editor, Coimbra, 1899, p. 309, RAÚL VENTURA, *Duração e Prorrogação da Sociedade*, Livraria Cruz, Braga, 1977, p. 18 e PINTO FURTADO, *Código Comercial Anotado, Vol. I, Artigos 1.º a 150.º*, Almedina, Coimbra, 1975, p. 382.

[588] Cf. o Ac. do Tribunal da Apelação do Porto, de 02.03.1917 (FERREIRA DIAS), Revista dos Tribunais, ano 37, 1918-1919, pp. 10-11.

contrário. Esta solução legal, inspirada no art. 1278.º, do Cód. Civil Português de 1867, o qual, por sua vez, se inspirara no Código de Napoleão (art. 1870.º)[589], dependia do preenchimento de três requisitos: tratar-se de uma sociedade em nome colectivo, constituída por tempo indeterminado e ausência de disposição em contrário no pacto social (art. 120.º, § 5, do CCom.).

A dissolução legal por simples vontade de um dos sócios era uma causa de dissolução especial exclusiva das sociedades em nome colectivo[590], se bem que, por força do art. 201.º, do CCom., também operasse relativamente às sociedades em comandita simples, conquanto circunscrita apenas aos sócios comanditados. Porém, apesar da clareza da lei, colocava-se a questão de saber se esta causa de dissolução não poderia ser aplicável às sociedades anónimas e por quotas. A resposta, segundo RAÚL VENTURA[591], era negativa, mesmo nos casos em que a liberdade de circulação dos títulos estivesse limitada[592]. Com efeito, não só a letra do § 1 do art. 120.º, do CCom. era expressa, como quando o legislador regulou as causas de dissolução das sociedades anónimas podia ter previsto tal causa de renúncia e não o fez. Deste modo, o eventual perigo de o accionista ficar prisioneiro perante cláusulas que limitassem excessivamente a circulabilidade do título resolver-se-ia, no seu entender, pela invalidade de tais cláusulas, não fazendo sentido outra solução, dada a instabilidade que criaria[593].

Em segundo lugar era necessário que a sociedade em nome colectivo tivesse sido constituída por tempo indeterminado. Era constituída por tempo indeterminado a sociedade sem duração prevista, mas também era considerada constituída por tempo indeterminado a sociedade com duração extremamente remota (v.g., sociedade constituída por mil anos) ou cujo termo fosse, pela natureza das coisas, de tal modo afastado, que não podia ser previsto (v.g., sociedade constituída para explorar uma mina)[594].

---

[589] Cf. RAÚL VENTURA, *Sociedades Comerciais: Dissolução e ...*, cit., p. 456.
[590] Cf. PINTO FURTADO, *Código Comercial Anotado, Vol. I, ...*, cit., p. 319.
[591] *Sociedades Comerciais: Dissolução ...*, cit., p. 460.
[592] Nas sociedades em nome colectivo, a cessão da participação social carecia de autorização dos demais sócios, reflexo do cunho personalista (art. 161.º, do CCom.).
[593] *Sociedades Comerciais: Dissolução ...*, cit., p. 89.
[594] Neste sentido, vide PINTO FURTADO, *Código Comercial Anotado, Vol. I, ...*, cit., p. 345 e RAÚL VENTURA, *Sociedades Comerciais: Dissolução ...*, cit., p. 463.

RAÚL VENTURA⁵⁹⁵ considerava também com duração indeterminada a sociedade «*em que presumivelmente o sócio não poderia libertar-se antes de morrer*», como seria disso exemplo a entrada de um sócio de oitenta anos numa sociedade constituída por trinta anos. Em todos estes casos, a renúncia ao contrato seria sempre possível. A questão da indeterminação da duração da sociedade acabaria por ficar resolvida com a entrada em vigor do CC actual. Conforme refere PINTO FURTADO⁵⁹⁶, passou a atender-se ao critério fixado no seu art. 1002.º, n.º 1, considerando-se por tempo indeterminado a sociedade constituída por toda a vida de um sócio ou por um período superior a trinta anos.

Um vez que a maioria dos AA entendia o direito previsto no art. 120.º, § 1, do CCom., como de renúncia⁵⁹⁷, suscitava-se a questão de saber se esta poderia ocorrer quando a sociedade fosse constituída por tempo determinado, designadamente por causa legítima, através da aplicação do art. 1279.º, do CC de 1867. Todavia, atendendo à intenção de restringir esta causa de dissolução às sociedades em nome colectivo constituídas por tempo indeterminado, esta solução era recusada, pelo que a renúncia por justos motivos só podia ocorrer se prevista nos estatutos⁵⁹⁸.

O terceiro requisito era que os estatutos não tivessem previsto a continuidade da sociedade, caso em que a sociedade continuaria com os restantes sócios⁵⁹⁹. Se nada tivesse sido previsto e, apesar de tudo, os restantes sócios quisessem continuar com a sociedade, apenas lhes restava adquirirem ou fazerem adquirir a participação social do sócio que pretendia renunciar antes da declaração de renúncia, ou então constituir uma nova sociedade, possivelmente adquirindo na liquidação da sociedade os elementos que lhes interessavam⁶⁰⁰. No entanto, esta obrigatoriedade de

---

⁵⁹⁵ *Sociedades Comerciais: Dissolução* ..., cit., p. 463.

⁵⁹⁶ *Código Comercial Anotado, Vol. I,* ..., cit., p. 345.

⁵⁹⁷ Neste sentido, cf. CUNHA GONÇALVES, *Comentário ao Código Comercial Português*, Vol. I, Empresa Editora J. B., Lisboa, 1914, pp. 295-296. Em sentido contrário, vide AVELÃS NUNES, *O Direito de Exclusão* ..., cit., p. 63, nota 76.

⁵⁹⁸ Neste sentido, vide RAÚL VENTURA, *Sociedades Comerciais: Dissolução* ..., cit., p. 461, nota 1 e AVELÃS NUNES, *O Direito de Exclusão* ..., cit., pp. 71 e 74, e nota 90.

⁵⁹⁹ Cf. CUNHA GONÇALVES, *Comentário ao Código Comercial* ..., cit., p. 297, RAÚL VENTURA, *Sociedades Comerciais: Dissolução* ..., cit., p. 463 e JOSÉ TAVARES, *Das Sociedades Commerciaes*, cit., p. 653.

⁶⁰⁰ *Sociedades Comerciais: Dissolução* ..., cit., pp. 468-469, nota 1.

dissolução da sociedade começou a ser considerada como desproporcionada, uma vez que para satisfazer o desejo de um dos sócios sair se obrigavam os restantes a suportar uma situação que talvez não lhes conviesse[601].

No que diz respeito ao fundamento deste direito, RAÚL VENTURA[602] considerava que teria de ser completado com uma outra explicação que não apenas a natureza *intuitus pesonnae*, uma vez que nas sociedades em nome colectivo constituídas por tempo determinado a dissolução por simples vontade de um dos sócios não era possível. Na sua opinião[603], esta figura seria ainda um vestígio da regra básica existente em todas as sociedades de direito romano, de que estas se dissolviam por vontade ou renúncia dos sócios. Posteriormente, numa outra obra, este A.[604] observa que a fórmula do art. 120.º, § 1, do CCom., foi a solução encontrada para proteger os sócios contra a perpetuidade do vínculo.

Além destes três requisitos acima enunciados, o CCom. não estabelecia quaisquer outros condicionalismos para o exercício do direito de renúncia. Este dependia da simples vontade do sócio, não estando, por isso, condicionado a qualquer acordo ou aceitação da sociedade.

Este era o entendimento da jurisprudência da época, que excluía para a dissolução das sociedades em nome colectivo a aplicação dos requisitos previstos no art. 1278.º, § 1, do CC de 1867[605].

Já na doutrina, a tendência era para acrescentar outros limites ao exercício do direito de renúncia pelo sócio.

Segundo CUNHA GONÇALVES[606] a renúncia do art. 120.º, § 1, do CCom., só era lícita se fosse feita de boa fé, em tempo oportuno e notificada aos sócios. A renúncia seria inoportuna, sempre que estivesse em causa a realização de uma operação vantajosa para a sociedade. Quando tal sucedesse, os restantes sócios poderiam opor-se à dissolução. Só não seria assim, por aplicação do regime previsto nas Ordenações, quando o

---

[601] Vide RAÚL VENTURA, *Sociedades Comerciais: Dissolução* ..., cit., pp. 467-468.
[602] *Sociedades Comerciais: Dissolução* ..., cit., p. 456.
[603] *Sociedades Comerciais: Dissolução* ..., cit., p. 458
[604] *Duração e Prorrogação* ..., cit., pp. 6-7.
[605] Neste sentido, *vide* o Ac. do STJ de 19.02.1960 (MORAIS CABRAL), BMJ n.º 94, 1960, pp. 311-315 e BARBOSA DE MAGALHÃES, A*notação ao* Ac. da RLx de 3.01.1923 (AIRES DE CASTRO E ALMEIDA), Gazeta da Relação de Lisboa, ano 36, 1922-1923, p. 346.
[606] *Comentário ao Código Comercial* ..., cit., p. 295.

sócio renunciante se prestasse a dar aos seus sócios o quinhão que lhe pertenceria nos lucros, que pretendia alcançar sozinho, ou os indemnizasse das perdas ou falta de lucro resultantes da interrupção das transacções iniciadas.

De modo idêntico, RAÚL VENTURA[607] considerava aplicáveis à renúncia nas sociedades em nome colectivo as condições de renúncia previstas no CC de 1867, uma vez que nada se dispunha sobre as mesmas no CCom. (art. 3.º, do CCom.). Assim, seria aplicável o art. 1278.º, §§ 2 e 3, do CC de 1867, apenas sendo eficaz a renúncia feita de boa fé e emitida oportunamente[608]. Caso contrário, o acto tinha de ser repetido quando se tornasse oportuno e o sócio renunciante se encontrasse de boa fé[609].

Já AVELÃS NUNES[610], apesar de dispensar o recurso ao art. 1278.º, § 1, do CC de 1867, que não entendia aplicável ao regime comercial, defendia que a renúncia comercial tinha de ser efectivada de boa fé e em tempo oportuno. Tal solução resultaria de um princípio geral de boa fé e seria a mais razoável do ponto de vista de conservação da empresa.

Por último, destaque para PINTO FURTADO[611], para quem o único limite ao exercício do direito de renúncia era o abuso do direito.

A declaração de renúncia não se encontrava sujeita a requisitos de forma, operando por declaração unilateral receptícia dirigida aos sócios, individualmente considerados[612].

No que dizia respeito à responsabilidade pelas dívidas sociais, o sócio que tivesse renunciado à sociedade não deixaria de permanecer obrigado pelas dívidas sociais contraídas à data da declaração de renúncia, apenas deixando de responder pelas contraídas depois dessa data, desde que tal facto tivesse sido registado.

Em 1977, com o DL n.º 363/77, de 2.09, o § 1 do art. 120.º, do CCom., viria a ser revogado (art. 6.º). Conforme é possível ler-se no preâmbulo do diploma que revogou esse preceito, foi intenção do legisla-

---

[607] *Sociedades Comerciais: Dissolução* ..., cit., p. 466.
[608] Vide n.º 3 do presente Capítulo.
[609] Cf. RAÚL VENTURA, *Sociedades Comerciais: Dissolução* ..., cit., p. 470.
[610] *O Direito de Exclusão dos* ..., cit., p. 75, nota 90.
[611] *Código Comercial Anotado, Vol. I,* ..., cit., p. 346.
[612] Neste sentido, cf. PINTO FURTADO, *Código Comercial Anotado, Vol. I,* ..., cit., p. 346 e RAÚL VENTURA *Sociedades Comerciais: Dissolução* ..., cit., pp. 464-465 e nota 1 da p. 465, se bem que este último A. considerasse como destinatário da declaração todos os outros sócios e a sociedade.

dor substituir o sistema do CCom. até então vigente, de raiz liberal e individualista, pelo adoptado no CC de 1966, segundo o qual a exoneração do sócio não teria como consequência a dissolução da sociedade, passando a *"prevalecer a ideia da continuação da empresa, independentemente das alterações que se verifiquem no substrato pessoal da sociedade, sem menosprezo dos legítimos interesses dos sócios"*. Por outro lado, substituiu-se a redacção do art. 156.º, do CCom., consagrando-se a aplicação às sociedades em nome colectivo dos preceitos do CC sobre a exoneração dos sócios.

4.1.2. *O Direito de Retirada por Prorrogação da Duração da Sociedade*

Quando as sociedades comerciais fossem constituídas por tempo determinado, a sua duração podia ser prorrogada, não ocorrendo qualquer outra causa de dissolução[613] (arts. 120.º, n.º 1 e 128.º, do CCom.).

Uma primeira interrogação que o art. 128.º, do CCom., suscitava era se a prorrogação da sociedade podia verificar-se antes do termo do prazo ou se, pelo contrário, só podia ser deliberada encontrando-se a sociedade em liquidação. Com efeito, a lei não era clara, porquanto falava em *"findo o prazo marcado"*, locução que poderia sugerir que a prorrogação só podia ocorrer depois de expirada a duração da sociedade. Porém, a doutrina maioritária[614] admitia a prorrogação quer antes, quer depois do termo do prazo, uma vez que havendo a intenção de prorrogar a sua duração não se justificava ter de esperar pela liquidação para o fazer.

Admitindo-se, contudo, a prorrogação, quer antes, quer depois de expirado o prazo, debatia-se na doutrina qual o regime legal aplicável. De um lado, tínhamos CUNHA GONÇALVES[615] e JOSÉ TAVARES[616], que consideravam aplicável o art. 128.º, do CCom.. Do outro, RAÚL VENTURA[617], que

---

[613] Ocorrendo uma outra causa de dissolução, não fazia sentido admitir a pror-rogação da sociedade, para posteriormente entrar em dissolução.

[614] *Vide*, por todos, PINTO FURTADO, *Código Comercial Anotado, Vol. I*, ..., cit., pp. 458-459.

[615] *Comentário ao Código Comercial* ..., cit., pp. 285-286.

[616] *Sociedades e Empresas Comerciais*, 2.ª edição, Coimbra Editora, Coimbra, 1924, p. 566 e *Das Sociedades Commerciaes Tractado Theorico e Prático, Vol. I*, França Amado Editor, Coimbra, 1899, pp. 268-269.

[617] *Duração e Prorrogação* ..., cit., pp. 9-10 e 12-14.

defendia que o regime previsto no art. 128.º, do CCom., era restrito às prorrogações ocorridas depois de expirado o prazo de duração da sociedade. Se ocorresse antes do decurso do prazo, haveria apenas uma «modificação do prazo inicial», sujeita ao regime da alteração dos estatutos. Já para PINTO FURTADO[618], seria de aplicar o art. 128.º, do CCom., apenas se aplicando as regras de modificação dos estatutos, quando se pretendesse substituir a cláusula de duração por outra.

Outra interrogação que o preceito suscitava era saber até quando, encontrando-se a sociedade em liquidação, poderia ocorrer a sua prorrogação. Segundo a tese de CUNHA GONÇALVES[619], o momento limite seria a nomeação dos liquidatários. Já RAÚL VENTURA[620], numa posição que nos parece mais acertada, sustentava que a prorrogação podia ser adoptada até à ultimação das partilhas, uma vez que apenas nesse momento se daria a extinção da pessoa colectiva.

A prorrogação da duração da sociedade tinha de ser deliberada pelos sócios, não sendo considerada válida a *prorrogação tácita*[621]. Esta deliberação tinha de ser aprovada por unanimidade dos sócios ou por maioria dos votos[622], desde que[623] os sócios que se retirassem não representassem

---

[618] *Código Comercial Anotado, Vol. I*, ..., cit., p. 460.
[619] *Comentário ao Código Comercial* ..., cit., p. 287.
[620] *Duração e Prorrogação* ..., cit., p. 14.
[621] Segundo JOSÉ TAVARES, *Das Sociedades Commerciaes Tractado* ..., cit., p. 277, *Sociedades e Empresas* ..., cit., pp. 574-575, a prorrogação tácita ou mesmo a expressa mas irregular não tinham eficácia jurídica, colocando a sociedade na condição jurídica de sociedade irregular.

No mesmo sentido, RAÚL VENTURA, *Duração e Prorrogação* ..., cit., pp. 25-26, recusava a prorrogação tácita, porque a modificação do contrato deveria constar de escritura pública, o que não sucederia nesse caso e representaria uma desprotecção para os credores particulares dos sócios de responsabilidade ilimitada, que deixariam de beneficiar do art. 129.º, do CCom., que lhes permitia opor-se à prorrogação, uma vez que tal direito tinha de ser exercido depois de publicada a deliberação de prorrogação da sociedade.

[622] O legislador não fixou, todavia, a maioria necessária para a aprovação da prorrogação da duração da sociedade. Porém, considerando a exigência legal de que os sócios que se pretendessem retirar não representassem mais de um terço do capital social, a doutrina defendia que a deliberação social de prorrogação da duração da sociedade, quando não aprovada por unanimidade, tinha de ser aprovada por maioria de dois terços dos votos.

Para PINTO COELHO, *Prorrogação das Sociedades Comerciais*, RLJ, ano 84, 1951, pp. 179, a exigência da regra da unanimidade, quando posteriormente o legislador se contentava com a maioria, residia no confronto do art. 128.º com o art. 151.º, § 2, do CCom.,

mais de um terço do capital social[624] e fosse liquidada a sua parte nos termos legais[625] pelos restantes sócios[626]. Assim, a vontade da maioria podia impor a continuação da sociedade ou a cessação da sua liquidação, através da sua prorrogação, mas não podia impor aos sócios dissidentes a sua permanência na sociedade.

Relativamente ao momento da emissão da declaração de retirada, o CCom. era omisso e só com a posterior entrada em vigor da LSQ se passou a prever que a declaração de retirada tinha de ser emitida na assembleia geral respectiva (art. 41.º, § 3, da LSQ). Desde então, AA como RAÚL VENTURA[627] passaram a aplicar a mesma regra ao processo previsto do CCom.. Esta solução tinha contudo a desvantagem de excluir o direito de retirada aos sócios ausentes da assembleia geral, sendo certo não existir, no nosso entendimento, justificação para tal.

Sempre que os sócios que pretendessem sair da sociedade representassem mais de um terço do capital social, a redução dos bens da sociedade era considerada de tal modo significativa que não se justificava a sua continuidade, mesmo que desejada pelos restantes sócios. Segundo JOSÉ

---

disposição que exigia a unanimidade nas deliberações das sociedades em nome colectivo. Assim, segundo este A., nas sociedades em nome colectivo a prorrogação da sociedade tinha sempre de ser deliberada por unanimidade, apenas podendo ser por maioria nas restantes sociedades.

Em sentido contrário, defendendo que a regra da maioria poderia ter lugar também nas sociedades em nome colectivo, vide PINTO FURTADO, *Código Comercial Anotado, Vol. I*, ..., cit., p. 461, bem como RAÚL VENTURA, *Duração e Prorrogação* ..., cit., p. 16, para quem o requisito mínimo da prorrogação da duração era que os sócios que se retirassem não representassem mais do que um terço do capital, sendo supérfluo falar na unanimidade.

[623] Com a aprovação da LSQ, a prorrogação da sociedade passaria a ser também uma causa de exoneração, ainda que sujeita a regras diferentes do art. 128.º, do CCom. (art. 41.º, § 3, da LSQ).

[624] A este propósito, RAÚL VENTURA, *Sociedades Comerciais: Dissolução* ..., cit., pp. 205-206, salientava que apesar de o mais natural ser o sócio dissidente retirar-se da sociedade, nada o obrigava a fazê-lo.

[625] Nas sociedades por quotas, a liquidação da quota era calculada na proporção do último balanço aprovado (art. 41.º, § 3 *in fine*, da LSQ).

[626] JOSÉ TAVARES, *Das Sociedades Commerciaes Tractado* ..., cit., p. 274, *Sociedades e Empresas* ..., cit., pp. 570-571, admitia a possibilidade de exclusão estatutária do direito de oposição dos sócios aquando da prorrogação da duração da sociedade. Recusando esta solução e defendendo a nulidade de tais cláusulas, vide CUNHA GONÇALVES, *Comentário ao Código Comercial* ..., cit., p. 286.

[627] *Sociedades Comerciais: Dissolução* ..., cit., p. 206.

TAVARES[628], uma sociedade reduzida em mais de um terço do seu capital social era uma entidade de forças económicas muito enfraquecida, cuja manutenção poderia iludir a confiança do público. Em sentido semelhante, PINTO COELHO[629] salientava que a situação da sociedade derivada do reembolso dos dissidentes não podia ser de tal modo grave que comprometesse a continuação do negócio. Assim, sempre que os sócios que se retirassem da sociedade representassem mais de um terço do capital social, a dissolução não deixaria de verificar-se, restando aos sócios remanescentes constituir uma nova empresa.

Finalmente, era necessário que a liquidação da participação social se realizasse nos termos legais.

Segundo CUNHA GONÇALVES[630], quando o legislador estabelecia que a liquidação deveria ser feita nos termos legais, não estava a remeter para os arts. 130.º e seguintes do CCom.. Assim, a expressão "termos legais" não dizia respeito à liquidação, mas ao cálculo da participação dos sócios.

Com posição idêntica, RAÚL VENTURA[631] defendia que a liquidação da participação social não poderia ser feita segundo as regras previstas nos arts. 130.º e seguintes do CCom., uma vez que estes artigos se destinavam à liquidação total da sociedade e não de uma parte social, pelo que, não havendo preceitos legais aplicáveis e na ausência de estipulação do contrato, o sócio teria direito à sua parte no património social no momento da sua retirada. Ao falar em "liquidação", o reembolso deveria ser em dinheiro, se outra coisa não tivesse sido acordada.

Também AVELÃS NUNES[632] defendia que o quinhão social deveria ser liquidado de «*forma a atender ao "estado da sociedade" na altura, de acordo com um balanço especial organizado para o efeito*». No limite[633], o sócio poderia até receber mais do que teria direito aquando da liquidação da sociedade, na medida em que na liquidação parcial deveria atender-se ao «*valor da organização da empresa social, que se perderia em caso de liquidação total*».

---

[628] *Das Sociedades Commerciaes Tractado* ..., cit., pp. 272-273 e *Sociedades e Empresas* ..., cit., pp. 569-570.
[629] *Prorrogação das Sociedades* ..., cit., p. 179.
[630] *Comentário ao Código Comercial* ..., cit., p. 286.
[631] *Sociedades Comerciais: Dissolução* ..., cit., p. 207
[632] *O Direito de Exclusão dos* ..., cit., p. 117.
[633] *O Direito de Exclusão dos* ..., cit., p. 117, nota 34.

Apenas JOSÉ TAVARES[634] sustentava que no silêncio do contrato a liquidação deveria fazer-se pelo que viesse a ser deliberado pelos sócios, mas, em todo o caso, de harmonia com as disposições legais (art. 130.º e ss., do CCom.).

Finalmente, no que dizia respeito ao fundamento do direito de retirada por prorrogação da duração da sociedade, quando deliberada por maioria, era possível encontrar, de um lado, uma posição mais contratualista, e do outro, uma posição mais organicista. Adoptando a primeira posição, JOSÉ TAVARES[635] defendia que quando a sociedade chegava ao fim da existência contratada cessavam os vínculos jurídicos para cada um dos sócios, não podendo ser obrigados, contra a sua vontade, a renovar um contrato integralmente cumprido e executado. Sustentando a segunda posição, PINTO COELHO[636] considerava que o direito de retirada dos sócios correspondia a uma solução de lógica e equidade, pois não seria justo que, estando a generalidade dos sócios na disposição de prolongar a vida da sociedade, um ou mais sócios minoritários pudessem impedi-lo. Contudo, prevalecendo a vontade da maioria, teria havido por parte do legislador a necessidade de reconhecer aos sócios discordantes o direito de se afastarem da sociedade, recebendo a importância a que teriam direito se a duração da sociedade não tivesse sido prorrogada. Deste modo seria obtida a conciliação dos interesses de todos. Os dos sócios discordantes, porque não sofriam prejuízos, ficando em situação equivalente à dissolução da sociedade. Os dos restantes sócios, porque continuariam com a sociedade.

4.1.3. *O Direito de Rescisão do Contrato por Má Administração do Sócio Administrador*

Nos termos do disposto do § único do art. 155.º, do CCom., se o sócio administrador fizesse mau uso das faculdades atribuídas no contrato social e da sua gestão resultasse perigo manifesto ao fundo comum, os sócios podiam nomear um administrador que interviesse em todos os actos sociais e promover judicialmente a rescisão do contrato.

---

[634] *Das Sociedades Commerciaes Tractado* ..., cit., p. 275 e *Sociedades e Empresas* ..., cit., p. 571.
[635] *Das Sociedades Commerciaes Tractado* ..., cit., pp. 273-274 e *Sociedades e Empresas* ..., cit., p. 570.
[636] *Prorrogação das Sociedades* ..., cit., p. 178.

Apesar da utilização da expressão "rescisão do contrato", esta mais não era do que uma causa de dissolução da sociedade, além das previstas no art. 120.º, do CCom., concedida individualmente a cada um dos sócios, com vista a permitir a sua saída da sociedade[637]. Na verdade, continuando a sociedade a ser administrada por um sócio que, além do mau uso das faculdades atribuídas no contrato social, colocava em perigo manifesto o fundo comum, haveria uma perda da confiança em quem foi depositado o investimento social, razão do reconhecimento do direito de retirada da sociedade, provocando a sua dissolução judicial.

4.1.4. A Exoneração Segundo as Causas Previstas para as Sociedades Civis

Conforme foi referido, com o DL n.º 363/77, de 2.09, a redacção do art. 156.º, do CCom., foi alterada, passando a aplicar-se às sociedades em nome colectivo as regras do CC sobre a exoneração dos sócios. Deste modo, nestas sociedades a exoneração do sócio passou a ser possível em três situações:

i) Exoneração *ad nutum*, quando a duração da sociedade não tivesse sido fixada no contrato ou quando esta tivesse sido constituída por toda a vida de um sócio ou por um período superior a trinta anos (art. 1002.º, n.º 1, do CC, *ex vi* art. 156.º, do CCom.). Ao contrário do até então vigente art. 120.º, § 1, do CCom., a exoneração *ad nutum* deixava de ser uma causa de dissolução da sociedade;

ii) Exoneração nas condições previstas no contrato quando a duração da sociedade tivesse sido fixada (art. 1002.º, n.º 2, do CC, *ex vi* art. 156.º, do CCom.);

iii) Exoneração por justa causa quando a duração da sociedade tivesse sido fixada (art. 1002.º, n.º 2, do CC, *ex vi* art. 156.º, do CCom.).

Por outro lado, as causas legais de exoneração passaram a ser imperativas, e as causas contratuais de exoneração a beneficiar de tutela reforçada, na medida em que a sua modificação ou supressão dependia do acordo de todos os sócios[638] (art. 1002.º, n.º 4, do CC, *ex vi* art. 156.º, do CCom.)

---

[637] Neste sentido, cf. RAÚL VENTURA, *Sociedades Comerciais: Dissolução* ..., cit., pp. 471-472. *Vide* ainda o Ac. do STJ de 13.03.1945 (ROCHA FERREIRA), RLJ, ano 77, 1944-45, p. 364.

[638] A este propósito, PINTO FURTADO, *Código Comercial Anotado, Vol. II, Tomo I, Artigos 151.º a 178.º*, Almedina, Coimbra, 1979, p. 79, defendia que a exigência da

4.1.5. O Direito de Apartar-se da Sociedade por Ocasião da "Exoneração" de um Gerente

Nas *sociedades em comandita por acções* reconhecia-se aos sócios vencidos[639] na deliberação de destituição[640] do gerente o direito de se apartarem da sociedade, obtendo o reembolso do seu capital na proporção do último balanço aprovado (art. 205.º, § 1, do CCom.).

Mais se estabelecia que, quando o reembolso da participação social importasse a redução do capital social, este só poderia ser efectuado nos termos do § único do art. 116.º, do CCom., ou seja, depois de registada provisoriamente e publicada a respectiva deliberação e de não ter havido oposição a esse acto pelos credores ou, tendo havido oposição, a mesma sido julgada improcedente (art. 205.º, § 2, do CCom.). Podia assim concluir-se que a retirada do sócio não implicava obrigatoriamente a redução do capital social.

PINTO FURTADO[641] apontava como fundamento do direito de retirada sócio o facto de a pessoa a quem os sócios tinham confiado o investimento do seu capital ter saído da sociedade.

4.2. Outras Causas de Exoneração

Além das causas legais de exoneração acima indicadas, a doutrina reconhecia outras causas de exoneração.

Segundo CUNHA GONÇALVES[642], nas sociedades de responsabilidade limitada constituídas por tempo determinado, a exoneração podia ainda surgir ocorrendo causa legítima, por aplicação do art. 1279.º, do CC de 1867, e do regime previsto nas Ordenações, *ex vi* art. 3.º, do CCom..

---

unanimidade para a supressão e modificação das causas contratuais de exoneração seria dispensável, pois teria sido exigida no pressuposto de que não havia cláusula estatutária a dispensá-la.

[639] Para um sócio ter sido vencido tinha de ter estado presente na assembleia geral, pelo que tendo estado ausente não se poderia exonerar. Cf. SANTOS LOURENÇO, *Das Sociedades por Cotas, Vol. II*, Ottosgráfica, Lisboa, 1926, p. 130.

[640] O legislador utilizava o termo "exoneração" do gerente, mas a sua saída não era espontânea. Pelo contrário, era imposta por deliberação dos sócios. Não se tratava efectivamente de uma exoneração, mas de uma destituição/exclusão.

[641] *Código Comercial Anotado, Vol. II, Tomo II, Artigos 179.º a 206.º*, Almedina, Coimbra, 1979, p. 739.

[642] CUNHA GONÇALVES, *Comentário ao Código Comercial ...*, cit., p. 296.

Já JOSÉ TAVARES[643] acrescentava às causas legais de exoneração a saída do sócio, sempre que algum dos restantes sócios não cumprisse os deveres a que se obrigara para com este (art. 709.º, do CC de 1867). Mais acrescentava, mas sem fundamento legal para tanto e apesar de considerar o direito de exoneração excepcional, a exoneração nas sociedades de responsabilidade limitada na sequência de transformação que agravasse a responsabilidade dos sócios[644].

Relevo ainda para PINTO FURTADO[645], que admitia que o direito de exoneração podia ainda acontecer:
– Em todas as sociedades comerciais, nas situações previstas no art. 1002.º, n.ºs 1 e 2, do CC, uma vez que este estruturava «*um direito básico de exoneração comum a toda a espécie de sociadade*»[646];
– Nas sociedades anónimas, nos casos de aumento do capital com carácter obrigatório para os accionistas, por aplicação analógica do art. 41.º, § 3, da LSQ;
– Nas sociedades anónimas, quando as acções não se encontrassem cotadas em bolsa e fosse proibida a sua transmissão, por aplicação analógica do art. 41.º, § 3, da LSQ.

Fora destes casos, havia um certo consenso na doutrina acerca da natureza excepcional do direito de exoneração das sociedades comerciais. Neste sentido, PINTO FURTADO[647] destacava que o direito de exoneração, sendo de sinal contrário ao princípio da vinculação contratual, não podia ocorrer a todo o momento, mas quando previsto na lei ou no contrato. Também JOSÉ TAVARES[648] defendia a inadmissibilidade, como regra geral, da saída voluntária do sócio sem o consentimento dos restantes. Admitia, contudo, o afastamento deste princípio, sempre que fosse violento obrigar alguém a permanecer na sociedade. Seria, por exemplo, quando o sócio de indústria não pudesse mais prestar o seu trabalho, quando surgisse impla-

---

[643] *Sociedades e Empresas* ..., cit., p. 608.
[644] *Sociedades e Empresas* ..., cit., pp. 586-587 e 609. Esta posição era rejeitada por PINTO FURTADO, *Código Comercial Anotado, Vol. I*, ..., cit., p. 388, por falta de fundamento legal.
[645] *Código Comercial Anotado, Vol. I*, ..., cit., p. 387 e *Código Comercial Anotado, Vol. II, Tomo I*, cit., p. 187.
[646] Em sentido contrário, *vide* o Ac. do STJ de 19.03.1987 (LIMA CLUNY), BMJ n.º 365, 1987, pp. 608-610.
[647] *Código Comercial Anotado, Vol. I*, ..., cit., p. 385.
[648] *Sociedades e Empresas* ..., cit., pp. 608-610.

cável inimizade entre os sócios ou na mudança de administrador que não agradasse à minoria[649]. Contudo, para este A., esta excepcionalidade não era impeditiva do reconhecimento de causas de exoneração estatutárias[650], dando como exemplo a exoneração do sócio por perdas sociais.

5. Lei das Sociedades por Quotas

Em 1901, com a Lei de 11 de Abril, passou a admitir-se no ordenamento jurídico português um novo tipo de sociedade comercial, a "sociedade por cotas".

Na LSQ, o direito de exoneração era admitido no § 3 do art. 41.º, disposição inspirada no Código de Comércio Italiano de 1882[651]. Nos termos desta disposição, era reconhecido o direito de se apartar da sociedade aos sócios que não concordassem com a aprovação da deliberação social de (i) prorrogação, (ii) fusão ou (iii) modificação do capital social, através do seu aumento, redução[652] ou reintegração.

A aprovação de qualquer uma destas deliberações, porquanto se traduzia numa alteração do pacto social, deveria ser aprovada por três quartos dos votos correspondentes ao capital social. Deste modo, reconhe-

---

[649] *Sociedades e Empresas* ..., cit., p. 608.

[650] Cf. o Ac. da RCb de 26.07.1983 (ALBERTO BALTAZAR COELHO), cit., pp. 50--54, que considerou válida a cláusula segundo a qual era admissível a exoneração voluntária de qualquer dos sócios. Em concreto, tratava-se de uma sociedade por quotas cuja cláusula dispunha que «*se algum dos sócios desejar abandonar a sociedade e os restantes pretenderem que ela subsista, efectuar-se-á um balanço à data da saída pretendida e tomará a posição indicada pelo mesmo balanço, posição essa que será liquidada em quatro prestações [....]. Estas condições poderão no entanto ser alteradas por comum acordo dos sócios»*. No entender da RCb, esta cláusula não contrariava qualquer dispositivo legal imperativo e estava em harmonia com o disposto no art. 1002.º, do CC, *ex vi* art. 62.º, da LSQ.

No mesmo sentido, vide o Ac. do STJ de 08.01.1985 (JOAQUIM FIGUEIREDO), www.dgsi.pt (recolhido em Julho de 2006).

[651] Neste sentido, *vide* AZEVEDO SOUTO, *Lei das Sociedade por Quotas Anotada*, 5.ª edição, Coimbra Editora, Coimbra, 1963, p. 168 e SANTOS LOURENÇO, *Das Sociedades por* ..., cit., p. 129.

[652] O direito de exoneração por redução do capital social não impedia a oposição judicial nos termos do art. 112.º, do Código de Processo Comercial (§ 5 do art. 41.º, da LSQ).

cendo-se o direito de exoneração aos sócios dissidentes, estavam a proteger-se as minorias[653], no limite um quarto dos votos correspondentes ao capital da sociedade (art. 41.º, da LSQ).

O direito de exoneração era reconhecido aos sócios dissidentes e não apenas aos sócios que tivessem votado contra a aprovação da deliberação social. Assim, tanto os sócios que tivessem votado contra a aprovação da deliberação social como os sócios que se tivessem abstido[654] podiam apartar-se da sociedade. Todavia, ao impor que a declaração de exoneração tivesse de ser emitida na assembleia geral respectiva, o direito de exoneração estava restrito aos sócios dissidentes presentes ou representados. Os sócios ausentes, segundo RAÚL VENTURA[655], porque nem sequer tinham manifestado um mínimo de falta de concordância, traduzida na abstenção, não gozavam de tal direito. Já SANTOS LOURENÇO[656] observava que não era compreensível a exclusão do direito de exoneração aos sócios ausentes, e que teria sido preferível partir-se do pressuposto de que a ausência representaria dissentimento.

Relativamente ao momento da emissão da declaração de exoneração, esta tinha, conforme foi referido, sob pena da caducidade[657], de ser emitida na assembleia geral respectiva, não dispondo o sócio dissidente, uma vez aprovada a deliberação social, de tempo para ponderar se queria ou não permanecer na sociedade.

Emitida a declaração de exoneração, a liquidação da quota era feita segundo a proporção do último balanço aprovado (art. 41.º, § 3, *in fine* da LSQ). O critério de reembolso era assim exclusivamente contabilístico, sendo certo que, à semelhança do art. 158.º, do Código Comercial Italiano, o legislador português também não esclareceu se o último balanço aprovado tinha de ser o ordinário ou poderia ser um balanço extraordinário. SANTOS

---

[653] Segundo SANTOS LOURENÇO, *Das Sociedades por* ..., cit., p. 129, o fundamento do direito ao reembolso dos sócios era evitar que os antigos sócios viessem a responder subsidiariamente pelas quotas dos sócios restantes, na sequência do aumento do capital (art. 16.º, da LSQ), ou que, nas outras hipóteses, a aprovação da deliberação social afectasse interesses legítimos não previstos aquando da constituição da sociedade.

[654] *Vide*, neste sentido, RAÚL VENTURA, *Sociedades Comerciais: Dissolução* ..., cit., pp. 204-205, nota 1 e SANTOS LOURENÇO, *Das Sociedades por* ..., cit., p. 130.

[655] *Duração e Prorrogação* ..., cit., p. 18.

[656] *Das Sociedades por* ..., cit., p. 130.

[657] Com este entendimento, cf. RAÚL VENTURA, *Duração e Prorrogação* ..., cit., p. 19.

LOURENÇO[658], que se debruçou no Direito português sobre esta questão, defendia que o último balanço aprovado era o anual, uma vez que a finalidade do legislador teria sido evitar eventuais conflitos de interesses entre os sócios que tinham aprovado a deliberação social e os que pretendiam sair da sociedade, objectivo esse que poderia não ser alcançado no caso de se admitir o cálculo do valor do reembolso por um balanço extraordinário elaborado antes da aprovação da deliberação social que alterou o pacto social.

A exoneração da sociedade não excluía a obrigação de os sócios realizarem a obrigação de entrada. Continuaria a ser possível, mas o sócio teria de realizar a sua entrada até à data do registo definitivo da modificação social (§ 6 do art. 41.º, da LSQ)[659].

Além do § 3 do art. 41.º, a LSQ previa no seu art. 53.º, § 1 o direito de exoneração do sócio por ocasião da transformação de uma sociedade anónima numa sociedade por quotas. Este direito era conferido ao sócio que não aderisse à nova sociedade[660], traduzindo-se no direito de reclamar desta nova sociedade o pagamento da quantia correspondente à sua parte no activo da sociedade dissolvida, ou seja, da sociedade anónima[661].

6. O Direito de Exoneração por Ocasião da Fusão

O DL n.º 598/73, de 8 de Novembro teve por finalidade regular o regime da fusão e cisão de sociedades comerciais, matéria até então insuficientemente tratada ou de todo omissa.

No tema que nos ocupa merece destaque o art. 9.º deste diploma, sob a epígrafe "direito de exoneração dos sócios", inserido no título dedicado à

---

[658] *Das Sociedades por ...*, cit., p. 134.

[659] No entender de AZEVEDO SOUTO, *Lei das ...*, cit., p. 169, o cumprimento desta obrigação ficaria dispensado se houvesse a redução do capital social antes de liberada a entrada.

[660] Uma vez que a transformação da sociedade tinha de ter os votos favoráveis de três quartos do capital, no máximo seria atingido com a exoneração um quarto do capital social.

[661] O art. 52.º, da LSQ, previa as condições em que a transformação dispensava a liquidação da sociedade anónima, passando o seu activo e o seu passivo para a nova sociedade.

No que diz respeito ao prazo para o sócio exigir o pagamento, nada se prevendo da LSQ, AZEVEDO SOUTO, *Lei das ...*, cit., p. 222, sustentava a aplicação do art. 150.º, do CCom., de onde decorria um prazo de prescrição de cinco anos.

fusão de sociedades. Apesar da epígrafe do artigo, o mesmo não estabelecia nenhuma causa de exoneração, mas apenas o regime legal da exoneração, no caso de esta ser admitida por lei, conforme sucedia nas sociedades por quotas (art. 41.º, § 3, da LSQ), ou estatutariamente, nos restantes casos. Quando tal sucedesse, qualquer sócio que tivesse declarado para a acta a sua oposição à fusão teria o direito de exigir da sociedade a aquisição da sua participação social. Significava, portanto, que o direito de exoneração se encontrava restrito aos sócios presentes ou representados na assembleia geral e, dentro destes, aos que tivessem manifestado a sua oposição.

A consequência da declaração de exoneração era a obrigação de adquirir a participação social pela sociedade. Estava, pois, excluída a sua amortização ou aquisição pelos restantes sócios ou por terceiros. Inclusive, o incumprimento desta obrigação era susceptível de execução específica, nos termos do art. 830.º, do CC (n.º 2 do art. 9.º)[662].

A obrigatoriedade de aquisição da participação social pela sociedade era *onerosa* e *diferida*. Onerosa, porquanto o sócio tinha direito à obtenção de uma contrapartida, calculada nos termos do art. 1021.º, do CC, tendo por data de referência o momento da aprovação da deliberação da fusão (art. 9.º, n.º 1). Quando a contrapartida oferecida pela sociedade fosse considerada inadequada, não tivesse ocorrido ou não tivesse sido regularmente oferecida, dispunha o sócio de 20 dias, para requerer que o valor da contrapartida fosse judicialmente fixado (art. 9.º, n.ºs 3 e 4). Por outro lado, a aquisição da participação social pela sociedade não era *automática*, porquanto, uma vez declarada para a acta a oposição do sócio à fusão e tendo a mesma sido aprovada, dispunha o sócio de um prazo de 30 dias, contados a partir da publicação do registo provisório da deliberação de fusão, para requerer a aquisição da participação social pela sociedade (art. 9.º, n.º 1 *in fine*).

Com a declaração de exoneração, o sócio não perdia essa qualidade, uma vez que podia alienar a sua participação social, até que esta fosse adquirida pela sociedade. Mais se estabelecia, com vista a assegurar a efectividade do seu direito a deixar de ser sócio, que, existindo limitações à alienação da participação social, as mesmas não seriam aplicáveis (art. 9.º, n.º 5).

---

[662] Esta execução específica só poderia, a nosso ver, ocorrer quando o preço da contrapartida tivesse sido fixado. Caso contrário, este teria de ser antecipadamente fixado pelo tribunal, nos termos do n.º 3 do art. 9.º, ou a sua fixação ser requerida juntamente com a acção de execução específica.

CAPÍTULO II
Causas Legais de Exoneração

1. Introdução

As causas legais de exoneração giram à volta da adopção de uma deliberação social modificativa da organização societária. Nessa medida, estamos a falar de causas internas da saída do sócio imputáveis à pessoa colectiva. Não se enquadram nesta lógica a exoneração *ad nutum,* por vício da vontade no ingresso da sociedade[663] e a exoneração com justa causa, sempre que a justa causa não decorra de uma deliberação social.

Todas as causas legais de exoneração têm em comum a inexigibilidade da permanência do sócio na sociedade. Ocorrida uma causa de exoneração legal, a mesma é considerada como essencial em termos de tornar inexigível a permanência do sócio na sociedade, independentemente de este, concretamente, se considerar ou não prejudicado com a sua aprovação, não precisando de fazer prova de tal facto se quiser sair da sociedade.

Além disso, as causas legais de exoneração são *imperativas*, no sentido de que não podem ser suprimidas nem modificadas com vista a dificultar o seu exercício[664]. Não obstante não existir no CSC norma de teor idêntico ao do § 5 do art. 2437.º, do CC It., esta imperatividade decorre, por um lado, da letra da lei e, por outro, da natureza inder-

---

[663] A exoneração por justa causa prevista no art. 185.º, n.º 2, também está relacionado com a aprovação de determinadas deliberações sociais.

[664] Com idêntica posição, nas sociedades por quotas, *vide* CURA MARIANO, *Direito de Exoneração dos ...*, cit., p. 84. Nas sociedades em nome colectivo, *vide* RAÚL VENTURA, *Novos Estudos ...,* cit., p. 289.

Assim, parecem-nos admissíveis cláusulas que facilitem o exercício do direito de exoneração, por exemplo, alargando o prazo para a emissão da declaração de exoneração.

rogável⁶⁶⁵ deste direito, atendendo aos interesses que protege. Nesses termos, tais cláusulas serão nulas (art. 294.º, do CC), reduzindo-se o contrato às restantes cláusulas (art. 292.º, do CC).

Finalmente, pode-se constatar que as causas legais de exoneração previstas no CSC são ainda, a nosso ver, uma reminiscência de uma concepção contratual da sociedade comercial. A protecção do sócio, através do direito de exoneração, deveria assentar mais num critério económico que contratual, tanto mais que nos dias que correm este é um dos critérios, senão "*o critério*", de maior preponderância para se participar numa sociedade. Nesta perspectiva, o direito de exoneração deveria ser reconhecido noutras deliberações sociais que afectassem de forma objectiva os direito ou expectativas patrimoniais dos sócios, designadamente quando afectassem, do modo relevante, o direito aos lucros dos sócios, ou permitissem a venda do principal activo da sociedade.

SECÇÃO I
Comuns a Todas as Sociedades Comerciais

1. Transferência da Sede Efectiva da Sociedade para o Estrangeiro

A sede da sociedade, segundo RAÚL VENTURA⁶⁶⁶, «*é o local onde a sociedade se considera situada para a generalidade dos efeitos jurídicos em que a localização seja relevante*».

Nos termos do art. 3.º, n.º 1, em tudo semelhante ao art. 33.º, n.º 1, do CC, estabelece-se que as sociedades comerciais têm como lei pessoal a lei do Estado onde se encontra situada a sede principal e efectiva da sua administração⁶⁶⁷. Afastaram-se assim outros elementos atendíveis na fixa-

---

⁶⁶⁵ Cf. n.º 2.4., Capítulo I, da Primeira Parte.

⁶⁶⁶ *A Sede da Sociedade no Direito Interno e no Direito Internacional Português*, Scientia Iuridica, n.ºs 146-147, 1977, p. 344.

⁶⁶⁷ Com maior desenvolvimento, sobre este critério de conexão, *vide* MANUEL FERNANDES COSTA, *Da Nacionalidade* ..., cit., pp. 185-190, segundo o qual a sede efectiva será «*o ponto de onde emerge toda a força propulsora da organização e onde se irão concentrar os resultados da actividade assim desenvolvida*».

Para LIMA PINHEIRO, *O Direito Aplicável às Sociedades: Contributo para o Direito Internacional Privado das Pessoas Colectivas*, Estudos Jurídicos e Económicos em

ção da lei pessoal das sociedades comerciais[668] como a nacionalidade, o lugar da sua constituição, a autonomia da vontade ou a sede estatutária, para se atender à sede principal e efectiva da administração da sociedade.

A *sede estatutária*, como o nome indica, é a que consta dos estatutos da sociedade, correspondendo a um conceito de direito. Deve constar obrigatoriamente no contrato de sociedade[669] (art. 9.º, n.º 1, al. e)), sob pena da sua nulidade ou invalidade (arts. 42.º, n.º 1, al. b) e 43.º), e ser estabelecida num local concreto (art. 12.º, n.º 1), sendo duvidoso, por exemplo, que possa preencher este requisito a mera indicação de um apartado postal.

A *sede efectiva* da sociedade é o local onde funcionam os seus órgãos de administração e, portanto, um conceito de facto. Assim, a lei do país onde se encontra a sede efectiva é que determina a sua lei pessoal, ou seja, as regras da capacidade, constituição[670], funcionamento e competência dos seus órgãos, do modo de aquisição e perda da qualidade de sócio e os correspondentes direitos e deveres, a responsabilidade da sociedade

---

Homenagem ao Professor João Lumbrales, Faculdade de Direito da Universidade de Lisboa, 2000, p. 486, a sede da administração será o lugar onde as decisões fundamentais da empresa são convertidas em actos de administração corrente.

Conforme observa, RAÚL VENTURA, *A Sede da Sociedade ...*, cit., p. 345, tecnicamente só há sede da sociedade, pelo que falar em sede da administração não tem o valor técnico de sede, mas de lugar.

A determinação da sede real pode suscitar problemas de concretização, sempre que a administração da sociedade não corresponda a um só Estado, por exemplo, quando as deliberações sejam tomadas por centros pertencentes a ordens jurídicas distintas ou as reuniões se efectivem em locais sem qualquer conexão relevante com a actividade da sociedade. Sobre as dificuldades de determinação da sede efectiva da administração e das desvantagens deste critério de conexão, *vide* LIMA PINHEIRO, *O Direito Aplicável ...*, cit., p. 485 e ss. 529 e ss..

[668] Sobre os restantes factores de conexão relevantes, com maior desenvolvimento, *vide* MANUEL FERNANDES COSTA, *Da Nacionalidade ...*, cit., pp. 129-199 e LIMA PINHEIRO, *O Direito Aplicável ...*, cit., pp. 479-482.

[669] Segundo LIMA PINHEIRO, *O Direito Aplicável ...*, cit., p. 546, a sede estatutária terá de ser em Portugal.

[670] A constituição das sociedades comerciais costuma ser inserida na sua lei pessoal, apesar de nesse momento ainda não existir uma sede principal e efectiva da sua administração, à qual se possa atender. Contudo, o n.º 3 do art. 3.º, ao impor a conformação do contrato com a lei portuguesa, em caso de mudança de sede, indicia pretender sujeitar as sociedades constituídas em Portugal à lei portuguesa. Cf. LIMA PINHEIRO, *O Direito Aplicável ...*, cit., pp. 514-526.

comercial, bem como dos respectivos órgãos e membros, perante terceiros, e a sua transformação, dissolução e extinção (art. 33.º, n.º 2, do CC, *ex vi* art. 3.º, do CCom.). Além deste elenco exemplificativo, acrescentam-se as regras relativas à representação orgânica (art. 38.º, do CC), à capacidade, bem como a forma de representação dos valores mobiliários (art. 39.º, do CVM) e, em certos casos, da transmissão de direitos e constituição de garantias (art. 41.º, do CVM).

Em regra, a sede estatutária e a sede efectiva coincidirão[671-672], pelo que a sociedade ficará submetida ao Direito do Estado onde se constituiu e fixou a sede estatutária. Com efeito, não faria sentido a lei fazer depender a mudança da sede estatutária para outro Estado da manutenção da personalidade jurídica da sociedade na lei de acolhimento, se a lei de acolhimento não se tornasse a lei pessoal da sociedade[673] e se a sede efectiva da administração não tivesse sido também transferida (art. 33.º, n.º 3, do CC). Nessa medida, deve partir-se da presunção de que a transferência da sede estatutária é acompanhada da transferência da sede da adminis-

---

[671] Neste sentido, cf. COUTINHO DE ABREU, *Curso de ...*, cit., p. 107, nota 36.

Quando tal suceda, conforme observa LIMA PINHEIRO, *O Direito Aplicável ...*, cit., p. 484, a teoria da sede conduz ao mesmo resultado que a teoria da constituição, uma vez que a regra é a sociedade ter a sede estatutária do país em que se constituiu.

Já PAIS DE VASCONCELOS, *Estatuto Pessoal das Sociedades Comerciais*, Estruturas Jurídicas da Empresa, AAFDL, Lisboa, 1989, p. 51, parece defender que a sede principal e efectiva é também necessariamente a sede estatutária, por serem duas modalidades de sede que devem coincidir. Contudo, não nos parece que tal entendimento tenha suporte legal, uma vez que nos termos dos n.ºs 2 e 4 do art. 3.º se prevê a mera alteração da sede efectiva.

No entender de MANUEL FERNANDES COSTA, *Da Nacionalidade ...*, cit., p. 194, o recurso à fraude à lei poderá ser utilizado para sancionar situações de desconformidade originária entre a sede estatutária e a real.

[672] Nos termos do art. 7.º, do Reg. (CE) n.º 2157/2001, do Conselho, de 8.10, a SE deve ter a sede no território da Comunidade e deve ficar no mesmo Estado onde esteja a administração central da sociedade, consagrando-se, neste âmbito, a obrigatoriedade da coincidência entre a sede estatutária e a sede efectiva. Esta imposição explica que nos termos do art. 13.º, n.º 1, do DL n.º 2/2005, de 4.01, o sócio que tenha votado contra o projecto de transferência da SE para outro Estado-membro da União Europeia se possa exonerar.

[673] Cf. RAÚL VENTURA, *A Sede da Sociedade ...*, cit., pp. 499 e 502. Contudo, segundo este A., a transferência da sede estatutária desacompanhada da sede efectiva, quando ambas coincidiam, justifica a aplicação do art. 33.º, n.º 3, do CC, pois nada garante que a sede efectiva seja mantida no primeiro Estado.

tração⁶⁷⁴, devendo observar-se as disposições que regulam a transferência da sede efectiva, inclusive o direito de exoneração⁶⁷⁵. Deste modo, o critério principal de determinação da lei pessoal será o da fixação estatutária da sede social e apenas quando a sede efectiva da administração não coincidir com esta, será aplicável às relações externas o direito da sede efectiva da administração⁶⁷⁶.

A relevância da sede manifesta-se em diferentes matérias, designadamente⁶⁷⁷ o local de cumprimento das obrigações (arts. 772.º e 774.º, do CC), a competência territorial e material na propositura de acções contra a sociedade (arts. 86.º, n.º 2 e 237.º, do CPC) e o local de realização de reuniões da assembleia geral (arts. 100.º, n.º 3 e 377.º, n.º 6) e de consulta de documentos colocados à disposição dos sócios (arts. 100.º, n.º 3, 289.º, n.º 1, al. e) e 377.º, n.º 8).

Apesar da sua relevância, a importância da sede tem vindo a esbater-se, fruto da evolução tecnológica, em geral, e das potencialidades da Internet, em particular. Esta evolução traduziu-se, ao nível do CVM, na previsão do voto por correspondência nas sociedades abertas (art. 22.º, do CVM), na imposição de divulgação no sítio do emitente ou do intermediário financeiro (arts. 12.º-C, n.º 5, 140.º, n.º 5, als. c), d) e e) e 244.º, n.º 5, al. a), do CVM) e, mais recentemente, na possibilidade, no âmbito das sociedades anónimas, de as assembleias gerais serem realizadas através de meios telemáticos (art. 377.º, n.º 6, al. b)) e do voto ser por correspondência (art. 384.º, n.º 9).

A alteração da sede social obedece a um regime particular, sendo, actualmente⁶⁷⁸, duas as situações a distinguir:

---

⁶⁷⁴ Cf., neste sentido, LIMA PINHEIRO, *O Direito Aplicável* ..., cit., pp. 547-548, sem prejuízo de se demonstrar que a transferência da sede estatutária não foi acompanhada da transferência da sede efectiva.

⁶⁷⁵ Com posição idêntica, *vide* LIMA PINHEIRO, *O Direito Aplicável* ..., cit., p. 548.

⁶⁷⁶ Cf. LIMA PINHEIRO, *O Direito Aplicável* ..., cit., p. 541.

⁶⁷⁷ O art. 61.º, do DL n.º 76-A/2006, de 29.03, revogou o art. 25.º, do CRC, que estabelecia que a sede social da sociedade comercial determinava a competência territorial das conservatórias para a prática de actos registrais.

⁶⁷⁸ Até à aprovação do DL n.º 76-A/2006, de 29.03, era necessário distinguir três situações: deslocação da sede dentro do mesmo concelho ou para concelho limítrofe, que podia ser efectuada pela administração, salvo disposição em contrário do contrato; a deslocação da sede para fora do concelho não limítrofe, mas para local dentro do país, que

i) *Deslocação da sede dentro do território nacional*

Esta deslocação, com o DL n.º 76-A/2006, de 29.03, passou a poder ser efectuada pela administração[679], salvo disposição em contrário do contrato (art. 12.º, n.º 2).

ii) *Transferência da sede efectiva para o estrangeiro*

Esta transferência, pela sua significativa importância, apenas pode ser deliberada pelo colectivo dos sócios e necessita, para ser aprovada, de uma maioria reforçada de 75% dos votos correspondentes ao capital social[680]. No pacto social apenas é permitido exigir uma maioria ainda mais qualificada. Por outro lado, esta alteração terá de ser reduzida a escrito (art. 85.º, n.º 3).

Apenas nesta situação se confere aos sócios que não tenham votado a favor de tal deliberação o direito de exoneração (art. 3.º, n.º 5). Contudo, atendendo ao princípio da coincidência entre a sede estatutária e a sede efectiva, também nos casos de transferência de sede estatutária para o estrangeiro, terá direito de exoneração o sócio que não votou a favor da sua aprovação, salvo se apenas tiver sido deliberada a transferência da sede estatutária para o estrangeiro, uma vez que neste caso a lei pessoal da sociedade não se altera[681].

O direito de exoneração por transferência da sede efectiva para o estrangeiro justifica-se pelas profundas modificações geográficas e legais introduzidas. *Modificações geográficas* que podem tornar mais difícil, senão impossível, o exercício dos direitos sócios, designadamente o direito

---

apenas podia ser tomada por deliberação do colectivo dos sócios, segundo as regras de alteração dos estatutos e a transferência da sede efectiva para o estrangeiro.

[679] Trata-se de uma competência excepcional face ao disposto no art. 85.º, n.º 1, que estabelece que compete aos sócios a alteração do contrato.

[680] Salvo prova em contrário, a mesma maioria será necessária para a deliberação de transferência da sede estatutária para o estrangeiro, uma vez que será, em regra, acompanhada da transferência da sede efectiva.

Esta questão não se levanta nas sociedades em nome colectivo, nem quanto aos sócios comanditados das sociedades em comandita simples, uma vez que, salvo disposição em contrário, a modificação do contrato exige a unanimidade dos votos dos sócios (respectivamente, arts. 194.º, n.º 1 e 476.º, n.º 1), tutelando-se os interesses do sócio discordante através do direito de veto.

[681] Mesmo neste caso, há quem defenda, como LIMA PINHEIRO, *O Direito Aplicável ...*, cit., p. 548, a aplicação, por analogia, do art. 3.º, n.º 5, à transferência isolada da sede estatutária para o estrangeiro.

à informação, o direito de participação nas assembleias gerais ou o direito de consulta de documentos juntos na sede social. *Modificações legais*, porque a sociedade passa a ficar sujeita à lei de um novo Estado, com relevo para o regime societário, fiscal e laboral. Esta transferência, mesmo que para um país da União Europeia, onde existe uma certa uniformização legal ao nível do direito societário[682], não deixa de ser uma alteração relevante nos pressupostos da constituição ou ingresso na sociedade, que justifica, por si só, a saída da sociedade, à semelhança do que sucede no Direito espanhol e italiano[683]. Assim, todos os que não votaram a favor dessa transferência[684], no limite, sócios com direito de voto representativos de 25% do capital social, podem exonerar-se.

A transferência da sede para o estrangeiro tem, nos termos do art. 3.º, n.º 5, de ser objecto de deliberação pelo colectivo dos sócios. Só assim é possível aferir os sócios legitimados a exonerar-se. Nestes termos, a transferência efectiva da sede social para o estrangeiro, desacompanhada de deliberação social prévia, não constitui causa de exoneração. Quando assim suceda, a protecção do sócio terá de ser outra.

Em primeiro lugar, poderão os sócios lesados intentar uma acção de responsabilidade civil contra os gerentes/administradores responsáveis por essa situação (art. 79.º).

Por outro lado, deve aplicar-se, por analogia[685], a parte final do art. 3.º, n.º 1[686], não podendo a sociedade opor aos sócios a sua sujeição a

---

[682] Segundo R. FRANCESCHELLI, *Fusione con ...*, cit., p. 142, esta causa de exoneração só devia existir quando a transferência fosse para fora da União Europeia.

[683] Conforme se viu, nestes ordenamentos o fundamento para o reconhecimento da exoneração é a sujeição da sociedade a uma lei de um outro Estado.

[684] Segundo RAÚL VENTURA, *Sociedades por Quotas, Vol. II, ...*, cit., p. 20, atendendo ao disposto no art. 240.º, n.º 1, al. a), norma especial relativamente ao art. 3.º, n.º 5, não basta não se ter votado a favor da deliberação social que aprovou a transferência da sede efectiva para o estrangeiro, sendo necessário que se tenha votado contra. Discorda-se, porém, deste entendimento, por se entender que os âmbitos de aplicação dos preceitos em causa não são coincidentes. Vide n.º 6, Secção III, Capítulo II, da Terceira Parte.

[685] Por analogia, uma vez que o sócio não poderá ser considerado como terceiro perante a sociedade. Num entendimento mais restrito, LIMA PINHEIRO, *O Direito Aplicável ...*, cit., p. 496, nota 66, sustenta que a protecção na confiança depositada na sede estatutária deve, nas sociedades de capitais, ser estendida aos sócios que não façam parte dos órgãos de direcção.

[686] Esta proibição de oposição a terceiros da sujeição a uma lei diferente da lei portuguesa é justificada pelo facto de os terceiros deverem ser tutelados pelos elementos

uma lei diferente da portuguesa. Nessa medida, não saem os seus direitos sociais prejudicados, uma vez que, para todos os efeitos, a sociedade permanece sujeita ao direito português[687].

Por último, poderá o sócio intentar uma acção a pedir declaração da ilegalidade da transferência de facto da sede efectiva para o estrangeiro e a consequente condenação da sociedade a restabelecer a sede efectiva em Portugal ou a deliberar a sua transferência para o estrangeiro.

O direito de exoneração por alteração da sede efectiva para o estrangeiro não viola o art. 43.º, do TCE, que proíbe as restrições à liberdade de estabelecimento de nacionais de um Estado-membro num outro Estado--membro, uma vez que não impede a transferência da sede para outro Estado-membro. Do mesmo modo, não viola o art. 293.º, do mesmo Tratado, segundo o qual os Estados-membros entabularão entre si, sempre que necessário, negociações destinadas a garantir o reconhecimento mútuo das sociedades e a manutenção da personalidade jurídica em caso de transferência da sede de um país para outro. Com efeito, o reconhecimento do direito de exoneração não afecta a manutenção da personalidade jurídica da sociedade. Aliás, a transferência da sede efectiva para o estrangeiro nem sequer depende, como sucede por exemplo no Direito societário espanhol, da existência de convénio que assegure a manutenção da personalidade jurídica da sociedade no local para onde a mesma foi transferida (art. 95.º, al. b) *in fine*, da LRSL). Nos termos do art. 33.º, n.º 3, do CC[688] e 3.º, n.º 4, a transferência da sede de um Estado para outro não extingue a personalidade jurídica da sociedade, se nisso convierem as leis desse país. Assim, o legislador presume que, aquando da transferência da sede efectiva da sociedade para o estrangeiro, as regras do direito internacional privado desse país aceitam a continuação da sociedade sob a sua legislação[689].

---

constantes dos registos públicos e não com base em factos relativos à informação interna da própria sociedade comercial. Segundo LIMA PINHEIRO, *O Direito Aplicável ...*, cit., p. 542, o Direito português da sede estatutária só será afastado se se demonstrar que os terceiros deviam contar com a competência do Direito da sede da administração.

[687] Cf. PAIS DE VASCONCELOS, *Estatuto Pessoal ...*, cit., p. 50.

[688] LIMA PINHEIRO, *O Direito Aplicável ...*, cit., p. 546, chama a atenção para o facto de esta disposição apenas se aplicar à transferência da sede efectiva da administração, uma vez que a mera alteração da sede estatutária não determina a aplicação do Direito da nova sede.

[689] Em sentido idêntico, *vide* DANIELA BAPTISTA, *O Direito de ...*, cit., pp. 165-166 e LIMA PINHEIRO, *O Direito Aplicável ...*, cit., p. 548.

Quando assim não suceda, a finalidade pretendida pela sociedade não é alcançada, uma vez que não fica sujeita à lei de um novo Estado. Nessa medida, também não se justifica o reconhecimento do direito de exoneração. Neste sentido, o anteprojecto da 14.ª Directiva sobre Sociedades Comerciais, relativa à transferência da sede de uma sociedade para outro Estado-membro, permite, no seu art. 7.º, que os Estados-membros assegurem uma tutela adequada dos sócios minoritários que se tenham pronunciado contra a sua transferência[690].

2. Regresso à Actividade da Sociedade Dissolvida

A extinção das sociedades comerciais apresenta-se como um processo complexo, de formação sucessiva, que se inicia com a *dissolução* (arts. 141.º e ss.), se processa com a *liquidação* (arts. 146.º e ss.)[691] e tem o seu *terminus* com a *partilha* (arts. 147.º, 159.º e 164.º)[692].

Uma vez dissolvida, a sociedade entra imediatamente em liquidação (art. 146.º, n.º 1). Durante esta fase mantém a sua personalidade jurídica, continuando sujeita, com as necessárias adaptações, às disposições que regem as sociedades não dissolvidas (art. 146.º, n.º 2), só se considerando extinta pelo registo do encerramento da liquidação (art. 160.º, n.º 2). Nestes termos, conservando a sua personalidade jurídica durante a fase da liquidação, é permitido aos sócios voltar atrás na sua decisão, retomando a actividade para a qual tinha sido constituída.

Com o regresso à actividade, os sócios cessam o processo de liquidação, para que a sociedade volte à sua finalidade produtiva, exercendo a actividade económica prevista no seu objecto social (art. 161.º).

---

[690] Tradução de MENEZES CORDEIRO, *Direito Europeu ...*, cit., p. 811, uma vez que o seu texto apenas consta em alemão.
Vide MARIA BENTO SOARES, *A Transferência Internacional da Sede Social no Âmbito Comunitário*, Temas Societários, Almedina, Coimbra, 2006, pp. 49-78.

[691] Pontualmente, a liquidação pode não ocorrer. Assim sucede quando a sociedade não tiver dívidas, em que se permite, nos termos do art. 147.º, a partilha imediata e pelo art. 148.º, em que se prevê a liquidação por transmissão global. Com maior desenvolvimento, veja-se RAÚL VENTURA, *Dissolução e ...*, cit., p. 224 e ss..

[692] Sobre a dissolução das sociedades comerciais, *vide*, com maior desenvolvimento, RAÚL VENTURA, *Dissolução e ...*, cit., p. 5 e ss..

Quando tal suceda, o direito de exoneração pode ocorrer nos termos do art. 161.º, n.º 5.

2.1. Requisitos

O direito de exoneração por regresso à actividade da sociedade dissolvida depende de três requisitos cumulativos: aprovação de uma deliberação social de retoma da actividade social, tomada depois de iniciada a partilha e uma redução relevante da participação social do sócio em relação à que, no conjunto, anteriormente detinha.

Em *primeiro lugar*, é necessária a aprovação de uma deliberação social[693] de cessação da liquidação da sociedade e retoma da actividade social. Esta deliberação terá de ser tomada com o número de votos que a lei ou o contrato exija para a dissolução, a não ser que se tenha estipulado uma maioria diferente ou outros requisitos, hipótese rara, uma vez que no momento da constituição da sociedade não é usual prever-se esta situação, mas, quando muito, causas específicas de dissolução[694] (art. 161.º, n.º 2). Assim, nada se prevendo no contrato, a deliberação de regresso à actividade:

– Perante as causas de dissolução previstas no art. 141.º, n.º 1, als. a), c) e d) e 142.º, n.º 1, terá de ser aprovada por maioria absoluta dos votos expressos da assembleia (art. 142.º, n.º 3)[695];
– Perante dissolução por exclusiva vontade dos sócios (art. 141.º, n.º 1, al. b)), terá de ser aprovada:
  – Nas *sociedades em nome colectivo* por unanimidade, a não ser que o contrato autorize a deliberação por maioria, que não pode ser inferior a três quartos dos votos de todos os sócios

---

[693] Nos termos do art. 161.º, n.º 1, a deliberação será a de regresso à actividade. Todavia, pode suceder que a deliberação dos sócios não tenha por objecto a retoma da actividade da sociedade, mas ser esse o seu efeito prático, por exemplo, no caso de revogação da deliberação social de dissolução. Neste caso, atendendo à *ratio* do preceito, o direito de exoneração deve na mesma ser reconhecido, verificado o pressuposto do n.º 5 do art. 161.º.

[694] Neste sentido, cf. RAÚL VENTURA, *Dissolução e ...*, cit., p. 449.

[695] Neste caso, não será de aplicar a maioria simples prevista no art. 141.º, n.º 2, uma vez que as causas de dissolução previstas no art. 141.º, n.º 1, são automáticas, não tendo a deliberação que sobre elas incida natureza constitutiva. Sustenta-se, no seguimento de MANUEL TRIUNFANTE, *A Tutela das ...*, cit., p. 304, a aplicação da maioria reforçada do art. 142.º, n.º 3, uma vez que esta é constitutiva.

(art. 194.º, n.º 1). Assim, apenas nesta última situação pode ocorrer o direito de exoneração;
– Nas *sociedades por quotas* por maioria de três quartos dos votos correspondentes ao capital social, a não ser que o contrato exija maioria mais elevada ou outros requisitos (art. 270.º, n.º 1);
– Nas *sociedades anónimas* por maioria de dois terços dos votos emitidos ou maioria mais elevada, se prevista no contrato (art. 464.º, n.º 1);
– Nas *sociedade em comandita simples* por unanimidade dos sócios comanditados e com os votos dos sócios comanditários que representem, pelo menos, dois terços do capital possuído por estes, a não ser que o contrato de sociedade prescinda da referida unanimidade ou aumente a mencionada maioria (arts. 194.º e 464.º, *ex vi* arts. 474.º e 478.º).

Por outro lado, a deliberação de regresso está ainda condicionada aos requisitos do art. 161.º, n.º 3[696]: *liquidação do passivo*, destinada a proteger os credores sociais, *cessação da causa de liquidação*[697], destinada a evitar a dissolução da sociedade quando regresse à actividade e o *respeito pelo capital social mínimo*. A estes requisitos pode ser necessário acrescentar-se um quarto: *falta de oposição dos credores dos sócios de responsabilidade ilimitada* (art. 196.º, n.º 1)[698].

Em *segundo lugar*, é necessário que esta deliberação seja tomada depois de iniciada a partilha[699]. Tal não significa que o regresso à actividade da sociedade não possa ser deliberado antes de a partilha se ter iniciado. Contudo, neste caso, o direito de exoneração não se verifica[700].

---

[696] Vide RAÚL VENTURA, *Dissolução e ...*, cit., pp. 455-459.

[697] A deliberação de regresso à actividade poderá, simultaneamente, servir para tomar as medidas necessárias à cessação da causa da dissolução (art. 161.º, n.º 4).

[698] Com maior desenvolvimento, cf. RAÚL VENTURA, *Dissolução e ...*, cit., pp. 451-453. Nessa medida, os interesses dos credores são protegidos, porquanto gozam, por um lado, do direito de oposição judicial ao regresso da sociedade à actividade e, por outro, no caso de a sociedade não se extinguir, não deixarão de ser credores sobre o seu património, ainda que possa estar diminuído.

[699] Segundo RAÚL VENTURA, *Dissolução e ...*, cit., p. 453, é ainda necessário que a partilha não tenha sido concluída. Quando tal suceder, já não haverá bens sociais que possam suportar a continuação da actividade social.

[700] Só não é assim nas sociedades por quotas, onde não se exige este requisito (art. 240.º, n.º 1, al. a)).

Pelos mesmos fundamentos, o direito de exoneração também não ocorrerá, em regra, nos casos de revogação da deliberação social de dissolução[701]. Esta não foi a solução seguida noutros ordenamentos jurídicos. Por exemplo, no Direito espanhol[702], o direito de exoneração por regresso à actividade social da sociedade dissolvida, apenas reconhecido nas sociedades de responsabilidade limitada (art. 95.º, al. d), da LSRL), não depende de se ter iniciado a partilha, nem de qualquer redução relevante do valor da participação social, mas apenas da aprovação do regresso da sociedade à actividade. Aliás, nos termos do art. 106.º, da LSRL, uma vez iniciada a partilha, o processo de dissolução tem de ser levado até final.

Em terceiro lugar, é necessário que a participação social do sócio fique relevantemente reduzida em relação à que, no conjunto, anteriormente detinha. Assim, se a participação social do sócio não ficar relevantemente reduzida em relação à que detinha ou ficar, inclusive, *aumentada* relativamente às restantes, o direito de exoneração não terá lugar.

Sendo deliberado o regresso da sociedade à actividade, cessa a partilha, ficando os sócios com as participações sociais que tiverem nesse momento, em função da partilha realizada. Essa circunstância, conforme salienta MANUEL TRIUNFANTE[703], é susceptível de causar um prejuízo social, uma vez que a participação social não será, em princípio, igual à anteriormente detida. Do ponto de vista patrimonial, o sócio não será prejudicado uma vez que terá recebido, em sede de partilha, parte do valor da sua participação social, e o remanescente ficará com a sua participação social. Já do ponto de vista social, o sócio pode sair prejudicado sempre que a sua participação social fique relevantemente reduzida em relação à que detinha.

Não nos é dito quando é que, iniciada a partilha, uma participação social fica relevantemente reduzida com o regresso da sociedade à actividade. É uma decisão que cabe ao aplicador, em função das circunstâncias concretas. Na nossa opinião, tratar-se-á de uma situação relacional, ou seja, a sua verificação dependerá, por um lado, do montante correspondente à participação social que já tinha sido partilhado e, por outro, do facto de já se ter ou não iniciado a partilha relativamente aos restantes

---

[701] Vide DANIELA BAPTISTA, *O Direito de ...*, cit., pp. 270-271 e RAÚL VENTURA, *Dissolução e ...*, cit., p. 448. Cf. nota de rodapé 693.

[702] Cf. BRENES CORTÉS, *El Derecho de ...*, cit., p. 366 e ss..

[703] *A Tutela das ...*, cit., p. 310.

sócios. No limite, pode suceder que uma partilha correspondente a 1% do valor da participação social signifique uma redução relevante da mesma, por implicar a perda do controlo da sociedade[704].

Contrariamente a outras disposições que reconhecem o direito de exoneração do sócio, o art. 161.º, n.º 5, não exige que o sócio que se pretende exonerar tenha votado contra, ou sequer não votado a favor, da deliberação social de regresso à actividade. Assim, numa primeira interpretação, mesmo aquele que tenha votado a favor do regresso à actividade pode exonerar-se, desde que preenchidos os restantes requisitos legais[705]. Esta solução assentará no facto de o sócio, aquando da aprovação da deliberação de regresso da sociedade à actividade, poder apenas saber da partilha que foi efectuada relativamente à sua participação social, desconhecendo, relativamente aos restantes, se aquela foi iniciada e, em caso afirmativo, em que percentagem. Assim, pode o sócio querer que a sociedade regresse à actividade, pressupondo inexistirem alterações no âmbito das participações sociais. Todavia, também pode suceder que o sócio tenha conhecimento de toda a realidade relativa à partilha da sociedade. Quando tal suceder e, não obstante, tenha votado a favor do regresso da sociedade à actividade não deve esse sócio ser tutelado, sob pena de abuso do direito de exoneração (art. 334.º, do CC)[706].

2.2. Fundamento

O fundamento desta causa legal de exoneração é não obrigar o sócio a permanecer numa sociedade, sempre que a sua participação social fique, após o regresso, relevantemente reduzida.

---

[704] DANIELA BAPTISTA, *O Direito de ...*, cit., p. 266, restringe o direito de exoneração às situações em que o sócio já recebeu proporcionalmente, em sede de partilha, mais do que os restantes. De modo idêntico, cf. CURA MARIANO, *Direito de Exoneração dos ...*, cit., p. 67. Já RAÚL VENTURA, *Dissolução e ...*, cit., p. 459, dá como exemplo o sócio, que antes da deliberação detinha 50%, ter recebido o correspondente a 45%, enquanto os outros nada receberam.

[705] Neste sentido, *vide* MANUEL TRIUNFANTE, *A Tutela das ...*, cit., p. 308.

[706] Em sentido contrário, DANIELA BAPTISTA, *O Direito de ...*, cit., pp. 264-265, defende que o direito de exoneração deve apenas ser reconhecido a quem não votou a favor, sob pena de abuso do direito. *Vide* ainda CURA MARIANO, *Direito de Exoneração dos ...*, cit., pp. 87-88.

Não nos parece correcto falar-se num direito à liquidação da sociedade, uma vez que a sociedade até à cessação da liquidação conserva a sua personalidade jurídica. Se fosse esse o fundamento a simples deliberação de regresso à actividade constituiria uma causa legal de exoneração.

Do mesmo modo, não nos parece correcto falar num direito à manutenção do *status quo* societário. Caso contrário, sempre que a participação social ficasse modificada, mesmo que não fosse de modo significativo, haveria direito de exoneração[707].

SECÇÃO II
Específicas das Sociedades em Nome Colectivo e Comandita Simples

1. Enunciado

Nos termos do art. 185.º, n.º 1, além das causas legais comuns de exoneração, são duas as causas legais de exoneração específicas das socicdades em nome colectivo e em comandita simples, relativamente aos sócios comanditados (art. 474.º): a exoneração *ad nutum* e por justa causa.

Além destas, podem as partes estipular outras causas de exoneração (art. 185.º, n.º 1).

O art. 185.º corresponde, quase na íntegra, ao art. 193.º, do Projecto de Código das Sociedades, o qual, por sua vez, tem muitas semelhanças com o disposto no art. 1002.º, do CC[708].

---

[707] Neste sentido, vide DANIELA BAPTISTA, *O Direito de ...*, cit., p. 266.

[708] No n.º 6 do art. 193.º, do Projecto de Código das Sociedades, constava, no caso de a parte social não poder ser liquidada, que o sócio podia requerer a dissolução da sociedade. Tal solução, no CSC, consta do art. 195.º, n.º 1, al. b), ainda que restrita às situações do art. 185.º, n.º 2. Nos restantes casos, segundo RAÚL VENTURA, *Novos Estudos ...*, cit., p. 293, o sócio exonerado tem um direito de crédito ao valor da sua parte, mas não pode executá-lo enquanto persistir o impedimento do art. 188.º, n.º 1.

2. Direito de Exoneração *ad nutum*

São dois os requisitos para a exoneração *ad nutum*, um, relativo à duração da sociedade, e outro, relativo à duração do vinculo social (art. 185.º, n.º 1, al. a)).

Relativamente à duração da sociedade, uma de três situações terá de ocorrer: não ter sido fixada[709], caso em que a sociedade tem uma duração indeterminada (art. 15.º, n.º 1), ter sido fixada uma duração por toda a vida de qualquer[710] um dos seus sócios ou ter sido fixada uma duração superior a trinta anos.

No que concerne à duração do vínculo social, exige-se que o sócio que se pretenda exonerar o seja há, pelo menos, dez anos[711].

Suscita-se a dúvida de saber se estes dois requisitos são cumulativos[712].

Numa primeira interpretação, estritamente assente na letra da lei, a resposta seria que estamos perante requisitos cumulativos. Com efeito, ao requisito relativo à duração da sociedade, o legislador acrescenta um outro requisito relativo à duração do vínculo social.

---

[709] Atendendo à *ratio* do preceito, deve considerar-se preenchido este requisito, sempre que a duração da sociedade, apesar de fixada no contrato, seja indeterminada. Neste caso, a tutela da sociedade, dos restantes sócios e dos credores sociais efectua-se através do segundo requisito.

No anteprojecto de FERNANDO OLAVO, BMJ n.º 179, 1968, p. 35, a tutela do sócio quando a sociedade fosse constituída por tempo indeterminado, efectiva-se através do direito de requerer a sua dissolução, sem prejuízo de os outros sócios poderem evitá-la, adquirindo a participação social do sócio (art. 33.º).

[710] Neste sentido, RAÚL VENTURA, *Novos Estudos ...*, cit., p. 286.

[711] No cômputo do prazo de dez anos, sustenta RAÚL VENTURA, *Novos Estudos ...*, cit., p. 286, que apenas no caso de transmissão *mortis causa* da parte social, pode somar--se o tempo de sociedade do *de cujus* com o do adquirente. Em sentido contrário, posição à qual aderimos, VIDEIRA HENRIQUES, *A Desvinculação ...*, cit., p. 54, nota 65, defende que a transmissão *mortis causa* depende, nos termos da lei, do consentimento do sucessor, sendo, portanto, fruto de uma decisão livre e voluntária. Nessa medida, até essa data não estava a liberdade de iniciativa económica do sucessor afectada.

[712] VIDEIRA HENRIQUES, *A Desvinculação ...*, cit., p. 55, levanta um problema idêntico. Na sua opinião, o problema consiste em saber se o prazo dos dez anos tem natureza dispositiva ou imperativa. Se se entender que os requisitos são cumulativos significa que não se pode exonerar o sócio da sociedade com duração entre dez e trinta anos, ainda que seja sócio há mais de dez anos. Neste caso poderia ter de permanecer obrigatoriamente na sociedade durante trinta anos.

Todavia, é necessário ir mais longe, atendendo, por um lado, a outras causas legais de exoneração *ad nutum* previstas no CSC e, por outro, ao fundamento legal desta causa de exoneração.

No art. 229.º, n.º 1, prevê-se o direito de exoneração do sócio, decorridos dez anos sobre o seu ingresso na sociedade, sempre que nos estatutos se proíba a cessão de quotas. Trata-se de uma causa de exoneração *ad nutum*, fundada na proibição da cessão de quotas, independentemente da duração da sociedade[713].

O direito de exoneração[714] reconhecido nos arts. 229.º, n.º 1 e 185.º, n.º 1, al. a) *in fine*, pretende evitar a vinculação do sócio à sociedade por um período de tempo considerado demasiado longo[715], ou seja, por mais de dez anos. Tem assim uma função análoga à denúncia. No entender do legislador, obrigar o sócio a permanecer na sociedade por mais de dez anos seria atentatório do princípio da livre iniciativa económica[716]. Durante esse período, obrigá-lo a permanecer na sociedade corresponderá a uma vinculação razoável[717], que traduz o consenso alcançado entre a estabilidade contratual[718] e a livre iniciativa económica. Passados os dez anos, não se obriga o sócio a sair da sociedade, mas também não se obriga a permanecer nela. É-lhe concedido o direito de se exonerar. Assim, o fundamento desta causa de exoneração não é a proibição de vínculos perpétuos[719], porquanto a mesma ocorre ainda que a sociedade tenha duração determinada, e porque pode não ter lugar mesmo que a sociedade tenha uma duração indeterminada.

Nestes termos, o fulcral destas duas situações não é a duração da sociedade, mas a duração do vínculo social por um período excessiva-

---

[713] Porém, esta causa só terá relevância se a sociedade tiver uma duração superior a dez anos.

[714] Com maior desenvolvimento, sobre os fundamentos do direito de exoneração *ad nutum*, veja-se VIDEIRA HENRIQUES, *A Desvinculação* ..., cit., pp. 42-52.

[715] No mesmo sentido, RAÚL VENTURA, *Novos Estudos* ..., cit., p. 286.

[716] VIDEIRA HENRIQUES, *A Desvinculação* ..., cit., pp. 49-50, conclui que o fundamento é a tutela da liberdade de iniciativa económica do sócio.

[717] Segundo RAÚL VENTURA, *Novos Estudos* ..., cit., pp. 286-287, este prazo destina-se a evitar exonerações apressadas e participações de pessoas de carácter fictício.

[718] Cf. VIDEIRA HENRIQUES, *A Desvinculação* ..., cit., pp. 55-56 e 216.

[719] No mesmo sentido, VIDEIRA HENRIQUES, *A Desvinculação* ..., cit., pp. 50-51, defende que, quando as partes tenham acordado uma duração superior a dez anos, a ordem jurídica protege a pessoa contra si própria, por ser uma injustificada autodeterminação, não a obrigando a sair, mas permitindo que o faça.

mente longo, ou seja, por um período superior a dez anos. Atende-se ao interesse do sócio, a quem não se pode exigir a continuidade na sociedade, e ao interesse dos restantes sócios em evitar o efeito destrutivo da sociedade, que acarretava a sua denúncia. Nas sociedades em nome colectivo, esta vinculação excessiva, resulta de o vínculo social durar há mais de dez anos, conjugado com a dificuldade posterior de o sócio transmitir a sua participação social, uma vez que a transmissão *inter vivos* da parte social depende do consentimento expresso dos restantes sócios (art. 182.º, n.º 1). Já nas sociedades por quotas, a vinculação excessiva resulta da proibição da cessão de quotas, que impede o sócio de deixar de sê-lo por mais de dez anos. Assim, no caso de a sociedade não proibir a cessão de quotas, ou de esta ser proibida por menos de dez anos, ainda que a sociedade tenha duração indeterminada, o direito de exoneração não é reconhecido, atenta a possibilidade, pelo menos teórica, de o sócio sair da sociedade[720].

Pelo exposto, se este é o fundamento da saída do sócio, o direito de exoneração não pode deixar de ser reconhecido ao sócio que o seja há mais de dez anos, mesmo que a sociedade tenha uma duração até trinta anos. Admitir o contrário, seria permitir uma incongruência de regime entre situações idênticas, com fundamentos iguais, com a agravante de nas sociedades em nome colectivo o sócio responder subsidiariamente pelas dívidas sociais.

A posição adoptada não significa, contudo, que o sócio de uma sociedade em nome colectivo não possa exonerar-se antes terem passado dez anos do seu ingresso na sociedade. Pode fazê-lo, mas apenas com fundamento em justa causa, ou perante a ocorrência de uma outra causa legal ou contratual[721] de exoneração.

---

[720] Conforme sustenta, VIDEIRA HENRIQUES, *A Desvinculação* ..., cit., pp. 51-52, a previsível transmissão da quota assegura a liberdade económica dos sócios.

[721] Mais discutível é saber se podem as partes no contrato de sociedade acordar o direito de exoneração *ad nutum* num período inferior a dez anos.

Contra esta possibilidade, VIDEIRA HENRIQUES, *A Desvinculação* ..., cit., pp. 53, 58-59, considera que o prazo de dez anos é uma norma imperativa mínima e máxima. No seu atender, admitir o direito de exoneração antes desse período seria um mero arrependimento, não existindo um período de eliminação da liberdade de iniciativa económica que justifique o emprego deste instrumento técnico-jurídico.

Em sentido contrário, admitindo tal cláusula, RAÚL VENTURA, *Sociedades por Quotas, Vol. I,* ..., cit., p. 602.

3. Direito de Exoneração por Justa Causa

Nos termos do art. 185, n.º 1, al. b) pode o sócio exonerar-se com fundamento em justa causa. No n.º 2 deste preceito afirma-se existir justa causa de exoneração do sócio quando, contra o seu voto expresso, a sociedade não delibere destituir um gerente, havendo justa causa para tanto, não delibere excluir um sócio, ocorrendo justa causa de exclusão, ou delibere destituir da gerência da sociedade o referido sócio[722]. Estas três situações têm em comum o voto contra uma deliberação social[723]. Discute-se se as situações descritas no art. 185.º, n.º 2, são ou não taxativas. Se a resposta for afirmativa, não se torna tão relevante indagar o conceito de justa causa de exoneração, uma vez que o preenchimento das causas previstas no art. 185.º, n.º 2, justificam a saída do sócio. Pelo contrário, se se entender que as situações descritas são enunciativas, importa aferir um conceito de justa causa de exoneração, uma vez que o direito legal de exoneração ocorre sempre que aquele conceito estiver preenchido.

Na nossa opinião, se tivesse sido intenção do legislador reconhecer o direito de exoneração com fundamento em justa causa apenas nos casos previstos no art. 185.º, n.º 2, os mesmos teriam constado do seu n.º 1, como o fez na al. b) do n.º 1 do art. 240.º, a propósito das sociedades por quotas. Nesse caso, passaríamos a ter não duas, mas quatro causas de exoneração e seria desnecessário qualquer referência à "justa causa de exoneração", que apenas teria lugar quando prevista nos estatutos. Ora, o facto de o legislador apenas ter referido a justa causa como causa de exoneração, no art. 185.º, n.º 1, al. b), sem indicar quaisquer requisitos, contrariamente ao que fez na alínea anterior, leva-nos a concluir que pretendeu que a justa causa, em si mesma, constituísse uma causa legal de exoneração.

---

[722] Nos termos do art. 191.º, n.º 1 salvo disposição em contrário, são gerentes todos os sócios, quer tenham constituído a sociedade, quer adquirido posteriormente essa qualidade.

[723] Segundo RAÚL VENTURA, *Novos Estudos* ..., cit., pp. 288-289, no caso de destituição por sentença judicial, apesar de não haver deliberação dos sócios tomada contra o voto expresso do sócio, conforme exigida pelo art. 185.º, n.º 2, o direito de exoneração tem lugar, uma vez que o sócio é destituído da gerência por iniciativa doutros sócios e contra a sua vontade.

Pelo exposto, concluímos que temos uma causa legal de exoneração nas sociedades em nome colectivo, que é a exoneração por justa causa (art. 185.º, n.º 1, al. b)), constando do n.º 2 do art. 185.º exemplos de justa causa[724]. Assim, ocorrendo uma outra situação que se enquadre no conceito de justa causa de exoneração, ainda que não prevista no art. 185.º, n.º 2, pode o sócio exonerar-se.

Torna-se, pois relevante apurar o conceito de justa causa de exoneração.

No *Direito italiano*, não há definição nem exemplos legais de justa causa de exoneração, transferindo-se para a doutrina e jurisprudência essa tarefa[725].

---

[724] Também MARIA AUGUSTA FRANÇA, *Direito à Exoneração*, cit., p. 210, sustenta que o elenco do art. 185.º, n.º 2 é exemplificativo, com fundamento na sua letra. No mesmo sentido, *vide* ainda MENEZES CORDEIRO, *Manual de Direito das Sociedades, II, ...*, cit., p. 214 e nota 510.

Já OLIVEIRA ASCENSÃO, *Direito Comercial, Volume IV...*, cit., p. 373, defende que o art. 185.º, n.º 2 refere uma lista de justas causas de exoneração.

Em sentido contrário, defendendo que a enumeração do n.º 2 do art. 185.º é taxativa, *vide* RAÚL VENTURA, *Novos Estudos ...*, cit., pp. 289-290. No seu entender, podendo a sociedade prever outras causas de exoneração, não há necessidade de alargar a enumeração legal. No mesmo sentido, COUTINHO DE ABREU, *Curso de ...*, cit., p. 422, com fundamento na especial gravidade da saída de um sócio nestas sociedades, e BRITO CORREIA, *Direito Comercial, ..., Vol. II*, cit., p. 455, por considerar tratar-se de uma derrogação ao princípio da indissolubilidade dos contratos, salvo por mútuo consentimento ou nos casos admitidos por lei.

[725] Sobre esta questão *vide*, por todos, M. A. MOSCATI, *La Violazione degli Obblighi di Correttezza e di Buona Fede come Giusta Causa di Recesso del Socio di una S.N.C.*, La Nuova Giurisprudenza Civile Commentata, ano 19, n.º 1, Parte II, Pádua, 2003, p. 132 e ss. e I. MAFFEZZONI, *In Tema di ...*, cit., p. 1207 e ss..

[726] Neste sentido, veja-se, entre outros: o Ac. do Tribunal de Nápoles de 09.02.1967, F. It., Parte Prima, 1967, pp. 1949-1952; o Ac. do Tribunal de Pavia de 21.04.1989, F. It., Parte Prima, 1990, pp. 1688-1696, que reconduziu a justa causa de exoneração a uma justificada e plausível reacção a um comportamento dos outros sócios que, de modo objectivo, actuaram negativamente nas relações fiduciárias com os restantes sócios; o Ac. da CApp de Milão de 25.10.1992, Giur. It., 1992, p. 323; o Ac. da CssIt de 10.06.1999, Giur. It., 2000, pp. 542-544, segundo o qual a separação entre cônjuges sócios da mesma sociedade, por si só, não constitui fundamento de exoneração com justa causa; o Ac. da CssIt de 14.02.2000, Giur. It., 2000, pp. 1659-1662, que considerou haver justa causa de exoneração quando um dos dois administradores-sócios, apesar de destituído, continua a exercer as suas funções, negando ao outro o acesso ao controlo dos assuntos sociais.

A jurisprudência maioritária[726], motivada pela necessidade da estabilidade societária e natureza excepcional atribuída ao direito de exoneração, reconduz restritivamente a existência de *justa causa de exoneração* à violação de obrigações contratuais e deveres de fidelidade, diligência e urbanidade que afectem a relação societária, em termos análogos aos do mandato. Nesta medida, apenas ocorre enquanto reacção a comportamentos de outros sócios violadores de deveres de lealdade[727], configurando uma espécie de *sanção*. Será, por exemplo, o caso da administração desonesta, da violação reiterada da obrigação de prestação de contas ou da intromissão de um sócio na administração da sociedade.

Já na doutrina, a posição maioritária defende um conceito amplo e elástico de justa causa, não reconduzível apenas ao incumprimento imputável a outros sócios, mas abrangendo um conjunto de factos objectivos e subjectivos que, incidindo na participação social, tornam inexigível a manutenção da relação societária, como, por exemplo, a desavença insanável entre sócios-gerentes acerca da administração da sociedade[728]. Outros AA exemplificam, como justas causas de exoneração[729], *factos relativos* à *sociedade,* como a mudança do seu objecto social ou a alteração do contrato social, *factos relativos aos sócios*, como a doença ou a idade avançada[730], ou ainda *eventos externos à sociedade*, mas com reflexos na mesma, como a aprovação de novas leis, a revogação de alvarás, etc.

No *Direito comercial espanhol* não existe a figura do direito de exoneração por justa causa. Apesar disso, podemos encontrar na doutrina AA[731] que abordam a questão, admitindo como válidas cláusulas que permitem a exoneração por justa causa, designadamente desavenças graves entre sócios ou circunstâncias de índole pessoal que afectem o sócio, como a morte, a doença, o divórcio, ou dificuldades financeiras que não possam ser satisfeitas de outro modo[732]. Há mesmo quem defenda a possibilidade,

---

[727] Sobre esta questão, vide I. MAFFEZZONI, *In Tema di* ..., cit., p. 1207.

[728] Cf. F. DI SABATO, *Manuale delle* ..., cit., p. 149. Veja-se igualmente I. MAFFEZZONI, *In Tema di* ..., cit., p. 1208.

[729] *Vide* I. MAFFEZZONI, *In Tema di...*, cit., pp. 1209-1210 e M. A. MOSCATI, *La Violazione degli* ..., cit., p. 136.

[730] Veja-se E. RAVERA, *Il Recesso,* cit., p. 388.

[731] Cf. ALFARO ÁGUILA-REAL, *Conflictos Intrasocietarios:* ..., cit., pp. 1135 e 1139-1141.

[732] Neste sentido, cf. BRENES CORTÉS, *El Derecho de* ..., cit., pp. 166-167.

a título excepcional, de permitir ao tribunal decretar a saída do sócio, quando não seja justo exigir a sua manutenção na sociedade, designadamente pela prática reiterada de não distribuição de lucros[733].

No *Direito português*, o conceito de justa causa não é estranho. Tem sido bastante trabalhado, sobretudo ao nível do Direito do Trabalho[734], ainda que nem todos os requisitos previstos na justa causa de despedimento laboral possam ser transpostos para o Direito das Sociedades Comerciais. Contudo, pode ser retirado o ensinamento de que estamos perante um conceito indeterminado[735], apreensível de forma casuística[736]. Nas palavras de MENEZES CORDEIRO[737], *«a sua aplicação nunca pode ser automática, antes requerendo decisões dinâmicas e criativas que facultem o seu preenchimento com valorações»*, através de *«uma ponderação dos valores vocacionados para intervir perante o caso concreto»*.

Para a sua concretização, devemos socorrer-nos das justas causas de exoneração previamente definidas pelo legislador (arts. 45.º, n.º 1 e 185.º, n.º 2). Nestas situações, existe justa causa de exoneração porque ocorre um comportamento ora imputável à sociedade (art. 185.º, n.º 2), ora imputável aos restantes sócios ou a terceiros (art. 45.º, n.º 1), mas em qualquer dos casos susceptível da afectar a relação societária. Por outro lado, verificamos que os comportamentos susceptíveis de constituir uma justa causa de exoneração não têm necessariamente de ser ilícitos ou dano-

---

[733] VIERA GONZÁLEZ, *Las Sociedades de Capital* ..., cit., p. 69.

[734] Entre outros, *vide* os diversos trabalhos constantes dos *Estudos do Instituto de Direito do Trabalho, Vol. II Justa Causa de Despedimento*, coordenação de Pedro Romano Martinez, Almedina, Coimbra, 2001.

[735] *Vide*, em geral, BAPTISTA MACHADO, *Pressupostos Sobre a Resolução por Incumprimento*, Obra Dispersa, Vol. I, Scientia Ivridica, Braga, 1991, p. 143. Ao nível laboral, *vide* JOANA VASCONCELOS, *O Conceito de Justa Causa de Despedimento*, Estudos do Instituto de Direito do Trabalho, Vol. II, Justa Causa de Despedimento, coordenação de Pedro Romano Martinez, Almedina, Coimbra, 2001, p. 33 e GUILHERME MACHADO DRAY, *Justa Causa e Esfera Privada*, Estudos do Instituto de Direito do Trabalho, Vol. II, Justa Causa de Despedimento, coordenação de Pedro Romano Martinez, Almedina, Coimbra, 2001, p. 67.

Cf., entre outros, o Ac. do STJ de 11.03.1999 (GARCIA MARQUES), BMJ n.º 485, 1999, p. 432 e o Ac. da RPt de 14.12.2004 (DURVAL MORAIS), www.dgsi.pt (recolhido em Julho de 2006).

[736] Cf. o Ac. do STJ de 11.03.1999 (GARCIA MARQUES), cit., p. 444.

[737] *Justas Causas de Despedimento*, Estudos do Instituto de Direito do Trabalho, Vol. II, Justa Causa de Despedimento, coordenação de Pedro Romano Martinez, Almedina, Coimbra, 2001, p. 12.

sos⁷³⁸. Assim, aquilo que terá motivado o legislador a reconhecer tais situações como justas causas de exoneração foi uma ideia de inexigibilidade de manutenção da relação societária⁷³⁹.

Assim, propõe-se como conceito geral de justa causa de exoneração do sócio o comportamento imputável à sociedade, aos restantes sócios ou terceiros, ou o facto relativo à pessoa do sócio que coloque de tal modo em crise a relação societária que não torne exigível ao sócio afectado por esse evento a sua permanência na sociedade. Neste âmbito, podem constituir justas causas de exoneração, entre outras, o voto contra a deliberação regular de não distribuir dividendos, acompanhada do aumento da remuneração dos sócios gerentes, a existência de divergências insanáveis entre os sócios que impossibilitem a correcta prossecução do objecto social ou a invalidez de um sócio.

SECÇÃO III
Específicas das Sociedades Por Quotas

1. Vícios da Vontade no Ingresso da Sociedade

Registada⁷⁴⁰ a sociedade, a ocorrência de erro, dolo, coacção ou usura, aquando da celebração do contrato de sociedade comercial anónima, por quotas e em comandita por acções⁷⁴¹, pode ser invocada como

---

⁷³⁸ Neste caso, pode o sócio, uma vez preenchidos os restantes requisitos, recorrer à responsabilidade civil.

⁷³⁹ Deste modo, não é exigível a manutenção da relação societária quando há justa causa para excluir um sócio ou gerente e a sociedade não o delibera ou quando o próprio sócio é afastado da sociedade, atendendo à predominância do elemento pessoal (art. 185.º, n.º 2). Do mesmo modo, não é exigível a manutenção da relação societária quando a declaração negocial do sócio foi viciada (art. 45.º, n.º 1).

MENEZES CORDEIRO, *Manual de Direito das Sociedades, II, ...,* cit., p. 215, fala numa quebra da confiança que seja bastante grave.

⁷⁴⁰ Neste sentido, veja-se CURA MARIANO, *Direito de Exoneração dos ...,* cit., p. 48 e MANUEL TRIUNFANTE, *A Tutela das ...,* cit., pp. 296-297. Até lá, aplica-se o disposto no art. 41.º, sem prejuízo de a invalidade determinar a entrada da sociedade em liquidação, nos termos do art. 52.º.

⁷⁴¹ Nas sociedades em nome colectivo e em comandita simples estes vícios são

justa causa[742] de exoneração pelo sócio atingido ou prejudicado (art. 45.º, n.º 1). Por força do disposto no art. 48.º, aplica-se a mesma solução aos sócios supervenientes cuja declaração negocial tenho sido também viciada.

Trata-se de uma disposição, conforme se viu, sem paralelo noutros ordenamentos jurídicos[743], cujo fundamento, conforme se pode retirar do Anteprojecto da Lei das Sociedades Comerciais (art. 21.º, n.º 1)[744], reside no facto de estas sociedades viverem exclusivamente do seu património, e ser excessivo permitir a anulabilidade do negócio jurídico perante tais vícios, apenas constituindo uma causa de exoneração.

A epígrafe do art. 45.º fala em vício da vontade, apesar do seu texto apenas elencar os vícios da vontade resultantes de erro, dolo, coação[745] e usura, deixando de fora a simulação, incapacidade acidental e reserva mental[746].

---

causa de anulação da declaração negocial relativamente ao contraente que sofreu o vício (art. 46.º).

Conforme lembra MENEZES CORDEIRO, *Manual de Direito das Sociedades, I, ...*, cit., p. 513, as sociedades de pessoas caem fora a 1.ª Directiva sobre Sociedades Comerciais, razão pela qual tais vícios estão mais próximos do regime geral.

[742] MARIA AUGUSTA FRANÇA, *Direito à Exoneração*, cit., p. 219, considera a referência à *justa causa* pouco feliz uma vez que os vícios previstos no art. 45.º, n.º 1, não são exemplos de justa causa de exoneração, mas causas de exoneração. Em sentido idêntico, RAÚL VENTURA, *Novos Estudos ...*, cit., p. 283, nota 1, salienta que o adjectivo "justa" deveria ser eliminado, pelos equívocos que pode criar.

[743] Cf. MARIA AUGUSTA FRANÇA, *Direito à Exoneração*, cit., p. 218.

[744] BMJ n.º 191, 1969, pp. 108-109. Vide ainda art. 34.º, do Anteprojecto de FERRER CORREIA/LOBO XAVIER/ÂNGELA COELHO e ANTÓNIO CAEIRO (RDE, ano III, n.º 1, 1977, p. 188).

[745] Segundo BRITO CORREIA, *Direito Comercial, ..., Vol. II*, cit., p. 205, nota 92, e CURA MARIANO, *Direito de Exoneração dos ...*, cit., p. 52, apesar de o legislador falar em coacção, sem distinguir as diferentes modalidades, deve entender-se que apenas está abrangido no preceito a coacção moral, por a coação física não ser um caso de vício da vontade, mas falta dela. Contudo, apesar de a coacção física, conforme resulta dos anteprojectos do art. 45.º, não estar abrangida pelo preceito, não deve relevar nos termos gerais, mas como justa causa de exoneração, por analogia, sob pena violação do art. 11.º, n.º 2, da 1.ª Directiva sobre Sociedades Comerciais.

[746] Não nos parece que este problema se coloque nos mesmos exactos termos relativamente à declaração não séria, falta de consciência da declaração e coacção física na medida em que nestas situações não se está perante um problema de vontade viciada, mas de falta de vontade. Neste sentido, cf. PAIS DE VASCONCELOS, *Teoria Geral do Direito Civil*, 4.ª edição, 2007, Almedina, Coimbra, 2007, pp. 654-658.

Vide nota de rodapé anterior.

Será que na epígrafe do artigo o legislador disse mais do que pretendia ou, pelo contrário, foi na sua redacção que disse menos do que pretendia?

Oliveira Ascensão[747] defende apenas a inclusão, por interpretação extensiva da epígrafe do art. 45.º, da declaração simulada, posição contrariada por Ferrer Correia[748].

Segundo Menezes Cordeiro[749], competirá, quanto aos restantes vícios da vontade, caso a caso, verificar se podem constituir, por analogia, justa causa de exoneração.

Já Cura Mariano[750] considera que a omissão de tais vícios foi intencional, por não merecerem tutela legal, atendendo à intencionalidade da divergência de quem emite tais declarações.

A nossa convicção é de que os vícios da vontade omissos no art. 45.º, n.º 1, podem constituir, por analogia, justa causa de exoneração, nos mesmos moldes previstos na lei civil. Caso contrário, das duas uma: ou se defendia a sua irrelevância jurídica, não se tutelando o sócio que emitiu a declaração viciada, o que não nos parece justificável, ou se defendia a sua relevância nos termos gerais, o que poderia ser uma violação do art. 11.º, n.º 2, da 1.ª Directiva sobre Sociedades Comerciais (68/151/CEE, de 09.03.1968)[751].

Quer a anulação[752] da declaração negocial, quer a declaração de exoneração têm o mesmo efeito, ou seja, a saída do sócio da sociedade. Além

---

[747] *Direito Comercial, Volume IV...*, cit., pp. 228-229.
No art. 34.º, do Anteprojecto de Ferrer Correia/Lobo Xavier/Ângela Coelho e António Caeiro (RDE, ano V, n.º 1, 1979, pp. 153-154) afastou-se a simulação, mas considerou-se que, quando esta atingisse todas as participações, o problema seria resolvido pela nulidade global do contrato que previa a simulação (art. 32.º, n.º 1, al. b)) podendo, através desta, o sócio sair da sociedade.

[748] *A Nova Sociedade por Quotas de Responsabilidade Limitada no Direito Português*, Scientia Ivridica, n.ºs 199-204, 1986, p. 348, e nota 21-bis. Aliás, este A., *Lei das ...*, cit., p. 110, previa no art. 21.º, n.º 1, do seu anteprojecto a simulação.

[749] *Manual de Direito das Sociedades, I, ...*, cit., p. 517.

[750] *Direito de Exoneração dos ...*, cit., p. 48.

[751] Sobre a 1.ª Directiva sobre Sociedades Comerciais, vide Menezes Cordeiro, *Direito Europeu ...*, cit., pp. 127-180, e *Manual de Direito das Sociedades, I, ...*, cit., pp. 503-505.

[752] Segundo Raúl Ventura, *Adaptação do Direito Português à 1.ª Directiva da CEE sobre Direito das Sociedades*, Separata de Documentação e Direito Comparado, n.º 2, 1980, pp. 90-91, nota 62, não se justificava nos casos de erro, dolo, coacção e usura

disso, em termos de funcionamento, o próprio art. 45.º, n.º 1, estabelece a necessidade de que se verifiquem, quanto à exoneração, as circunstâncias, incluindo o tempo, de que, segundo a lei civil, resultaria a sua relevância para efeitos de anulação do negócio jurídico. A grande particularidade ao nível da relevância destes vícios resulta do facto de estarmos na presença de um contrato plurilateral. Nessa medida, uma vez que os requisitos civis de relevância jurídica destes vícios foram determinados por motivos de protecção do declaratário, têm de ocorrer relativamente a todos os outorgantes. Assim, conforme ensina FERRER CORREIA[753], importa distinguir consoante o vício seja:

– *Erro* – Se o erro for na declaração, sobre a pessoa do declaratário ou sobre o objecto do negócio, será necessário que os restantes sócios conheçam ou não devam ignorar a sua essencialidade (arts. 247.º e 251.º, do CC). Se o erro for sobre os motivos, e não se refira à pessoa do declaratário nem ao objecto do negócio, será neces-sário que os restantes sócios tenham reconhecido, por acordo, a essencialidade do motivo (art. 252.º, do CC);

– *Erro por dolo* – Se o dolo proceder de apenas um dos sócios, para ser relevante, tem ser conhecido ou poder ser conhecido por todos os contraentes destinatários, aplicando-se o regime relativo ao dolo de terceiro (art. 254.º, n.º 2, do CC);

– *Coacção* – À coação moral provinda apenas por um dos contraentes aplica-se o regime de que depende a coação provinda de terceiros, ou seja, é necessário que seja grave o mal e justificado o receio da sua consumação (art. 256.º, do CC), salvo se os restantes contraentes conheciam ou devessem conhecer o vício no momento da conclusão do negócio jurídico (art. 255.º, do CC);

---

um desvio tão grande aos princípios gerais dos vícios da vontade em matéria contratual, tendo sido preferível consagrar uma anulabilidade parcial, com reembolso actual da participação social. Mais recentemente, JOÃO LABAREDA, *Das Acções das* ..., cit., pp. 310 e 318, adopta posição idêntica. Contudo, tal solução descaracterizaria de tal modo o regime geral da anulabilidade, que bem esteve, no nosso entender, o legislador ao estabelecer o direito de exoneração.

[753] *Lei das* ..., cit., pp. 104-108, e *Lições de Direito Comercial, reprint*, Lex, Lisboa, 1994, pp. 272-273. No mesmo sentido, PUPO CORREIA, *Direito Comercial Direito da Empresa*, 10.ª edição, Ediforum, Lisboa, 2007, pp. 171-172 e CURA MARIANO, *Direito de Exoneração dos* ..., cit., pp. 50-51.

– *Usura* – Apenas é necessário o preenchimento dos requisitos do art. 282.º, n.º 1, do CC, pelo coactor.

Em termos de regime, são três as diferenças entre a anulação parcial da declaração negocial, por vício na formação da vontade do sócio que ingressou da sociedade, e a declaração de exoneração pelos mesmos motivos: o reembolso da participação social, a maior possibilidade de subsistência do contrato social e o não exercício judicial da declaração de exoneração.

Na anulação da declaração negocial não há um reembolso da participação social, mas a restituição da entrada, uma vez que tem eficácia retroactiva[754] (art. 289.º, do CC). Nessa medida, o sócio apenas teria direito a reaver o que prestou, independentemente do valor da sua participação social no momento da anulação[755]. Tratando-se de entrada em espécie, esta seria restituída, com os inconvenientes que tal restituição pode ter para a sobrevivência da sociedade. Pelo contrário, constituindo tais vícios causas de exoneração, o sócio terá direito ao reembolso do valor da participação social, aferido ao tempo da recepção pela sociedade da declaração de exoneração, ou seja, pelo seu valor actual.

Em segundo lugar, as possibilidades de subsistência do contrato social na exoneração do sócio são maiores que na anulação da declaração negocial, mesmo que restrita a alguns dos sócios, uma vez que o negócio pode ser invalidado (art. 292.º, do CC)[756]. Já a exoneração do sócio não permite recorrer ao art. 292.º, do CC, cuja aplicação depende da invalidade do contrato, uma vez que o legislador comercial não trata os vícios da vontade da declaração negocial nas sociedades de capitais como invalidades.

Por último, a declaração de exoneração, contrariamente à anulação do contrato, que é de exercício judicial, através de sentença constitutiva, não é de exercício judicial[757]. Sem prejuízo, sempre se dirá não ser aparentemente esse o sentido da lei[758]. Com efeito, o art. 49.º, n.º 2, estabe-

---

[754] Neste sentido, cf. OLIVEIRA ASCENSÃO, *Direito Comercial, Volume IV...*, cit., p. 222.

[755] Veja-se, neste sentido, FERRER CORREIA, *Lei das ...*, cit., p. 109.

[756] Em sentido idêntico, cf. DANIELA BAPTISTA, *O Direito de ...*, cit., p. 187.

[757] Em sentido contrário, defendendo que a exoneração do art. 45.º, n.º 1 corresponde a uma acção, *vide* DANIELA BAPTISTA, *O Direito de ...*, cit., p. 193.

[758] A explicação para tal facto poderá residir, conforme observa CURA MARIANO, *Direito de Exoneração dos ...*, cit., p. 56, nota 90, no facto de os actuais arts. 50.º e 51.º

lece que "*o vício se considera sanado se o notificado não intentar a acção no prazo de cento e oitenta dias a contar do dia em que tenha recebido a notificação*", e o art. 50.º, n.º 1, refere que "*proposta a acção para fazer valer o direito conferido pelo art. 45.º [...]*". Contudo, apesar destas duas referências a uma acção judicial, as mesmas dizem respeito apenas à anulação. Começando pelo art. 50.º, n.º 1, deve fazer-se uma interpretação restritiva do preceito, considerando que a referência ao art. 45.º se refere apenas ao seu n.º 2, ficando de fora o n.º 1. Relativamente à acção prevista no art. 49.º, n.º 2, deve entender-se que também apenas se refere à acção de anulação, uma vez que a exoneração não corresponde a uma acção, mas uma mera declaração, ainda que os pressupostos do seu funcionamento possam ser judicialmente apreciados. Não obstante, somos da opinião que a solução do art. 49.º, n.º 1, continua a verificar-se, ainda que extrajudicialmente. Nessa medida, qualquer interessado pode notificar o sócio titular do direito de exoneração para que este o exerça, sob pena de caducidade, e, consequentemente, não mais poder sair da sociedade com aquele fundamento – *provocatio ad agendum*. Assim, o prazo de um ano para o exercício da declaração de exoneração, contado a partir da cessação do vício que lhe deu fundamento (art. 287.º, n.º 1, *in fine* do CC), poderá ser encurtado[759]. No mesmo sentido, perante uma declaração de exoneração, pode a sociedade, ou um dos sócios, requerer medidas para evitar as consequências do seu exercício, o que também indicia, conforme se desenvolverá[760], que a exoneração não se dá automaticamente com a recepção da declaração de exoneração (arts. 50.º e 51.º).

---

terem tido por fonte os arts. 36.º e 37.º do Anteprojecto de FERRER CORREIA/LOBO XAVIER/ÂNGELA COELHO e ANTÓNIO CAEIRO (RDE, ano III, n.º 1, 1977, pp. 190-191), inspirado no art. 365.º, da lei francesa de 1966. Contudo, este artigo apenas previa um direito de anulação por vícios da vontade, surgindo o direito de exoneração, não como uma consequência de vícios da vontade, mas como medida alternativa. Assim, a *transposição* de um preceito onde apenas se previa o direito de anulação poderá explicar esta ausência de distinção menos cuidada entre a acção de anulação e a declaração de exoneração.

[759] Cf. MANUEL TRIUNFANTE, *A Tutela das ...*, cit., p. 296.
[760] *Vide* n.º 4, Secção I, Capítulo V, da Terceira Parte.

Em sentido contrário, defendendo a inaplicabilidade das alternativas dos art. 50.º e 51.º às situações do art. 45.º, n.º 1, *vide* CURA MARIANO, *Direito de Exoneração dos ...*, cit., p. 56, com o argumento de que tais alternativas pressupõem a existência de uma acção para o exercício do direito, o que só sucede com o direito de anulação.

Pelo exposto, conclui-se que o reconhecimento do direito de exoneração perante a ocorrência de vícios na formação da vontade do sócio na constituição da sociedade afigura-se melhor solução que a anulabilidade[761], quer do ponto de vista dos interesses da sociedade, quer dos restantes sócios e de terceiros[762], quer ainda do ponto de vista de compatibilização com a legislação comunitária. Simultaneamente, serve os interesses do sócio que emitiu declaração negocial viciada.

Por tudo isto, entendemos que a lógica subjacente ao direito de exoneração do art. 45.º, n.º 1, escapa à das restantes causas de exoneração. A sua fundamentação reside essencialmente no facto de se ter retirado ao sócio, cuja declaração foi viciada, a aplicação de uma solução decorrente dos princípios gerais e que lhe permitiria sair da sociedade. Uma vez retirado este mecanismo e porque, não obstante, não seria exigível obrigá-lo a permanecer na sociedade, foi-lhe reconhecido o direito de exoneração. Assim, as semelhanças entre esta causa de exoneração e a resolução legal do contrato são manifestas.

2. Interpelação para Realizar a Entrada de Novo Sócio Resultante de Aumento do Capital Social

Nos aumento do capital social, através de novas entradas a subscrever por novos sócios, ficam os restantes sócios[763] solidariamente responsáveis com aquele pelo seu pagamento. Assim sucede quando a sociedade deliberar a exclusão do sócio remisso e a perda total ou parcial da sua quota a seu favor (arts. 204.º e 207.º, n.ºs 1 e 2) ou, quando não o fazendo, não conseguir obter o pagamento da entrada não realizada (art. 207.º, n.º 4).

---

[761] Vide Brito Correia, *Direito Comercial, ..., Vol. II*, cit., p. 206.

[762] Para Cura Mariano, *Direito de Exoneração dos ...*, cit., pp. 46-48, a protecção de terceiros e do tráfego jurídico comercial terá sido a razão do recurso ao direito de exoneração.

[763] Segundo Raúl Ventura, *Sociedades por Quotas, Vol. I, ...*, cit., pp. 190-191, não se enquadram neste conceito o sócio remisso/excluído, cuja responsabilidade está delineada pelo art. 204.º, os anteriores titulares da quotas, sujeitos ao art. 206.º, o adquirente da quota pela venda da sociedade ao abrigo do art. 205.º, o sócio remisso titular de outra quota, por ser já responsável como sócio remisso, nem a sociedade titular de quota própria. Assim, são considerados outros sócios, todos aqueles que forem titulares de «relações de sociedade válidas e eficazes».

Esta responsabilidade não funciona de modo automático, carecendo ora de uma deliberação social, ora de uma cobrança da obrigação de entrada pelo sócio remisso. Assim, conforme observa RAÚL VENTURA[764], quanto mais tentativas de cobrança por outras vias tenham sido feitas, melhores probabilidades têm os restantes sócios de não responder ou de responder por menores quantias.

A responsabilidade pelo cumprimento da obrigação de entrada dos outros sócios mais não é que uma manifestação do regime geral da responsabilidade solidária dos sócios pelas entradas convencionadas no contrato[765], destinada a assegurar a realização integral do capital social (art. 197.º, n.º 1). Contudo, quando tal responsabilidade surgir por aumento do capital social, a situação patrimonial do sócio responsável pode ficar manifestamente agravada, uma vez que se trata de uma operação que, sendo possível, não são previsíveis o momento e as suas condições concretas[766]. No limite, os sócios que até não tenham subscrito o aumento do capital social, por não disporem de recursos económicos para o fazerem, podem ver-se obrigados a responder pelo cumprimento da obrigação de entrada de outros que subscreveram, mas não realizaram, o aumento[767]. Têm, pois, o direito de exoneração[768], traduzido no *"direito de porem à disposição da sociedade a sua quota"*[769] (art. 207.º, n.º 2). Colocando a sua quota à disposição da sociedade, esta terá de proceder à sua liquida-

---

[764] *Sociedades por Quotas, Vol. I*, ..., cit., p. 189.

[765] Cf. RAÚL VENTURA, *Sociedades por Quotas, Vol. I*, ..., cit., p. 187.

[766] Neste sentido, RAÚL VENTURA, *Sociedades por Quotas, Vol. I*, ..., cit., p. 193. No entender de CURA MARIANO, *Direito de Exoneração dos* ..., cit., p. 80, o acréscimo de responsabilidade só é inexigível quando resulte do incumprimento de um sócio que não fazia parte do projecto social inicial.

[767] Quanto aos novos sócios, responsáveis pelo cumprimento das prestações em dívida pelas antigas quotas (art. 207.º, n.º 2), não podem exonerar-se uma vez que, aquando do ingresso na sociedade, podiam conhecer tal situação e optar por não ingressar na sociedade. Cf. RAÚL VENTURA, *Sociedades por Quotas, Vol. I*, ..., cit., p. 193.

[768] Considerando tratar-se de um direito de exoneração, veja-se CURA MARIANO, *Direito de Exoneração dos* ..., cit., p. 79. RAÚL VENTURA, *Sociedades por Quotas, Vol. I*, ..., cit., p. 194, considera que o «*instituto que melhor corresponde à intenção de defender o sócio da nova responsabilidade, embora à custa do abandono da sociedade, é a exoneração [...].*»

[769] A redacção actual do art. 207.º, n.º 2, teve por fonte o art. 79.º, n.º 2, do Anteprojecto de FERRER CORREIA/LOBO XAVIER/ÂNGELA COELHO e ANTÓNIO CAEIRO (RDE, ano V, n.º 1, 1979, pp. 169-170).

ção, deixando o seu titular de ser sócio. Nessa medida, deverá aplicar-se o regime do art. 240.°[770].

O seu exercício não depende de o sócio ter votado contra o aumento do capital social[771], mas apenas de lhe ser exigido o cumprimento da obrigação de entrada relativamente a novos sócios remissos e de a sua entrada se encontrar liberada, em consonância com o art. 240.°, n.° 2.

3. Proibição da Cessão de Quotas

O afastamento estatutário da cessão de quotas é um instrumento que, uma vez utilizado, torna a sociedade por quotas fechada[772], protegendo-a da entrada de terceiros, acentuando ainda mais a prevalência do elemento pessoal sobre o patrimonial[773]. Contudo, este afastamento sem mais, tendo a sociedade duração indeterminada, seria a criação de um vínculo contratual perpétuo, em clara violação do princípio constitucional da livre iniciativa económica. Neste caso, o sócio ficaria para sempre prisioneiro da sociedade.

A solução encontrada para harmonizar o interesse da sociedade por quotas em se manter fechada, com o interesse de os seus sócios não ficarem excessivamente prisioneiros da mesma, foi a de permitir a proibição[774] da cessão de quotas, mas conceder aos sócios o direito de exoneração, decorridos dez anos[775] sobre o seu ingresso[776] na sociedade

---

[770] Veja-se CURA MARIANO, *Direito de Exoneração dos* ..., cit., p. 80.

[771] Criticando esta solução, por considerar que o sócio que tenha votado a favor do aumento do capital social, assumiu o risco de os novos sócios não cumprirem essa obrigação, *vide* CURA MARIANO, *Direito de Exoneração dos* ..., cit., p. 80.

[772] A sua transmissão ainda pode ocorrer, mas será menos frequente, uma vez que o instrumento típico de transmissão de quotas é a sua cessão. Ainda assim, pode ocorrer a transmissão *mortis causa*, a transmissão forçada e ainda a transmissão gratuita.

[773] A prevalência do elemento pessoal já resultava da necessidade do consentimento da sociedade para a cessão de quotas, na ausência de estipulação em contrário (arts. 228.°, n.° 2 e 229, n.° 2).

[774] No caso de a cessão estar apenas sujeita ao consentimento da sociedade, e este não ser dado, não se justifica o direito exoneração do sócio, uma vez que a comunicação de recusa dirigida ao sócio incluirá uma proposta de amortização ou de aquisição da sua quota e, senão for feita, a cessão torna-se livre (art. 231.°, n.°s 1 e 2, al. a)).

[775] No Anteprojecto de RAÚL VENTURA (arts. 32.°, n.° 4 e 72.°, n.° 3 *in* BMJ n.° 182, 1969, pp. 218 e 242), o prazo era de cinco anos e no Anteprojecto de FERRER

(art. 229.º, n.º 1), sem prejuízo da sua exoneração em momento anterior por ocorrência de outras causas legais de exoneração. Se a sociedade tiver introduzido esta proibição depois de constituída o prazo dos dez anos contar-se-á a partir da data da sua introdução, para os sócios que já fizessem parte da mesma, mesmo que tenham votado a favor da introdução dessa cláusula, ou da data do ingresso na sociedade, para os restantes sócios[777].

Também nas sociedades por quotas se levanta o problema de saber se este prazo de dez anos é imperativo e, em caso afirmativo, se esta imperatividade é máxima, mínima ou ambas. Para a maioria da doutrina o art. 229.º, n.º 1, estabelece um prazo imperativo máximo, pelo que, passados dez anos sobre o ingresso do sócio, este pode exonerar-se. Assim, a fixação de um prazo superior seria uma limitação inadmissível de um direito de exoneração atribuído de forma imperativa.

Mais problemático é saber se o art. 229.º, n.º 1, também prevê um prazo imperativo mínimo. Neste sentido, se pronunciaram VIDEIRA HENRIQUES[778] e CURA MARIANO[779], com o fundamento de que a previsão do

---

CORREIA/LOBO XAVIER/ÂNGELA COELHO e ANTÓNIO CAEIRO (art. 57.º in RDE, Ano V, n.º 1, 1979, p. 161), de três anos. O prazo de dez anos apenas surgiu com o Projecto do Código das Sociedades (art. 212.º, n.º 1 in BMJ n.º 327, 1983, p. 168).

FERRER CORREIA, *A Sociedade por Quotas de Responsabilidade Limitada nos Projectos do Futuro Código das Sociedades Comerciais*, Temas de Direito Comercial e Direito Internacional Privado, Almedina, Coimbra, 1989, p. 102, considera excessivo este prazo de dez anos.

Conforme se viu, no Direito espanhol a proibição da cessão de quotas é uma causa legal de exoneração. No entanto, aqui o limite máximo de permanência na sociedade, antes do exercício da exoneração, é de cinco anos.

[776] Também aqui RAÚL VENTURA, *Sociedades por Quotas, Vol. I, ...,* cit., p. 602, defende que, na transmissão *mortis causa* da parte social, pode somar-se o tempo de sociedade do *de cujos* com o do adquirente. Temos, porém, algumas reservas em admitir tal solução, uma vez que, dependendo a transmissão *mortis causa* do consentimento do sucessor, existirá, por parte de quem a aceita, uma decisão livre e voluntária, não existindo até ao momento da aceitação qualquer afectação da sua liberdade de iniciativa económica.

[777] Neste sentido, *vide* CURA MARIANO, *Direito de Exoneração dos ...,* cit., p. 45.

[778] *A Desvinculação ...,* cit., pp. 57-59. No seu entender, *ibidem*, p. 58, nota 68, tais cláusulas apenas podem significar a possibilidade de cessão de quotas.

[779] *Direito de Exoneração dos ...,* cit., p. 45.

direito de exoneração por um período mais curto seria a previsão da exoneração arbitrária, proibida pelo art. 240.º, n.º 8. Em sentido contrário, RAÚL VENTURA[780] admite como válidas as cláusulas que atribuam o direito de exoneração, decorrido um prazo mais curto. Na nossa opinião, o direito de exoneração contratual *ad nutum* por proibição da cessão de quotas por um período inferior a dez anos viola o art. 240.º, n.º 8, uma vez que significa que o sócio está a exonerar-se arbitrariamente, com fundamento na duração do vínculo social. Nessa medida, tal cláusula não será admissível, podendo valer apenas como permissão para a cessão de quotas[781].

O fundamento do direito de exoneração por proibição da cessão de quotas é, conforme foi sustentado, evitar a vinculação opressiva do sócio à sociedade, por um período de tempo excessivo[782], prosseguindo uma função análoga à denúncia.

4. Oposição à Deliberação de Aumento do Capital Social a Subscrever por Terceiros

Na continuidade do regime anterior, as deliberações sociais de aumento do capital social relevam em termos de exoneração do sócio. Contudo, enquanto no regime anterior o simples aumento do capital constituía causa de exoneração (art. 41.º, § 3, da LSQ)[783], no regime actual apenas a deliberação social de aumento do capital social a subscrever total ou parcialmente por terceiros é causa de exoneração para o sócio que votou contra a sua aprovação (art. 240.º, n.º 1, al. a)). Deste modo, não é o aumento do capital social, em si mesmo, nem a eventual diminuição da

---

[780] *Sociedades por Quotas, Vol. I, …,* cit., p. 602.

[781] Neste sentido, veja-se VIDEIRA HENRIQUES, *A Desvinculação …,* cit., p. 58, nota 68.

[782] No mesmo sentido, cf. RAÚL VENTURA, *Novos Estudos …,* cit., p. 286.

[783] Segundo LOBO XAVIER, *Acerca do Exercício do Direito de Exoneração ou Afastamento em Caso de Aumento do Capital de Sociedade por Quotas,* Separata da RDES, ano XXI, Coimbra, 1977, p. 285, a *ratio* do direito de exoneração era «*subtrair os interessados à penosa alternativa que muitas vezes se lhes depararia: sujeitarem-se ao enfraquecimento da sua posição relativa dentro da sociedade, ou efectuarem um desembolso que, por hipótese, é contrário às suas conveniências ou excede mesmo as suas possibilidades*».

representatividade do sócio que fundamentam o direito de exoneração, mas a possibilidade de o mesmo ser subscrito por terceiros[784].

No aumento do capital social a ser subscrito pelos sócios, a sua tutela efectiva-se pela exigência de uma maioria qualificada de três quartos dos votos para a sua aprovação (art. 265.º, n.º 1), e pelo direito de preferência dos sócios na subscrição de novas quotas. Este só pode ser limitado ou suprimido na assembleia geral que aprovar o respectivo aumento, desde que o interesse social o justifique (arts. 266.º, n.º 4, que remete para o art. 460.º)[785]. Não tendo medida fixa, o direito de preferência pode abarcar todo o aumento, não se circunscrevendo à proporção das quotas detidas[786]. Se o sócio, titular do direito de preferência, não estiver em condições de subscrever o aumento e, em consequência, o mesmo for subscrito por terceiros, não deve surgir o direito de exoneração, uma vez que a entrada do terceiro foi possibilitada pelo sócio que não subscreveu o aumento do capital[787]. Já quando o aumento só se destina a terceiros, porque foi afas-

---

[784] A restrição do direito de exoneração nas deliberações de aumento do capital social a subscrever por terceiros constava do art. 246.º, n.º 1, al. a), do Projecto do Código da Sociedades (BMJ n.º 327, 1983, p. 187) e no Anteprojecto de FERRER CORREIA/LOBO XAVIER/ÂNGELA COELHO e ANTÓNIO CAEIRO (art. 125.º, n.º 1, al. a) *in* RDE, ano V, n.º 1, 1979, p. 188). Já no Anteprojecto de RAÚL VENTURA (art. 72.º, n.º 2, al. a) *in* BMJ n.º 182, 1969, p. 242), o direito de exoneração era reconhecido por aumento do capital social.

[785] Conforme observa CURA MARIANO, *Direito de Exoneração dos* ..., cit., p. 59, nota 93, nos termos do disposto no art. 198.º, n.º 2, al. b), do CIRE, pode ser afastado o direito de preferência dos sócios nos aumentos de capital. Quando tal suceder, o direito de exoneração deve ser reconhecido, por analogia, uma vez que o sócio merece ser tutelado.

Com maior desenvolvimento, sobre o direito de preferência dos sócios nos aumentos do capital social nas sociedades por quotas, vide PEDRO DE ALBUQUERQUE, *Direito de Preferência dos Sócios em Aumentos de Capital nas Sociedades Anónimas e por Quotas*, Almedina, Coimbra, 1993, p. 117 e ss..

[786] Cf. PEDRO DE ALBUQUERQUE, *Direito de Preferência* ..., cit., p. 263.

[787] No mesmo sentido, CURA MARIANO, *Direito de Exoneração dos* ..., cit., p. 59 e RAÚL VENTURA, *Sociedades por Quotas, Vol. II,* ..., cit., pp. 21-22, defendem que, se o sócio não subscrever o aumento do capital social, possibilita voluntariamente a entrada de novos sócios.

Também no Direito italiano, com a reforma de 2003, passou a reconhecer-se nas sociedades de responsabilidade limitada o direito de exoneração nas *deliberações de aumento do capital social, mediante a emissão de novas quotas a serem subscritas por terceiros* (art. 2481.º-bis, do CC It.).

tado o direito de preferência[788] ou porque este não existe sequer, por exemplo no aumento por entradas em espécie, o direito de exoneração deve ser reconhecido, porque o sócio que contra essa deliberação votou não teve possibilidade de evitar a entrada de terceiros. Neste caso, prevalecem os interesses da sociedade e uma vez realizado o aumento, não só a estrutura patrimonial da sociedade se altera, mas também a sua estrutura pessoal, através da entrada de novos sócios. Atendendo à relevância do elemento pessoal[789] na sociedade por quotas, reconheceu-se ao sócio que, em certas situações, não quer ver entrar novos sócios o direito de sair da sociedade.

5. Oposição à Deliberação de Modificação do Objecto Social

Um projecto de investimento e todos os riscos que lhe são inerentes estão, por natureza, associados ao seu objecto. O mesmo sucede na participação numa sociedade comercial, em que o seu objecto se encontra em estreita ligação com a causa do contrato de sociedade[790].

O objecto social, além de ser um elemento obrigatório do contrato, tem de estar determinado (arts. 9.º, n.º 1, al. d) e 11.º, n.º 2)[791]. Apesar disso, a prática tem demonstrado que grande parte das sociedades comerciais opta por ter objectos sociais demasiado amplos, nalguns casos indeterminados[792], de modo a permitir o exercício de quaisquer actividades, sem ter de alterar os seus estatutos.

---

[788] Com maior desenvolvimento, sobre as condições de supressão ou limitação do direito de preferência, *vide* PEDRO DE ALBUQUERQUE, *Direito de Preferência ...*, cit., p. 299 e ss..

[789] Para CURA MARIANO, *Direito de Exoneração dos ...*, cit., p. 58, a estrutura habitualmente fechada desta sociedade é que justifica o direito de exoneração.

[790] *Vide* VELASCO ALONSO, *El Derecho ...*, cit., p. 98.

[791] Nas sociedades comerciais tem de ser uma actividade económica comercial que não seja de mera fruição (art. 1.º, n.º 3, do CSC, e art. 980.º, do CC, este último por remissão do art. 2.º). Com maior desenvolvimento, *vide* COUTINHO DE ABREU, *Curso de ...*, cit., pp. 10-13.

[792] Cláusulas relativas ao objecto social do género a sociedade tem por objecto o "exercício de actos comerciais" ou/e "a prática de quaisquer outros actos não proibidos por lei", devem ser consideradas ilícitas por não determinarem o objecto social. Cf. COUTINHO DE ABREU, *Curso de ...*, cit., p. 105.

A obrigatoriedade de determinação do objecto social prossegue diferentes interesses[793]. Desde logo, os *interesses dos sócios*, uma vez que, através da sua determinação, os sócios demonstram a que projecto pretendem afectar certos bens. Por outro lado, a determinação do objecto social permite aos sócios controlar a actuação dos administradores/ /directores/gerentes, requerer a dissolução judicial da sociedade pela prática de actos fora do objecto social, conhecer e impugnar acordos sociais que lesem interesses da sociedade em benefício de um ou vários sócios ou de terceiros ou ainda aferir da prática de comportamentos concorrenciais. Estas finalidades dificilmente são alcançadas se o objecto social for indeterminado. Por outro lado, a determinação do objecto social releva ainda em termos de vinculação da própria sociedade (arts. 6.º, n.º 4, 260.º, n.ºs 1 e 2 e 409.º, n.ºs 1 e 2) e da sua sujeição à legislação especial, como sucede, designadamente, ao nível das sociedades de locação financeira ou gestoras de participações sociais.

A modificação do objecto social pode ser entendida numa dupla perspectiva. Numa perspectiva material de alteração das actividades sociais, para cuja realização foi constituída a sociedade, e numa perspectiva formal de modificação dos estatutos que regem a vida da sociedade[794]. Nesta segunda perspectiva, a modificação do objecto social nas sociedades por quotas encontra-se sujeita a uma maioria reforçada de modificação dos estatutos (art. 265.º, n.º 1).

5.1. *A Modificação de Facto do Objecto Social*

Existe modificação de facto do objecto social sempre que a sociedade exerça, a título principal ou acessório, uma actividade social não compreendida no seu objecto social, desacompanhada da modificação dos estatutos.

Levanta-se a questão de se saber se, neste caso, o direito de exoneração deve ou não ser reconhecido.

Este problema foi desenvolvido no Direito espanhol. Neste ordenamento, a resposta da maioria da doutrina é no sentido de que tal circunstância não poderá fundamentar o direito de exoneração, que apenas ocorre

---

[793] No Direito espanhol, com maior desenvolvimento, cf. BRENES CORTÉS, *El Derecho de* ..., cit., p. 180 e ss..

[794] Cf. VELASCO ALONSO, *El Derecho* ..., cit., p. 110.

na modificação formal do objecto social, tendo em atenção o carácter restritivo com que o mesmo é reconhecido na lei. Assim, no caso de modificação de facto do objecto social ao sócio restaria intentar uma acção destinada ao restabelecimento do objecto social, impugnar as deliberações sociais não compreendidas no mesmo e, ainda, se for o caso, uma acção de responsabilidade civil contra os órgãos administrativos[795].

Somos da opinião de que também no Direito português o exercício de facto de uma actividade social não compreendida no objecto social da sociedade comercial não constitui uma causa de exoneração do sócio. Para efeitos de direito de exoneração nas sociedades por quotas, o legislador apenas considerou como modificação do objecto social a resultante da alteração dos estatutos. Com efeito, a lei é clara ao restringir o direito de exoneração ao sócio que tenha votado contra a deliberação social de modificação do objecto social (art. 240.º, n.º 1, al. a)) [796].

Nestes termos, nos casos de exercício de facto de uma actividade não compreendida no objecto social, a tutela do sócio efectiva-se pela possibilidade de requerer a dissolução administrativa da sociedade (art. 142.º, n.º 1, al. d))[797], sem prejuízo de eventual responsabilização dos gerentes pelos danos causados (art. 79.º). A sociedade será dissolvida e o sócio sairá desta, obtendo o reembolso da sua quota. Caso a sociedade delibere inserir no seu objecto social a actividade social exercida de facto com vista a sanar esse vício e tornar supervenientemente inútil a acção de dissolução[798], o sócio que tenha votado contra essa deliberação social poderá exonerar-se.

---

[795] Neste sentido, vide, entre outros, FARRANDO MIGUEL, El Derecho de ..., cit, p. 91, LEÑA FERNÁNDEZ/RUEDA PÉREZ, Derecho de Separación y Exclusión ..., cit., p. 22 e VIERA GONZÁLEZ, Las Sociedades de Capital ..., cit., p. 124. Vide ainda GARCÍA DE ALBIZU, El Objeto Social en la Sociedad ..., cit., pp. 323-324.

[796] Trata-se de uma causa de exoneração comum ao Anteprojecto de FERRER CORREIA/LOBO XAVIER/ÂNGELA COELHO e ANTÓNIO CAEIRO (art. 125.º, n.º 1, al. a) in RDE, ano V, n.º 1, 1979, p. 188) e de RAÚL VENTURA (art. 72.º, n.º 2, al. a) in BMJ n.º 182, 1969, p. 242).

[797] Cf., com igual posição, CURA MARIANO, Direito de Exoneração dos ..., cit., p. 61.
Com maior desenvolvimento, vide RAÚL VENTURA, Dissolução e ...., cit., pp. 132--134, salientando que exercer uma actividade pressupõe uma certa permanência, «não estando abrangida no preceito a simples prática de algum acto isolado».
Já nas sociedades de responsabilidade limitada do Direito Italiano, o direito de exoneração é reconhecido nos casos de alteração do objecto social, seja por deliberação, seja por modificação de facto (§ 1 do art. 2473.º, do CC It.). Cf. nota de rodapé 393.

[798] Situação expressamente prevista no art. 144.º, n.º 2, até à aprovação do DL n.º 72-A/2006, de 29.03.

5.2. Fundamento e Exclusão do Direito de Exoneração

Conforme se viu, apenas a deliberação social de modificação do objecto social confere ao sócio que contra ela votou o direito de exoneração.

Sucede que, a lei não exige a substituição do objecto social por outro, mas apenas a sua modificação. Assim, numa primeira leitura, qualquer modificação à cláusula do objecto social implica o reconhecimento do direito de exoneração. Contudo, parece-nos que, dentro das deliberações sociais que modificam o objecto social, deverão distinguir-se aquelas que relevam para efeitos de direito de exoneração das restantes. Esta distinção terá de ter por base o fundamento desta causa legal de exoneração.

O direito de exoneração por modificação do objecto social assenta na alteração das condições iniciais de investimento e dos riscos associados a esse investimento que o sócio entendeu assumir[799], uma vez que qualquer decisão de investimento do sócio está associada ao objecto social que a sociedade se propõe exercer. Assim, mudando, por deliberação dos sócios, o objecto social que a sociedade se propõe exercer, alteram-se as condições iniciais de investimento e risco associadas a esse investimento, não sendo exigível ao sócio permanecer na sociedade.

Pelo exposto, podemos concluir que não basta qualquer modificação do objecto social para possibilitar o direito de exoneração. É necessário que essa modificação se traduza numa alteração significativa das condições iniciais de investimento[800]. Assim, salvo se previsto nos estatutos como causa de exoneração, não constitui uma causa legal de exoneração a oposição à deliberação social de:

a) Modificação secundária/irrelevante do objecto social

Será, por exemplo, o caso de uma sociedade que, tendo por objecto social a actividade da restauração, delibere alterar a cláusula do objecto social, concretizando as actividades de restauração que exerce. Neste caso,

---

[799] Neste sentido, no Direito espanhol, vide VELASCO ALONSO, *El Derecho ...*, cit., p. 89.

[800] A este propósito, CURA MARIANO, *Direito de Exoneração dos ...*, cit., p. 62, defende que quando as modificações não assumam relevância jurídica, traduzida numa alteração quantitativa/qualitativa das condições de risco livremente assumidas, a restrição para o exercício do direito de exoneração poderá ser encontrada através do abuso do direito.

apesar de a sociedade ter modificado o seu objecto social, não se pode afirmar ter havido uma verdadeira modificação das condições iniciais de investimento, uma vez que a sociedade sempre teve por objecto social a actividade da restauração[801].

Contudo, se juntamente com esta concretização da actividade social a sociedade acrescentar outras actividades, ainda que àquela ligadas, mas que não constavam do objecto social inicial, por exemplo, o transporte de alimentos, o direito de exoneração não pode deixar de ser reconhecido.

b) *Exercício de facto, suspensão ou cessação de alguma das actividades compreendidas no objecto social*

Qualquer uma destas deliberações, tendo em atenção a redacção do art. 11.º, n.º 3, não tem sequer de ser acompanhada de uma alteração dos estatutos, sendo mesmo recomendável que a sociedade não o faça, a fim a evitar tentativas de exoneração de sócios discordantes, com fundamento no art. 240.º, n.º 1, al. a).

Relativamente a estas deliberações, não se pode falar numa verdadeira alteração superveniente dos riscos de investimento inicialmente assumidos pelo sócio[802], mas numa mera concretização do objecto social inicialmente fixado. Nessa medida, não existe uma alteração da *base do negócio* já que esta está configurada pelo objecto social e não pela actividade que, dentro do mesmo, a sociedade em concreto realiza[803]. Por outro lado, importa relembrar que as actividades constantes do objecto social são actividades que a sociedade se propõe exercer. A mesma não se encontra obrigada a exercer todas essas actividades, disso sabendo o sócio que adere à sociedade, pelo que a sua exoneração apenas poderia ter lugar com fundamento no art. 45.º ou outra causa de exoneração.

---

[801] A este propósito, RAÚL VENTURA, *Sociedades por Quotas, Vol. II, ...*, cit., p. 22, considera que, se a mudança do objecto social não tem nenhuma relevância, a solução não deve consistir na recusa do direito de exoneração, mas sim em a sociedade não a fazer.

[802] Cf., com igual posição, CURA MARIANO, *Direito de Exoneração dos ...*, cit., p. 60.

[803] No Direito espanhol, veja-se LEÑA FERNÁNDEZ/RUEDA PÉREZ, *Derecho de Separación ...*, cit., p. 20.

6. Oposição à Deliberação de Transferência da Sede para o Estrangeiro

Na al. a) do n.º 1 do art. 240.º prevê-se o direito de exoneração do sócio que tenha votado contra a deliberação social de transferência da sede para o estrangeiro. Trata-se, a nosso ver, da transferência da sede estatutária, uma vez que, contrariamente ao art. 3.º, n.º 5, não se fala em sede efectiva da administração[804].

Assim sendo, importa distinguir consoante a sociedade delibere apenas a transferência da sede estatutária para o estrangeiro, apenas a transferência da sede efectiva para o estrangeiro ou a transferência da sede estatutária e efectiva para o estrangeiro.

Na primeira situação, estaremos perante uma causa legal de exoneração exclusiva das sociedades por quotas (art. 240.º, n.º 1, al. a)). Neste caso, o sócio que tenha votado contra a deliberação social de transferência da sede estatutária para o estrangeiro tem o direito de se exonerar. Esta deliberação não tem de ser aprovada segundo a maioria prevista no art. 3.º, n.º 5, mas do art. 265.º, n.º 1. Conforme se viu, também a sede estatutária assume relevância na vida interna societária, que seria significativamente alterada com a sua transferência para o estrangeiro, motivo pelo qual constitui uma causa de exoneração[805].

No segundo caso, estamos perante a causa legal de exoneração prevista no art. 3.º, n.º 5, cabendo o direito de exoneração ao sócio que não tenha votado a favor dessa deliberação social.

Na última situação, haverá uma sobreposição de disposições. Com efeito, a deliberação social envolve simultaneamente a transferência da

---

[804] Vide COUTINHO DE ABREU, *Curso de ...*, cit., p. 425.
Em sentido contrário, defendendo que a transferência da sede para o estrangeiro prevista no art. 240.º, n.º 1, al. a) deve restringir-se às situações previstas no art. 3.º, n.º 5, vide CURA MARIANO, *Direito de Exoneração dos ...*, cit., p. 70. Segundo este A., apenas esta deliberação implica uma alteração na vida societária.
Já BRITO CORREIA, *Direito Comercial, ...*, Vol. II, cit., p. 457, nota 35 e RICARDO COSTA, *A Sociedade por Quotas Unipessoal no Direito Português, Contributo para o Estudo do Seu Regime Jurídico*, Almedina, Coimbra, 2002, p. 272, nota 259, consideram que o art. 240.º, n.º 1, al. a) se limita a repetir o n.º 5 do art. 3.º.

[805] Aliás, tal relevância leva-nos a questionar se a deliberação de transferência da sede estatutária para o estrangeiro não deveria ter sido também uma causa legal de exoneração comum a todas as sociedades comerciais.

sede efectiva e da sede estatutária para o estrangeiro, levantando-se o problema de saber se se deve aplicar o regime previsto nos arts. 265.º, n.º 1 e 240.º, n.º 1, al. a) ou o regime previsto no art. 3.º, n.º 5. Uma solução possível seria invocar uma relação de especialidade do regime das sociedades por quotas, aplicando-se o regime destas sociedades. Esta parece ser a posição defendida por RAÚL VENTURA[806], acompanhado por CURA MARIANO[807]. Contudo, essa especialidade ocorre apenas na transferência da sede estatutária e não na transferência da sede efectiva da administração, pelo que o problema, a nosso ver, persiste. Assim, sempre que a sociedade delibere simultaneamente a transferência da sede efectiva e da sede estatutária para o estrangeiro deve aplicar-se o regime previsto no art. 3.º, n.º 5, porquanto mais exigente em termos de maioria e menos exigente em termos de legitimidade para o exercício do direito de exoneração. Nessa medida, fica o sócio discordante mais protegido.

7. Oposição à Deliberação de Prorrogação da Duração da Sociedade

Apesar de relevante, a duração da sociedade não constitui um elemento obrigatório do contrato social. Nada se prevendo nos estatutos, a sociedade terá uma duração por tempo indeterminado (art. 15.º, n.º 1).

Todavia, nada impede, apesar de pouco frequente, que os sócios fixem um termo, certo (*v.g.* dez anos) ou incerto (*v.g.* morte de alguns dos sócios ou conclusão de determinada empreitada), no que diz respeito à duração de sociedade.

Ao longo da sua vida a sociedade pode modificar, segundo as regras de alteração dos estatutos (art. 265.º, n.º 1), a sua duração. Essa modificação tanto pode traduzir-se num encurtamento do prazo anteriormente fixado, como na sujeição da duração da sociedade a uma condição resolutiva, na eliminação do termo fixado, passando a sociedade a ter duração indeterminada, etc.

Uma das alterações possíveis à duração da sociedade é a sua *prorrogação*[808]. Em termos linguísticos, a prorrogação consiste no acto ou efeito

---

[806] *Sociedades por Quotas, Vol. II, ...,* cit., pp. 20-21.
[807] *Direito de Exoneração dos ...,* cit., p. 70.
[808] Trata-se de uma situação rara, uma vez que a maioria das sociedades têm duração indeterminada.

de prorrogar, que contempla quer o alongamento de um prazo pré-estabelecido antes de o mesmo ter sido alcançado, quer o fazer durar além do tempo estabelecido.

No primeiro sentido, a prorrogação ocorre quando, a sociedade modifica o termo da sua duração, evitando a sua dissolução imediata por ocorrência do prazo ou do evento resolutório (art. 141.º, n.º 1, al. a))[809]. Para que tal aconteça a sociedade tem de ter duração determinada e o alongamento da mesma ocorrer antes de o seu prazo ter decorrido[810].

No segundo entendimento, verifica-se a prorrogação da duração da sociedade quando esta já alcançou o prazo fixado no contrato, e não obstante decide eliminar a causa de dissolução. Neste caso a prorrogação dá-se por *regresso à actividade social,* através da reactivação da sociedade (art. 15.º, n.º 2 *in fine*).

No nosso entendimento, a articulação entre a causa geral de exoneração, por prorrogação, prevista no art. 161.º, n.º 5, e a causa específica de exoneração do art. 240.º, n.º 1, al. a) fazer-se-á do seguinte modo: se a reactivação da sociedade ocorrer na fase da partilha, o sócio só pode exonerar-se nos termos do art. 161.º, n.º 5. Tratando-se de prorrogação no primeiro sentido ou no segundo sentido, mas antes de iniciada a partilha, a exoneração é possível segundo o art. 240.º, n.º 1, al. a)[811].

Por outro lado, a prorrogação da duração da sociedade para efeitos de direito de exoneração pressupõe a aprovação de uma deliberação social (art. 240.º, n.º 1, al. a))[812]. Deste modo, quando ocorra automaticamente, por cláusula contratual, não haverá direito de exoneração.

À semelhança da modificação do objecto social, o prolongamento da duração da sociedade significa uma alteração significativa das condições iniciais de risco que o sócio se dispôs a assumir[813], bem como, conforme salienta CURA MARIANO[814], um prolongamento da privação do seu inves-

---

[809] *Vide*, no Direito espanhol, BRENES CORTÉS, *El Derecho de ...,* cit., p. 355.
[810] Cf. CURA MARIANO, *Direito de Exoneração dos ...,* cit., p. 63.
[811] No seu anteprojecto, VAZ SERRA, *Acções Nominativas e Acções ao Portador*, BMJ n.º 178, 1968, pp. 49 e 80, previa, no seu art. 33.º, n.º 4, o direito de exoneração do accionista por prorrogação da duração da sociedade, havendo limites estatutários à transmissão de acções.
[812] Esta causa de exoneração constava em todos os anteprojectos do actual CSC.
[813] *Vide* CURA MARIANO, *Direito de Exoneração dos ...,* cit., p. 64.
[814] *Direito de Exoneração dos ...,* cit., p. 62.

timento patrimonial. Esta alteração e prolongamento do investimento justificam o reconhecimento do direito de exoneração. Assim, porque não está em causa qualquer vinculação por período de tempo excessivo à sociedade, a saída do sócio pode ser exercida após a aprovação da deliberação social de prorrogação, em vez de ser no final do prazo de duração inicialmente previsto, e não depende do período tempo que tenha essa prorrogação.

Por fim, será necessário que a prorrogação deliberada seja significativa[815]. Assim, por exemplo, se a sociedade delibera prolongar a sua duração por mais seis meses, uma vez que tinha uma duração de dois anos e por objecto social a realização de uma empreitada não concluída dentro desse prazo, não se pode considerar significativa essa alteração das condições iniciais de risco.

8. Oposição à Deliberação de Regresso à Actividade

O sócio que tenha votado contra a deliberação social que aprovou o regresso da sociedade à actividade goza de direito de exoneração (art. 240.º, n.º 1, al. a)). Esta deliberação, como se viu, ocorre quando a sociedade já se encontra em fase de dissolução, pelo que se levanta o problema da articulação desta causa de exoneração com o direito de exoneração previsto no art. 161.º, n.º 5.

Será que estamos perante situações iguais ou, pelo contrário, estamos a falar de causas de exoneração distintas[816]*?*

Segundo BRITO CORREIA[817], o direito de oposição à deliberação de regresso à actividade previsto no art. 240.º, n.º 1, al. a), mais não é que uma repetição do art. 161.º, n.º 5.

Não é essa, contudo, a nossa opinião. Ao contrário do art. 161.º, n.º 5, o art. 240.º, n.º 1, al. a), apenas refere a oposição à deliberação social de regresso à actividade. Não exige nem o início da partilha, nem que após o regresso da sociedade à actividade social fique relevantemente diminuída a participação do sócio, facilitando-se a sua exoneração[818]. Deste

---

[815] No mesmo sentido, CURA MARIANO, *Direito de Exoneração dos* ..., cit., p. 65.
[816] Vide CURA MARIANO, *Direito de Exoneração dos* ..., cit., p. 69.
[817] *Direito Comercial, ..., Vol. II*, cit., p. 457, nota 36.
[818] Vide CURA MARIANO, *Direito de Exoneração dos* ..., cit., pp. 68-69.

modo, estamos a falar de causas de exoneração com requisitos de funcionamento distintos. No art. 240.º, n.º 1, al. a), apenas é necessário que a sociedade se encontre em dissolução e que a partilha não se tenha iniciado[819], com respeito pelo art. 161.º, n.º 3. Se assim suceder, haverá uma prorrogação da sociedade. Se a deliberação social for tomada depois de iniciada a partilha, caímos na alçada do art. 161.º, n.º 5[820].

A deliberação de regresso à actividade social é relevante, por traduzir a cessação da liquidação da sociedade, podendo o sócio, por esta se ter iniciado, legitimamente expectar a sua conclusão. A sua cessação, porque implica uma inversão significativa na vida da sociedade, justifica a concessão do direito de exoneração[821].

9. Oposição à Deliberação de Não Exclusão/Promoção Judicial da Exclusão do Sócio com Fundamento em Justa Causa

Conforme se viu, a exclusão do sócio, com fundamento em justa causa, é um direito da sociedade. As situações em que pode ocorrer traduzem circunstâncias em que a lei ou os sócios, nos estatutos, entenderam não ser de exigir da sociedade a permanência daquele sócio no seu seio. Porém, a última palavra cabe à maioria. No caso de esta entender que não é necessário afastar o sócio, reconhece-se ao sócio que votou favor da exclusão ou contra a deliberação da sua não exclusão o direito de se exonerar (art. 240.º, n.º 1, al. b)).

São dois os requisitos desta causa legal de exoneração. Em primeiro lugar, é necessário existir uma justa causa de exclusão. Em segundo lugar,

---

[819] Neste sentido, vide RAÚL VENTURA, *Sociedades por Quotas, Vol. II, ...,* cit., p. 21 e COUTINHO DE ABREU, *Curso de...,* cit., p. 425.

[820] Veja-se RAÚL VENTURA, *Sociedades por Quotas, Vol. II, ...,* cit., p. 21. Em sentido contrário, MARIA AUGUSTA FRANÇA, *Direito à Exoneração,* cit., pp. 214-215, defende que o art. 240.º introduziu uma limitação dos sócios legitimados a se exonerarem, e que o mesmo é especial em relação ao art. 161.º, n.º 5, que não se aplica às sociedades por quotas.

[821] De modo idêntico, CURA MARIANO, *Direito de Exoneração dos ...,* cit., p. 66, sustenta que o fundamento do direito de exoneração é a inversão do percurso da vida da sociedade. Já MARIA AUGUSTA FRANÇA, *Direito à Exoneração,* cit., p. 215, considera que o direito de exoneração é concedido para proteger o sócio do risco renovado que tal regresso representa.

é necessário que a sociedade tenha deliberado não excluir esse sócio[822] ou não promover a sua exclusão judicial[823]. Assim, não haverá direito de exoneração quando a sociedade não delibera a exclusão de sócio, devendo o sócio que pretenda exonerar-se promover a sua realização (art. 375.º, *ex vi* art. 248.º, n.ºs 1 e 2). Só depois, tendo votado contra a sua não exclusão ou a favor da sua exclusão, poderá exonerar-se[824].

Mais problemático será saber se quando a sociedade delibera a exclusão do sócio mas esta não se efectiva por falta de verbas para amortizar as quotas o direito de exoneração tem lugar (arts. 236.º, n.º 3, 242.º, n.º 3 e 241.º, n.º 2). Atendendo a que também nesta situação está preenchido o fundamento da exoneração do sócio inclinamo-nos a responder afirmativamente[825].

O fundamento desta causa de exoneração é a inexigibilidade da permanência na sociedade em que há uma justa causa para a exclusão de um sócio e, não obstante, a sociedade entende mantê-lo na sociedade[826]. Esta inexigibilidade, conforme explica RAÚL VENTURA[827], destina-se a «*não*

---

[822] Uma sociedade delibera sobre a não exclusão do sócio, ainda que tacitamente, sempre que delibera a sua manutenção na sociedade, havendo justa causa para o excluir, ou quando a deliberação da sua exclusão não é aprovada. Neste último caso, a legitimidade para se exonerar dependerá de ser ter votado a favor da exclusão.
Cf. o Ac. da RPt de 07.03.2005 (CAIMOTO JÁCOME), www.dgsi.pt (recolhido em Julho de 2006), segundo o qual as causas de exoneração do art. 240.º, n.º 1 apontam para a necessidade prévia de deliberação social, mesmo que seja de não exclusão ou de não promoção da exclusão judicial por justa causa.

[823] Conforme refere RAÚL VENTURA, *Sociedades por Quotas, Vol. II, ...,* cit., p. 23, também na não promoção da exclusão judicial de sócio é indispensável uma deliberação social, por força do art. 240.º, n.º 1, al. b).

[824] Cf. RAÚL VENTURA, *Sociedades por Quotas, Vol. II, ...,* cit., p. 23.

[825] Também neste sentido, MARIA AUGUSTA FRANÇA, *Direito à Exoneração*, cit., pp. 216-217, sustenta que o direito de exoneração deve na mesma ser reconhecido, uma vez que o seu fundamento, o sócio não ter de suportar violações graves dos deveres dos restantes sócios, também ocorre quando o sócio vota contra a deliberação de exclusão de outro sócio, mas esta deliberação não se concretiza. Em sentido contrário, CURA MARIANO, *Direito de Exoneração dos ...,* cit., p. 82, defende que a exoneração do sócio pode ocorrer apenas se tiver sido prevista nos estatutos, atenta a taxatividade das causas legais de exoneração.

[826] Em sentido idêntico, *vide* CURA MARIANO, *Direito de Exoneração dos ...,* cit., p. 81.

[827] *Sociedades por Quotas, Vol. II, ...,* cit., p. 23.

forçar um sócio a suportar a presença na sociedade de um sócio que dela poderia ser excluído, mas não o é, porque outros sócios não se dispõem a fazê-lo».

10. Alienação Compulsiva de Quotas nas Relações de Grupo

10.1. *Aquisições Tendentes ao Domínio Total*

Nas sociedades em relação de grupo, sempre que uma sociedade (dominante), por si ou juntamente com outras pessoas ou as pessoas mencionadas no art. 482.º, n.º 2, disponha de quotas correspondentes a, pelo menos, 90% do capital social de outra sociedade, deve comunicar esse facto à outra sociedade (dependente) nos 30 dias seguintes àqueles em que for atingida a referida participação (art. 490.º, n.º 1). Nos seis meses seguintes à data da comunicação, a sociedade dominante poderá fazer uma oferta de aquisição das participações dos restantes sócios, mediante uma contrapartida, justificada por relatório elaborado por um ROC independente. A sociedade dominante pode tornar-se titular das participações sociais pertencentes aos sócios livres[828] da sociedade dependente, se assim o declarar na proposta, estando a aquisição sujeita a registo por depósito e publicação. É a chamada *aquisição potestativa*[829].

Se a sociedade dominante não fizer a oferta acima identificada, pode(m) o(s) sócio(s) minoritário(s) exigir que aquela lhe faça oferta de aquisição da sua quota, mediante contrapartida em dinheiro, quotas ou acções da sociedade dominante (art. 490.º, n.º 5). Na falta de oferta ou sendo esta considerada insuficiente, pode o sócio minoritário requerer ao tribunal que declare a quota adquirida pela sociedade dominante desde a propositura da acção, fixe o seu valor em dinheiro e condene a socie-

---

[828] Sobre os sócios livres e, em particular, a protecção que lhes é concedida na lei, *vide* RAÚL VENTURA, *Novos Estudos ...*, cit., p. 121 e ss..

Sobre o conceito de sócio livre, com maior desenvolvimento, *vide* ENGRÁCIA ANTUNES, *Os Grupos de Sociedades – Estrutura e Organização Jurídica da Empresa Plurissocietária*, 2.ª edição revista e actualizada, Almedina, Coimbra, 2002, pp. 763-766.

[829] Cf. ENGRÁCIA ANTUNES, *A Aquisição Tendente ao Domínio Total – Da Sua Constitucionalidade*, Coimbra Editora, Coimbra, 2001, p. 26 e ss..

dade dominante a pagar-lho. Trata-se da chamada *alienação potestativa*[830].

O direito de alienação potestativa fundamenta-se no facto de, atendendo à circunstância de uma sociedade ser detentora de, pelo menos, 90% do capital social de outra sociedade, não ser exigível obrigar o(s) sócio(s) livre(s) à permanência nessa sociedade contra a sua vontade, ficando à mercê das modificações, substanciais ou não, que o sócio dominante entenda fazer na sociedade por si dominada. Nestas circunstâncias, «*será difícil ou mesmo impossível para os accionistas minoritários encontrar alguém interessado em lhes adquirir as suas acções por um preço correspondente à respectiva quota parte do valor patrimonial da sociedade*»[831]. Assim, confere-se a possibilidade de a abandonar, ficando a sociedade dominante obrigada a adquirir-lhe a respectiva participação social, mediante o pagamento de uma contrapartida.

10.2. *O Contrato de Subordinação*

Existe contrato de subordinação[832] sempre que uma sociedade, subordinada ou dirigida, subordina a gestão da sua própria actividade à direcção de uma outra sociedade, subordinante ou directora (art. 493.º, n.º 1). O objecto deste contrato consiste, pois, na subordinação da gestão social de certa sociedade a uma outra.

Para que possa haver contrato de subordinação é essencial que a sociedade directora se comprometa a adquirir as quotas dos sócios livres da sociedade subordinada e lhes garanta direito aos dividendos da sociedade subordinada (art. 494.º, n.º 1).

A celebração do contrato de subordinação é antecedida de uma fase preparatória, na qual as administrações das sociedades envolvidas elaboram um projecto de contrato de subordinação, com os elementos previstos nas alíneas do art. 495.º. Seguidamente, por força da remissão operada pelo art. 496.º, n.º 1, há que observar os preceitos aplicáveis aos processos de fusão. Porém, apesar desta remissão, releva-se, relativamente à deliberação[833] de celebrar ou modificar o contrato de subordinação, a necessi-

---

[830] Cf. nota de rodapé anterior.
[831] PAIS DE VASCONCELOS, *A Participação* ..., cit., p. 245.
[832] Sobre a noção de contrato de subordinação, *vide* ENGRÁCIA ANTUNES, *Os Grupos de Sociedades* ..., cit., p. 611 e ss. e RAÚL VENTURA, *Novos Estudos* ..., cit., p. 102 e ss..

dade de contar com a especialidade do art. 496.º, n.º 2, que exige que não tenham votado contra a respectiva proposta mais de metade dos sócios livres da sociedade dependente. Procura-se, assim, proteger os interesses dos sócios livres, uma vez que metade deles «*constituem uma minoria de bloqueio, potencialmente impeditiva da aprovação da proposta*»[834].

A subordinação da vontade de uma sociedade à vontade e aos interesses de outra sociedade implica uma alteração fundamental no seu funcionamento. Deixa de ser administrada por órgãos próprios, escolhidos pelos seus sócios, de acordo com os seus interesses sociais, e passa a ser gerida «*em função de interesses empresariais de outra ou outras sociedades, podendo até uma parte ou a totalidade dos respectivos lucros reverter directamente a favor destas últimas*»[835]. ENGRÁCIA ANTUNES[836] fala mesmo numa virtual degradação, quer no plano patrimonial, quer no plano organizativo, que o contrato de subordinação origina para os sócios da sociedade subordinada. Com efeito, após a sua celebração, a sociedade directora passa a ter o direito de dar à administração da sociedade subordinada instruções vinculantes (art. 503.º, n.º 1), que podem ter importantes reflexos ao nível da concretização de direitos essenciais dos sócios, em particular, do direito aos lucros. Em certos casos, será mesmo possível à sociedade directora dar instruções desvantajosas para a sociedade subordinada (art. 503.º, n.º 2, primeira parte)[837].

Por estas razões, consagrou-se um regime de tutela dos sócios livres que consiste num duplo mecanismo alternativo (art. 499.º). Pretendendo continuar na sociedade, é conferido ao sócio livre um montante mínimo de dividendo[838]. No caso de não querer permanecer na sociedade, apesar de lhe serem garantidos os dividendos, é-lhe conferido o direito de exigir da

---

[833] Com maior desenvolvimento, *vide* ENGRÁCIA ANTUNES, *Os Grupos de Sociedades* ..., cit., pp. 666-671.

[834] RAÚL VENTURA, *Novos Estudos* ..., cit., p. 114.

[835] ENGRÁCIA ANTUNES, *Os Grupos de Sociedades* ..., cit., p. 761.

[836] ENGRÁCIA ANTUNES, *Os Grupos de Sociedades* ..., cit., p. 761.

[837] A possibilidade de a sociedade directora formular instruções desvantajosas para a sociedade subordinada só é possível quando tais instruções sirvam os interesses da sociedade directora ou das outras sociedades do mesmo grupo. Sobre o conceito de interesse do grupo, com maior desenvolvimento, *vide* ENGRÁCIA ANTUNES, *Os Grupos de Sociedades* ..., cit., pp. 738-744.

[838] No que diz respeito à garantia dos lucros, cf. art. 500.º. Na doutrina, *vide* ENGRÁCIA ANTUNES, *Os Grupos de Sociedades* ..., cit., pp. 773-787.

sociedade directora a aquisição das suas quotas ou acções, mediante o pagamento de contrapartida pecuniária ou mobiliária[839].

10.3. Direito de Exoneração?

Levanta-se a questão de saber se o direito reconhecido nos arts. 490.º, n.ºs 5 e 6, e 499.º, n.ºs 1 e 2 é um direito de exoneração.

No sentido afirmativo pronunciaram-se AA como RAÚL VENTURA[840], BRITO CORREIA[841], FRANCISCO PEREIRA COELHO[842], COUTINHO DE ABREU[843], RICARDO COSTA[844] e ENGRÁCIA ANTUNES[845].

Recusando a qualificação destas situações como direito de exoneração temos OLIVEIRA ASCENSÃO[846], MENEZES CORDEIRO[847], MARIA AUGUSTA FRANÇA[848], PAIS DE VASCONCELOS[849] e, aparentemente, JOÃO

---

[839] Esta obrigação de a sociedade directora adquirir a participação social, constando do contrato de subordinação, configura, conforme observa RAÚL VENTURA, *Novos Estudos ...*, cit., p. 122, um contrato de opção, uma vez que, se o sócio livre aceitar alienar as suas participações sociais, nasce automaticamente o contrato definitivo, sendo dispensada qualquer declaração negocial da sociedade directora. Esta apenas terá de pagar o valor da aquisição da participação social alienada. Sobre o contrato de opção, com maior desenvolvimento, vide o nosso *Do Contrato de Opção Esboço de Uma Teoria Geral*, Lex, Lisboa, 2001.

[840] *Sociedades por Quotas, Vol. II, ...*, cit., p. 17. Contudo, em *Grupos de Sociedades Uma Introdução Comparativa a Propósito de Um Projecto Preliminar de Directiva da C.E.E.*, ROA, ano 41, Maio-Agosto 1981, p. 343, distinguia esta situação, que qualificava de «direito à alienação de acções», do direito de exoneração, porquanto este é efectivado perante a própria sociedade e não perante o sócio.

[841] *Direito Comercial, ..., Vol. II*, cit., p. 456.

[842] *Grupos de Sociedades Anotação Preliminar aos Arts. 488.º a 508.º do Código das Sociedades Comerciais*, pp. 324-326, a propósito do contrato de subordinação.

[843] *Curso de Direito Comercial Vol. II, Das Sociedades*, 4.ª reimpressão da edição de 2002, Almedina, Coimbra, 2005, p. 418, nota 451 e p. 420.

[844] *A Sociedade por Quotas ...*, p. 272, nota 259.

[845] *Os Grupos de Sociedades ...*, cit., p. 789, nota 1545. Este A. não deixa, contudo, de chamar a atenção para as diferenças deste direito com o direito de exoneração previsto nos arts. 185.º e 240.º.

[846] *Direito Comercial, Volume IV...*, cit., p. 373.

[847] *Manual de Direito das Sociedades, II, ...*, cit., p. 305, apesar de defender tratar-se de hipóteses que redundam no mesmo que o direito de exoneração.

[848] *Direito à Exoneração*, cit., p. 209.

[849] *A Participação ...*, cit., p. 238. Segundo este A., a alienação potestativa, bem como a OPA obrigatória, servem de sucedâneo à exoneração.

LABAREDA[850]. Em particular, destacam-se as posições de CURA MARIANO[851], DANIELA BAPTISTA[852] e MANUEL TRIUNFANTE[853], porquanto mais desenvolvidas. CURA MARIANO defende estar-se perante transmissões forçadas da participação social, traduzidas na mudança subjectiva da sua titularidade e não perante a sua perda, como ocorre com o direito de exoneração. Além disso, na exoneração, a mudança subjectiva é promovida pela sociedade e não pelo sócio, conforme sucede nos arts. 490.º, n.ºs 5 e 6, e 499.º, n.ºs 1 e 2. Assim, no entender deste A. está-se perante uma cessão da posição contratual obrigatória. De modo idêntico, DANIELA BAPTISTA considera não existir aqui um verdadeiro direito de exoneração, mas um direito potestativo de alienação. A faculdade atribuída pelo legislador é exercida contra a sociedade dominante e não existe, ao contrário do direito de exoneração, uma modificação estrutural à qual os sócios pretendem subtrair-se. Assim, apesar de se estar perante um instituto paralelo ao direito de exoneração, a este não se reconduz. Por fim, MANUEL TRIUNFANTE também sustenta que o direito dos sócios previsto nos arts. 490.º, n.ºs 5 e 6, e 499.º, n.ºs 1 e 2, não configura um direito de exoneração em sentido estrito, já que não reúne as principais características das restantes causas de exoneração: alteração estatutária ou existência de justa causa, e o seu sujeito passivo ser a sociedade.

Cumpre tomar posição.

Quer o direito de exoneração, quer a alienação potestativa, têm em comum possibilitar a saída do sócio da sociedade[854]. No entanto, e conforme já apontado por outros AA, são significativas as diferenças relativamente ao direito de exoneração. Em primeiro lugar, nas causas legais de exoneração está-se essencialmente perante comportamentos imputáveis à sociedade que, pela relevância que assumem, justificam que se permita que o sócio a abandone *à custa* da própria sociedade. Pelo contrário, na alienação potestativa estamos perante comportamentos de um sócio dominante ou da administração da sociedade. Por outro lado,

---

[850] *Das Acções das* ..., cit., pp. 274-279, qualificando esta situação como de transmissão forçada de acções.
[851] *Direito de Exoneração dos* ..., cit., pp. 39-40.
[852] *O Direito de* ..., cit., pp. 286-290 e 294-295.
[853] *A Tutela das* ..., cit., pp. 312-313.
[854] Vide MANUEL TRIUNFANTE, *A Tutela das* ..., cit., p. 313 e DANIELA BAPTISTA, *O Direito de* ..., cit., p. 299.

enquanto que o sujeito passivo da declaração de exoneração é a sociedade, na alienação potestativa é um sócio, dominante ou subordinante. Por último, o direito de exoneração pode implicar a extinção da participação social, enquanto que a alienação potestativa implica sempre a sua transmissão.

Em síntese, na alienação potestativa está-se perante uma transmissão forçada da participação social, através da imposição de uma obrigação de aquisição, destinada a possibilitar ao sócio o afastamento dos possíveis riscos de ficar à mercê das decisões de um(s) sócio(s) dominante(s)[855]. Todavia, essa imposição tem por subjacente possibilitar a saída da sociedade. Através dele, confere-se ao sócio que não pretenda continuar na sociedade subordinada/com um sócio que a domine em, pelo menos, 90%, a possibilidade de a abandonar, mediante o pagamento de uma contrapartida. Funcionalmente é uma exoneração, estruturalmente não.

11. Oposição à Constituição de Sociedade Anónima Europeia *Holding*

Com a ressalva de não se tratar de uma causa legal de exoneração prevista no CSC e, portanto, fora do objecto do presente trabalho, afigura-se ainda assim vantajoso referir esta causa legal de exoneração.

Nos termos do art. 11.º, n.º 1, do DL n.º 2/2005, de 4.01, goza do direito de exoneração o sócio que tenha votado contra o projecto de constituição de uma SE gestora de participações sociais[856]. Apesar de o regime português não prever que tipo de sociedades podem constituir uma SE *holding*, resulta dos arts. 2.º, n.º 2 e 32.º, n.º 1 e Anexo II, do Reg. (CE)

---

[855] Também neste sentido, no Direito espanhol, cf. BRENES CORTÉS, *El Derecho de ...*, cit., p. 37.

PAIS DE VASCONCELOS, *A Participação* ..., cit., p. 245, a propósito do art. 490.º, n.º 6, defende que, apesar de a lei não o dizer expressamente, a fixação do preço deve ser feita de modo equivalente ao fixado no art. 105.º, ou seja, deve corresponder à parte do sócio no valor real da sociedade.

[856] Conforme observa MENEZES CORDEIRO, *Direito Europeu* ..., cit., p. 949, o Reg. (CE) n.º 2158/2001, não define directamente *holding*, mas deve entender-se que se trata de sociedades detentoras de participações sociais. Esse foi o entendimento do legislador na aprovação do DL n.º 2/2005, de 04.01.

n.º 2158/2001, que a constituição de uma SE *holding* pode ser promovida quer por sociedades anónimas, quer por sociedades por quotas. Aqui, o fundamento do direito de exoneração será a mudança significativa no objecto social da sociedade.

SECÇÃO IV
Nas Sociedades Anónimas e em Comandita por Acções

1. Vícios da Vontade no Ingresso da Sociedade. Remissão

Relativamente a esta causa de exoneração, uma vez que os vícios da vontade que constituem esta causa legal de exoneração e o respectivo regime são iguais aos das sociedades por quotas, dão-se por reproduzidas as observações então feitas.

2. Alienação Compulsiva de Acções nas Relações de Grupo

Também quanto a esta situação, reproduzem-se as observações feitas nas sociedades por quotas no que respeita ao contrato de subordinação e à alienação potestativa societária.

Apenas se chama a atenção de que, relativamente às *aquisições tendentes ao domínio total*, além do art. 490.º, n.º 6, existe a *alienação potestativa mobiliária*, nas sociedades anónimas com o capital aberto ao investimento público, regulada no CVM (art. 490.º, n.º 7).

Nos termos do art. 196.º, n.º 1, do CVM, os titulares das acções remanescentes na sequência de uma OPA geral podem dirigir por escrito ao sócio dominante um convite[857] para que, no prazo de 8 dias, este lhes faça uma proposta de aquisição das suas acções. Na falta de proposta ou no caso de esta ser considerada insatisfatória, qualquer titular de acções

---

[857] Segundo PAULO CÂMARA, *As Operações de Saída do Mercado*, Miscelâneas n.º 2 do Instituto de Direito da Empresa e do Trabalho, Almedina, Coimbra, 2004, pp. 142--143, trata-se de um convite a contratar em sentido técnico, apesar de desencadear consequências particulares.

remanescentes pode tomar a decisão de alienação potestativa[858], mediante declaração perante a CMVM, acompanhada de documento comprovativo de consignação em depósito ou bloqueio das acções a alienar e indicação da contrapartida, calculada nos termos do art. 194.º, n.ºs 1 e 2, do CVM. Assim, a diferença mais significativa entre a alienação potestativa societária e a mobiliária tem a ver com a contrapartida da alienação.

3. Oposição à Constituição de Sociedade Anónima Europeia por Fusão

Igualmente, com a ressalva de não se tratar de uma causa legal de exoneração prevista no CSC, logo fora do tema deste trabalho, não deixa de ser oportuno analisar o direito de exoneração por oposição à constituição da uma SE por fusão[859].

Um das formas de constituição de uma SE[860] é através da fusão de sociedades anónimas, contando que, pelo menos, duas delas se regulem por Direitos de Estados diferentes (arts. 2.º, n.º 1 e 17.º a 31.º, do Reg. (CE) n.º 2157/2001). Nos termos do art. 24.º, n.º 2, do Reg. (CE) n.º 2157/2001, relativo ao processo de fusão, prevê-se que os Estados-membros possam adoptar medidas de protecção contra os accionistas maioritários que se tenham pronunciado contra a fusão.

O legislador português, aquando da aprovação do Regime Jurídico das Sociedades Anónimas Europeias, reconheceu o direito de exoneração a qualquer sócio que tenha votado contra a deliberação de fusão para constituição de uma SE (art. 7.º, n.º 1, do DL n.º 2/2005, de 4.01). Trata-se de um preceito inovador, porque reconhece relevância à fusão,

---

[858] Veja-se PAULO CÂMARA, *As Operações de* ..., cit., p. 134 e ss..

[859] FERNANDO TAÍNHAS, *A Cisão na Societas Europaea*, O Direito, ano 138, tomo II, Almedina, Coimbra, 2006, pp. 381-385, analisa o eventual direito de exoneração na SE, no caso de cisão, com base numa eventual aplicação analógica do art. 7.º, do DL n.º 2/2005, de 4.01. Contudo, recusa tal possibilidade, por entender que não se pode falar numa lacuna, uma vez que tal realidade não era desconhecida do legislador. Assim, a fusão apenas constituirá uma causa de exoneração se prevista nos estatutos.

[860] Sobre os restantes processos de constituição, *vide* MENEZES CORDEIRO, *Direito Europeu* ..., cit., pp. 945-951.

em si mesma, em termos de direito de exoneração. O seu exercício verifica-se sem que tenha de ocorrer a transferência da sede para o estrangeiro[861].

Está assim criado um sistema incongruente no que diz respeito ao direito de exoneração por oposição à fusão. Se este é reconhecido na fusão para constituição de uma SE, por maioria de razão deveria ser reconhecido na fusão-incorporação de uma sociedade por quotas numa sociedade anónima, onde as modificações introduzidas são ainda mais significativas.

A exoneração do accionista no caso de fusão para constituição de uma SE encontra-se especificamente regulado, não sendo de aplicar o regime no art. 105.º (art. 7.º, do DL n.º 2/2005, de 4.01), que assim continua com escassa aplicação prática. Sem prejuízo, sempre se dirá que o regime do direito de exoneração previsto no art. 7.º, do DL n.º 2/2005, de 4.01, apesar das semelhanças com o art. 105.º, tem a vantagem de fixar regras quanto ao reembolso das acções, destinadas a efectivar o direito de exoneração, ficando mais protegido o sócio que se tenha oposto à fusão.

4. Oposição à Constituição de Sociedade Anónima Europeia *Holding*. Remissão

Quanto a esta causa legal de exoneração, dão-se por reproduzidas as observações feitas a propósito das sociedades por quotas, na medida em que esta causa de exoneração não apresenta quaisquer especificidades, tratando-se de uma sociedade anónima.

5. Transferência da Sede da Sociedade Anónima Europeia

Ainda relativamente à SE, é reconhecido o direito de exoneração ao sócio que tenha votado contra a transferência da sede da SE para outro Estado-membro de União Europeia (art. 13.º, n.º 1, do DL n.º 2/2005, de

---

[861] Não haverá transferência da sede para o estrangeiro sempre que exista uma fusão-incorporação de uma sociedade anónima nacional com uma sociedade anónima de outro Estado-membro.

4.01). Apesar de este artigo não distinguir se é a transferência da sede efectiva ou da sede estatutária que permite o direito de exoneração, pensamos que o legislador está a referir-se à transferência da sede estatutária e da administração em conjunto, apesar de no preâmbulo que antecedeu o DL n.º 2/2005 se dizer, aparentemente em sentido contrário, que é a transferência da sede estatutária da SE para outro Estado-membro que confere o direito de exoneração. Porém, uma vez que segundo o art. 7.º, do Reg. (CE) n.º 2157/2001, a sede estatutária deve ser o local onde esteja a administração central da sociedade[862], conclui-se que a transferência da sede estatutária terá de ser acompanhada da transferência da sede da administração.

---

[862] Com maior desenvolvimento, *vide* MENEZES CORDEIRO, *Direito Europeu ...,* cit., pp. 941-944.

CAPÍTULO III
Causas Estatutárias de Exoneração

SECÇÃO I
Típicas

1. Transformação da Sociedade

Uma das primeiras questões a decidir quando se pretende constituir uma sociedade comercial é o tipo de sociedade a adoptar. Na verdade, cada tipo de sociedade obedece a diferentes regras em termos de organização, responsabilidade pelas entradas, capital social, transmissão da participação social, etc.

Um dos elementos específicos do conceito de sociedade comercial é a adopção de um dos tipos previstos no CSC (art. 1.º, n.º 2). Consagrou-se, assim, o princípio da tipicidade das sociedades comerciais, segundo o qual não há sociedades comerciais além das previstas na lei[863]. Contudo, esta tipicidade não é fechada. Este tipo social, enquanto tipo legal, concretiza-se num conjunto de normas injuntivas, fixadas por questões de segurança no comércio jurídico, através das quais os terceiros que contactam com a sociedade ficam a conhecer as características essenciais. Porém, tirando este conjunto de regras, vigora a autonomia das partes na regulamentação dos estatutos, podendo atribuir-se maior relevância ora ao elemento pessoal, ora ao elemento patrimonial, por exemplo, facilitando-se ou restringindo-se a transmissão das participações sociais ou adop-

---

[863] Cf. o Ac. do STJ de 05.03.1992 (TATO MARINHO), BMJ n.º 415, 1992, pp. 666-670.

tando-se diferentes maiorias necessárias à aprovação das deliberações sociais.

Através da transformação, a sociedade adopta um tipo diferente de sociedade, introduzindo uma disciplina diversa daquela a que legal e convencionalmente se encontrava sujeita. Nesta matéria, vigora a regra de acordo com a qual as sociedades comerciais constituídas segundo um dos tipos enumerados no CSC podem posteriormente adoptar um outro desses tipos, salvo proibição legal[864] ou estatutária. Quando assim seja, a transformação da sociedade terá de ser deliberada pelos sócios (art. 133.º, n.º 1)[865].

Até à aprovação do DL n.º 76-A/2006, de 29.03, a aprovação de uma deliberação de transformação da sociedade constituía uma causa legal de exoneração, concedida aos sócios que não tivessem votado a seu favor. Quem quisesse exonerar-se tinha de o declarar por escrito, nos 30 dias seguintes à publicação da deliberação (art. 137.º, n.º 1)[866].

Com o DL n.º 76-A/2006, de 29.03 procurou-se, e bem, aproximar o regime da transformação e da fusão. Esta harmonização[867] há muito que se justificava, porque em ambas as situações estamos na presença de alterações societárias profundas que exigem formas de tutela equivalentes dos sócios minoritários. Contudo, a nosso ver, essa harmonização deveria ter sido no sentido inverso do adoptado pelo legislador, isto é, em vez de se

---

[864] Assim sucede quando o objecto comercial só pode ser prosseguido por um certo tipo de sociedade comercial. Por exemplo, as sociedades gestoras de participações sociais só podem ser sociedades anónimas ou por quotas (art. 2.º, n.º 1, do DL n.º 495/88, de 30.12) e as sociedades de *factoring* (art. 9.º, do DL n.º 171/95, de 18.07), instituições de crédito (art. 14.º, n.º 1, al. b), do RGICSF), de capital de risco (art. 8.º, n.º 1, do DL n.º 375/2007, de 08.11) e de locação financeira (art. 1.º, n.º 1, do DL n.º 72/95, de 15.04) só podem ser sociedades anónimas. Outra limitação legal é a prevista no art. 131.º, n.º 1.

[865] Este artigo não nos diz qual a maioria necessária à sua aprovação. Nas *sociedades em nome colectivo e em comandita simples*, vejam-se os arts. 194.º, n.º 1 e 474.º. Nas *sociedades por quotas*, veja-se o art. 265.º, n.º 1, e nas *sociedades anónimas e em comandita por acções*, vejam-se os arts. 386.º, n.ºs 3 e 4 e 478.º.

[866] Tratando-se de sócios que pela transformação perdem direitos especiais que tinham, além do direito de exoneração que gozavam, tinham (e têm) o direito de se opor à transformação deliberada, caso não seja possível a manutenção na sociedade transformada dos direitos especiais (art. 131.º, n.º 1, al. c) e n.º 2).

[867] Esta *harmonização* entre o regime da transformação com o da fusão e o da cisão não foi completa. Por exemplo, o legislador não consagrou ao nível da transformação o n.º 4 do art. 105.º.

adaptar o regime da transformação ao regime da fusão, deveria ter-se adaptado o regime da fusão, e, por arrasto, o da cisão ao da transformação, por este último ser mais completo e tutelar melhor os interesses dos sócios minoritários. Porém, o legislador optou por modificar o art. 137.º, derrogando os seus n.ºs 3 e 4, e criando, assim, maiores dificuldades de análise do seu regime. Além disso, alterou a redacção do seu n.º 1, passando-se a dispor que, *"se a lei ou o contrato de sociedade atribuir ao sócio que tenha votado contra a deliberação de transformação o direito de se exonerar, pode o sócio exigir, no prazo de um mês a contar da aprovação da deliberação, que a sociedade adquira ou faça adquirir a sua participação social"* (art. 2.º, do DL n.º 76-A/2006, de 29.03). Deste modo, a alteração mais significativa prende-se com o facto de o art. 137.º deixar de constituir uma causa legal de exoneração, para passar a ser, à semelhança do art. 105.º, um regime legal de exoneração, somente aplicável no caso de este direito ser estatutária ou legalmente reconhecido, situação que se desconhece que o seja. A segunda alteração de relevo, já em termos de regime, é a de se restringir a legitimidade activa para o seu exercício, sendo agora necessário ter de votar contra a transformação para se poder exonerar.

As alterações decorrentes do DL n.º 76-A/2006, de 29.03 afiguram-se, no nosso entender, criticáveis, sendo a expressão de uma concepção ainda mais restritiva do direito legal de exoneração. Esta concepção, que caminha em sentido oposto ao de outros ordenamentos jurídicos, em particular o italiano, desconsidera a relevância que a transformação tem na sociedade e, consequentemente, nos seus sócios.

Na nossa opinião, a manutenção do direito de exoneração por transformação tinha plena justificação, pelo menos, ao nível das *sociedades de capitais*[868].

Na transformação em *sociedades de pessoas,* uma vez que só é válida se for aprovada pelos sócios que devam assumir a responsabilidade

---

[868] Apesar de possível, a transformação em sociedade em nome colectivo é uma hipótese académica, e a transformação em sociedades em comandita uma hipótese remota, dado o recurso exíguo a este tipo de sociedade no nosso país.

[869] Conforme observa G. TANTINI, *Le Modificazioni* ..., cit., p. 205, o direito à responsabilidade limitada constitui uma situação do sócio apenas disponível com o seu consentimento, pelo que ninguém pode ser obrigado a assumir novas obrigações, além das iniciais. Deste modo, sendo a responsabilidade ilimitada assimilável a uma dilação das

ilimitada (art. 133.º, n.º 2)[869], o afastamento do direito de exoneração é compreensível. Com efeito, porque a transformação numa sociedade em nome colectivo depende da unanimidade dos votos dos sócio e, em sociedade em comandita, terá de ser uma deliberação com o voto favorável dos sócios comanditados, não se levanta a necessidade de tutela dos sócios dissidentes através do direito de exoneração.

Contudo, a transformação de sociedades capitais não deixa de ser juridicamente relevante, ao ponto de justificar o seu reconhecimento como causa legal de exoneração. Na verdade, implica alterações relevantes no modelo societário até então adoptado, designadamente ao nível da transmissão das participações sociais, que nas sociedades por quotas é mais restrita (arts. 225.º e ss. *versus* arts. 328.º e 329.º), da representação dos sócios nas deliberações sociais, que nas sociedades por quotas é mais restrita (art. 249.º *versus* art. 380.º), da administração da sociedade, que nas sociedades por quotas é menos complexa (art. 252.º *versus* arts. 390.º e ss.), da existência de órgão fiscal, que nas sociedades anónimas é sempre obrigatório (arts. 413.º e ss. *versus* art. 262.º), e ao nível da responsabilidade pelo cumprimento da obrigação de entrada dos outros sócios, que nas

---

obrigações, não seria suficiente reconhecer o direito de exoneração dos sócios, instituto de tutela dos sócios perante modificações que não incidam nos seus direitos individuais, mas que possam alterar profundamente a estrutura da sociedade ou ordem das relações societárias.

Ainda a este propósito, RAÚL VENTURA, *Fusão, Cisão e ...*, cit., p. 498, considera esta solução justificada em vez do direito de exoneração, a fim de não forçar o sócio a ter de optar entre suportar tal responsabilidade ou sair da sociedade.

[870] Esta responsabilidade pela obrigação de entrada dos restantes sócios suscita a questão de saber se é necessário o consentimento de todos os accionistas na transformação de uma sociedade anónima em sociedade por quotas, atendendo ao disposto no art. 133.º, n.º 2.

No sentido afirmativo, pronunciou-se MANUEL TRIUNFANTE, *A Tutela das ...*, cit., p. 300, com base em a *ratio* do preceito ser a necessidade do consentimento individual do sócio, sempre que a transformação o possa colocar numa posição menos vantajosa em termos de responsabilidade. Para corroborar este entendimento, avoca este A. o art. 86.º, n.º 2, segundo o qual o aumento das prestações impostas pelo contrato com a sua alteração é ineficaz para os sócios que nele não tenham consentido.

Aparentemente em sentido contrário, RAÚL VENTURA, *Fusão, Cisão e ...*, cit., pp. 497-498, restringe este consentimento à transformação em sociedade em nome colectivo e comandita.

Temos algumas dúvidas em subscrever a primeira posição, por nos parecer que a tutela do sócio continua a efectuar-se ao nível do direito de exoneração. Em primeiro

sociedades por quotas existe (arts. 197.º, n.º 1 e 207.º *versus* art. 271.º)[870]. Todas estas diferenças são significativas. A sua alteração, através da transformação da sociedade, justificava a manutenção do direito de exoneração pela modificação significativa das condições de risco acordadas pelo sócio aquando da constituição ou ingresso da sociedade[871]. Nessa medida, mal esteve o legislador ao deixar de reconhecer no art. 137.º a transformação da sociedade como uma causa legal de exoneração.

Sempre que a transformação constituir uma causa de exoneração, importa salientar que esta operação depende da aprovação de três deliberações distintas[872] (art. 134.º): do balanço ou da situação patrimonial da sociedade, da transformação e dos estatutos da sociedade transformada. Para o exercício do direito de exoneração é necessário apenas que o sócio tenha votado contra a aprovação da segunda deliberação, isto é, a transformação[873].

---

lugar, porque nos parece que a necessidade do consentimento do sócio, prevista no art. 133.º, n.º 2, tem em vista um agravamento da responsabilidade pessoal do sócio pelas dívidas sociais e não pela obrigação da entrada. Nessa medida, o legislador utiliza a expressão "responsabilidade ilimitada". Em segundo lugar, porque a transformação não é possível enquanto o capital social não estiver integralmente liberado (art. 131.º, n.º 1, al. a)). Assim, uma eventual responsabilidade do quotista (ex-accionista) pelo cumprimento da obrigação de entrada poderá apenas ocorrer na sociedade transformada perante o ingresso de novos sócios que não realizem integralmente a sua prestação (art. 207.º, n.º 1), conforme conclui MANUEL TRIUNFANTE, *A Tutela das ...*, cit., p. 300, nota 489. Contudo, tal risco, ainda que remoto, é tutelado através do direito de exoneração previsto no art. 207.º, n.º 2.

[871] Segundo DANIELA BAPTISTA, *O Direito de ...*, cit., p. 244, o legislador considerava a transformação uma modificação societária de tal modo grave que, por si só, constituía fundamento para a saída dos sócios.

RAÚL VENTURA/BRITO CORREIA, *Transformação de Sociedades (Anteprojecto e Notas Justificativas)*, BMJ n.º 220, 1972, p. 51, também falam numa mudança radical e essencial do ordenamento social, profunda demais para ser imposta aos sócios.

[872] No entender de MENEZES CORDEIRO, *Manual de Direito das Sociedades, I, ...*, cit., p. 972, a inobservância desta regra gera a nulidade da deliberação.

[873] Também no regime anterior, RAÚL VENTURA, *Fusão, Cisão e ...*, cit., p. 522, considerava que apenas o sócio que tivesse votado a favor da transformação não podia exonerar-se. No mesmo sentido, DIOGO GONÇALVES, *Direitos Especiais e o Direito de Exoneração em Sede de Fusão, Cisão e Transformação de Sociedades Comerciais*, O Direito, ano 138, tomo II, Almedina, Coimbra, 2006, p. 344 e CURA MARIANO, *Direito de Exoneração dos ...*, cit., p. 76.

Em sentido contrário, ANA MARIA TAVEIRA DA FONSECA, *A Protecção Legal e Estatutária dos Sócios Minoritários na Transformação das Sociedades por Quotas em Anónimas*, in Nos 20 anos do Código das Sociedades Comerciais Homenagem aos

Conforme sustenta CURA MARIANO[874], a aprovação da primeira deliberação será, em si mesma, neutra, e a aprovação da terceira não pode ser entendida como uma aprovação da transformação. Com efeito, segundo este A., tal aprovação «*apenas revela que concorda com o novo texto contratual, para a hipótese de permanecer na sociedade transformada*». Na verdade, pode o sócio optar por não exercer o direito de exoneração, uma vez que dispõe de um mês para o fazer. Já o voto contra na aprovação da primeira e terceira deliberações, mas a favor da transformação não possibilita o direito de exoneração, porquanto a lei exige expressamente que o sócio tenha votado contra a deliberação da transformação. Neste caso e sem prejuízo das limitações resultantes de um eventual abuso do direito, a exoneração apenas será possível se dos novos estatutos resultar uma outra causa legal de exoneração[875].

2. Fusão e Cisão de Sociedades

A maioria da doutrina considera que o legislador não reconhece na fusão e na cisão uma causa legal de exoneração. Neste sentido, pronunciaram-se, entre outros[876], RAÚL VENTURA, MARIA AUGUSTA FRANÇA,

---

Profs. Doutores A. Ferrer Correia, Orlando de Carvalho e Vasco Lobo Xavier, Volume II Vária, Coimbra Editora, Coimbra, 2007, p. 304, defende que o sócio que vote a favor da transformação na perspectiva de que o contrato que venha a ser aprovado seja um e o contrato que venha a ser aprovado seja outro poderá ser admitido a exonerar-se.

[874] *Direito de Exoneração dos* ..., cit., p. 76.

[875] Neste sentido, CURA MARIANO, *Direito de Exoneração dos* ..., cit., p. 77, nota 119.

Em sentido contrário, DANIELA BAPTISTA, *O Direito de* ..., cit., pp. 248-249, sustenta que o sócio que vota a favor da deliberação social de transformação não se pode exonerar com o fundamento nas modificações que a referida transformação vier a determinar, porque a sua discordância quanto à proposta de transformação não foi suficiente para influenciar o seu sentido de voto positivo na mesma.

Todavia, não podemos concordar com esta A.. Pode o sócio concordar com a transformação mas, por exemplo, discordar da mudança do objecto social da sociedade transformada, que só é votada após a aprovação da transformação. Nesse sentido, não se vê que não se possa exonerar com tal fundamento.

[876] Também neste sentido, veja-se COUTINHO DE ABREU, *Curso de* ..., cit., p. 419 e 427, JOSÉ DRAGO, *Fusão de Sociedades Comerciais – Notas Práticas*, Almedina, Coimbra, 2007, p. 70, PINTO FURTADO, *Curso de Direito* ..., cit., p. 502, DIOGO GONÇALVES, *Direitos Especiais* ..., cit., p. 341 e JOÃO LABAREDA, *Das Acções das* ..., cit., pp. 311-312.

Engrácia Antunes, Manuel Triunfante, Joana Vasconcelos, Cura Mariano e Daniela Baptista.

Segundo Maria Augusta França[877], o direito de exoneração é pressuposto do art. 105.º, mas este não o atribui. Logo, o legislador não considerou que a fusão, em si mesma, justificasse o afastamento voluntário do sócio.

De modo idêntico, Raúl Ventura[878] considera que o art. 105.º se limita a regular o seu exercício no caso de este ser conferido pelo contrato ao sócio que tenha votado contra a fusão, sob pena de retirar qualquer sentido à referência à atribuição legal do direito à exoneração. Mais salienta este A. que a 3.ª Directiva sobre Sociedades Comerciais não continha qualquer disposição de carácter geral que atribuísse aos que votassem contra a projectada fusão o direito de se exonerarem[879]. Também Engrácia Antunes[880], Cura Mariano[881] e Manuel Triunfante[882] acompanham Raúl Ventura.

Numa posição mais critica, Daniela Baptista[883] considera que existem razões suficientes para ser reconhecido o direito de exoneração ao accionista que vota contra o projecto de fusão, mas também conclui que nem a fusão nem a cisão constituem causas legais de exoneração.

Destaque ainda para Joana Vasconcelos[884] que, a propósito da cisão de sociedades, defende que a tutela dos participantes na cisão é assegurada através do direito de informação e da conservação da qualidade de sócio na sociedade beneficiária. Daí o facto de o art. 105.º se limitar a regular, e não a reconhecer, o direito de exoneração.

---

[877] *Direito à Exoneração*, cit., p. 209.

[878] *Fusão, Cisão e ...,* cit., p. 140.

[879] *Fusão, Cisão e ...,* cit., p. 138. A verdade é que, apesar de a 3.ª Directiva sobre Sociedades Comerciais não prever o direito de exoneração, também não o proibia, pelo que nada impedia o seu reconhecimento no Direito português. Com maior desenvolvimento sobre esta Directiva, *vide* Menezes Cordeiro, *Direito Europeu ...,* cit., pp. 267-281.

[880] *A Aquisição Tendente ...,* cit., p. 92, nota 173.

[881] *Direito de Exoneração dos ...,* cit., p. 41.

[882] *A Tutela das ...,* cit., pp. 314-316. Segundo este A., o contrato social apenas pode prever o direito de exoneração ao sócio que tenha votado contra o projecto de fusão. Contudo, não encontramos motivos para tal restrição, pelo que admitimos como válida a cláusula que reconheça o direito de exoneração a quem não tenha aprovado o projecto de fusão.

[883] *O Direito de ...,* cit., pp. 222-223 e 227.

[884] *A Cisão de Sociedades*, Universidade Católica Editora, Lisboa, 2001, pp. 173-174.

Em sentido contrário, destacam-se BRITO CORREIA, OLIVEIRA ASCENSÃO e VIDEIRA HENRIQUES.

Para BRITO CORREIA[885], a fusão/cisão de sociedades apresenta-se como uma causa legal de exoneração dos sócios.

Já OLIVEIRA ASCENSÃO[886] limita-se a afirmar que o art. 105.º prevê um verdadeiro direito de exoneração, por justa causa.

Por sua vez, VIDEIRA HENRIQUES[887], manifestando alguma perplexidade pelo facto de o legislador ter regulamentado o direito de exoneração quando afinal teria decidido não o atribuir, procura justificar o emprego do condicional na redacção do art. 105.º, por uma razão histórica. Com efeito, verifica-se uma afinidade entre o disposto no art. 105.º e o art. 9.º, do DL n.º 598/73, de 08.11, diploma que até à entrada em vigor do CSC regulava a fusão e a cisão das sociedades em geral. Porém, neste diploma, não fora necessário atribuir o direito de exoneração, mas tão só regulamentar o seu exercício, uma vez que este já era atribuído às sociedades por quotas (art. 41.º, § 3, da LSQ). Assim, segundo este A., o emprego do condicional poderá decorrer de um lapso de revisão. Por outro lado, tendo em conta que noutras mudanças parcelares da organização social adoptadas pela maioria o legislador concedeu ao sócio minoritário o direito de exoneração e que a maioria necessária para a aprovação desta operação não difere da maioria para as restantes alterações do contrato social, conclui pelo direito de exoneração do sócio no caso de fusão e, consequentemente, nos casos de cisão, por força do art. 120.º.

Cumpre tomar posição.

Conforme observa VIDEIRA HENRIQUES, o argumento histórico pode servir para explicar o emprego do condicional no art. 105.º, n.º 1 e a *reprodução* do art. 9.º, do DL n.º 598/73 na redacção do art. 105.º, n.º 1. Esta reprodução teve como consequência o estabelecimento de um regime legal de exoneração, sem qualquer causa legal que determine a sua aplicação, o que não deixa de ser invulgar. Com efeito, agora nem sequer nas sociedades por quotas a fusão é uma causa legal de exoneração.

Assim, das duas uma: ou se concluiu que o legislador disse mais do que aquilo que pretendia no art. 105.º, n.º 1 pois faz referência a um reco-

---

[885] *Direito Comercial, ..., Vol. II*, cit., p. 454 e ss..
[886] *Direito Comercial, Volume IV, ...*, cit., p. 372.
[887] *A Desvinculação ...*, cit., pp. 35-36, nota 21.

nhecimento legal que não existe, e o direito de exoneração, no caso de fusão, apenas se dá quando previsto nos estatutos, ou se entende que, pelo menos, no art. 240.º o legislador disse menos do que aquilo que pretendia, devendo acrescentar-se às causas de exoneração previstas na al. a) do seu n.º 1 a exoneração nos casos de voto contra o projecto de fusão. Sem prejuízo, qualquer que seja a conclusão a que se chegue, esta não será, por si só, suficiente para justificar a exoneração do sócio por oposição à fusão nos restantes tipos societários. Na nossa opinião, o legislador terá dito mais do que aquilo que pretendia no art. 105.º, n.º 1. Na verdade, tendo sido sua intenção eliminar o direito de exoneração por oposição à fusão nas sociedades por quotas, única situação onde era reconhecido, deixou de fazer sentido a referência a qualquer atribuição legal do direito de exoneração por fusão.

Sem prejuízo, esta opção legal afigura-se-nos criticável uma vez que noutras situações de mudanças parcelares significativas na vida da sociedade, designadamente de alteração do objecto social e, até 2006, de transformação, se tutelaram os interesses dos sócios discordantes ou que não votaram favoravelmente tais deliberações, conferindo-lhes o direito de exoneração. Comparativamente com tais situações, não se encontram razões para dar um tratamento diferente na fusão e cisão de sociedades.

Pelo exposto, conclui-se que nem a fusão nem a cisão de sociedades comerciais constituem, face ao disposto nos arts. 105.º e 120.º, causas legais de exoneração.

2.1. O Caso Particular das Fusões e Cisões Heterogéneas

No direito comparado, o direito de exoneração por fusão/cisão da sociedade também não tem sido reconhecido. Assim sucede em Itália, onde mesmo com a reforma de 2003 apenas passou a ser reconhecido nas sociedades de responsabilidade limitada, e em Espanha, na sequência de debate acerca da possível incompatibilidade deste direito com a 3.ª Directiva sobre Sociedades Comerciais[888]. Deste modo, nestes dois ordenamentos jurídicos tem sido debatido, quer na doutrina, quer na jurisprudência, sobretudo italiana, se o direito de exoneração ocorre nas chamadas fusões/cisões heterogéneas, ou seja, sempre que dessas operações decorra,

---

[888] Cf. ponto 2.3.1., Capítulo II, da Segunda Parte.

contemporânea ou posteriormente, alguma das causas legais de exoneração[889].

No *Direito italiano*, a questão coloca-se mesmo para quem defende a excepcionalidade das causas legais de exoneração. Na verdade, perante a aprovação de uma deliberação com tal conteúdo, o reconhecimento do direito de exoneração não seria o colmatar de uma qualquer lacuna, mas saber se fora ou não intenção do legislador reconhecer nesses casos tal direito. Neste âmbito, a posição dominante na jurisprudência[890] e na doutrina[891] é de reconhecer o direito de exoneração nas fusões e cisões heterogéneas.

No *Direito espanhol*, a doutrina maioritária reconhece o direito de exoneração nas fusões e cisões heterogéneas que impliquem a transferência da sede social para o estrangeiro e/ou a substituição do objecto social[892]. Destaque para FARRANDO MIGUEL[893], a propósito da substituição do objecto social, que considera que, independentemente de tais causas de exoneração terem ou não autonomia jurídica própria, existe uma alteração essencial na actividade económica desenvolvida pela sociedade que preenche o pressuposto que se associa à exoneração, isto é, a alteração das condições de risco empresarial. Igualmente rejeita a tese de que o consentimento prestado ao acordo de fusão determina uma renúncia implícita ao direito de exoneração, já que a questão essencial da alteração das condições de risco empresarial se mantém. De modo idêntico, BRENES COR-

---

[889] Vide RAÚL VENTURA, *Fusão, Cisão e ...*, cit., p. 36.

[890] *Vide*, entre outros, o Ac. da CApp de Milão de 12.03.2002, Giur. It., 2002, pp. 2103-2105.

[891] Neste sentido, *vide*, entre outros, A. FIORENTINO, *Sulla Fusione di Società Commerciali*, Riv. Trim. Dir. Proc. Civ., ano 3, Milão, 1949, p. 647, R. FRANCESCHELLI, *Fusione con ...*, cit., p. 142, D. GALLETTI, *Il Recesso nelle ...*, cit., p. 229 e G. GRIPPO, *Il Recesso del ...*, cit., pp. 166-167. Veja-se, ainda, G. TANTINI, *Le Modificazioni ...*, cit., pp. 183-185, segundo o qual o direito de exoneração teria sempre lugar quando a modificação do objecto social fosse um efeito indirecto mas inevitável da fusão, pois, por um lado, o que relevava era a modificação substancial do acto constitutivo e não a fonte da sua modificação e, por outro lado, a própria letra do art. 2437.º, do CC It., que referia apenas qualquer deliberação que tivesse incidência sobre o objecto social, fosse essa deliberação adoptada de maneira directa ou simplesmente conexa de uma outra deliberação.

Com a mesma posição, a propósito da cisão, vide F. LAURINI, *La Scissione di Società*, Riv. Soc., ano 37, Milão, 1992, p. 944.

[892] Neste sentido, *vide*, entre outros, FARRANDO MIGUEL, *El Derecho de ...*, cit., p. 98.

[893] *El Derecho de ...*, cit., p. 92.

TÉS[894] sustenta que a tutela conferida pelas causas legais de exoneração também ocorre quando estas surgem indirectamente ligadas a outro procedimento de modificação estatutária, sob pena de incongruência de regime. Destaca-se ainda MARTÍNEZ SANZ[895], para quem o reconhecimento do direito de exoneração nas fusões e cisões heterogéneas se destina a evitar contradições de valoração e a aplicar a disciplina das causas de exoneração, independentemente do modo de surgimento.

No Direito português, a questão também se levanta, e, recentemente, até à aprovação do DL n.º 76-A/2006, de 29.03, também contemplava as fusões/cisões que acarretassem uma transformação da sociedade[896].

RAÚL VENTURA[897] circunscreve a questão às sociedades por quotas, já que, relativamente às sociedades anónimas, nada existe a tal respeito para as guiar, podendo o problema apenas ser colocado quanto a cláusulas contratuais criadoras de tal direito. Nestes termos, relativamente às sociedades por quotas, a posição deste A. é a de que as finalidades das disposições que reconhecem o direito de exoneração são dignas de protecção quer ocorram isoladamente, quer com a fusão, pelo que não há motivos para que o sócio não seja protegido.

No mesmo sentido, DANIELA BAPTISTA[898] e CURA MARIANO[899] defendem que, sempre que se preencham algumas das causas legais de

---

[894] *El Derecho de ...*, cit., pp. 312-313.
[895] *Causas de Separación ...*, cit., p. 48.
[896] No regime anterior, MANUEL TRIUNFANTE, *A Tutela das ...*, cit., p. 315, nota 517, admitia o direito de exoneração nas fusões e cisões que implicassem a transformação da sociedade, não se pronunciando sobre as restantes causas de exoneração.
Em sentido contrário, JOANA VASCONCELOS, *A Cisão ...*, cit., p. 180. No seu entender, a tutela da exoneração por ocasião de transformação não era necessária, uma vez que, sempre que envolvessem um aumento das obrigações de todos os sócios, era necessário o seu consentimento individual (art. 103.º, n.º 2, al. a)).
Este raciocínio padece, a nosso ver, de dois vícios. O primeiro, é o de pressupor que todos os casos de transformação vêm a traduzir-se num aumento das obrigações dos sócios, o que está por demonstrar. O segundo é considerar que a exoneração por transformação assenta num aumento das obrigações assumidas pelos sócios, o que também não é verdade. Com observação idêntica, vide MANUEL TRIUNFANTE *A Tutela das ...*, cit., p. 315, nota 517. Nessa medida, o disposto no art. 103.º, n.º 1, al. a) não excluía a aplicação do art. 137.º, quando este preceito constituía uma causa legal de exoneração.
[897] *Fusão, Cisão e ...*, cit., p. 142.
[898] *O Direito de ...*, cit., p. 217.
[899] *Direito de Exoneração dos ...*, cit., pp. 42-43.

exoneração na fusão/cisão, esta é possível, mas segundo o regime e formalismo do art. 105.º.

Finalmente, JOANA VASCONCELOS[900] considera que as restantes causas legais de exoneração, porque não especificamente contempladas no regime da cisão, podiam ocorrer, seguindo o regime do art. 105.º.

Também nesta questão cumpre tomar posição.

O problema das fusões e cisões heterogéneas levanta-se em todas as sociedades comerciais, mesmo as anónimas, pois em todas encontramos causas legais de exoneração. Apenas não se levanta nas sociedades em nome colectivo, quando tal deliberação seja tomada por unanimidade. Nessa medida, discordamos de RAÚL VENTURA. Por outro lado, qualquer que seja a solução encontrada, a mesma deve aplicar-se a todas as causas legais de exoneração.

Ora, uma coisa é excluir o direito de exoneração pela própria fusão, ou seja, excluir que o sócio possa exonerar-se pelo facto de a sociedade deliberar incorporar ou fundir-se com outra sociedade. Coisa distinta é afirmar que o sócio não pode exonerar-se quando tal deliberação acarreta uma alteração do objecto social ou a transferência da sede efectiva da administração para o estrangeiro. Apesar de tais causas de exoneração serem consequência de um outro acto da sociedade – fusão/cisão –, não são absorvidas pelo regime da fusão/cisão, sob pena de violação das disposições que expressamente reconhecem tais direitos aos sócios. Sendo a *ratio* dos preceitos que reconhecem o direito de exoneração a mesma, quer a deliberação social aprovada tenha expressamente tal propósito, quer seja consequência indirecta de outra deliberação, apenas se pode concluir pela existência de um direito de exoneração[901]. Se assim não se entender, permite-se que, através de processos de reestruturação empresarial, se defraudem normas de protecção do sócio[902].

---

[900] *A Cisão* ..., cit., p. 180. Esta A. apenas ressalvava a transformação mas quando esta constituía uma causa legal da exoneração. Vide nota de rodapé 896.

[901] Contudo, conforme salienta DANIELA BAPTISTA, *O Direito de* ..., cit., p. 227, é necessário, nos casos de cisão simples, que a causa de exoneração se verifique na primitiva sociedade. Relativamente à nova sociedade, nem parece poder falar-se na aprovação de uma deliberação social, pressuposto da exoneração, nem numa alteração fundamental na estrutura societária primitiva.

[902] Segundo RAÚL VENTURA *Fusão, Cisão e* ..., cit., p. 118, pode sempre procurar-se

3. Transmissão Dependente da Vontade dos Sucessores

No art. 226.º permite-se que o contrato atribua aos sucessores do sócio falecido o direito de exigir a amortização da quota ou condicionar a sua transmissão à sua vontade. Quando o pretendam fazer, os sucessores do sócio falecido devem declará-lo por escrito à sociedade, nos 90 dias seguintes ao conhecimento do óbito.

Apesar de estarmos, em rigor, perante uma causa estatutária de transmissão ou amortização da participação social limitada às sociedades por quotas, esta solução consubstancia, em termos práticos, uma causa estatutária de exoneração[903], por se tratar de um direito atribuído a um sócio precário[904], destinado à extinção da relação societária. No mesmo sentido, o art. 232.º, n.º 4, determina que, se o contrato atribuir ao sócio o direito à amortização da quota, se aplica o disposto sobre a exoneração dos sócios.

Também em termos de regime, as semelhanças deste direito do sucessor do sócio falecido com a exoneração são demasiadamente evidentes. A sociedade que recebe a declaração deve amortizar, adquirir ou fazer adquirir a quota, sob pena de o sucessor do sócio falecido requerer a dissolução da sociedade por via administrativa, o que significa que a sociedade não se encontra efectivamente obrigada a amortizar a participação social, ainda que no contrato apenas se atribua aos sucessores do sócio falecido tal direito. A sociedade está obrigada «*a utilizar um dos meios logicamente possíveis para que a quota deixe de ser transmitida para os sucessores do sócio*» [905] (art. 226.º, n.º 2 *versus* art. 240.º, n.º 4). Ainda neste sentido, o art. 226.º, n.º 3 remete para os n.ºs 6 e 7 do art. 240.º.

---

encontrar apoio legal no art. 103.º, n.º 1, para sustentar a aplicabilidade às operações de fusão e cisão dos requisitos legais para as alterações de certos elementos dos estatutos.

[903] *Vide* RAÚL VENTURA, *Sociedades por Quotas, Vol. I*, ..., cit., p. 563. Segundo este A, o facto de ser uma causa estatutária de exoneração explica a não aplicação do art. 240.º, n.º 6 (actualmente n.º 8).

Já o art. 225.º não consubstancia nenhuma causa, nem sequer estatutária, de exoneração pois aqui os herdeiros não chegaram a ter a qualidade de sócios.

[904] Cf. RAÚL VENTURA, *Sociedades por Quotas, Vol. I*, ..., cit., pp. 560-561.
[905] *Vide* RAÚL VENTURA, *Sociedades por Quotas, Vol. I*, ..., cit., p. 561.

SECÇÃO II
Atípicas

1. Colocação do Problema

No que concerne às causas estatutárias atípicas de exoneração, são dois os problemas que se levantam.

O primeiro problema é exclusivo das sociedades anónimas e consiste em saber se é possível a consagração de causas de exoneração, além das permitidas por lei. A dúvida surge perante a ausência de regulação expressa do direito de exoneração no título dedicado às sociedades anónimas, ao contrário do que acontece nas sociedades em nome colectivo (art. 185.º, n.º 1) e por quotas (art. 240.º, n.º 1).

Este problema não se confunde com a questão da eventual aplicação, por analogia, das causas legais de exoneração, previstas especialmente noutros tipos de sociedades comerciais, às sociedades anónimas. Quanto a esta questão, a resposta deve ser negativa[906], uma vez que nem nas sociedades anónimas nem nas sociedades por quotas existe qualquer lacuna. Pelo contrário, existem elementos suficientes para concluir que o legislador avaliou a exoneração do sócio como sendo o instrumento jurídico para resolver situações de conflito no seio da sociedade, como o fez na parte geral do CSC e na parte especial, mas apenas para as sociedades em nome colectivo[907] e por quotas[908]. Quanto às sociedades anónimas, não o quis fazer, porque confiou, ainda que mal, na (alegada) eficiência da livre transmissibilidade das acções, para resolver situações que noutros tipos de sociedade são resolvidas com o direito de exoneração[909].

---

[906] Sobre esta questão, no Direito português, com maior desenvolvimento, *vide* DANIELA BAPTISTA, *O Direito de ...*, cit., pp. 490-507, em particular, pp. 501-507. Esta A. recusa o recurso à analogia, com os seguintes argumentos: incerteza jurídica inerente a uma determinação das situações sujeitas ao procedimento de preenchimento da lacuna, o silêncio do legislador sobre a questão e a ausência de lacuna.

[907] Neste sentido, no Direito espanhol, *vide* VIERA GONZÁLEZ, *Las Sociedades de Capital ...*, cit., p. 75.

[908] Cf. o Ac. da RPt de 10.01.1995 (ARAÚJO BARROS), www.dgsi.pt (recolhido em Julho de 2006), que fala em taxatividade das causas de exoneração.

[909] No mesmo sentido, *vide* DANIELA BAPTISTA, *O Direito de ...*, cit., p. 503.

O segundo problema consiste em saber as condições, quer em termos de conteúdo, quer em termos de regime de funcionamento, em que são admitidas as causas estatutárias de exoneração. Este problema diz respeito a todos os tipos de sociedades comerciais, uma vez que, conforme se verá, também nas sociedades anónimas são válidas as cláusulas estatutárias de exoneração.

2. A Exoneração Estatutária do Accionista

2.1. Direito Comparado

No *Direito italiano*, até à reforma de 2003, considerando o disposto no último § do art. 2437.º, do CC It.[910], questionava-se a possibilidade de ampliação das causas legais de exoneração[911], em particular, nos casos de aumento do capital social, prorrogação da duração da sociedade[912] e alteração do regime das acções privilegiadas[913].

A resposta a este problema, ainda que com fundamentação diferente, quer na doutrina[914], quer na jurisprudência[915], era no sentido da taxativi-

---

[910] Nos termos deste §, eram nulas as convenções que excluíssem ou tornassem mais gravoso o exercício do direito de exoneração.

[911] Com maior desenvolvimento, cf. G. GRIPPO, *Il Recesso del ...*, cit., pp. 142-147.

[912] Vide B. DE'COCCI, *Diritto di Recesso per ...*, cit., p. 372.

[913] Cf., com maior desenvolvimento, A. FORMIGGINI, *Diritti Individuali degli Azionisti Privilegiati e degli Obbligazionisti*, Riv. Dir. Proc. Civ., ano 6, Milão, 1952, p. 121 e ss., que rejeita tal possibilidade com fundamento na taxatividade das causas de exoneração.

[914] B. DE'COCCI, *Diritto di Recesso per ...*, cit., p. 373, defende a taxatividade das causas de exoneração, sob pena de se desconsiderar o regime previsto no art. 2437.º, do CC It., e se violar o princípio da intangibilidade do capital social, lesando-se os interesses dos terceiros que se relacionam com a sociedade. No mesmo sentido, D. GALLETTI, *Una Proposta di ...*, cit., p. 781.

Já E. BRESSAN, *Le Modalità di Rimborso del Socio Receduto da Società Consortile*, Giur. Comm., 26.1., Giuffrè, Milão, 1999, p. 34, rejeita as cláusulas estatutárias de exoneração, com o fundamento de que são uma excepção ao princípio da obrigatoriedade das deliberações sociais para todos os sócios e que a previsão legal de um número restrito de causas de exoneração se destina a tutelar o interesse da sociedade na manutenção do seu património, na integridade do capital social e, simultaneamente, dos credores sociais.

Para E. RAVARA, *Il Recesso*, cit., p. 407 e P. BALZARINI, *Le Azioni di Società*, Giuffrè, Milão, 2000, p. 107, o depauperamento do capital social, factor negativo para os

dade das causas legais de exoneração[916]. Pontualmente, em sentido contrário e numa interpretação que nos parece mais correcta, havia quem afastasse esta taxatividade com o argumento de que o último parágrafo do art. 2437.º, do CC It., apenas estabelecia a nulidade dos pactos que excluíssem o direito de exoneração nos casos previstos na lei ou que tornassem o seu exercício mais gravoso, nada se dizendo acerca da extensão estatutária das hipóteses de exoneração. Assim, tal silêncio seria a porta para a sua admissão[917].

Com a reforma de 2003, a questão ficou parcialmente resolvida, uma vez que se admitiu nas sociedades anónimas, excepto nas que façam apelo ao mercado do capital de risco, a estipulação de causas estatutárias de exoneração (art. 2437.º, § 4, do CC It.).

No *Direito espanhol* a admissibilidade de causas estatutárias de exoneração ao nível das sociedades anónimas também é controversa[918]. Com efeito, ao contrário do regime das sociedades por quotas, não existe nenhuma disposição que se pronuncie expressamente sobre esta possibili-

---

credores sociais, faz com que as causas legais de exoneração sejam taxativas e que a norma que as prevê deva ser interpretada de maneira restritiva.

Vide ainda, sobre esta questão, G. PELLIZZI, *Sui Poteri Indisponibili della Maggioranza Assembleare*, Riv. Dir. Civ., ano 13, Parte I, Pádua, 1967, p. 199 e ss., G. GRIPPO, *Il Recesso del* ..., cit., p. 146 e G. NICCOLINI, *Recesso per Giusta* ..., cit., p. 77.

[915] Entre outros, vejam-se os seguintes Acs. da CApp de Milão:

i) 22.04.1960, F. It., Parte Prima, 1960, pp. 1404-1407, no qual se declarou nula a cláusula estatutária que reconhecia o direito de exoneração por aumento do capital social, com fundamento nos precedentes legislativos, nos trabalhos preparatórios do CC It., no princípio da obrigatoriedade das deliberações sociais para todos os sócios e da intangibilidade do capital social;

ii) 2.05.1996, F. It., Parte Prima, Roma, 1998, pp. 262-268, com fundamento no princípio da vinculação das deliberações sociais a todos os sócios e da integridade do capital social;

iii) 12.03.2002, Giur. It., 2002, pp. 2103-2108, com fundamento no depauperamento do capital social, factor negativo para os credores sociais.

[916] Cf. D. GALLETTI, *Il Recesso nelle* ..., cit., p. 260.

[917] Veja-se B. DE'COCCI, *Diritto di Recesso per* ..., cit., p. 373. Vide, ainda, G. TANTINI, *Le Modificazioni* ..., p. 162 e ss., para quem do príncipio da autonomia contratual, principio dominante no direito societário, decorria a validade da extensão das causas de exoneração. Também FERRI, *Manuale di Diritto Commerciale*, 9.ª edição, Turim, 1993, p. 446, defende como válida a estipulação de causas estatutárias de exoneração.

[918] Com maior desenvolvimento, vide BRENES CORTÉS, *El Derecho de* ..., cit., p. 162 e ss. e FARRANDO MIGUEL, *El Derecho de* ..., cit., p. 72 e ss..

dade, apesar de até existirem causas específicas de exoneração nestas sociedades.

De um lado[919], temos um sector da doutrina que nega esta possibilidade, atento o carácter excepcional da figura, defendendo uma interpretação restritiva que impede a sua ampliação estatutária. Além disso, acrescentam o risco de empobrecimento do património social que o seu exercício comporta e a tendência legal para a sua restrição.

Do outro lado, há quem entenda não existir nenhuma razão de peso para a sua exclusão[920], uma vez que, nos termos do art. 10.º, da LSA, permite-se aos sócios fundadores incluírem na escritura *"todos los pactos y condiciones que [...] juzguen conveniente establecer, siempre que no se opongan a las leyes ni contradigan los principios configuradores de la sociedad anónima"*.

Finalmente, podemos ainda encontrar AA que adoptam uma posição intermédia. Neste sentido, BRENES CORTÉS[921] defende que a faculdade concedida pelo legislador de poderem ser consagradas estatutariamente causas de exoneração não deve ser entendida como uma liberdade absoluta e, consequentemente, as causas estatutárias de separação terão de corresponder a alterações significativas dos elementos essenciais do contrato de sociedade que tenham motivado o ingresso na sociedade. Além destas alterações estruturais, BRENES CORTÉS reconhece o direito de exoneração quando ocorram situações que criem um vínculo opressivo para o sócio, como, por exemplo, a não distribuição sistemática de lucros através da sua incorporação em reservas[922]. Nestes casos, o direito de exoneração teria justificação por ser coerente com a própria *ratio legis*, ou seja, a conciliação dos interesses contrapostos entre a sociedade que, pela regra da maioria, introduz alterações no seu modo de actuar e o sócio que não quer mais permanecer numa sociedade onde foram alterados elementos que determinaram o seu ingresso.

Numa posição igualmente intermédia, BONARDELL LENZANO//CABANAS TREJO[923] defendem a admissibilidade de causas estatutárias de

---

[919] Sobre esta questão, com maior desenvolvimento, *vide* FARRANDO MIGUEL, *El Derecho de ...*, cit., p. 83 e ss..

[920] Cf. VIERA GONZÁLEZ, *Las Sociedades de Capital ...*, cit., pp. 71-72.

[921] *El Derecho de ...*, cit., pp. 167-168.

[922] Cf. o Ac. da RCb de 6.03.1990 (CASTANHEIRA DA COSTA), CJ, ano XV, tomo II, 1990, pp. 45-47.

[923] *Separación y Exclusión ...*, cit., p. 26.

exoneração, mas restritivamente, por serem uma excepção à regra da maioria e o seu exercício poder influenciar a estabilidade do capital social.

No *Direito brasileiro*, alguns dos AA que se pronunciaram sobre este problema deram resposta negativa às cláusulas estatutárias de retirada.

Neste sentido, TRAJANO VALVERDE[924] afirma que o direito de recesso se destina a proteger os accionistas minoritários, mas, simultaneamente, a assegurar a continuidade da sociedade, ou seja, visa resolver um conflito de interesses. Assim, apenas deve ter lugar nas situações legalmente previstas, sendo inválidas as cláusulas estatutárias de exoneração.

Também MODESTO CARVALHOSA[925] e ANNA PARAISO[926] defendem a taxatividade das causas legais de retirada, não sendo de admitir a exoneração estatutária do sócio nem sequer perante hipóteses análogas às previstas na lei. Tal admissibilidade criaria, no entender de MODESTO CARVALHOSA, um risco na estabilidade da sociedade, com reflexo nos próprios sócios minoritários.

2.2. Direito Português

No Direito português, vários AA já se pronunciaram sobre a questão das causas estatutárias de exoneração atípicas.

Para OSÓRIO DE CASTRO[927], o direito de exoneração do accionista funciona como um contrapeso em casos restritos ao princípio da livre transmissibilidade de acções. Em regra, o accionista inconformado tem a possibilidade de sair da sociedade, vendendo as suas acções, o que é uma solução bastante.

Também MENEZES CORDEIRO[928] rejeita a existência de causas de exoneração dos accionistas além das previstas na lei, por considerar que a exoneração do sócio fazendo recair sobre os restantes diversos ónus não será conciliável com a lógica das sociedades anónimas em que cada sócio

---

[924] *Sociedade por Acções, Vol. II, ...*, cit., p. 43.
[925] *Comentários à ..., 1.º Volume ...*, cit., p. 233.
[926] *O Direito de Retirada na ...*, cit., p. 67.
[927] *Da Admissibilidade das Chamadas «Opa's Estatutárias» e dos Seus Reflexos Sobre a Cotação das Acções em Bolsa*, Juris et de Jure nos Vinte Anos da Faculdade de Direito da Universidade Católica Portuguesa – Porto, Universidade Católica Portuguesa, Porto, 1998, p. 129.
[928] *Manual de Direito das Sociedades, II, ...*, cit., p. 711.

apenas responde pelas entradas, «*não podendo ver a sua posição ad nutum afectada pelas opções de outros sócios*».

PAULO OLAVO CUNHA[929], distinguindo entre sociedades por quotas e anónimas, entende que nestas últimas a transmissibilidade das acções faz com que o direito de exoneração assuma uma natureza excepcional não sendo de admitir a estipulação contratual de cláusulas de exoneração além das legais.

FERRER CORREIA[930], a propósito das sociedades por quotas, sustenta que o legislador chegou à conclusão de que uma cláusula geral de exoneração abriria a porta à incerteza, altamente nociva, porquanto sujeitava a sociedade ao risco de, a qualquer momento, ter de desembolsar importantes quantias para a liquidação das quotas dos sócios. Por esse motivo não terá admitido a exoneração por justa causa e apenas nos casos de alterações muito significativas.

Também a propósito das sociedades por quotas, RAÚL VENTURA[931] defende que, à excepção da vontade arbitrária, é ampla a liberdade de estipulação de causas estatutárias de exoneração. Indispensável é que «*o contrato preveja casos, isto é, que descreva factos, cuja ocorrência no futuro é previsível e que o faça com a precisão suficiente para que se torne possível ligar imediatamente a essa ocorrência a criação do direito do sócio*»[932]. Esta posição foi posteriormente subscrita por CURA MARIANO[933].

Numa posição intermédia surge JOÃO LABAREDA[934]. Impressionado com o facto de o CSC não desconhecer a figura da exoneração, tanto mais

---

[929] *Direito das* ..., cit., p. 311.

[930] *A Nova Sociedade por* ..., cit., p. 363.

[931] Segundo este A., *Sociedades por Quotas, Vol. II,* ..., cit., p. 40, a cláusula de exoneração arbitrária é nula e, consequentemente, desprovida de efeito a declaração que nela se pretendesse basear. Esta solução justifica-se, uma vez que tal cláusula equivaleria à inexistência do vínculo jurídico que se pretende criar com o contrato.

Ainda segundo este A., *Novos Estudos* ..., cit., p. 284, esta cláusula não tem aplicação nas sociedades em nome colectivo uma vez que nestas se prevê a exoneração por vontade arbitrária do sócio.

No Ac. da RPt de 09.11.1999 (PINTO FERREIRA), CJ, ano XXIV, tomo V, pp. 180-182, confirmou-se a interpretação de anular uma cláusula do contrato que determinava que "*a sociedade podia dissolver-se pela simples vontade de um dos sócios*" por consubstanciar a vontade arbitrária de exoneração.

[932] *Sociedades por Quotas, Vol. II,* ..., cit., p. 18.

[933] *Do Direito de Exoneração dos* ..., cit., p. 35.

[934] *Das Acções das* ..., cit., pp. 307-309.

que a tratou com pormenor nas sociedades em nome colectivo e por quotas e, pontualmente, nas disposições gerais aplicáveis a todos tipos de sociedades e de no mesmo se ter ignorado a sua consagração nas disposições específicas das sociedades anónimas, conclui que o direito de exoneração só existirá, nas sociedades anónimas, nos casos directamente previstos pela lei e nos casos previstos no contrato social por ela consentidos. No seu entendimento, esta posição sai reforçada pela ideia de que a admissibilidade de causas contratuais de exoneração justificaria um quadro regulamentar que acautelasse os interesses em causa – nomeadamente os dos credores sociais –, sem dependência de flutuações contratuais.

Idêntica posição adopta MANUEL TRIUNFANTE[935], segundo o qual tendo o legislador estabelecido causas de exoneração específicas para as sociedades em nome colectivo e por quotas e não para as sociedades anónimas, terá existido uma decisão propositada de o fazer, que teve por génese o princípio da livre transmissibilidade de acções. No seu entender, esta solução tem a vantagem de não envolver cálculos complexos para determinar o valor das acções e não implicar prejuízo para o capital social. No entanto, este A. reconhece que as causas legais de exoneração não cobrem todos os casos que justificam a sua atribuição, uma vez que também nas sociedades anónimas podem ocorrer situações idênticas às previstas nas sociedades em nome colectivo e por quotas ou dificuldades de transmitir as acções. Assim, acaba por admitir a previsão estatutária de causas de exoneração que tutelem hipóteses de exoneração já reconhecidas na lei[936].

Admitindo como válidas as cláusulas estatutárias de exoneração, temos COUTINHO DE ABREU, DANIELA BAPTISTA, BRITO CORREIA[937], MARIA AUGUSTA FRANÇA e PAIS DE VASCONCELOS.

Relativamente a COUTINHO DE ABREU[938], apenas considera que «*as razões estatutárias não podem é colidir com as normas legais imperativas nem confundir-se com a vontade arbitrária de sócio*».

Ainda com resposta afirmativa merece destaque DANIELA BAPTISTA[939]. Segundo esta A., a admissibilidade da estipulação de cláusulas estatu-

---

[935] *A Tutela das ...*, cit., pp. 318-319.
[936] *A Tutela das ...*, cit., p. 320.
[937] *Direito Comercial, ...*, Vol. II, cit., p. 458.
[938] *Curso de ...*, cit., p. 428.
[939] *O Direito de ...*, cit., pp. 480-483.

tárias de exoneração assenta no art. 405.º, do CC, na ausência de qualquer disposição normativa, princípio de ordem pública ou interesse colectivo capaz de impedir a sua aceitação e no facto de nem sempre o reembolso das acções se traduzir numa desvalorização do património social. Além destes fundamentos, destaca a dificuldade de transmissão efectiva das acções, não obstante e sua livre transmissibilidade e o facto de a exoneração ser a única maneira de impedir a submissão do accionista minoritário descontente à eficácia vinculativa de deliberações modificativas dos estatutos, garantindo o equilíbrio dos interesses entre a sociedade e os sócios. Nestes termos, a actuação legislativa nesta matéria apenas estaria orientada para a fixação de um núcleo mínimo de situações exoneratórias.

Por sua vez, MARIA AUGUSTA FRANÇA[940] salienta que, apesar de o CSC ser omisso em relação à possibilidade de causas estatutárias de exoneração nas sociedades anónimas, «*no âmbito da autonomia contratual tudo é permitido dentro dos limites da lei*». Assim, «*desde que não violem preceitos ou princípios legais, tais cláusulas são válidas*». Com efeito, «*o reconhecimento de um interesse público à conservação do ente social é duvidoso na nossa ordem jurídica e a necessidade de redução do capital social nem sempre existe. Não encontramos nenhum princípio de ordem pública ou interesse colectivo que limite tais cláusulas. Pensamos, no entanto, que o seu âmbito [...] não pode englobar a exoneração por vontade arbitrária dos sócios*».

Por fim, PAIS DE VASCONCELOS[941] também parece admitir tais cláusulas, salientando, contudo, que são mais frequentes em acordos parassociais, raramente estando presentes nos estatutos de sociedades anónimas.

2.3. Posição Adoptada

Como primeira nota de relevo, é de salientar que, na parte geral do CSC, apenas se faz referência às causas estatutárias de exoneração nos arts. 105.º, n.º 1[942] e 137.º, n.º 1, respectivamente acerca da fusão e trans-

---

[940] *Direito à Exoneração*, cit., pp. 220-221.
[941] *A Participação* ..., cit., p. 242, nota 258.
[942] Esta disposição legal é ainda aplicável aos casos de cisão por remissão do art. 120.º.

formação da sociedade, prevendo-se que, no caso de o contrato de sociedade atribuir ao sócio que tenha votado contra, respectivamente, o projecto de fusão ou deliberação de transformação o direito de se exonerar, este poderá fazê-lo nos condicionalismos ali previstos. Assim, pelo menos nestas duas situações podem os estatutos, mesmo os da sociedade anónima, prever o direito de exoneração.

Fora destas situações, ao nível das sociedades anónimas, o legislador primou pelo silêncio, não admitindo nem proibindo a sua previsão. A nosso ver, este silêncio explica-se pela ausência de causas de exoneração específicas das sociedades anónimas, que tem por subjacente o raciocínio de que o princípio da livre transmissibilidade das acções é o mecanismo de reacção adequado dos accionistas que discordam de certas deliberações sociais. Nessa medida, não havendo causas de exoneração específicas das sociedades anónimas, não previu o legislador a possibilidade, como o fez nas sociedades em nome colectivo e por quotas, da exoneração estatutária. Todavia, deste silêncio não se pode concluir o afastamento das cláusulas estatutárias atípicas de exoneração, mas apenas que, por força do referido principio da livre transmissibilidade de acções, entendeu o legislador não ser de prever nas sociedades anónimas outras causas de exoneração além das previstas na parte geral. Em síntese, a lei apenas é expressa quanto à restrição das causas legais de exoneração, mas omissa no que diz respeito à extensão das causas estatutárias.

Ora, tirando um conjunto de disposições previstas no CSC, que são imperativas, vigora a autonomia da vontade (art. 405.º, do CC, *ex vi* art. 3.º, do CCom.), não se encontrando motivos para recusar a admissibilidade de causas estatutárias de exoneração, quer previstas especialmente noutros tipos de sociedades comerciais, quer não previstas no CSC. Com efeito, nenhum dos fundamentos apresentados por aqueles que sustentam a inadmissibilidade/restrição das cláusulas estatutárias de exoneração nos convencem, devendo ser afastados.

i) O exercício do direito de exoneração pode provocar uma minoração de recursos societários e, no limite, a dissolução da sociedade

Trata-se de uma consequência possível, mas não necessária, do direito de exoneração. Nessa medida, não constitui um fundamento válido para afastar as cláusulas estatutárias de exoneração, até porque se o constituísse ter-se-ía de estender a todos os tipos de sociedades comerciais. A incerteza de tal resultado decorre da possibilidade de a sociedade eliminar a causa de exoneração, adquirir as acções ou arranjar quem as adquira[943].

Ademais, mesmo quando o direito de exoneração produzir uma minoração de recursos societários, tratar-se-á de um risco inerente à vida de qualquer sociedade comercial, tal como a sua dissolução ou a amortização de acções.

Finalmente, mesmo a redução do capital social tem como limite o mínimo legal, caso em que a sociedade terá de proceder ao seu aumento (art. 96.º).

ii) Natureza excepcional do direito de exoneração
O facto de a regra ser a vinculação dos sócios às deliberações sociais aprovadas pela maioria, não significa que o sócio que delas discorde deixe de ficar vinculado ao seu resultado[944]. Nessa medida, o direito de exoneração não tem natureza excepcional[945]. Pelo contrário, o seu reconhecimento estatutário mais não é do que uma manifestação do princípio da maioria[946].

Contudo, ainda que assim não se entenda, de uma eventual natureza excepcional do direito de exoneração apenas resulta que os sócios não podem exigir o seu reconhecimento nos casos não previstos na lei. Não impede, na ausência de proibição expressa, que a sociedade preveja outras causas de exoneração[947].

iii) Possível lesão dos direitos e interesses dos restantes sócios e dos credores sociais
Também este argumento não é atendível. Quer os restantes sócios, quer os credores sociais encontram-se protegidos.

---

[943] No Direito espanhol, *vide* FARRANDO MIGUEL, *El Derecho de ...*, cit., p. 74.

[944] PINTO FURTADO, *Deliberações de Sociedades Comerciais*, Almedina, Coimbra, 2005, p. 474, considera que o direito de exoneração nas causas decorrentes da aprovação de deliberação social é um modo de evitar a submissão do sócio à eficácia da deliberação.

[945] Em sentido contrário, *vide* NUNO TORRES, *Da Transmissão de Participações Sociais Não Tituladas*, Universidade Católica Portuguesa, Porto, 1999, p. 43, nota 65, DIOGO GONÇALVES, *Direitos Especiais ...*, cit., p. 330 e PAULO OLAVO CUNHA, *Direito das ...*, cit., p. 311, este último apenas quanto ao direito de exoneração nas sociedades anónimas.

[946] BRENES CORTÉS, *El Derecho de ...*, cit., p. 169.

[947] Neste sentido, FARRANDO MIGUEL, *El Derecho de ...*, cit., p. 84.

Os sócios, porque prestaram unanimemente o seu consentimento na introdução de tais cláusulas, aquando da constituição de sociedade, ou tiveram conhecimento das mesmas aquando da entrada na sociedade e, nessa medida, aceitaram tal possibilidade[948].

Os credores sociais encontram-se protegidos através da necessidade de autorização judicial, sempre que a redução não se destinar à cobertura de perdas, ressalva do capital mínimo e do direito de oposição (respectivamente, arts. 95.º e 96.º, do CSC, e art. 1487.º, do CPC)[949]. Por outro lado, mesmo os diferentes instrumentos destinados à extinção da relação societária do sócio que se exonerou têm regras expressamente destinadas à protecção do capital social. Veja-se, neste sentido, as regras relativas à redução do capital social ou amortização de quotas ou acções.

iv) Possível violação de um interesse público da integridade do ente social

Além da protecção identificada em iii), não se vislumbra a existência de um princípio geral de conservação do ente social. Naturalmente que a conservação da sociedade é considerada pelo legislador na medida em que a exoneração do sócio não acarreta a extinção do ente colectivo, mas tal não permite falar num princípio de conservação do ente social.

A sociedade, primeiro que tudo, é um instrumento dos sócios para a prossecução de uma actividade económica que estes se propõem prosseguir[950]. O princípio dominante no direito societário é o da autonomia da vontade[951], que permite que os sócios deliberem a extinção do ente social ou permitam a extinção da relação societária relativamente a determinados sócios.

---

[948] FARRANDO MIGUEL, *El Derecho de* ..., cit., p. 87.
[949] Cf., no Direito espanhol, VIERA GONZÁLEZ, *Las Sociedades de Capital* ..., cit., p. 73. No Direito italiano, *vide* G. TANTINI, *Le Modificazioni* ..., cit., p. 162.
[950] VIERA GONZÁLEZ, *Las Sociedades de Capital* ..., cit., pp. 162-163.
[951] Conforme observa MENEZES CORDEIRO, *Manual de Direito das Sociedades, II*, ..., cit., p. 321, qualquer «*"interesse da empresa" (ou da sociedade) acaba, sempre, por se reconduzir ao interesse dos sócios*».

v) *Desnecessidade do seu reconhecimento, atento o princípio da livre transmissibilidade de acções, em particular nas sociedades abertas*[952]

Esta posição padece do vício de fundamentar o direito de exoneração com a ausência de livre transmissibilidade de acções, o que, conforme se viu, não é verdade. Se esse fosse o fundamento do direito de exoneração, então sempre que as acções, ou mesmo as quotas, fossem livremente transmissíveis, o direito de exoneração não teria lugar, o que não é o caso. O que constitui o fundamento legal do direito de exoneração é a inexigibilidade de permanência do sócio na sociedade em certas situações[953].

Por outro lado, esta alegada desnecessidade pode não se dar, sendo teórica. Basta recordar que menos de 1% das sociedades anónimas em Portugal[954] estão cotadas em bolsa e que, nas restantes, o elemento pessoal é, muitas vezes, predominante, apenas se pretendendo através da sua constituição o desconhecimento da pessoa do sócio. Além disso, nas sociedades anónimas não cotadas é permitido estabelecer restrições à livre transmissão de acções[955], ainda que limitadamente. Ademais, é frequente nos acordos parassociais os sócios restringirem as transmissões de acções, aproxi-

---

[952] Sobre esta questão, *vide*, com maior desenvolvimento n.º 2.4., Secção III, Capítulo V, da Terceira Parte.
Cf., no Direito espanhol, FAJARDO GARCÍA, *EL Derecho de Separación del Socio en la Sociedad Limitada*, Editorial Práctica del Derecho, S.L., Valencia, 1996, pp. 27-29 e BRENES CORTÉS, *El Derecho de ...*, cit., p. 21.

[953] No mesmo sentido, *vide* DANIELA BAPTISTA, *O Direito de ...*, cit., p. 371.

[954] Segundo o Anuário Estatístico de Portugal do ano de 2004 do INE, acessível em www.ine.pt., encontravam-se registadas, no ano de 2004, 18.312 sociedades anónimas.

[955] Com efeito, nos termos do art. 328.º, n.º 2, al. a), pode estabelecer-se nos estatutos que a transmissão de acções nominativas fique subordinada ao consentimento da sociedade. Pode ainda estabelecer-se um direito de preferência dos outros accionistas e as condições do respectivo exercício, no caso de alienação e, por fim, pode subordinar-se a transmissão de acções e a constituição de penhor e usufruto sobre elas à existência de determinados requisitos, subjectivos ou objectivos, que estejam de acordo com o interesse social.
Sobre as restrições à livre transmissibilidade de acções, veja-se BRITO CORREIA, *Direito Comercial, ...*, Vol. II, cit., p. 402 e ss., JOÃO LABAREDA, *Das Acções das ...*, cit., pp. 281-305, ALEXANDRE DE SOVERAL MARTINS, *Cláusulas do Contrato de Sociedade que Limitam a Transmissibilidade das Acções Sobre os arts. 328.º e 329.º do CSC*, Almedina, Coimbra, 2006, p. 301 e ss. e MARIA VAZ TOMÉ, *Algumas Notas ...*, cit., p. 284 e ss..

mando as sociedades anónimas das sociedades fechadas[956]. Assim, pode o accionista não conseguir transmitir as suas acções por falta de interessados, situação particularmente problemática nos investimentos necessariamente temporários, por exemplo, os das sociedades de capital de risco (art. 7.º, n.º 1, al. c), do DL n.º 375/2007, de 8.11). Noutros casos ainda, pode o sócio conseguir transmitir as suas acções, mas em circunstâncias que lhe sejam desfavoráveis, porquanto não o consegue fazer pelo valor real, ou simplesmente porque o mercado, com relevo nas sociedades cotadas, já fez reflectir no valor das acções, em regra através da sua desvalorização, as modificações geradoras do direito de exoneração[957].

Em terceiro lugar, ainda que o sócio possa transmitir as suas acções, pode ter sido intenção dos restantes sócios que a sua saída seja feita à *custa* da própria sociedade, designadamente para evitar com a saída daquele sócio desequilíbrios no controlo da sociedade.

Mesmo que se sustentasse a inadmissibilidade de cláusulas estatutárias de exoneração fora dos casos de fusão, cisão e transformação, tal (alegada) proibição, além de criar um tratamento injustificado perante as sociedades por quotas, estaria desprovida de eficácia prática, porque os sócios poderiam sempre licitamente recorrer a mecanismos alternativos, com resultados práticos idênticos. Um destes mecanismos seria a consagração de uma cláusula estatutária de dissolução da sociedade por justa causa[958] ou alteração dos estatutos. Esta solução, além de acarretar a saída do sócio da sociedade implicaria uma dissolução da mesma, solução mais gravosa que a exoneração do sócio. Um outro mecanismo possível seria a imposição da amortização de acções, a qual teria como consequência a saída do sócio (art. 347.º)[959].

---

[956] Refira-se, por exemplo, as cláusulas que prevêem um "*lock-in period*" durante o qual nenhuma das partes pode transmitir as suas acções.

DANIELA BAPTISTA, *Direito de ...*, cit., p. 364, conclui que nas sociedades anónimas é possível encontrar as mesmas dificuldades de transmissão que nas sociedades por quotas.

[957] Cf. DANIELA BAPTISTA, *O Direito de ...*, cit., p. 318.

[958] Com maior desenvolvimento, RAÚL VENTURA, *Dissolução e ...*, cit., pp. 181--184, não encontra impedimentos legais ao reconhecimento da justa causa como causa contratual de dissolução.

[959] Cf. RICARDO COSTA, *A Sociedade por Quotas ...*, cit., p. 272, nota 259 e MANUEL TRIUNFANTE, *A Tutela das ...*, cit., p. 323. Também RAÚL VENTURA, *Estudos Vários sobre Sociedades Anónimas, Comentário ao Código das Sociedades Comerciais*, reimpressão

3. Limites

A indeterminação do conteúdo das circunstâncias que podem constituir uma causa estatutária atípica de exoneração, saída, abandono ou retirada da sociedade[960], obriga a tentar precisar as características que terá de reunir para ser apta a tal fim[961]. Reconduzindo-se a exoneração a uma ideia de inexigibilidade de permanência do sócio na sociedade trata-se de proceder à sua concretização nestas causas de exoneração[962].

Neste âmbito, no Direito espanhol destacam-se BONARDELL LENZANO/CABANAS TREJO[963]. Segundo estes AA, posição à qual se adere, as causas estatutárias de exoneração estão limitadas por três requisitos, a saber: compatibilidade com as normas legais imperativas, justificação causal e adequação aos princípios configuradores do tipo de sociedade. Em particular, assumem maior relevância prática os dois últimos limites. Relativamente à necessidade de justificação causal[964], tendo em conta que o direito de exoneração visa conciliar interesses individuais dos sócios com interesses da própria sociedade, adoptados por maioria, apenas pode ser reconhecido o direito de exoneração destinado a proteger interesses dignos de tutela jurídica, mantendo a harmonia do contrato de sociedade. Nestes termos, a causa estatutária de exoneração tem de ter um motivo justificador, não sendo de admitir a exoneração do sócio por livre vontade do mesmo[965]. Se tal fosse possível, estar-se-ia, conforme salienta RAÚL VEN-

---

da edição de 1992, Almedina, Coimbra, 2003, pp. 504-505, entende que, apesar do silêncio da lei, o contrato pode prever a amortização com o consentimento do accionista.

[960] Conforme observa DANIELA BAPTISTA, *O Direito de ...*, cit., p. 461, não é necessária a sua qualificação expressa nos estatutos como direito de exoneração, bastando que o efeito pretendido seja o direito de o sócio sair da sociedade.

[961] BONARDELL LENZANO/CABANAS TREJO, *Separación y Exclusión ...*, cit., p. 87. *Vide*, ainda, FARRANDO MIGUEL, *El Derecho de ...*, cit., p. 80.

[962] MENEZES CORDEIRO, *Manual de Direito das Sociedades, II, ...*, cit., p. 323, sustenta que esta inexigibilidade deverá ser ponderada à luz da previsão contratual, das previsões legais específicas e de conceitos indeterminados.

[963] *Separación y Exclusión ...*, cit., pp. 91-93.

[964] *Vide* MARTÍNEZ SANZ, *Causas de Separación ...*, cit., p. 63 e ss..

[965] Neste sentido, excluindo a exoneração por mera vontade do accionista, *vide* MARIA AUGUSTA FRANÇA, *Direito à Exoneração*, cit., pp. 220-221 e DANIELA BAPTISTA, *O Direito de ...*, cit., p. 460.

Em sentido contrário, no Direito italiano, *vide* M. VENTORUZZO, *I Criteri di Valuta-*

TURA[966], a admitir a inexistência do vínculo que se pretendia criar pelo contrato. Por outro lado, é necessário que as causas estatutárias de exoneração sejam adequadas aos princípios configuradores da sociedade, em particular à regra de maioria. Nestes termos, não é possível através do direito de exoneração transformar a regra da maioria numa excepção[967], conferindo, sem mais, o direito de exoneração ao sócio dissidente de deliberações sociais.

Assim, dentro destes três limites, podem introduzir-se nos estatutos como causas de exoneração as mais diversas ocorrências, designadamente[968]:

i) A aprovação pela assembleia geral de deliberações modificativas ou não dos estatutos, designadamente a admissão à cotação da sociedade, a eliminação do direito de preferência nos aumentos do capital social, a ausência de distribuição de certa percentagem dos lucros, o aumento do capital social acima de certa percentagem, a eliminação ou a previsão de cláusulas estatutárias de exoneração;

ii) A aprovação de certas deliberações pelo órgão de administração, como, por exemplo, a venda de certos activos sociais e a prestação de garantias pela sociedade;

iii) A ocorrência de eventos que possam ter uma conexão com a actividade societária, nomeadamente a obtenção de uma patente, a perda

---

zione ..., cit., pp. 339-340. No seu entender a causa de exoneração seria a manifestação de vontade do sócio.

Na vigência da LSQ, e admitindo como válida a previsão estatutária *ad nutum*, vide o Ac. da RCb de 26.07.1983 (ALBERTO BALTAZAR COELHO), cit., pp. 50-54 e o Ac. do STJ de 08.01.1985 (JOAQUIM FIGUEIREDO), cit..

Admitindo a exoneração ad nutum nas sociedades em nome colectivo e sem qualquer tipo de restrição, *vide* ALBINO MATOS, *Constituição de Sociedades*, 5.ª edição revista e actualizada, Almedina, Coimbra, 2001, p. 178.

[966] *Sociedades por Quotas, Vol. II,* ..., cit., p. 40. Veja-se também CURA MARIANO, *Direito de Exoneração dos* ..., cit., p. 83.

[967] Com idêntica preocupação no Direito espanhol, cf. MARTÍNEZ SANZ, *Causas de Separación* ..., cit., p. 63 e ss..

[968] Cf., no Direito italiano, R. SPARANO/E. ADDUCCI, *La Nuova Disciplina del Diritto de* ..., cit. e G. TANTINI, *Le Modificazioni* ..., cit., p. 164.

No Direito espanhol, *vide* FARRANDO MIGUEL, *El Derecho de* ..., cit., pp. 80-81.

de uma licença administrativa, a cessação de determinada aliança comercial[969], a caducidade de determinado alvará, etc;

iv) A ocorrência de eventos com relevância pessoal subjectiva, mormente a renúncia ou destituição de certo sócio como administrador, o aumento do número de sócios acima de certo limite e o falecimento ou a idade de algum sócio. Estes eventos podem ser enquadrados numa causa geral de exoneração com fundamento em justa causa[970], lícita na nossa opinião. Em última análise, a existência de justa causa será judicialmente apreciada quando a sociedade não aceitar os motivos invocados pelo sócio como subsumíveis à exoneração por justa causa. Conforme observa CURA MARIANO[971], o recurso a conceitos indeterminados é o único modo de abrir a porta a exonerações futuras, uma vez que a descrição taxativa das causas de exoneração é inevitavelmente incompleta.

Mais se considera que as cláusulas estatutárias de exoneração não estão sujeitas a um princípio de aplicação uniforme, sendo válidas as cláusulas estatutárias de exoneração previstas apenas relativamente a um ou mais sócios, enquanto manifestação expressa dos motivos relevantes que fundamentaram o seu ingresso na sociedade e não dos restantes[972].

---

[969] BONARDELL LENZANO/CABANAS TREJO, *Separación y Exclusión* ..., cit., p. 91, admitem como válido o direito de exoneração sob condição.

[970] Neste sentido, nas sociedades por quotas, *vide* COUTINHO DE ABREU, *Curso de* ..., cit., p. 424, que refere ainda a exoneração do sócio por "motivo grave", e CURA MARIANO, *Direito de Exoneração dos* ..., cit., p. 83. Em sentido, contrário, cf. RAÚL VENTURA *Sociedades por Quotas, Vol. II*, ..., cit., p. 18 e DANIELA BAPTISTA, *O Direito de* ..., cit., pp. 461-462, esta última ao nível das sociedades anónimas. Segundo estes AA, a exoneração por justa causa terá de ser acompanhada, na sua concretização, da enumeração taxativa dos factos a incluir nessa expressão.

[971] *Direito de Exoneração dos* ..., cit., p. 83.

[972] Neste sentido, no Direito português, cf. RAÚL VENTURA, *Sociedades por Quotas, Vol. II*, ..., cit., p. 17, DANIELA BAPTISTA, *O Direito de* ..., cit., p. 461 e CURA MARIANO, *Direito de Exoneração dos* ..., cit., p. 84, este último com o fundamento de que a liberdade de fixação do conteúdo negocial permite a atribuição de direitos exclusivos a alguns sócios (art. 24.º, n.º 1).

No Direito espanhol veja-se BONARDELL LENZANO/CABANAS TREJO, *Separación y Exclusión* ..., cit., pp. 93-95. Segundo estes AA., se a alternativa fosse ter de reconhecer o direito de exoneração aos restantes sócios, estes poderiam sair da sociedade sem ter um interesse autêntico ou legítimo para tal.

Do mesmo modo, é válida a previsão de regras especiais para o reembolso da participação social[973] à excepção da exoneração resultante da fusão, transformação ou cisão. Nestes casos, quando os estatutos prevejam tais eventos como causas de exoneração[974], apenas pode estipular-se um regime de exoneração mais benéfico para o sócio.

---

[973] Segundo RAÚL VENTURA Sociedades por Quotas, Vol. II, ..., cit., p. 37, acompanhado por DANIELA BAPTISTA, O Direito de ..., cit., p. 462, as partes só não podem estipular sanções ou penas a quem se exonera, nem prever aplicações obrigatórias do produto da liquidação da participação social, uma vez que tais sanções afectam o valor da contrapartida, sendo inadmissíveis à luz do art. 240.º, n.º 6 (actualmente n.º 8), aplicável, por analogia, às sociedades anónimas.

[974] No mesmo sentido, vide CURA MARIANO, Direito de Exoneração dos ..., cit., p. 84.

CAPÍTULO IV
Exercício do Direito de Exoneração

SECÇÃO I
Legitimidade

1. Legitimidade Activa

Existindo direito de exoneração, importa saber quem tem legitimidade[975] para emitir a respectiva declaração.

1.1. *Direito Reservado aos Sócios*

O direito de exoneração, enquanto direito social que é[976], encontra-se reservado aos sócios. Com efeito, só quem tem a qualidade de sócio pode exercê-lo. Mesmo no art. 45.º, n.º 1, quando se reconhece o direito de exoneração, já estamos perante uma sociedade com o seu processo constitutivo completo e, portanto, já temos sócios. Do mesmo modo, no *regresso à actividade* (art. 161.º), apesar de a sociedade se encontrar numa fase de liquidação os titulares das participações sociais não perdem a sua qualidade de sócios.

---

[975] Sobre a legitimidade para o exercício do direito de exoneração no Direito espanhol, cf. BRENES CORTÉS, *El Derecho de ...*, cit., p. 324 e ss., FARRANDO MIGUEL, *El Derecho de ...*, cit., p. 118 e ss. e BONARDELL LENZANO/CABANAS TREJO, *Separación y Exclusión ...*, cit., pp. 102-103.

[976] Cf. n.º 2.1., Capítulo I, da Primeira Parte.

Todavia, existem situações nas quais não se reconhece tal direito, mesmo a quem tem a qualidade de sócio[977]. Tal sucede na *unipessoalidade*, na *titularidade de quotas/acções próprias*[978], quando *a qualidade de sócio só foi adquirida depois de o facto originador do direito de exoneração* e, por fim, *quando a entrada do sócio não se encontre totalmente liberada*.

Quanto às *situações de unipessoalidade*, a não admissão do direito de exoneração prende-se com o facto de o mesmo ser concebido para situações de plurissubjectividade. Nas sociedades unipessoais, a saída do sócio será feita através da dissolução da sociedade[979]. Por outro lado, nem sequer se pode falar, quando tal constitua um pressuposto do direito de exoneração, na aprovação de uma deliberação social com o voto contra do sócio único[980].

Na situação *de titularidade de quotas/acções próprias*, a falta de legitimidade activa resulta, respectivamente, dos arts. 220.º, n.º 4 e 324.º, n.º 1, al. a)[981], nos quais se estabelece que, enquanto as quotas/acções pertencerem à sociedade, devem considerar-se suspensos todos os direitos inerentes, excepto o de o seu titular receber novas quotas/acções no caso de aumento do capital social por incorporação de reservas. Com esta norma, conforme observa MARIA DA ROCHA[982], impede-se «*que a sociedade [...] se converta em sócia de si mesma*». Assim, é de concluir que o direito de exoneração, legal ou estatutário, durante o período em que a sociedade tiver participações sociais próprias, encontra-se suspenso, estando, portanto, a sociedade impedida de o exercer.

---

[977] No Direito espanhol, *vide* FARRANDO MIGUEL, *El Derecho de* ..., cit., pp. 119-123.

[978] Sobre as acções próprias, *vide*, entre outros, MARIA DA ROCHA, *Aquisição de Acções Próprias no Código das Sociedades Comerciais*, Almedina, Coimbra, 1994, pp. 244-264 e RAÚL VENTURA, *Estudos Vários* ..., cit., p. 340 e ss..

[979] Com igual posição, veja-se CURA MARIANO, *Direito de Exoneração dos* ..., cit., pp. 86-87.

[980] No mesmo sentido, *vide* RICARDO COSTA, *A Sociedade por Quotas* ..., cit., p. 302, com o argumento de que esse direito (de exoneração) nunca seria exercido contra a vontade do sócio único e que nunca a sociedade unipessoal por quotas tomará decisões contra o voto expresso do sócio único, pressuposto do art. 240.º, n.º 1.

[981] Com maior desenvolvimento, cf. RAÚL VENTURA, *Estudos Vários* ..., cit., pp. 389-392.

[982] *Aquisição de Acções Próprias no* ..., cit., p. 247.

Também quando *a qualidade de sócio só é adquirida depois do facto originador do direito de exoneração*, o mesmo não é admitido[983]. Neste caso, porque o facto gerador do direito de exoneração já tinha ocorrido, ao sócio (então futuro sócio) seria permitido não ingressar na sociedade. Ademais, neste caso, não se pode aferir do seu sentido de voto – que não existe –, requisito muitas vezes necessário para o exercício do direito de exoneração. Se, não obstante o facto exoneratório ter ocorrido, alguém decide ingressar na sociedade, presume-se que o faz consciente da situação, pelo que a sua exoneração, a ocorrer, apenas poderá ter por fundamento o art. 45.º, n.º 1, conjugado com o art. 48.º.

Relativamente à necessidade de realização integral da participação social, dão-se por reproduzidas as considerações feitas no n.º 2.6., Capítulo I, da Primeira Parte.

1.2. Direitos Reais sobre Participações Sociais

Incidindo direitos reais sobre as participações sociais, sejam de gozo ou de garantia, importa averiguar a quem pertence o direito de exoneração.

Apesar do ponto anterior, justifica-se esta abordagem, pois estas situações chocam com a titularidade (plena) da participação social[984].

1.2.1. *Usufruto*

Quer as quotas, quer as acções podem ser objecto de usufruto[985] cabendo, quando tal suceda, ao usufrutuário o direito de perceber as utilidades que qualquer uma destas participações sociais propicie.

Em sede de usufruto levanta-se o problema da articulação entre a posição do nu proprietário, isto é, do sócio, e a do usufrutuário e, conse-

---

[983] Apenas na aquisição da participação social *mortis causa* e contanto que a causa de exoneração tenha ocorrido em vida do *de cujo*s e este estivesse legitimado e em tempo para se exonerar, poderá a declaração de exoneração ser efectuada pelo seu sucessor nas mesmas condições. Trata-se, porém, de uma situação quase académica.

Em sentido idêntico, *vide*, no Direito português, CURA MARIANO, *Direito de Exoneração dos* ..., cit., p. 90, e, no Direito espanhol, FARRANDO MIGUEL, *El Derecho de* ..., cit., pp. 118-119.

[984] JOÃO LABAREDA, *Das Acções das* ..., cit., p. 109.

[985] Sobre esta matéria, veja-se BRITO CORREIA, *Direito Comercial, ...*, Vol. II, cit., pp. 360-361 e JOÃO LABAREDA, *Das Acções das* ..., cit., pp. 110-127.

quentemente, da fixação dos direitos e deveres respectivos, assim como o modo de os exercer. O CSC, no seu art. 23.º, n.º 2, procura resolver o problema remetendo para o art. 1467.º, do CC, que estabelece que o usufrutuário tem direito ao destino dos lucros de exercício, ao exercício do direito de voto e a usufruir dos valores que, no acto de liquidação da sociedade ou da participação social, caibam à parte social sobre que incide o usufruto.

Relativamente ao exercício do direito de voto, estabeleceu-se que, sempre que estejam em causa deliberações que importem a alteração dos estatutos ou a dissolução da sociedade, este pertencerá, conjuntamente, ao sócio e ao usufrutuário (art. 1467.º, n.º 2, do CC). Com efeito, porque são deliberações que interferem na organização da sociedade, não poderiam ser tomadas sem o voto expresso do sócio, sob pena de grave risco da sua posição[986]. Assim, se estivermos a falar de deliberações que têm por objecto a transferência da sede social para o estrangeiro, a sua transformação, cisão ou fusão, alteração do objecto social, prorrogação da duração da sociedade, aumento do capital social a subscrever por terceiros, deliberações que implicam uma alteração dos estatutos, sócio e usufrutuário têm de votar. Em qualquer um destes casos, não votando o usufrutuário contra a sua aprovação, sempre que a causa de exoneração dependa do voto contra, ou tendo votado a favor da sua aprovação, nas restantes causas, o direito de exoneração não pode ser exercido pelo proprietário de raiz, mesmo que este tenha votado contra a sua aprovação[987].

Já a deliberação social de *regresso da sociedade à actividade*, do art. 161.º, n.º 2, porque não implica uma alteração dos estatutos, não tem de ser votada pelo nu proprietário. Porém, o usufrutuário, pode também, através do seu voto, condicionar o exercício do direito de exoneração[988].

Mas no caso de alguma destas deliberações sociais ter sido aprovada com o voto contra do sócio e do usufrutuário ou apenas com o voto

---

[986] PIRES DE LIMA/ANTUNES VARELA, *Código Civil Anotado, Volume III Artigos 1251.º a 1575.º*, 2.ª edição revista e actualizada (reimpressão), Coimbra Editora, Coimbra, 1987, p. 514.

[987] Com efeito, conforme defendem CURA MARIANO, *Direito de Exoneração dos ...*, cit., p. 95 e RAÚL VENTURA, *Sociedades por Quotas, Vol. I, ...*, cit., pp. 419-420, quando o direito de voto pertencer ao nu proprietário e ao usufrutuário, não há uma expressão de voto válida, em termos de direito de exoneração, pelo nu proprietário quando o sentido de voto não for coincidente.

[988] Cf. G. PRESTI, *Questioni in tema di ...*, cit., p. 105.

contra do usufrutuário, quando a deliberação não implique uma alteração dos estatutos, a quem pertence o direito de exoneração?

Durante o período de vigência do usufruto, a titularidade da participação social não deixa de pertencer ao nu proprietário. O usufruto é uma situação transitória, que pode terminar a qualquer momento, reassumindo o nu proprietário a plena propriedade sobre a participação social. Assim se explica, designadamente, que ao nu proprietário seja garantido o direito à informação[989] durante a vigência do usufruto (arts. 214.º, n.º 8 e 293.º). Ora, sendo o direito de exoneração um direito do titular da participação social, e sendo este o nu proprietário, concluímos que apenas a este pertence o seu exercício[990], sem necessidade de qualquer consentimento do usufrutuário[991].

Mas será que as partes podem atribuir o direito de exoneração ao usufrutuário? A nosso ver, a resposta deve ser negativa, uma vez que não podem ser atribuídas ao usufrutuário faculdades que excedam as funções do direito de usufruto, que consiste no direito de gozar temporária e plenamente de coisa ou direito alheio, sem alterar a sua forma ou subsistência (art. 1439.º, do CC). Daqui decorre que o usufrutuário só pode exercer os direitos do sócio que não alterem a "forma ou substância" da participa-

---

[989] Vide JOÃO LABAREDA, *Das Acções das ...*, cit., p. 112.
Sobre o direito à informação nas sociedades comerciais, *vide* JOÃO LABAREDA, *Direito à Informação*, Problemas do Direito das Sociedades, Coimbra, Almedina, 2002, pp. 119-142 e CARLOS TORRES, *O Direito à Informação nas Sociedades Comerciais*, Almedina, Coimbra 1998.

[990] Com a mesma posição, CURA MARIANO, *Direito de Exoneração dos ...*, cit., p. 94.

[991] Em sentido contrário, CURA MARIANO, *Direito de Exoneração dos ...*, cit., p. 94, com base no art. 1467.º, n.º 1, al. c), do CC, *ex vi* art. 23.º, n.º 2, do CSC, defende que o direito de exoneração só pode verificar-se com o consentimento do usufrutuário. Salvo o devido respeito, não podemos concordar com tal posição. Do disposto daquele preceito resulta apenas que o usufruto, no caso de reembolso da participação social, passará a incidir sobre o valor do reembolso. Extrair do mesmo a necessidade do consentimento do usufrutuário ultrapassa, manifestamente, quer a letra, quer a *ratio* do preceito.

Do mesmo modo, a alegada necessidade de consentimento do usufrutuário não pode fundamentar-se no art. 233.º, n.º 4, segundo o qual deve ser dado o seu consentimento para a amortização da quota. Na verdade, este consentimento, além de condicionado à amortização, apenas surge depois da emissão da declaração de exoneração, isto é, na fase do seu reembolso, donde se conclui não ser necessário o consentimento do usufrutuário para a emissão da declaração de exoneração pelo proprietário de raiz.

ção social. Logo, se ao usufrutuário está vedada a alteração da forma ou substância da participação social, por maioria de razão, está-lhe vedada a prática de actos que afectem a subsistência da participação social. Ora, o direito de exoneração, tal como o direito de vender a participação social, excede manifestamente essa função, porquanto não se trata de um acto de desfrute da participação social, mas que implica a extinção da titularidade da participação social. Nessa medida, tal estipulação não é admissível[992].

Importa, por fim, realçar que o exercício do direito de exoneração pelo nu proprietário pode privar o usufrutuário dos dividendos a que teria direito se o usufruto não se tivesse extinguido. Nessa medida, o nu proprietário poderá ser responsável[993]-[994] pelos prejuízos causados ao usufrutuário decorrentes do incumprimento da obrigação de lhe facultar o uso e a fruição da participação social pelo tempo acordado. A obrigação de indemnização, a existir, poderá traduzir-se no pagamento dos dividendos a que o usufrutuário teria direito pelo período em que o usufruto vigoraria[995].

1.2.2. *Penhor*

Se as participações sociais forem empenhadas[996], temos uma garantia real, que coloca o credor pignoratício numa situação de vantagem rela-

---

[992] Neste sentido, no Direito italiano, vide A. ASQUINI, *Usufrutto di Quota Sociali e di Azioni*, Riv. Dir. Comm., ano 45, Parte I, Milão, 1947, p. 26. No Direito espanhol, veja-se VELASCO ALONSO, *El Derecho ...*, cit., p. 116 e BRENES CORTÉS, *El Derecho de ...*, cit., p. 432.

[993] Trata-se, no entanto, de uma hipótese remota, uma vez que apenas poderá ter lugar por amortização da participação ou por dissolução da sociedade. No caso de transmissão ou aquisição da participação social, o direito de usufruto persistirá (art. 68.º, n.º 1, al. g), do CVM, quanto às sociedades anónimas, e art. 3.º, n.º 1, al. f), do CRC, quanto às sociedades por quotas).

[994] Em alternativa à solução apresentada, afigura-se discutível a aplicação da chamada sub-rogação real (art. 1480.º, n.º 2, do CC). Com efeito, apesar de a contrapartida da participação social não consubstanciar uma indemnização, a semelhança entre a perda da participação social, por exercício do direito de exoneração, e a perda da coisa e respectiva indemnização, torna defensável a posição de que, com o direito de exoneração, o usufruto passaria a incidir sobre o reembolso.

[995] Com posição semelhante no Direito espanhol, cf. ESTURILLO LÓPEZ, *Estudio de la Sociedad ...*, cit., p. 568.

[996] Sobre o penhor de acções, *vide*, por todos, o nosso *O Penhor de Acções*, 2.ª edição, Almedina, Coimbra, 2007.

tivamente aos restantes credores, com vista à satisfação do seu crédito (art. 666.º, n.º 1, do CC). Tratando-se de uma mera garantia, o credor pignoratício não gozará, em princípio, de qualquer vantagem directa que as participações sociais possam proporcionar[997], apenas exercendo os direitos próprios da participação se as partes o tiverem convencionado (art. 23.º, n.º 4). Só não será assim no penhor financeiro em que, se as partes assim o acordarem, é conferido ao seu beneficiário o direito de disposição sobre o objecto do mesmo, ou seja, o credor pignoratício pode alienar ou onerar o objecto da garantia prestada, como se fosse seu proprietário, assumindo o penhor natureza irregular[998].

Porém, uma vez que as partes podem atribuir ao credor pignoratício o exercício de alguns direitos sociais[999], a pergunta que se coloca é se o podem fazer relativamente ao direito de exoneração.

Trata-se de um problema objecto de debate noutros ordenamentos jurídicos.

No *Direito espanhol*, o regime legal em vigor é idêntico ao português. Assim, salvo estipulação em contrário, o exercício dos direitos sociais pertencerá ao titular da participação social empenhada (art. 37.º, da LRSL, e art. 72.º, n.º 1, da LSA). Relativamente a saber se as partes podem atribuir o direito de exoneração ao credor pignoratício, a doutrina maioritária tem respondido negativamente, com fundamento semelhante ao sustentado no usufruto[1000], ou seja, argumentando que o direito de exoneração excede manifestamente as funções de garantia do penhor.

Também no *Direito italiano* a doutrina maioritária nega o direito de exoneração ao credor pignoratício, por se tratar de um acto de disposição[1001] assimilável à venda, que apenas ao proprietário pertence.

---

[997] Sobre o problema do direito do lucro, vide *O Penhor de* ..., cit., pp. 86-90.
[998] Com maior desenvolvimento, vide *O Penhor de* ..., cit., pp. 127-132.
[999] Com maior desenvolvimento, vide *O Penhor de* ..., cit., p. 96 e ss..
[1000] BRENES CORTÉS, *El Derecho de* ..., cit., p. 433 e ESTURILLO LÓPEZ, *Estudio de la Sociedad* ..., cit., p. 568. Em sentido contrário, cf. FARRANDO MIGUEL, *El Derecho de* ..., cit., p. 143 e ss..
[1001] Cf. S. LUONI, *Anotação ao Ac. da CssIt de 12.07.2002*, Giur. It., 2003, pp. 114--115 e M. ROSSI, *Sulla legittimazione* ..., cit., p. 160. Vide ainda D. GALLETTI, *Il Recesso nelle* ..., cit., p. 172, defendendo que a exoneração é de exercício análogo à venda da participação, a qual só pode ser feita pelo seu proprietário.

Ademais, seria difícil conciliar tal atribuição com a responsabilidade do credor pignoratício pelo perecimento da coisa empenhada[1002]. De modo idêntico, os tribunais têm considerado que o direito de exoneração pertence ao sócio, mesmo quando o credor pignoratício tenha o direito de voto. Mais têm sustentado que, se o sócio não quiser exonerar-se, ainda que tenha fundamento legal para o fazer, não é possível ao credor pignoratício, por se tratar de um direito pessoal, fazê-lo por sub-rogação voluntária[1003].

Na nossa opinião, no penhor da participação social não se assiste a uma transferência da posição societária para o credor pignoratício, mas, conforme referido, à constituição de um direito à satisfação do crédito, bem como dos juros, se os houver, do credor pignoratício com preferência sobre os demais credores. Sucede que a exoneração, apesar do seu conteúdo patrimonial, é sempre um acto dispositivo da posição de socialidade e, enquanto tal, permanece com o sócio. Neste sentido, pode ainda invocar-se o art. 671.º, al. c), do CC, que estabelece a obrigação de restituição da coisa empenhada pelo credor pignoratício, o que não poderia ser cumprido, caso este tivesse o direito de exoneração. Assim não só o credor pignoratício não tem o direito de exoneração[1004] como as partes não podem legitimamente acordar na sua atribuição ao credor pignoratício. Sem prejuízo, à semelhança do usufruto, a atribuição do direito de voto ao credor pignoratício, quando convencionada, poderá condicionar o exercício do direito de exoneração pelo sócio[1005].

[1002] G. PRESTI, *Questioni in Tema di ...*, cit., p. 105.

[1003] Cf. o Ac. da CssIt de 12.07.2002, Giur. It., 2003, pp. 112-115, com anotação de S. LUONI. Este Ac. está também disponível em Foro It., 2003, Parte Prima, pp. 1194--1201 e anotação de M. SILVETTI.

[1004] Neste sentido, cf. CURA MARIANO, *Direito de Exoneração dos ...*, cit., p. 96. No entanto, este A., à semelhança do usufruto de participações sociais, considera, com fundamento no art. 692.º, do CC, e no art. 233.º, n.º 4, que a exoneração do sócio carece do consentimento do credor pignoratício. Também aqui, tal como no usufruto, não podemos aderir a tal posição, por considerar que quer o art. 692.º, do CC, quer o art. 233.º, n.º 4, só se aplicam depois do exercício da declaração de exoneração e não antes ou contemporaneamente à sua emissão. *Vide* nota de rodapé 991.

[1005] No Direito italiano, cf. D. GALLETTI, *Il Recesso nelle ...*, cit., p. 180 e S. LUONI, *Osservazioni in Tema di Recesso Nelle Società per Azioni, ache alla Luce della Riforma del Diritto Societario*, Guir. It., 2003, p. 110. Este último A. considera que o voto favorável expresso do credor pignoratício afasta o direito de exoneração do sócio devedor, pois, caso contrário, a sociedade seria confrontada com comportamentos contraditórios fun-

Exercido o direito de exoneração pelo sócio, o credor pignoratício conservará os mesmos direitos que tinha em relação à participação social, por via da sub-rogação real, relativamente ao produto do reembolso (art. 692.º, n.º 3, *in fine*, *ex vi* art. 678.º, ambos do CC)[1006].

1.3. Contitularidade de Participações Sociais

Existe contitularidade ou compropriedade de participações sociais[1007] sempre que estas pertençam simultaneamente a duas ou mais pessoas. Esta circunstância levanta problemas de relacionamento dos direitos que destas emergem com a sociedade, problemas que o CSC procura resolver ao estabelecer, por um lado, que os contitulares da participação social devem exercer os direitos a ela inerentes através de um representante comum e, por outro, que as comunicações e declarações da sociedade devem ser dirigidas ao representante comum e, na falta deste, a um dos contitulares (arts. 222.º e 303.º). Assim, do regime legal vigente, resulta que o representante comum tem simultaneamente poderes de representação activa e passiva. Apesar de não ter a plenitude dos direitos correspondente à participação social, uma vez que esta é pertença dos comproprietários, o representante comum é, como o nome indica, a entidade que representa os restantes contitulares.

---

dados em diferentes direitos (direito de voto e de exoneração) sobre o mesmo título, ainda que atribuídos a diferentes sujeitos.

Em sentido contrário, G. RIVOLTA, *Pegno ed Usufrutto di Quote di Società a Responsabilità Limitata e Diritto di Voto*, Riv. Dir. Comm., ano 59, n.º 5-6, Parte I, Milão, 1961, pp. 232-233, defende que o sócio se pode exonerar independentemente da discórdia ou adesão do credor pignoratício à deliberação social que fundamenta o direito de exoneração, uma vez que a lei atribui o direito de exoneração ao sócio que não tenha aprovado a deliberação social. Ora, tendo o direito de voto sido atribuído ao credor pignoratício não tem o sócio o poder de aprovar a deliberação, estando portanto, no seu entender, em condições de se exonerar. Em segundo lugar, considera este A. que não é exigível o sócio ter de permanecer numa sociedade cuja estrutura mudou em consequência do direito de voto do titular de um direito fraccionário temporário.

[1006] Neste sentido, no Direito espanhol, *vide* ESTURILLO LÓPEZ, *Estudio de la Sociedad* ..., cit., p. 568. *Vide* ainda FARRANDO MIGUEL, *El Derecho de* ..., cit., p. 145. No Direito italiano, *vide* D. GALLETTI, *Il Recesso nelle* ..., cit., p. 180 e G. RIVOLTA, *Pegno ed* ..., cit., p. 234.

[1007] Sobre a contitularidade de acções, *vide* JOÃO LABAREDA, *Das Acções das* ..., cit., pp. 69-78.

Importa então saber se o representante comum goza do direito de exoneração.

A lei portuguesa é clara, ao contrário de outros ordenamentos designadamente o espanhol[1008], ao estabelecer que ao representante comum não é licito praticar actos que importem a extinção, alienação ou oneração da participação social, aumento de obrigações ou redução dos direitos dos sócios, salvo autorização legal, testamentária, judicial ou dos restantes contitulares (art. 223.º, n.º 6, aplicável às sociedades anónimas por remissão do art. 303.º, n.º 4). O exercício do direito de exoneração relativamente à participação social conduzirá à sua extinção ou, quando tal não aconteça, à sua alienação para a sociedade, outros sócios ou terceiros. Em qualquer dos casos provocará a saída de contitulares. Nestes termos, a regra será a da não permissão do exercício do direito de exoneração ao representante comum[1009]. Mais: a sociedade poderá recusar-se a praticar quaisquer actos conexos com a exoneração, até que lhe seja comunicada a atribuição de tal poder[1010].

[1008] No Direito espanhol, nos casos de comparticipação da participação social a lei limita-se a prever que deve ser designada uma pessoa para o exercício dos direitos sociais (art. 35.º, da LRSL, e art. 66.º, n.º 2, da LSA), pelo que a questão de saber se o representante comum pode ou não exercer o direito de exoneração é mais problemática.

A doutrina maioritária, designadamente ESTURILLO LÓPEZ, *Estudio de la Sociedad* ..., cit., p. 568 e FARRANDO MIGUEL, *El Derecho de* ..., cit., p. 137, tem entendido que se trata apenas de uma regra relativa às relações externas da sociedade, e que ao nível das relações internas vigora a regra da proibição da prática de actos lesivos do direito pelos comproprietários (art. 397.º e 398.º, do Código Civil espanhol), pelo que o direito de exoneração só poderá ser exercido quando exista acordo unânime das partes.

Em sentido contrário, BONARDELL LENZANO/CABANAS TREJO, *Separación y Exclusión* ..., cit., p. 43, entendem que o representante comum tem poderes para exercer o direito de exoneração, não encontrando justificação para tais limitações, sobretudo com fundamento em argumentos estranhos ao âmbito societário.

[1009] Cf. o Ac. do STJ de 08.06.1995 (MARTINS DA COSTA), BMJ n.º 448, 1995, p. 393. Segundo este Ac., *«a referência a «sócio», feita nos [...] artigos 144.º e 240.º, n.º 3 não abrange qualquer dos contitulares da quota indivisa, isoladamente, mas o conjunto desses titulares ou o seu representante, munido dos aludidos poderes especiais»*.

No Direito espanhol, com idêntica solução, vide ESTURILLO LÓPEZ, *Estúdio de La Sociedad* ..., cit., p. 568 e LEÑA FERNÁNDEZ/RUEDA PÉREZ, *Derecho de Separación* ..., cit., p. 17.

[1010] No Direito espanhol, FARRANDO MIGUEL, *El Derecho de* ..., cit., p. 137, vai mais longe, defendendo que a atribuição de poderes de exoneração ao representante comum só é eficaz relativamente à sociedade depois de lhe ter sido comunicada. *Vide* ainda ESTURILLO LÓPEZ, *Estudio de la Sociedad* ..., cit., p. 568.

Todavia, não podendo o representante comum não autorizado exonerar-se, é-lhe permitido votar favoravelmente uma deliberação social cuja aprovação impeça o exercício do direito de exoneração pelos comproprietários[1011].

Não pertencendo, em regra, o direito de exoneração ao representante comum, importa saber em que termos o mesmo pode ser exercido pelos contitulares. No nosso entendimento, quer se trate de uma causa objectiva, quer subjectiva de exoneração, o direito de exoneração terá apenas de ser exercido pelo contitular que se sinta afectado com essa causa. Contudo, porque o seu exercício implicará ou a extinção da participação ou a sua alienação, mesmo que parcial, terá(ão) o(s) contitular(es) que o exerce(m) de obter o consentimento dos restantes (art. 224.º, n.º 1 e 303.º, n.º 4)[1012]. Se este consentimento não lhe for dado, o sócio não se poderá exonerar, apenas lhe restando o recurso à acção de divisão de coisa comum (art. 1412.º, do CC).

1.4. *Direito Tendencialmente Reservado ao Sócio que Não Apoiou Determinada Deliberação Social*

Na maioria das causas legais de exoneração[1013], a legitimidade activa para o exercício do direito de exoneração pertencerá, tendencialmente, ao sócio que não apoiou determinada deliberação social[1014]. Ten-

---

[1011] No Direito espanhol, vide FARRANDO MIGUEL, *El Derecho de ...*, cit., p. 138.

[1012] Diferentemente, CURA MARIANO, *Direito de Exoneração dos ...*, cit., p. 87, defende que, sempre que o direito de exoneração respeitar a todos os sócios tem de ser exercido por todos, e apenas quando o seu fundamento respeitar a um ou alguns dos titulares, apenas se pode exonerar o sócio atingido pela causa exoneratória, aplicando-se, por analogia, o art. 238.º.

[1013] Da imperatividade do regime das causas legais de exoneração não decorre a impossibilidade de estatutariamente se alargar o leque de sócios legitimados a exercerem o direito de exoneração, por exemplo, permitindo a exoneração aos sócios que se abstiveram. No limite, poder-se-ia considerar tal cláusula como a consagração da uma causa estatutária de exoneração. Em sentido contrário, *vide* DIOGO GONÇALVES, *Direitos Especiais ...*, cit., p. 341.

Relativamente às causas estatutárias de exoneração cuja ocorrência dependa da aprovação de certa deliberação social, o direito de exoneração dependerá do que for estipulado nos estatutos, apenas não sendo possível, sob pena de abuso do direito, atribuir o direito de exoneração ao sócio que votou a favor da sua aprovação.

[1014] Segundo FARRANDO MIGUEL, *El Derecho de ...*, cit., p. 124, esta regra mais

dencialmente, porque, por um lado, a maioria das causas legais de exoneração depende da aprovação de certa deliberação social e, por outro, porque é necessário que essa deliberação não tenha sido aprovada com os votos do sócio que se pretende exonerar. Apenas não se passa assim nas situações previstas nos arts. 45.º, n.º 1, 161.º, n.º 5[1015], 185.º, n.º 1, 207.º, n.º 2 e 229.º, n.º 1.

Dadas as implicações, sobretudo de natureza patrimonial, que o exercício do direito de exoneração pode ter numa sociedade comercial, através do reembolso da participação social e da eventual modificação do valor das restantes participações sociais, pode a sociedade condicionar a eficácia da deliberação social a que o direito de exoneração não seja exercido por nenhum sócio ou que só seja exercido por sócios que não representem mais que certa percentagem do capital social. Deste modo, condiciona-se a execução da deliberação social que constitui a causa de exoneração e, consequentemente, a própria eficácia do exercício do direito de exoneração[1016].

De *lege ferenda* teria sido mais correcto adoptar para todas as causas legais de exoneração o mesmo critério de determinação da dissidência do sócio[1017], não se conseguindo descortinar razões para a diferença de trata-

---

não é do que uma manifestação da exigência que o sócio fique obrigado pelos seus próprios actos.

[1015] Na deliberação de regresso à actividade da sociedade em liquidação, é discutível o reconhecimento do direito de exoneração ao sócio que votou a seu favor. Com efeito, o seu exercício poderá consubstanciar um abuso do direito. Com maior desenvolvimento, *vide* ponto 2.1., Secção I, do Capítulo II, da Terceira Parte e nota de rodapé 706.

[1016] No Direito espanhol, *vide* BRENES CORTÉS, *El Derecho de ...*, cit., p. 504 e LEÑA FERNÁNDEZ/RUEDA PÉREZ, *Derecho de Separación ...*, cit., p. 68.

[1017] Neste âmbito ou se reconhecia o direito de exoneração a todos os sócios que não votaram a favor da aprovação da deliberação social ou apenas aos que votaram contra. A segunda solução exige um comportamento activo do sócio na defesa dos seus interesses e favorece mais a participação nas assembleias gerais. Na verdade, sabendo o sócio, por anúncio convocatório, qual a ordem de trabalhos sujeita a discussão e deliberação, terá o ónus de participar e votar, sob pena de contribuir para a aprovação de uma deliberação social contrária aos seus interesses.

Todavia, esta segunda solução transforma o direito de voto, para efeitos de direito de exoneração, *condictio sine quo non* do seu exercício, sendo certo que, por um lado, não existe nenhuma obrigação de informar na convocatória quais as matérias em discussão cuja aprovação faz surgir o direito de exoneração, e, por outro, conforme observa RAÚL VENTURA, *Sociedades por Quotas, Vol. II, ...,* cit., p. 20, a exigência de voto expresso

mento que ocorre no CSC, uma vez que o fundamento do direito de exoneração, sempre que relacionado com determinadas deliberações sociais, é o mesmo, ou seja, a alteração significativa das condições base de ingresso na sociedade[1018]. Contudo, porque não foi essa a solução adoptada pelo legislador, importa verificar como é que no CSC se entende esta falta de apoio dos sócios à aprovação de determinada deliberação social. Assim, há que distinguir os *"sócios que não votaram a favor da deliberação"*, dos *"sócios que tenham votado contra a deliberação"*.

Na deliberação social de *mudança da sede efectiva da sociedade para o estrangeiro*, gozam do direito de exoneração os sócios que não tenham votado a favor da sua aprovação (art. 3.º, n.º 5)[1019]. Até ao DL n.º 76-A//2006, de 29.03, a situação era igual na *transformação da sociedade*.

A expressão "sócio que não tenha votado a favor"[1020], apenas pode ser entendida no sentido de que estão legitimados a abandonar a sociedade todos os sócios que não contribuíram expressamente para a formação da vontade social, ou seja, o sócio que votou contra, votou em branco[1021], se absteve, não compareceu, nem se fez representar, ou ainda o sócio que votou, mas o seu voto foi declarado nulo. Deste modo, apenas os sócios

---

nas sociedades anónimas desprotege a grande parte de accionistas que, por muitos motivos, a começar pelos geográficos, não comparecem na assembleia geral.

[1018] Em sentido semelhante, *vide* MARIA AUGUSTA FRANÇA, *Direito à Exoneração*, cit., p. 225.

[1019] Na exoneração por transferência da sede da SE para outro Estado-membro de União Europeia, o direito de exoneração é reconhecido apenas ao sócio que tenha votado contra o projecto de transferência (art. 13.º, n.º 1, do DL n.º 2/2005, de 4.01). *Vide* ainda art. 13.º, n.ºs 3 a 5 do mesmo diploma, e art. 36.º-B, do CRC.

[1020] Segundo RAÚL VENTURA, *Fusão, Cisão e ...*, cit., p. 521, não votam favoravelmente a deliberação os sócios ausentes, os que se abstiveram e os que votaram contra a proposta.

[1021] No Direito italiano, a lei fala em sócio dissidente, e a questão que a doutrina levanta consiste em saber se o sócio que votou em branco deve ou não considerar-se dissidente. A maioria da doutrina tem entendido que sim. Destaque, entre outros, para V. ANGELONI, *Legittimazione del ...*, cit., p. 1179 e M. ROSSI, *Sulla Legittimazione ...*, cit., p. 162, segundo os quais para se ser dissidente não é necessário ter-se uma opinião contra, bastando não subscrever a opinião aprovada.

No modo idêntico, no Direito espanhol, BRENES CORTÉS, *El Derecho de ...*, cit., pp. 419-421, defende que a motivação psicológica que leva um sócio a votar em branco pode ser a mais variada, não podendo ser entendido como um voto a favor da deliberação, mas como a renúncia a expressar a vontade própria.

que votaram a favor, porque vinculados à sua decisão, estão impedidos de se exonerar.

Na *fusão* (art. 105.º, n.º 1), *cisão* (art. 105.º, n.º 1 *ex vi* art. 120.º), transformação (art. 137.º, n.º 1), exoneração com fundamento em justa causa, nas sociedades em nome colectivo (art. 185.º, n.º 2), e nas causas de exoneração das sociedades por quotas previstas no art. 240.º, n.º 1, só se pode exonerar o sócio que tenha votado contra certa deliberação social. O mesmo sucede nas causas legais de exoneração previstas no DL n.º 2/2005, de 4.01, relativamente à SE (arts. 7.º, n.º 1, 11.º, n.º 1 e 13.º, n.º 1)[1022]. Nestas situações, o leque de sócios legitimados a exonerar-se é mais restrito, pois só vota contra o sócio que expressamente manifestou a sua discordância da deliberação colocada à votação[1023]. Consequentemente, quem votou em branco, se absteve ou não compareceu, encontra-se impedido de se exonerar[1024].

Sempre que a causa de exoneração decorra da aprovação de uma deliberação social, apesar de não ser obrigatório fazer constar da acta o sentido de voto dos sócios, mas apenas o resultado das votações, será aconselhável, por questões probatórias[1025], que o sócio que se pretende exonerar faça constar na mesma o seu sentido de voto.

1.5. Os Accionistas Sem Direito de Voto e os Sócios Impedidos de Votar

Quando a legitimidade para o exercício do direito de exoneração depende de se ter votado contra a deliberação social que faz nascer o

---

[1022] Apesar da redacção do art. 7.º, n.º 1, não ser tão clara como a dos arts. 11.º, n.º 1, e 13.º, n.º 1, deve entender-se que "contra o seu voto expresso" significa com o voto contra do sócio que se pretende exonerar.

[1023] Nas causas de exoneração previstas no art. 181.º, n.º 2, nas sociedades em nome colectivo, e no art. 240.º, n.º 1, al. b), nas sociedades por quotas, a proposta de deliberação apresentada pode ser positiva, por exemplo excluir o gerente *x*, com fundamento em justa causa. Neste caso, votar contra significa votar a favor da proposta, pelo que apenas o sócio que o faça poderá exonerar-se no caso da deliberação proposta ser chumbada. Neste sentido, *vide* Raúl Ventura, *Novos Estudos ...*, cit., p. 287.

[1024] Em sentido semelhante, Raúl Ventura, *Fusão, Cisão e ...*, cit., p. 143, acrescenta que, apesar de o art. 105.º, n.º 1, não mencionar voto expresso, votar «contra» é bastante para não incluir as abstenções e as ausências.

[1025] Cf. Brenes Cortés, *El Derecho de ...*, cit., p. 422.

direito de exoneração, levanta-se a dúvida de saber se estão legitimados para se exonerar os accionistas que não votaram, não porque não quiseram, mas porque não lhes assiste tal direito ou porque, tendo o direito de voto, estão legalmente impedidos de o exercer. Estamos a falar, respectivamente, dos accionistas titulares de acções preferenciais sem direito de voto (arts. 341.º a 344.º)[1026], dos accionistas sem direito de voto por não possuírem o número de acções suficientes que lhes permita, nos termos estatutários, votar (art. 384.º, n.º 2, al. a)) e dos sócios impedidos de votar por conflito de interesses (arts. 251.º, n.º 1, 367.º, n.º 2 e 384.º, n.º 6), ou por determinação do Banco de Portugal (art. 105.º, do RGICSF).

As acções preferenciais sem direito de voto caracterizam-se, numa perspectiva positiva, por atribuírem um direito a um dividendo prioritário e, numa perspectiva negativa, por não atribuírem o direito de voto. O sócio como que abdica do seu direito de voto, beneficiando, em contrapartida, de uma posição mais vantajosa na repartição do lucro durante a vida da sociedade e no reembolso do valor nominal em caso de liquidação das suas acções. Todos os demais direitos inerentes às acções ordinárias são conferidos.

Nas sociedades anónimas permite-se, ainda, que os estatutos prevejam que só têm direito de voto os titulares de um certo número de acções, desde que tal restrição contemple todas as acções emitidas pela sociedade e caiba um voto, pelo menos, a cada € 1.000,00 de capital. Assim, no limite, os sócios detentores de acções inferiores a € 1.000,00 de capital podem não ter o direito de votar. Apenas podem assistir às assembleias gerais e participar na discussão dos assuntos indicados na ordem do dia, se o contrato de sociedade não determinar o contrário, e agrupar-se de modo a completarem o número exigido ou número superior para votar (art. 379.º, n.ºs 2 e 5).

Noutros ordenamentos jurídicos, designadamente o espanhol, o legislador foi claro ao estabelecer que os accionistas sem direito de voto

---

[1026] Sobre as acções preferenciais sem voto, com maior desenvolvimento, cf., entre outros, OLIVEIRA ASCENSÃO, *Direito Comercial, Volume IV ...*, cit., pp. 511-518, OSÓRIO DE CASTRO, *Acções Preferenciais sem Voto*, Problemas do Direito das Sociedades, Coimbra, Almedina, 2002, pp. 281-316, MENEZES CORDEIRO, *Acções Preferenciais sem Voto*, ROA, ano 60, Lisboa, 2000, pp. 1001-1056, PAULO OLAVO CUNHA, *Os Direitos Especiais nas Sociedades Anónimas: As Acções Privilegiadas*, Almedina, Coimbra, 1993, p. 157 e ss. e RAÚL VENTURA, *Estudos Vários ...*, cit., pp. 411-470.

podem exonerar-se, a par com os accionistas que não votaram a favor das deliberações sociais de substituição do objecto social e transferência da sede para o estrangeiro (arts. 147.º, n.º 1 e 149.º, n.º 2 *in fine*, da LSA). Porém, o legislador português não se pronunciou directamente sobre este problema.

O impedimento do direito de voto, por conflito de interesses, tem por finalidade proteger a sociedade de um real prejuízo. Não visa penalizar o sócio em conflito de interesses, que seria a consequência de negar-lhe o direito de exoneração por não ter votado. De modo idêntico, a inibição do direito de voto, por determinação do Banco de Portugal, visa apenas impedir a influência na gestão obtida através de acto de constituição ou aumento de uma participação sujeita a comunicação e não comunicada ao Banco de Portugal. Não tem por finalidade afastar o exercício de direitos sociais dependentes do exercício do direito de voto.

Apesar de o CSC exigir o ter-se votado contra certa deliberação social, pensamos que o fez no pressuposto de que o sócio era titular do direito de voto e capaz de o exercer e, não obstante, não o exerceu ou, tendo-o exercido, não foi em sentido contrário ao da deliberação social. Não o fez no pressuposto de que tal direito não foi exercido porque o accionista não era titular do direito de voto, ou se encontrava legal ou estatutariamente impedido de votar. Por outro lado, não nos podemos esquecer que os titulares de acções preferenciais sem direito de voto ou de um número de acções que não conferem o direito de voto apenas não gozam desse direito. Relativamente aos demais, onde se inclui o direito de exoneração, gozam de todos (art. 341.º, n.º 3[1027]). Logo, têm legitimidade para exercerem o direito de exoneração.

Questão distinta, mas ainda relacionada com este tema, é saber se um accionista simultaneamente titular de acções preferenciais sem direito de voto e de acções com direito de voto que tenha, com estas últimas, votado a favor de uma deliberação social[1028] que constitui uma causa legal de

---

[1027] Também neste sentido, *vide* DANIELA BAPTISTA, O *Direito de* ..., cit., pp. 353-354.

Com maior desenvolvimento, sobre este preceito, *vide* RAÚL VENTURA, *Estudos Vários* ..., cit., pp. 435-440.

[1028] Sempre que o sócio tenha votado contra a aprovação da deliberação social que constitui uma causa legal de exoneração, naturalmente que poderá exonerar-se com os dois tipos de acções.

exoneração, se pode exonerar da sociedade com as acções preferenciais sem direito de voto[1029].

No Direito espanhol, esta faculdade não tem sido reconhecida, com fundamento no princípio da unidade do voto. Segundo BRENES CORTÉS[1030], tem de se pressupor que se tais acções atribuíssem o direito de voto o sócio também com elas teria votado favoravelmente, estando impedido de se exonerar.

No Direito português, apenas DANIELA BAPTISTA[1031] analisa a questão, adoptando a posição de BRENES CORTÉS. Assim, a exoneração só é permitida ao sócio que tiver votado contra a deliberação social cuja aprovação constitua uma causa legal de exoneração. Também a nossa opinião vai de encontro à posição defendida por estas AA. Na verdade, reconhecer o direito de exoneração ao accionista titular de acções preferenciais sem direito de voto, sendo certo que votou com as acções que conferiam o direito de voto a favor da deliberação social que constituiu uma causa legal de exoneração, colide com o princípio da unidade do voto, pois se tais acções conferissem o direito de voto, o sócio não podia ter deixado de votar com tais acções a favor da deliberação social. Assim, tal sócio não se pode exonerar, o mesmo sucedendo sempre que se tenha abstido de votar e a legitimidade para o exercício do direito de exoneração depender de se ter votado contra determinada deliberação social.

2. Legitimidade Passiva

Existindo direito de exoneração, importa saber perante quem tem de ser emitida a referida declaração, o mesmo é dizer quem tem legitimidade para a receber. Do regime legal vigente, ainda que não seja expresso em todas as causas legais de exoneração, apenas se pode sustentar que a respectiva declaração deverá ser dirigida à sociedade da qual o sócio se pretende exonerar, em concreto, para a sede social, e dirigida aos respectivos órgãos de administração, uma vez que são estes quem representa a sociedade (arts. 3.º, n.º 5, 105.º, n.º 1, 137.º, n.º 1, 207.º, n.º 2 e 240.º, n.º 3).

[1029] Esta questão só se coloca para quem, como nós, admite a exoneração parcial.
[1030] *El Derecho de ...*, cit., p. 441.
[1031] *O Direito de ...*, cit., p. 355.

Mesmo nos casos de transformação, fusão ou cisão, quando constituam uma causa de exoneração, a declaração de exoneração deverá ser emitida perante o órgão de administração da sociedade transformada, a fundir ou cindir, que continuará a funcionar até que se finalizem os prazos legais de conclusão desses processos.

A facto de a declaração de exoneração ter de ser dirigida à sociedade da qual o sócio se pretende exonerar permite, como se viu, distinguir o direito de exoneração da alienação compulsiva de participações sociais. Nestes casos, a lei estabelece que a alienação da participação social do sócio livre/remanescente não será efectuada pela sociedade à qual essas participações sociais correspondem, mas sim a uma outra entidade: no caso das aquisições tendentes ao domínio total, à sociedade dominante (art. 490.º, n.º 6), no contrato de subordinação, à sociedade directora (art. 499.º, n.º 1), e na alienação potestativa mobiliária, ao sócio dominante (art. 196.º, n.º 1, do CVM).

SECÇÃO II
Forma, Prazo e Conteúdo da Declaração de Exoneração

1. Forma

O exercício do direito de exoneração efectua-se através da declaração de exoneração. Trata-se de uma declaração unilateral e receptícia[1032]. Assim, não só não necessita da aceitação da sociedade para produzir efeitos como, uma vez recebida por esta, não será susceptível de revogação[1033], a não ser que, antes de ser recebida, a sociedade receba a retractação do sócio ou tiver por outro meio conhecimento dela (arts. 224.º,

---

[1032] Neste sentido, *vide* VIDEIRA HENRIQUES, *A Desvinculação* ..., cit., p. 70.
Ao nível jurisprudencial, cf. o Ac. da RCb de 26.07.1983 (ALBERTO BALTAZAR COELHO), cit., p. 54.
Com o mesmo entendimento, no Direito espanhol, veja-se, entre outros, VELASCO ALONSO, *El Derecho* ..., cit., p. 120, BRENES CORTÉS, *El Derecho de* ..., cit., p. 255 e FARRANDO MIGUEL, *El Derecho de* ..., cit., p. 154.

[1033] Neste sentido, cf. RAÚL VENTURA, *Sociedades por Quotas, Vol. II*, ..., cit., p. 30.

n.º 1 e 230.º, do CC, *ex vi* art. 295.º, do CC)[1034] ou, se depois de ser recebida, a sociedade consentir[1035]. Nesta última situação, tendo aquele que declarou exonerar-se proposto à sociedade a repristinação da situação anterior à exoneração, esta pode consenti-lo.

A declaração de exoneração tanto poderá ser expressa como tácita[1036], por exemplo se o sócio pede o reembolso da participação social na sequência da aprovação da deliberação social com a qual não concordou e cuja ocorrência determinou o direito de exoneração, conforme parece ser a situação prevista nos arts. 105.º, n.º 1 e 137.º, n.º 1.

Em regra, a declaração de exoneração rege-se pelo princípio de liberdade de forma (art. 219.º, do CC)[1037]. Apenas nas causas legais de exoneração previstas no art. 240.º, n.º 1, para as sociedades por quotas (art. 240.º, n.º 3), e nos arts. 7.º, n.º 2, 11.º, n.º 1 e 13.º, n.º 2, do DL n.º 2/2005, de 4.01, para o regime da SE, exige-se, sob pena de nulidade, que a declaração de exoneração seja feita por escrito[1038].

2. Prazo

A fixação de um prazo para o exercício da declaração de exoneração justifica-se por questões de segurança jurídica, dadas as implicações que a sua emissão pode ter para a sociedade. Importa, ocorrida uma causa legal

---

[1034] A declaração de exoneração não corresponde a uma declaração negocial, na medida em que corresponde a uma declaração de vontade, cujos efeitos se encontram legalmente prefixados. Todavia, enquanto acto jurídico quase negocial, são-lhe aplicáveis, na medida do possível, as regras respeitantes ao negócio jurídico. Cf. MENEZES CORDEIRO, *Tratado de Direito Civil Português, I, Parte Geral, Tomo I*, reimpressão da 3.ª edição, Almedina, Coimbra, 2007, pp. 480-481.

[1035] *Vide* CURA MARIANO, *Direito de Exoneração dos* ..., cit., p. 101.

[1036] Neste sentido, *vide* CURA MARIANO, *Direito de Exoneração dos* ..., cit., p. 99. Em sentido contrário, RAÚL VENTURA, *Sociedades por Quotas, Vol. II, ...,* cit., p. 27.

[1037] Todavia, atendendo ao conteúdo da declaração de exoneração, razões probatórias recomendam que assuma a forma escrita. Aparentemente, em sentido contrário, defendendo que a exoneração, no caso de fusão, deverá ser feita por escrito, *vide* RAÚL VENTURA, *Fusão, Cisão e* ..., cit., p. 143.

[1038] Segundo CURA MARIANO, *Direito de Exoneração dos* ..., cit., p. 99 e nota 168, nada impede que a sociedade aceite e execute uma declaração de exoneração inválida, uma vez que esta não consubstancia qualquer negócio jurídico que possa ser afectado por vício de forma.

de exoneração, resolver num prazo de tempo razoável a incerteza da saída do sócio da sociedade.

Os prazos legalmente fixados não podem ser nem afastados nem reduzidos pelos sócios[1039], numa decorrência da imperatividade do regime do direito de exoneração. Sempre que exista um prazo para o exercício da declaração de exoneração, esta deve ser emitida até ao seu termo, ainda que a causa de exoneração só se venha a concretizar mais tarde[1040]. Caso o prazo seja ultrapassado a consequência será a caducidade deste direito[1041].

Uma outra nota digna de registo é a ausência de uma regra que, de maneira uniforme, fixe um prazo para a emissão da declaração de exoneração. Pelo contrário, aquilo que encontramos é uma fixação, generalizada, de prazos curtos, normalmente entre os 30 e os 90 dias, para a emissão da declaração de exoneração. Assim:

– Na *mudança da sede efectiva* para o estrangeiro, o prazo é de 60 dias após a publicação[1042] da referida deliberação (arts. 3.º, n.º 5 e 167.º);

[1039] Assim, os estatutos só podem alargar os prazos para o exercício da declaração de exoneração. Aparentemente excluindo tal possibilidade, *vide* CURA MARIANO, *Direito de Exoneração dos* ..., cit., p. 109.

[1040] Será por exemplo, a deliberação social de aumento do capital social, em que a efectiva subscrição de este se dá mais tarde. Neste caso, a declaração de exoneração deverá ser logo emitida, mas os seus efeitos ficarão suspensos até a concretização da causa de exoneração.

[1041] Segundo CURA MARIANO, *Direito de Exoneração dos* ..., cit., p. 108, a data que releva como facto impeditivo da caducidade é a data da expedição da declaração e não a data da sua recepção.

Quanto a nós, entendemos que não é de acolher tal posição, sobretudo em matéria de sociedades em que existe a preocupação de não deixar os acontecimentos indefinidos – *v.g.* o regime das invalidades ao nível da sua constituição ou mesmo das deliberações sociais. A necessidade de conhecimento, no caso, dos actos recipiendos, como o é a declaração de exoneração, destina-se, precisamente, a colocar do lado do autor do acto o ónus de, para o completar, do ponto de vista da eficácia, o fazer chegar ao destinatário. A tese inversa, de bastar a emissão da declaração dentro do prazo, significaria conceder efeitos à declaração sem que tenha sido notificada, nos termos do art. 224.º, n.º 1, primeira parte, do CC. Impedia-se a caducidade (efeito jurídico) com a mera emissão da declaração. Ora, isso não é assim no caso das declarações recipiendas. Deste modo, quando na lei o legislador fala em "emitir" só pode querer significar "emitir com efeitos jurídicos", isto é, emitir e notificar, *rectius*, emitir, e a sociedade receber a notificação da declaração.

[1042] Uma vez que mesmo os sócios ausentes da deliberação social de transferência da sede social para o estrangeiro podem exonerar-se, justifica-se que o prazo de caduci-

– Na exoneração por *vícios da vontade*, o prazo para a emissão da declaração de exoneração será o prazo que, segundo a lei civil, resultaria para efeitos de anulação do negócio jurídico (art. 45.º, n.º 1 *in fine*);
– Na *fusão, cisão* e *transformação*, o prazo para a emissão da declaração da exoneração é de um mês a contar da data da deliberação da fusão, cisão ou transformação (arts. 105.º, n.º 1, 120.º e 137.º, n.º 1)[1043];
– Na *exoneração com fundamento em justa causa* nas sociedades em nome colectivo a declaração de exoneração deve ser emitida nos 90 dias seguintes ao conhecimento da causa de exoneração (art. 185.º, n.º 3);
– Na *exoneração por interpelação para a realização da entrada de novo sócio resultante de aumento do capital social*, nas sociedades por quotas, a declaração de exoneração deve ser emitida nos 30 dias seguintes à interpelação para o pagamento (art. 207.º, n.º 2);
– Na *exoneração com fundamento no art. 240.º, n.º 1*, nas sociedades por quotas, o prazo para a emissão da declaração de exoneração é nos 90 dias seguintes ao do conhecimento do facto que permite a exoneração (art. 240.º, n.º 3)[1044];
– Nas *causas legais de exoneração específicas da SE*, o prazo para a emissão da declaração de exoneração é nos 30 dias seguintes, respectivamente, à deliberação de fusão, de constituição de uma SE gestora de participações sociais ou de transferência da sede da SE para outro Estado-membro (arts. 7.º, n.º 2, 11.º, n.º 1 e 13.º, n.º 2, do DL n.º 2/2005, de 4.01).

---

dade da declaração de exoneração se inicie só após a publicação da referida deliberação, pois, de outro modo, poderiam, não ter conhecimento da mesma.

[1043] Conforme salienta RAÚL VENTURA, *Sociedades por Quotas, Vol. II, ...,* cit., p. 27 e CURA MARIANO, *Direito de Exoneração dos ...,* cit., pp. 103-104, este prazo de 90 dias do conhecimento, sempre que respeitar a causas de exoneração previstas no art. 240.º, n.º 1, al. a), conta-se da aprovação da deliberação e não da sua execução.

[1044] Contudo, com excepção da deliberação aprovada por voto escrito, prevista no art. 247.º, uma vez que a legitimidade para a exoneração depende de se ter votado contra a aprovação de certa deliberação social, o conhecimento do sócio será imediato à aprovação da deliberação.

Assim, do regime legal vigente só na exoneração *ad nutum*, prevista nos artigos 185.º, n.º 1 e 229.º, n.º 1, e na deliberação de regresso à actividade da sociedade (art. 161.º, n.º 5) é que não foi fixado um prazo para o exercício da declaração de exoneração. No primeiro caso, a solução compreende-se, uma vez que o seu fundamento reside na vinculação do sócio à sociedade por um certo período de tempo. Passado esse período, é o sócio quem decide quando é que pretende sair de sociedade, não se justificando a fixação de um prazo para o seu exercício[1045]. Já na exoneração na sequência do regresso à actividade da sociedade devia ter sido fixado um prazo para o seu exercício. Porque não o foi, a fim de evitar uma situação prolongada de indefinição acerca da saída do sócio, admite-se que a sociedade possa fixar ao titular do direito de exoneração um prazo razoável[1046] para o exercício da declaração de exoneração, sob pena de caducidade (art. 436.º, n.º 2, do CC, *ex vi* art. 3.º, do CCom.).

A fixação do prazo para a emissão da declaração de exoneração visa apenas marcar o fim do mesmo e não o seu início. Assim, nada impede que um sócio declare exonerar-se após a ocorrência da causa legal de exoneração, mas antes do início da sua contagem[1047]. Será o caso de o sócio emitir a declaração de exoneração após a deliberação de transferência da sede social para o estrangeiro e antes da sua publicação (art. 3.º, n.º 5).

Quando o prazo para o exercício da declaração de exoneração se conta não da ocorrência do facto gerador do direito de exoneração, mas do seu conhecimento (arts. 185.º, n.º 3 e 240.º, n.º 3), a sociedade pode ver-se confrontada com uma declaração de exoneração emitida muito tempo

---

[1045] Cf. RAÚL VENTURA, *Novos Estudos ...*, cit., p. 291. Deveria, contudo, ter sido previsto um pré-aviso a fim de não apanhar a sociedade desprevenida com uma declaração de exoneração.

[1046] Atendendo a que nas causas legais de exoneração o prazo fixado é de, pelo menos, 30 dias, entendemos que o pedido de resposta por parte da sociedade nunca poderá ser inferior a 30 dias.

[1047] Esta questão encontra-se desenvolvida no Direito espanhol, onde o prazo para a emissão da declaração de exoneração se conta não da data da aprovação da deliberação social, mas da sua inscrição registral (arts. 147.º, n.º 1 e 149.º, n.º 2, da LSA, art. 97.º, n.º 1, da LSRL, e art. 205.º, n.º 2, da RRM). Contudo, a doutrina maioritária não vê inconveniente de que a declaração de exoneração seja emitida logo após a aprovação da deliberação social. Neste sentido, *vide*, entre outros, BRENES CORTÉS, *El Derecho de ...*, cit., p. 445, FAJARDO GARCÍA, *EL Derecho de Separación ...*, cit., p. 78 e BONARDELL LENZANO/CABANAS TREJO, *Separación y Exclusión ...*, cit., p. 103.

depois da ocorrência do facto gerador do direito de exoneração[1048]. Quando tal suceder, preenchidos que estejam os requisitos legais, poderá existir abuso do direito.

3. Conteúdo

Também nesta matéria o CSC prima pelo silêncio, cabendo, uma vez mais, ao intérprete essa tarefa[1049].

Em síntese, o sócio que pretenda exonerar-se deverá fazer prova dos factos constitutivos do seu direito[1050]. Assim, a declaração de exoneração deverá conter, antes de mais, a causa legal ou estatutária de exoneração, a qual terá já de ter ocorrido, não produzindo qualquer efeito a declaração de exoneração fundada em causa legal futura[1051]. Havendo várias causas, o sócio deve invocar a(s) causa(s) com fundamento na qual se pretende exonerar, pois será apenas relativamente à causa invocada que será aferida a sua pretensão[1052].

Ademais, a declaração de exoneração deverá conter os elementos necessários a possibilitar à sociedade aferir qual o sócio em questão e a participação social em causa, designadamente através da identificação do sócio e da parte social, quota ou do número de acções de que é titular. O sócio que pretenda exonerar-se deverá ainda fazer prova da sua legitimidade, designadamente, quando esse seja o caso, comprovando o seu sentido de voto na deliberação social que originou o direito de exoneração.

[1048] Parece-nos, contudo, que esta hipótese é mais teórica que prática, na medida em que a legitimidade para o direito de exoneração depende do voto contra do sócio. Isto significa que o sócio estará presente na assembleia geral onde surgiu a causa de exoneração, tomando, nesse momento, conhecimento da mesma.

[1049] No Direito espanhol, vide BRENES CORTÉS, *El Derecho de* ..., cit., p. 443 e BONARDELL LENZANO/CABANAS TREJO, *Separación y Exclusión* ..., cit., pp. 102-103.

[1050] Vide RAÚL VENTURA, *Sociedades por Quotas, Vol. II*, ..., cit., p. 28 e ss..

[1051] Assim, decorre expressamente do disposto nos arts. 45.º, n.º 1, 105.º, n.º 1, 137.º, n.º 1, 161.º, n.º 5, 185.º, n.º 3, 207.º, n.º 2, 229.º, n.º 1 e 240.º, n.º 3. Cf. CURA MARIANO, *Direito de Exoneração dos* ..., cit., p. 100.

Vide o Ac. da RPt de 09.11.1999 (PINTO FERREIRA), cit., pp. 180-182, segundo o qual não é bastante nem suficiente a comunicação da intenção de um sócio de se exonerar, pois é necessária a invocação de qualquer causa legal ou contratual para o seu pedido.

[1052] Cf. CURA MARIANO, *Direito de Exoneração dos* ..., cit., p. 100.

Por fim, a declaração de exoneração deverá conter uma manifestação expressa ou tácita da vontade de se separar da sociedade.

Apenas com estes elementos, a sociedade destinatária estará em condições de aferir do preenchimento dos elementos constitutivos do direito invocado, da legitimidade do sócio e de fazer o reembolso do valor da sua participação social ou tomar outras medidas que considerar necessárias.

4. Posição da Sociedade Destinatária da Declaração de Exoneração

Apesar de a declaração de exoneração não necessitar do consentimento da sociedade para surtir efeitos, importa analisar em que situação fica colocada a sociedade que a recebe.

Antes de mais, a sociedade tem um poder de controlo[1053], efectuado *a posteriori*, traduzido na verificação do preenchimento dos fundamentos invocados para a exoneração e da legitimidade de quem os invoca. Tendo dúvidas sobre a existência do direito de exoneração, a sociedade poderá propor uma acção de simples apreciação[1054]. Entendendo não estar preenchida a causa de exoneração ou que quem emitiu a respectiva declaração não tinha legitimidade para o fazer, pode a sociedade recusar-se a cumprir as obrigações resultantes de uma exoneração eficaz.

Concluindo pela validade da declaração de exoneração, pode a sociedade, uma vez que esta não produz a perda imediata da qualidade de sócio, eliminar a causa de exoneração, revogando a deliberação que a originou[1055], ou eliminando o acto ou a decisão que se encontre na disponibilidade dos sócios e tenha sido previsto como causa estatutária de exoneração.

A revogação da deliberação social representa uma solução que serve os interesses da sociedade e do sócio que se exonerou. Da sociedade, por-

---

[1053] S. PESUCCI, *Autotutela dell'Azionista* ..., cit., p. 82.

[1054] Cf. CURA MARIANO, *Direito de Exoneração dos* ..., cit., pp. 110-111 e RAÚL VENTURA, *Sociedades por Quotas, Vol. II*, ..., cit., pp. 32-33.

[1055] *Vide* RAÚL VENTURA, *Sociedades por Quotas, Vol. II*, ..., cit., p. 28 e CURA MARIANO, *Direito de Exoneração dos* ..., cit., p. 105. Este último A. considera, contudo, a revogação da causa de exoneração uma causa de caducidade do direito de exoneração. A nosso ver, quando tal sucede, o direito de exoneração apenas se torna supervenientemente desnecessário. No Direito italiano, *vide* F. CHIOMENTI, *Revocabilità delle* ..., cit., p. 420.

que, conforme observa V. BUONAURA[1056], traduz um *ius poenitendi* que permite evitar as eventuais consequências prejudiciais da exoneração do sócio[1057]. Com efeito, chegando à conclusão de que não dispõe de meios financeiros para adquirir a participação social, amortizá-la ou não encontrando interessado na sua aquisição, a revogação pode ser a única solução para evitar a dissolução da sociedade. Do sócio, porque permanece na sociedade, de acordo com as condições originárias[1058].

Uma vez revogada a deliberação social que originou o direito de exoneração, a respectiva declaração deixa de poder ser emitida ou, tendo sido emitida, torna-se ineficaz[1059].

Até ao DL n.º 76-A/2006, de 29.03, a possibilidade de revogação da deliberação social encontrava-se expressamente reconhecida no n.º 3 do art. 137.º, onde se estabelecia que, no caso de não ser possível à sociedade destinatária da declaração de exoneração proceder ao reembolso da participação social sem afectar o capital social, nos termos do art. 32.º, seria realizada uma nova assembleia geral para deliberar sobre a revogação da transformação social ou a redução do capital social. Apesar de actualmente tal possibilidade não se encontrar expressamente acolhida, é possível[1060] uma deliberação social «*ter em vista fazer cessar a vigência de outra, anterior, total ou parcialmente, expressa ou implicitamente, apenas para o futuro, ou mesmo retroactivamente*»[1061]. A questão que se coloca,

---

[1056] *Il Recesso del Socio* ..., cit., p. 305.

[1057] No limite, a participação social de quem se exonera pode representar 25% do capital social.

Em alternativa, no Direito espanhol, BRENES CORTÉS, *El Derecho de* ..., cit., pp. 451-452, admite que as deliberações sociais que possam conduzir ao direito de exoneração fiquem condicionadas ao não exercício do direito de exoneração ou ao seu exercício mas em certa percentagem inferior ao capital social.

[1058] Vide G. PRESTI, *Questioni in Tema di* ..., cit., p. 110.

[1059] Cf. G. PRESTI, *Questioni in Tema di* ..., cit., p. 110.

[1060] No Direito italiano, alguma jurisprudência tem sustentado que a deliberação social de revogação não afecta a declaração de exoneração recebida pela sociedade, uma vez que, no momento em que ocorre, o sócio já não faz parte da sociedade, sendo um terceiro. Vide o Ac. da CssIt de 19.03.2004, Giur. It., 2004, pp. 1660-1664 / F. It., Parte Prima, 2004, pp. 2798-2805 e o Ac. do Tribunal de Orvieto, de 18.02.1994, F. It., Parte Prima, 1995, pp. 311-313.

[1061] PINTO FURTADO, *Deliberações de Sociedades* ..., cit., p. 856. Conforme salienta este A., a revogação, ao contrário da renovação, visa destruir uma deliberação anterior e não repetir a parte válida da deliberação anterior.

e cuja análise mais aprofundada transcende o tema em análise, é saber em que condições pode ser revogada uma deliberação social[1062]. A nosso ver, o limite será a plena execução, quer da causa de exoneração, quer do processo de exoneração[1063]. Estando executada a deliberação social, à sociedade apenas resta voltar a deliberar a alteração dos estatutos sem, todavia, afectar o direito de exoneração já exercido. Tendo-se concluído o processo de exoneração, a revogação da deliberação social já não será apta a afectar o direito de exoneração, porquanto o sócio será, para todos os efeitos, um terceiro[1064]. Fora destes limites, a revogação é possível, podendo, inclusive, ocorrer quando a sociedade já se encontrava em mora na obrigação de reembolso da participação social[1065].

[1062] Na doutrina italiana, veja-se G. GRIPPO, *Il Recesso del ...*, cit., p. 179 e ss. e G. PRESTI, *Questioni in Tema di ...*, cit., p. 111. Estes AA sustentam que a revogação da deliberação social se encontra sujeita a um duplo limite. Por um lado, não pode ocorrer se já se iniciou a fase executiva da deliberação, dando como exemplo a deliberação de transformação considerada imediatamente executiva. Por outro lado, não pode ser aposta a quem se encontre fora de sociedade, designadamente quando a sociedade já tiver amortizado as participações sociais.

[1063] Nas deliberações sociais que impliquem a alteração dos estatutos, a sua execução concluiu-se com o registo de tal facto. Cf. CURA MARIANO, *Direito de Exoneração dos ...*, cit., p. 106.

No Direito italiano, *vide* D. GALLETTI, *Il Recesso nelle ...*, cit., p. 506 e G. GRIPPO, *Il Recesso del ...*, pp. 179-180.

[1064] No Direito espanhol, FARRANDO MIGUEL, *El Derecho de ...*, cit., pp. 156-157, defende que a revogação terá como limite temporal o reembolso do sócio que declarou exonerar-se.

[1065] Conforme observa, CURA MARIANO, *Direito de Exoneração dos ...*, cit., p. 105, quando a sociedade se encontra em mora na obrigação de reembolso, mas a deliberação que constitui a causa de exoneração ainda não foi executada, não existem interesses dignos de protecção para afastar a eliminação da causa de exoneração.

CAPÍTULO V
Efeitos do Exercício do Direito de Exoneração

SECÇÃO I
Perda da Qualidade de Sócio

1. Regime Legal

O efeito mais significativo da declaração de exoneração é a perda da qualidade ou condição de sócio. A declaração de exoneração não extingue o contrato de sociedade, mas apenas a relação jurídica existente entre o sócio que declarou exonerar-se e a sociedade[1066].

A perda da qualidade de sócio não aparece expressamente na lei. Porém, o importante não é tanto a sua falta de estatuição expressa, mas a ausência de fixação do momento em que se dá essa perda[1067].

Antes do CSC, a questão não estava tratada na lei nem era objecto de debate[1068].

[1066] Por esta razão há quem, como MODESTO CARVALHOSA, *Comentários à ..., 1.º Volume* ..., cit., p. 308, fale em *rescisão parcial* do contrato.

[1067] Neste sentido, cf. BONARDELL LENZANO/CABANAS TREJO, *Separación y Exclusión...*, cit., p. 147.

[1068] Destaque, contudo, para o Ac. do STJ de 2.07.1948 (ROCHA FERREIRA), BMJ n.º 8, 1948, pp. 321-325, onde se reconheceu que a perda da qualidade de sócio apenas ocorria depois de efectivada a transmissão da quota e de lavrada a respectiva escritura (art. 6.º, n.º 2, da LSQ). Em concreto, tratava-se de uma declaração de exoneração com fundamento numa cláusula estatutária, tendo a sociedade recusado a efectuar esse afastamento. Em consequência, propôs o (ex) sócio uma acção de condenação da sociedade no pagamento dos lucros que tinha direito até ao seu real e efectivo afastamento.

Actualmente[1069], o problema só é tratado nas causas específicas de exoneração das *sociedades em nome colectivo*, onde, à semelhança do regime das sociedades civis, se estabelece que a exoneração só se torna efectiva no fim do ano social em que é feita a comunicação respectiva, mas nunca antes de decorridos três meses sobre essa comunicação (art. 185.º, n.º 4).

Nos restantes tipos societários, a resposta quanto ao momento em que cessa a relação societária tem oscilado entre dois extremos: de um lado, o momento da recepção da declaração de exoneração; do outro, com a amortização, transmissão ou com o reembolso da participação social. Quer uma, quer outra posição suscitam problemas de regime. Se se defender que a exoneração do sócio se dá com a recepção da declaração de exoneração, levanta-se a dúvida de saber o que sucede quando a causa de exoneração é eliminada ou não se concretiza. Considerando-se que a exoneração apenas se dá com a amortização, aquisição, transmissão ou reembolso da participação social, surge a dificuldade da qualificação da situação em que se encontra o sócio até à conclusão dessa operação e corre-se o risco de fazê-lo prisioneiro da sociedade[1070].

2. Direito Comparado

No *Direito societário italiano*, uma das poucas questões que o legislador continuou sem resolver na reforma de 2003[1071], foi a fixação do momento em que o sócio que declarou exonerar-se perde essa qualidade. Sem prejuízo, encontramos um consenso na doutrina[1072], no sentido de que a perda da condição de sócio não é automática.

[1069] Até à entrada em vigor do DL n.º 76-A/2006, de 29.03, o n.º 4 do art. 137.º previa, a propósito da transformação da sociedade, que o sócio só se considerava exonerado na data da escritura da transformação.

[1070] Cf. F. CORSI, *Il Momento di Operatività del Recesso nelle Società per Azioni*, Giur. Comm., 32.3., Giuffrè, Milão, 2005, p. 318.

[1071] No regime anterior, G. GRIPPO, *Il Recesso del ...*, cit., p. 182, defendia que, com a declaração de exoneração, o sócio adquiria o direito a ser *expulso* da sociedade. No mesmo sentido, *vide* G. PRESTI, *Questioni in Tema di ...*, cit., p. 117, nota 56.

[1072] Veja-se V. BUONAURA, *Il Recesso del Socio ...*, cit., pp. 308-309 e F. CORSI, *Il Momento di ...*, cit., p. 317, o qual considera que a reforma de 2003 foi orientada pela ideia de que o sócio mantém essa qualidade até ao termo do processo de exoneração.

Assim, F. CHIAPPETTA[1073] considera que se a lei obriga o accionista que declarou exonerar-se a depositar as acções, a fim de evitar a sua alienação, é porque este ainda permanece sócio, e só depois da sua liquidação perde essa qualidade (2437.º-bis, § 2, do CC It.).

De modo idêntico, L. SALVATORE[1074] também considera que não faria sentido estipular-se a intransmissibilidade das acções se o sócio que tivesse declarado exonerar-se já não fosse sócio. Tal só sucede quando perder a titularidade das suas acções.

Já M. VENTORUZZO[1075] defende que a declaração de exoneração fica suspensivamente condicionada à ocorrência dos eventos que a perfeccionem, isto é, à liquidação, à transmissão ou à aquisição da participação social, ou ainda à revogação da causa de exoneração,

Por fim, destacamos V. BUONAURA[1076], segundo o qual o termo do prazo de liquidação da participação social marca o momento em que o sócio deixa de o ser para passar a ser credor da sociedade.

No *Direito societário espanhol*, o legislador também não responde a esta questão, não havendo consenso na doutrina sobre o assunto.

Assim, alguns AA entendem que a perda do estatuto de sócio se dá com a recepção da declaração de exoneração, enquanto outros, pelo contrário, consideram que o sócio que declara exonerar-se conserva a sua posição, até ser pago do valor da sua participação.

No primeiro sentido destaca-se FAJARDO GARCÍA[1077], segundo o qual, sendo a declaração de exoneração receptícia, a perda da condição de sócio produz-se com a sua recepção pela sociedade, adquirindo o sócio um direito de crédito sobre a sociedade, pendente de liquidação.

Todavia, a doutrina maioritária[1078] considera que a posição de sócio se mantém, até ao reembolso da participação social. Neste sentido, BONARDELL LENZANO/CABANAS TREJO[1079] defendem que a condição de sócio se mantém até se tornar irremediável, o que apenas surge com o seu

---

[1073] *Nuova Disciplina ...*, cit., p. 506.
[1074] *Il «Nuovo» Diritto di ...*, cit., p. 637.
[1075] *I Criteri di Valutazione ...*, cit., p. 357.
[1076] *Il Recesso del Socio ...*, cit., p. 309.
[1077] *EL Derecho de Separación ...*, cit., p. 80.
[1078] Cf. BRENES CORTÉS, *El Derecho de ...*, cit., pp. 456-457 e FARRANDO MIGUEL, *El Derecho de ...*, cit., pp. 157-158.
[1079] *Separación y Exclusión ...*, cit., pp. 149-151.

reembolso. Até lá, o sócio conserva todos os seus direitos sociais. No mesmo sentido, AGUILERA RAMOS[1080] defende que, com a declaração de exoneração, apenas se inicia um processo que poderá culminar na perda da qualidade de sócio, não sendo certo que assim suceda, designadamente porque a sociedade pode eliminar a causa de exoneração.

Outros autores, numa posição mais intermédia, distinguem os efeitos internos, dos efeitos externos da exoneração. Neste sentido, LEÑA FERNÁNDEZ/RUEDA PÉREZ[1081] sustentam que do ponto de vista interno a perda da qualidade de sócio se dá com a recepção da declaração de exoneração. Contudo, relativamente a terceiros de boa fé, os efeitos da exoneração só se dão com o registo da respectiva escritura (arts. 9.º, n.º 1 e 208.º, n.º 1, do RRM).

3. Direito Português

Relativamente às *sociedades por quotas*, na falta de disposição expressa, a maioria da doutrina defende que o sócio só se considera exonerado com a amortização ou a aquisição da quota.

Neste sentido, RAÚL VENTURA[1082] opina que o sócio só fica exonerado *ex nunc* quando se dá a amortização da sua quota ou no momento da aquisição da quota pela sociedade, sócio ou terceiro. Mais considera que apenas não haverá exoneração do sócio no caso de sentença de dissolução obtida na sequência de acção proposta pelo sócio.

De igual modo, MARIA AUGUSTA FRANÇA[1083] considera que a exoneração do sócio só se efectiva através da amortização ou compra da quota.

Ainda sobre esta questão, CURA MARIANO[1084] sustenta que a perda da qualidade de sócio ocorre no momento «*da comunicação pela sociedade do acto que determinou a perda da quota desse sócio*». Assim, não será a amortização ou a alienação da quota que determinam a extinção da relação societária, mas a comunicação desse facto ao sócio.

[1080] *El Derecho de Separación* …, cit., pp. 1014-1015.
[1081] *Derecho de Separación* …, cit., pp. 168-169.
[1082] *Sociedade por Quotas, Vol II,* …, cit., pp. 33-34.
[1083] *Direito à Exoneração*, cit., p. 223.
[1084] *Direito de Exoneração dos* …, cit., pp. 141-142.

Ainda a propósito das sociedades por quotas, apenas VIDEIRA HENRIQUES defende que a exoneração do sócio se dá com a recepção pela sociedade da declaração de exoneração. A sua fundamentação assenta[1085] nas regras do registo e no facto de as datas a que se reportam as contas no caso de exoneração e no caso de amortização da participação social serem diferentes[1086]. Começando pelo primeiro argumento, atendendo ao princípio registral da inoponibilidade a terceiros de factos sujeitos a registo não registados (art. 14.º, n.º 1, do CRC) e considerando que a exoneração nas sociedades por quotas é um facto sujeito a registo (art. 3.º, al. i), do CRC), isso demonstrará, segundo este A., que, pelo menos quanto a terceiros, a exoneração não carece de amortização para produzir os seus efeitos, bastando o seu registo. Relativamente ao segundo argumento, considera VIDEIRA HENRIQUES que o único modo de explicar a diferença a que se reportam as contas na exoneração e na amortização consiste em *«reportar a essas datas o momento de extinção subjectiva da relação obrigacional. Isto, porque, para todos os efeitos práticos, é nesse momento que cessa a participação social do sujeito. A partir daí o seu único, mas não despiciente interesse, é o de receber o valor correspondente à participação social extinta»*[1087].

A discussão do momento em que se dá a exoneração do sócio nas sociedades por quotas pode ser transposta para as *sociedades anónimas* e em *comandita por acções* nos mesmos moldes, por se tratar da sociedade comercial com maiores similitudes. Relativamente às sociedades anónimas, pronunciou-se MARIA AUGUSTA FRANÇA[1088], que condiciona a efectiva exoneração do sócio, no caso de transformação da sociedade, ao pagamento da contrapartida, no regresso à actividade da sociedade, com a entrega ao sócio daquilo que lhe caberia na partilha, e nos restantes casos, com a amortização ou a aquisição das acções.

[1085] *A Desvinculação* ..., cit., pp. 83-84.

[1086] Tratando-se de amortização voluntária ou compulsiva, o cálculo do valor da participação social será feito na data do momento da respectiva deliberação (art. 235.º, n.º 1, al. a)). Se a amortização for por falecimento, o cálculo do valor da participação retroage à data do óbito (art. 227.º, n.ºs 1 e 2), e no caso de exclusão judicial o valor será calculado com referência à data da proposição da acção. Na exoneração, a respectiva contrapartida é calculada com referência à data em que o sócio declare essa intenção (art. 240.º, n.º 5, primeira parte).

[1087] *A Desvinculação* ..., cit., p. 84.

[1088] *Direito à Exoneração*, cit., p. 224.

4. Posição Adoptada

Relativamente à posição de VIDEIRA HENRIQUES, duas observações se impõem.

Quanto ao argumento registral, entendemos que não pode proceder. Com efeito, do art. 3.º, als. i) e g), do CRC, resulta apenas que a exoneração do sócio está sujeita a registo[1089], nada se dizendo acerca do momento em que tal registo deve ser feito. Assim, se se entender que a exoneração se dá, por exemplo, com a amortização da participação social, então só depois desse acto a exoneração poderá ser registada, ou então poderá ser registada antes mas o registo ficar provisório até à amortização. Pelo contrário, se se entender que a exoneração se dá com a recepção da declaração de exoneração, depois da sua efectivação, o registo da exoneração poderá ser logo efectuado. Também não nos parece que se possa argumentar contra este entendimento o disposto no art.15.º, n.º 2, do CRC, conjugado com o seu n.º 1 e com o art. 3.º, n.º 1, als. g) e i), também do CRC. Com efeito, o n.º 2 do art. 15.º, do CRC, apenas estabelece até quando é que devem ser registados os factos sujeito a registo obrigatório (no prazo de dois meses a contar da data em que tiverem sido titulados), mas não permite saber a partir de que momento é que devemos considerar como titulado o facto sujeito a registo obrigatório, o mesmo é dizer a partir de quando se inicia a contagem de tal prazo. Por outro lado, o facto de o momento de determinação do reembolso da participação social não coincidir com o da amortização, não constitui, a nosso ver, fundamento determinante para se concluir que a exoneração do sócio se dá com a recepção pela sociedade da declaração de exoneração, mas apenas que o legislador pretendeu evitar que a sociedade, atrasando o processo de exoneração, afectasse o valor do reembolso a que o sócio tinha direito pela sua participação social. Desse modo, optou por fixar um momento certo para a determinação do valor do reembolso.

[1089] Note-se que este registo da exoneração tem eficácia meramente declarativa. A publicidade do registo destina-se a proteger a boa fé dos terceiros e tem por fim dar-lhes a conhecer um facto que ocorreu relativamente a um dos sócios, na medida em que tal facto pode ser importante para o comportamento que os terceiros passem a assumir com a própria sociedade, uma vez que tais sócios podiam ser responsáveis por dívidas sociais ou por obrigações de outros sócios para com a sociedade.

Quanto à legitimidade para a promoção do registo, veja-se o art. 242.º-B, n.ºs 1 e 2, do CSC, e o art. 29.º-A, do CRC.

Na nossa opinião, a efectivação do direito de exoneração deve ser entendida como um processo[1090]. O seu nascimento dá-se com o preenchimento da causa, legal ou estatutária, de exoneração, passa depois pelo seu exercício, através da declaração de exoneração, e culmina com o pagamento do valor da participação social, na sequência da sua amortização ou transmissão. Só no momento da amortização ou aquisição da participação social, e não no momento do seu reembolso[1091], cessa a titularidade da participação social e, portanto, o *status socii*. Desta solução afasta-se apenas a exoneração do sócio nas *sociedades em nome colectivo*, e do sócio comanditado nas sociedades *em comandita simples*. Atendendo ao regime de responsabilidade destes sócios pelas dívidas sociais, prevê-se uma data limite para que a exoneração se torne eficaz: no fim do ano social em que é feita a comunicação respectiva, mas nunca antes de três meses sobre a sua comunicação.

Argumentos de ordem legal, por um lado, e de melhor articulação do regime, por outro, compelem-nos para esta solução.

Do regime legal vigente resultam dois indícios de que esta foi a posição adoptada no CSC. O primeiro argumento resulta do disposto no art. 105.º, n.º 4, segundo o qual "*o direito de o sócio alienar por outro modo a sua participação social não é afectado pelo estatuído nos números anteriores nem a essa alienação, quando efectuada no prazo aí fixado, obstam as limitações prescritas pelo contrato de sociedade*"[1092]. Ora, se o sócio conserva o direito de alienar a sua participação social durante o período em que pode emitir a declaração de exoneração e se este direito não é afastado pela anterior emissão da declaração de exoneração, é por-

---

[1090] No Direito espanhol, também neste sentido, *vide* BRENES Cortés, *El Derecho de ...*, cit., p. 456. Cf., igualmente, BONARDELL LENZANO/CABANAS TREJO, *Separación y Exclusión ...*, cit., pp. 148-150.

[1091] Também na situação inversa de participações sociais não totalmente realizadas, não é o pagamento das mesmas que determina a aquisição da qualidade de sócio. Daqui resulta que o pagamento da participação social não determina nem a aquisição nem a perda da qualidade de sócio.

[1092] RAÚL VENTURA, *Fusão, Cisão e ...*, cit., pp. 146-147, com base no elemento histórico, considera preferível que também sejam dispensadas as limitações legais. Com efeito, o art. 105.º, n.º 4, reproduziu o art. 9.º, n.º 5, do DL n.º 599/73, de 08.11, numa altura em que não havia limitações legais à transmissão de participações sociais, circunstância que explicará a desatenção do legislador. Em sentido contrário, *vide* JOSÉ DRAGO, *Fusão de Sociedades ...*, cit, p. 71.

que conserva a qualidade de sócio, mesmo após a emissão da declaração de exoneração. Em segundo lugar, a solução defendida é a que melhor explica o disposto no art. 240.º, n.º 4[1093], que permite ao sócio da sociedade por quotas requerer a dissolução administrativa da sociedade que, recebida a declaração de exoneração, não tenha, no prazo de 30 dias, amortizado, adquirido ou feito adquirir a quota daquele. Só faz sentido admitir a dissolução, se se entender que o sócio ainda não saiu da sociedade, destinando-se a mesma a assegurar a sua saída efectiva (art. 142.º, n.º 1). Caso contrário, se o sócio já tivesse saído da sociedade[1094], seria um mero credor do reembolso da sua participação social, bastando-lhe propor uma acção de condenação.

Por outro lado, a posição adoptada concilia-se melhor com a possibilidade de a sociedade revogar[1095] a deliberação social cuja aprovação fez nascer o direito de exoneração. Na verdade, se se defender que a recepção da declaração de exoneração produz automaticamente a perda da qualidade de sócio, a revogação da deliberação social que originou o direito de exoneração não seria apta a afectar o (ex-)sócio, que seria, para todos os efeitos, um terceiro, não conseguindo a sociedade evitar a sua saída.

Por fim, a posição adoptada também se compatibiliza com as situações em que a operação subjacente à causa legal de exoneração não se concluiu, não se tendo ainda procedido à amortização ou transmissão da titularidade de participação social[1096]. Pense-se, por exemplo, numa operação de fusão chumbada pela Autoridade da Concorrência. Não faz sentido, não tendo a participação social sido amortizada ou transmitida a sua titularidade, considerar-se efectivamente fora da sociedade o sócio que declarou

---

[1093] Nas sociedades em nome colectivo, apesar do disposto no art. 195.º, n.º 1, al. b), do seu confronto com o art. 185.º, n.º 4, conclui-se que a eficácia da declaração de exoneração ocorre no fim do ano social em que é feita a comunicação respectiva, mas nunca antes de decorridos três meses sobre esta comunicação. Vide RAÚL VENTURA, *Novos Estudos ...*, cit., p. 293, e VIDEIRA HENRIQUES, *A Desvinculação ...*, cit., p. 91, nota 191.

[1094] Neste sentido, VIDEIRA HENRIQUES, *A Desvinculação ...*, cit., pp. 96-98.

[1095] Sobre a revogação de deliberações sociais, vide n.º 4, Secção II, Capítulo IV, da Terceira Parte.

[1096] Na vigência da LSQ, defendendo que o direito de exoneração por aumento do capital social só tinha lugar quanto fosse efectivamente realizado e não quando a sua realização fosse diferida para o futuro, vide o Ac. do STJ de 09.01.1976, transcrito por LOBO XAVIER, *Acerca do ...*, cit., pp. 267-273.

exonerar-se. Do ponto de vista dos interesses do sócio, não faz sentido, porque a verdadeira causa da sua exoneração não ocorre. Do ponto de vista dos interesses da sociedade e dos restantes sócios, também não faz sentido considerar o sócio fora da sociedade, dadas as implicações patrimoniais que tal pode acarretar.

Em sentido contrário, poderá tentar argumentar-se que a solução defendida faz com que o sócio que declara exonerar-se da sociedade permaneça prisioneiro da mesma, até à amortização ou transmissão da participação social. O problema será particularmente relevante se estivermos a falar de *sócios com responsabilidade ilimitada*. Todavia, esta situação não passou despercebida ao legislador.

Nas sociedades em nome colectivo[1097], atenta a responsabilidade dos sócios pelas dívidas sociais, foi fixado um prazo[1098] para a perda da qualidade de sócio: no fim do ano social em que é feita, mas nunca antes de terem decorrido três meses sobre a declaração de exoneração (art. 185.º, n.º 4). Com esta solução, protege-se, simultaneamente, o sócio, que vê a sua responsabilidade subsidiária pelas dividas sociais circunscrita temporalmente após a declaração de exoneração, e a sociedade, que não fica sujeita às perturbações de ter de liquidar a quota do sócio exonerado no decorrer do ano social[1099].

Nas ditas sociedades de responsabilidade limitada, foram fixados, ainda que de maneira desarticulada, prazos máximos para a amortização ou a transmissão da participação social pela sociedade, para depois se prever o direito de o sócio requerer a dissolução administrativa da sociedade se tal não ocorrer (art. 240.º, n.º 4 *in fine*). Através deste duplo mecanismo, assegura-se que o sócio não fique efectivamente prisioneiro da sociedade e que, portanto, deixe efectivamente de o ser.

Em síntese, conclui-se que o efeito imediato da declaração de exoneração não é provocar a saída do sócio, mas um complexo procedimento

---

[1097] Cf. art. 1002.º, n.º 3, do CC, quanto às sociedades civis. Sobre os efeitos da declaração de exoneração nestas sociedades, vide ANTUNES VARELA/PIRES DE LIMA, *Código Civil Anotado, Volume II* ..., cit., pp. 315-317.

[1098] Segundo RAÚL VENTURA, *Novos Estudos* ..., cit., p. 292, a fixação deste prazo destina-se a «*evitar perturbações inesperadas na sociedade e bem assim para certeza de terceiros quanto à data em que cessa a responsabilidade subsidiária do sócio*».

[1099] Neste sentido, nas sociedades civis, cf. ANTUNES VARELA/PIRES DE LIMA, *Código Civil Anotado, Volume II* ..., cit., p. 316.

que culminará com a saída do sócio, em regra, aquando da amortização ou transmissão da sua participação social[1100].

A solução defendida levanta o problema do exercício dos direitos sociais *medio tempore*. Na verdade, se até à amortização ou à transmissão da titularidade da participação social, aquele que declarou exonerar-se permanece sócio, parece lógico reconhecer-se até esse momento o exercício dos seus direitos sociais, até porque, se a sociedade revogar a causa de exoneração, haverá um hiato de tempo em que quem ainda é sócio não terá exercido os seus direitos sociais[1101]. Todavia, também não deixa de causar estranheza o facto de um sócio que manifestou a sua vontade de sair da sociedade continuar a exercer plenamente os seus direitos sociais, como se nada tivesse acontecido[1102].

No *Direito português*, Raúl Ventura[1103] e Cura Mariano[1104], este último com algumas restrições, consideram que o sócio da sociedade por quotas que declarou exonerar-se conserva, até à efectiva perda dessa qualidade, os seus direitos sociais, inclusive o direito de voto e o direito aos lucros.

A nosso ver, temos algumas reservas em aderir a tal posição.

[1100] Assim, nas sociedades por quotas, até esse momento o sócio será responsável pelos credores sociais (art. 198.º, n.º 2). Cf. Cura Mariano, *Direito de Exoneração dos* ..., cit., p. 145.

[1101] V. Buonaura, *Il Recesso del Socio* ..., cit., pp. 309-310.

[1102] No *Direito italiano*, os AA que consideram que o sócio que declarou exonerar-se só perde posteriormente essa qualidade entendem que até lá deve ser tratado como tal, podendo exercer os seus direitos sociais. Neste sentido, veja-se M. Ventoruzzo, *I Criteri di Valutazione* ..., cit., p. 357 e D. Galletti, *Il Recesso nelle*..., cit., p. 471 e ss..

No *Direito espanhol*, Farrando Miguel, *El Derecho de* ..., cit., pp. 157-158, defende que o sócio que tenha declarado que mais não o quer ser, por tal facto, não pode exercer os direitos inerentes à participação social.

[1103] *Sociedades por Quotas*, Vol. II, ..., cit., p. 34.

Ao nível da jurisprudência, *vide* o Ac. da RCb de 26.07.1983 (Alberto Baltazar Coelho), cit., p. 54, segundo o qual o sócio exonerado há-de participar na vida social em tudo quanto diga respeito à liquidação da sua quota, pois só assim ficará acautelado convenientemente o seu direito à exoneração. Contudo, apenas pode praticar factos situados nestes limites.

[1104] *Direito de Exoneração dos* ..., cit., pp. 110 e 143-144. Segundo este A. são três as particularidades: o sócio que declarou exonerar-se não pode votar, por conflito interesses, na assembleia geral onde é deliberada a amortização ou a alienação da sua quota, perde o direito de disposição sobre a quota e, quanto ao direito aos lucros, apenas não o pode exercer se estes resultarem da distribuição do saldo de exercício já considerado na avaliação da sua quota, sob pena de duplicação de benefícios.

Apesar de o sócio em processo de exoneração formalmente continuar a sê-lo, porquanto titular da participação social, substancialmente não lhe deve ser reconhecido o integral exercício dos seus direitos sociais, uma vez que manifestou a sua intenção de sair da sociedade. Conforme sustenta V. BUONAURA[1105], a declaração de exoneração, não determinando a imediata perda da qualidade de sócio, destina-se a produzir uma alteração na posição societária daquele que declarou exonerar-se e, portanto, nas suas relações com a sociedade. Através dela, inicia-se um processo de efeitos na sociedade e no sócio.

Ora, quanto ao sócio, aquela que nos parece ser a melhor posição é a que defende a *suspensão* dos seus direitos e obrigações sociais entre o momento da recepção da declaração de exoneração[1106] e a efectivação da amortização, aquisição ou transmissão da participação social.

Esta suspensão assenta, em primeiro lugar, na declaração do próprio sócio da qual decorre, a nosso ver, o desejo de não mais participar na vida da sociedade, sob pena de abuso do direito. Dito de outro modo, apesar de formalmente ainda ser sócio, a circunstância de declarar que não o quer ser pode tornar a prática futura de actos jurídicos correspondentes à qualidade de sócio ilegítima, por *venire contra factum proprium*[1107].

Como segundo fundamento, chama-se à colação o art. 227.º, previsto para as situações contempladas nos arts. 225.º e 226.º das sociedades por quotas, mas cuja *ratio* tem, nesta sede, plena justificação. Na verdade, através da suspensão dos direitos e obrigações da participação social «*a lei pretende evitar a intromissão na vida da sociedade de pessoas que presumivelmente nela se conservarão durante pouco tempo ou, por outras palavras, aquela suspensão contrabalança a precariedade da situação*»[1108] de quem está de saída.

[1105] *Il Recesso del Socio ...*, cit., p. 311.
[1106] FARRANDO MIGUEL, *El Derecho de ...*, cit., pp. 157-158.
[1107] Com maior desenvolvimento, cf. MENEZES CORDEIRO, *Da Boa Fé ...*, cit., p. 742 e ss., e *Tratado de Direito Civil Português, I, Parte Geral, Tomo IV*, reimpressão da edição de Maio de 2005, Almedina, Coimbra, 2007, pp. 278-297, reconduzindo este instituto à tutela da confiança. Segundo a distinção que este A. faz em função do *venire*, estaríamos perante um *venire* positivo, na medida em que o sócio manifesta a intenção de não ser sócio e depois pretende praticar actos de sócio.

Assim sucede no regime norte-americano, designadamente no Estado de Oklahoma (§ 18-1091 (k) do Oklahoma State Statutes).

[1108] Vide RAÚL VENTURA, *Sociedades por Quotas, Vol. I, ...*, cit., p. 567.

No entanto, esta suspensão, não pode ser sustentada em termos *absolutos*. Deve ser reconhecido a quem declarou exonerar-se o exercício de todos os direitos decorrentes de participação social necessários à tutela da sua posição jurídica – de *"sócio de saída"* –, assim como, porque não se encontra legalmente vedado como, por exemplo, no Direito italiano[1109], norte-americano[1110] ou na alienação potestativa mobiliária portuguesa[1111], os poderes necessários à efectiva concretização das suas pretensões. Procurando concretizar, o sócio poderá votar, impugnar e suspender, deliberações sobre alterações do contrato ou dissolução da sociedade (art. 227.º, n.º 3). Poderá não se incluir neste direito, consoante a causa de exoneração e por conflito de interesses, a votação na deliberação social de amortização, aquisição ou transmissão da sua participação social[1112]. Do mesmo modo, o sócio poderá, nas mesmas condições em que o podia fazer antes de declarar exonerar-se, exercer o seu direito à informação, ora solicitando elementos contabilísticos que lhe permitem confirmar o valor da sua participação social ou, por exemplo, o ponto da situação em relação a extinção da quota. Ao sócio será ainda permitido vender a sua participação caso encontre algum interessado na mesma. Deverá, contudo, atendendo ao exercício deste poder em consonância com as regras da boa fé objectiva, dar conhecimento prévio à sociedade, a fim de evitar que esta prossiga no sentido de extinguir a participação social.

Da suspensão dos direitos sociais resulta que não se dando a efectiva cessação do vínculo social tais direitos e obrigações deixam de estar suspensos. Em concreto, relativamente aos direitos patrimoniais do sócio, a cessação da sua suspensão, por extinção da causa de exoneração, terá efeitos retroactivos. Assim, um sócio que tenha declarado exonerar-se verá suspenso o seu direito aos dividendos futuros que a sociedade venha a gerar, mas se a causa da exoneração for revogada, reassumirá plenamente tal direito, podendo exigir da sociedade a sua distribuição[1113].

[1109] Cf. n.º 2.8.2., Capítulo III, da Segunda Parte.
[1110] Cf. n.º 5, Capítulo IV, da Segunda Parte.
[1111] Cf. n.º 2, Secção IV, Capítulo II, da Terceira Parte.
[1112] RAÚL VENTURA, *Sociedades por Quotas, Vol. I*, ..., cit., pp. 570-571, refere como direitos necessários o direito à informação, o direito de impugnar deliberações sociais e o direito de voto.
De modo idêntico, no Direito italiano, *vide* V. BUONAURA, *Il Recesso del Socio ...,* cit., p. 313.
[1113] V. BUONAURA, *Il Recesso del Socio ...,* cit., p. 312, sustenta a mesma solução, inclusive no direito de preferência por aumento do capital social. Neste caso, defende

SECÇÃO II
Obrigação de Extinção da Relação Societária

1. Introdução

Da emissão da declaração de exoneração resulta a obrigação de a sociedade extinguir a relação societária com o sócio que declarou exonerar-se. Apesar de este efeito não se encontrar expressamente previsto no CSC, subjaz a qualquer uma das obrigações impostas à sociedade destinatária da declaração de exoneração.

Teoricamente, a extinção da relação societária pode ocorrer através de diferentes instrumentos. A sociedade pode extinguir a própria participação social, amortizando-a ou deliberando a dissolução da própria sociedade, adquirir a participação social ou, em alternativa, transmiti-la aos restantes sócios ou a terceiros.

Antes de passarmos ao estudo de cada um destes instrumentos, importa analisar o regime legal vigente.

Começando pela parte geral do CSC, verifica-se que apenas nas causas estatutárias típicas de exoneração – fusão, cisão e transformação – se prevê o direito de o sócio exigir que a sociedade adquira ou faça adquirir a participação social (arts. 105.º, n.º 1, 120.º e 137.º, n.º 1). Nas causas legais comuns de exoneração nada se prevê quando ao modo de extinção da relação societária.

Nas *sociedades em nome colectivo*, o legislador limita-se a falar em liquidação da parte social (art. 195.º, n.º 1, al. b)).

Relativamente às *sociedades por quotas*, prevê-se que a sociedade destinatária da declaração de exoneração possa optar pela amortização, aquisição ou transferência, aos restantes sócios ou a terceiros, da quota (art. 240.º, n.º 4).

---

este A. que a sociedade, a fim de evitar a incerteza da futura subscrição, pode pedir ao sócio que declarou exonerar-se que a eficácia do exercício do direito de preferência fique condicionada ao insucesso da declaração de exoneração.

Relativamente aos dividendos gerados pela sociedade mas não distribuídos, pertencerão, por força da retroactividade da exoneração do sócio, ao seu adquirente. Cf. o Ac. da RLx de 08.07.1999 (PROENÇA FOUTO), BMJ n.º 489, 1999, p. 392.

Nas *sociedades anónimas* e *em comandita por acções*, não se encontrando estipulada nenhuma causa específica de exoneração, também não se encontra prevista nenhuma regra.

Por fim, nas causas de exoneração específicas da SE fala-se na obrigação de a sociedade adquirir ou fazer adquirir por terceiro a participação social do sócio que se exonerou (arts. 7.º, n.º 3, 11.º, n.º 1 e 13.º, n.º 2, do DL n.º 2/2005, de 4.01 e art. 36.º-A, n.º 2, al. b), do CRC). Assim, a amortização da participação social ou a sua aquisição por outros sócios parece afastada[1114].

A primeira nota a salientar do nosso regime legal é, uma vez mais, a sua total desarticulação, não se conseguindo encontrar qualquer fio condutor nas diferentes soluções adoptadas. Desta desarticulação resultam várias questões.

Uma primeira dúvida é saber qual o regime legal aplicável às causas legais de exoneração comuns. A nosso ver, na ausência de regra geral, a solução passará pela aplicação do especialmente estabelecido em cada tipo de sociedade comercial. Assim, as causas legais de exoneração comuns, quando relativas a sociedade em nome colectivo e em comandita simples, reger-se-ão pelo regime das sociedade em nome colectivo, e nas sociedades por quotas, pelo regime das sociedade por quotas. Nas sociedades anónimas e em comandita por acções, perante a ausência de regime especial, o regime aplicável, por analogia, será o das sociedades por quotas, por ser este o tipo de sociedade comercial com o qual apresentam maiores semelhanças.

Uma outra questão que se levanta é saber se nas sociedades em *nome colectivo* e em *comandita simples* é possível a amortização, a aquisição ou a transmissão da parte social do sócio que se exonerou. RAÚL VENTURA[1115] rejeita tal possibilidade, com fundamento na falta de previsão legal, não podendo, por isso, a sociedade dispor da parte social do sócio. Além disso, continua este A., do art. 187.º resulta que «*a parte social, em substituição da parte extinta não pode confundir-se com a forçada transmissão da parte social não extinta*». Assim, a sociedade apenas pode extinguir a parte social. Também VIDEIRA HENRIQUES[1116] entende que não

---

[1114] DIOGO GONÇALVES, *Direitos Especiais* ..., cit., p. 350, admite a aquisição da participação social pelos restantes sócios, por coordenação com o art. 105.º.

[1115] *Novos Estudos* ..., cit., p. 291.

[1116] *A Desvinculação* ..., cit., p. 93, nota 201.

é possível a amortização ou transmissão da participação social. Caso contrário haveria na amortização uma parte social desprovida de um sujeito distinto da pessoa colectiva, o que seria uma frustração da tutela dos credores, por falta de património pessoal correspondente a essa parte do capital social. Relativamente à transmissão seria necessário o consentimento dos restantes sócios (art. 182.º, n.º 1). Também somos da opinião de que, nas sociedades em nome colectivo e em comandita simples, relativamente aos sócios comanditados, só é possível a extinção da participação social, por falta de disposição legal expressa que legitime à sociedade dispor de um bem alheio. No entanto, nada impede que a sociedade, com vista a evitar a diminuição do seu património, recorra ao mecanismo previsto no art. 187.º, n.º 2, em tudo alternativo à transmissão da parte social para outros sócios ou terceiros. Através deste, os restantes sócios deliberam constituir uma ou mais partes sociais cujo valor seja igual ao da parte social extinta para imediata transmissão a sócios ou a terceiros[1117].

Por fim, uma terceira interrogação que o regime legal levanta é saber se, nos casos em que não se prevê a amortização – fusão, cisão e transformação – ou a aquisição da participação social por outros sócios – causas de exoneração da SE –, tais operações podem ocorrer. A nosso ver, por falta de disposição legal expressa que legitime à sociedade dispor de um bem alheio, tal não será possível, apesar de esta solução legal ser criticável, por se tratar de mecanismos que servem os interesses das partes envolvidas. Assim, o recurso a tais instrumentos será apenas admissível no caso de previsão estatutária ou com o acordo do sócio titular da participação social.

De iure constituendo, entendemos que a melhor solução, em todas as causas legais de exoneração, seria permitir à sociedade amortizar, adquirir ou transmitir a participação social, mesmo nas sociedades em nome colectivo[1118]. Nestas, apenas seria de afastar a aquisição da parte social, uma

---

[1117] Segundo VIDEIRA HENRIQUES, *A Desvinculação* ..., cit., p. 94, a diminuição do património da sociedade pode ser evitado através da realização pelo adquirente da parte social da prestação devida directamente ao exonerado.

[1118] Não nos parece que no caso de amortização ou transmissão da participação social, o argumento da frustração da tutela dos credores possa prevalecer, uma vez que a perda da qualidade de sócio não se dá nesse momento, mas passado o lapso de tempo previsto no art. 185.º, n.º 4. Assim, passado este lapso de tempo temos alguém que deixa impreterivelmente de ser sócio ainda que a parte social não se tenha extinto. Inclusive, esta situação pode prolongar-se bastando, para tanto, que a sociedade não liquide a parte social ou que esteja legalmente impedida de o fazer (art. 188.º, n.º 1).

vez que haveria uma efectiva desprotecção dos credores, por ausência de um património, além do da sociedade, a responder, ainda que subsidiariamente, pelas dívidas sociais. Se a obrigação da sociedade perante o sócio que se exonerou é de extinguir a relação societária que tem com este, quantos mais instrumentos dispuser para o fazer melhor serão servidos os interesses de todos: os da sociedade e os dos restantes sócios, que podem optar pela solução que menos transtornos lhes causar; os do sócio, porque em qualquer caso sairá da sociedade, recebendo o valor da sua participação social, porventura de forma mais célere.

Sempre que a sociedade dispuser de mais do que um instrumento para a extinção da relação societária, apenas a ela lhe pertencerá a opção, através de deliberação social[1119], do instrumento a seguir, atendendo à sua situação económica, ao interesse de manter ou não os mesmos sócios e aos limites legais impostos[1120]. Deste modo, não poderá o sócio que se exonerou impor à sociedade a opção por uma ou outra medida. Em síntese, a sociedade está obrigada a extinguir a relação societária, mas dentro dos diferentes instrumentos que a lei lhe concede é livre de optar por aquele que lhe for mais conveniente. Nestes casos, inclusive, não se encontram razões para que a sociedade não possa combinar diferentes instrumentos com vista à extinção da relação societária.

No âmbito da autonomia privada, nada impede que os sócios prevejam nos estatutos outras formas de extinção da relação societária, designadamente através da obrigação de os sócios que votaram a favor da deliberação que constituiu a causa de exoneração adquirirem, proporcionalmente, de acordo com as suas participações na sociedade, a participação dos sócios que se exoneraram[1121].

[1119] Neste sentido, RAÚL VENTURA, *Sociedades por Quotas, Vol. II*, ..., cit., p. 31. Segundo este A. apenas «*os sócios podem assumir a responsabilidade pela eventual dissolução [...] da sociedade, se nenhuma deliberação tomarem*».

Com posição idêntica, VIDEIRA HENRIQUES, *A Desvinculação* ..., cit., p. 96, defende que, fazendo expressa referência às alternativas disponíveis aos sócios, a lei impõe-lhes o dever de optar por aquela que se revele em concreto mais viável.

[1120] Cf. MENEZES CORDEIRO, *Manual de Direito das Sociedades, II*, ..., cit., p. 327.

[1121] Neste sentido, no Direito espanhol, vide IGNACIO FARRANDO, *El Derecho de* ..., cit., p. 186 e BONARDELL LENZANO/CABANAS TREJO, *Separación y Exclusión* ..., cit., pp. 201-202, que qualificam tais cláusulas como "*cláusulas de resgate*".

Sobre as cláusulas de aquisição obrigatória, veja-se, ALEXANDRE DE SOVERAL MARTINS, *Cláusulas do Contrato de* ..., cit., pp. 323-325.

Nas páginas que se seguem, iremos analisar alguns dos diferentes instrumentos previstos no CSC colocados à disposição da sociedade, com vista à extinção da relação societária. Impõe-se advertir o leitor que não iremos proceder a um exame pormenorizado da amortização, aquisição ou transmissão de participações sociais, mas a um estudo destas figuras numa perspectiva do direito de exoneração do sócio.

2. A Amortização da Participação Social

Nas *sociedades por quotas*, a amortização da quota, na sequência do exercício do direito de exoneração, será um dos casos em que é permitida por lei (arts. 232.º, n.º 1 e 240.º, n.º 4). Nas causas estatutárias de exoneração, para ter lugar, enquanto faculdade ou imposição, terá de constar dos estatutos (art. 232.º, n.º 1).

Neste âmbito, a amortização da quota não carece do consentimento do sócio. A regra, nos termos do art. 233.º, n.º 1, é que a sociedade só pode amortizar a quota sem o consentimento do respectivo titular quando tenha ocorrido um facto que o contrato de sociedade considere fundamento de amortização compulsiva. No entanto, este preceito ressalva disposição legal em contrário, onde se insere o art. 240.º, n.º 4[1122], segundo o qual nas causas legais de exoneração a sociedade poderá ter de amortizar a quota.

A extinção da quota, através da sua amortização, tem de ser deliberada pelos sócios, cuja maioria varia consoante haja ou não redução do capital social (arts. 234.º, n.º 1 e 246.º, n.º 1, al. b)[1123]. No caso de redução do capital social pelo valor nominal da quota a amortizar[1124], a deliberação terá de ser adoptada segundo a maioria exigida para a alteração do contrato (art. 265.º, n.º 1)[1125]. Não havendo redução do capital social, a

---

[1122] Neste sentido, vide RAÚL VENTURA, *Sociedades por Quotas, Vol. I*, ..., cit., p. 686.

[1123] Cf. CURA MARIANO, *Direito de Exoneração dos* ..., cit., p. 114.

[1124] Vide RAÚL VENTURA, *Sociedades por Quotas, Vol. I*, ..., cit., p. 749.

[1125] Havendo redução do capital social, é necessária autorização judicial (art. 95.º, n.º 1). Se o capital social ficar em montante inferior ao mínimo estabelecido na lei, tal redução deverá, nos termos do art. 96.º, ficar expressamente condicionada à efectivação do aumento do capital para montante igual ou superior àquele mínimo, a realizar nos

deliberação será aprovada por maioria simples, uma vez que não é dirigida a uma modificação do próprio estatuto da sociedade, tendo apenas por finalidade a extinção da quota (art. 250.º, n.º 3)[1126]. Neste caso, haverá um aumento proporcional do valor nominal das quotas dos restantes sócios, em função da quota extinta, salvo no caso de ter sido estipulado que a quota figurasse no balanço como quota amortizada[1127] (art. 237.º, n.º 1). Neste caso, o novo valor nominal das quotas dos restantes sócios também terá de ser fixado por deliberação dos sócios.

Por outro lado, a deliberação de amortização da quota sem redução do capital social tem, sob pena de nulidade[1128], de respeitar os limites do art. 236.º, n.º 1, ou seja, não pode a situação líquida da sociedade, depois de satisfeita a contrapartida da amortização, ficar inferior à soma do capital e da reserva legal[1129]. Assim, não dispondo a sociedade de reservas para a aquisição da quota e não pretendendo transmiti-la aos restantes sócios ou terceiros, resta-lhe deliberar previamente a redução do capital social de modo a poder amortizar a quota sem ofender o capital social. Se

---

60 dias seguintes àquela deliberação, salvo se na deliberação de redução for simultaneamente deliberada a transformação da sociedade para um tipo que possa legalmente ter um capital social igual ao montante reduzido.

[1126] Tem dividido a doutrina a questão de saber se a amortização da quota é ou não uma alteração do contrato social. No sentido afirmativo, sujeitando a deliberação ao art. 265.º, n.ºs 1 e 2, vide, entre outros, BRITO CORREIA, Direito Comercial, ..., Vol. II, cit., p. 445. Em sentido contrário, veja-se, COUTINHO DE ABREU, Curso de ..., cit., pp. 412-415, CURA MARIANO, Direito de Exoneração dos ..., cit., pp. 115-116 e ANTÓNIO SOARES, O Novo Regime ..., cit, pp. 109-115.

[1127] Vide RAÚL VENTURA, Sociedades por Quotas, Vol. I, ..., cit., pp. 750-751.
Figurando a quota amortizada no balanço da sociedade (art. 237.º, n.º 3), manter-se-á o seu valor como integrando o capital social, apesar de esta estar extinta. Esta manutenção, segundo RAÚL VENTURA, Sociedades por Quotas, Vol. I, ..., cit., pp. 755-756, tem por fim proteger os interesses dos credores sociais.

[1128] Neste sentido, vide, entre outros, RAÚL VENTURA, Sociedades por Quotas, Vol. I, ..., cit., p. 736, acompanhado por CURA MARIANO, Direito de Exoneração dos ..., cit., p. 121.

Vide, ainda, o Ac. do STJ de 24.06.1993 (SAMPAIO DA SILVA), BMJ n.º 428, 1993, pp. 625-634, por violação do art. 56.º, n.º 1, al. d), uma vez que os n.ºs 1 e 2 do art. 236.º não podem ser derrogados nem sequer por vontade unânime dos sócios.

[1290] Este limite tem por finalidade evitar, através do pagamento da contrapartida ao sócio que se exonerou, a diminuição da garantia dos credores constituída pelo capital social e respectiva reserva legal.

os limites do art. 236.º, n.º 1, estiverem respeitados ao tempo da deliberação de amortização, mas não aquando do vencimento da obrigação de pagamento da contrapartida, a amortização fica sem efeito, devendo o sócio restituir à sociedade as quantias que porventura tenha recebido (art. 236.º, n.º 3). Neste caso, o ex-sócio readquire a qualidade de sócio, continuando a sociedade obrigada à extinção da relação societária. O sócio pode então optar pela espera de pagamento, até que se verifiquem as condições exigidas pelo art. 236.º, n.º 1, ou por requerer a dissolução da sociedade (art. 240.º, n.º 6)[1130]. Optando pela espera de pagamento, o mesmo só será exigível a partir do momento em que a sociedade se encontre em condições de o efectuar[1131]. Requerendo a dissolução da sociedade, o ex-sócio terá de devolver as quantias eventualmente recebidas[1132] na sequência de ter readquirido a qualidade de sócio.

A amortização da quota por exoneração do sócio é necessariamente onerosa. Quanto à contrapartida, o art. 240.º, n.º 5, limita-se a remeter para a al. b) do n.º 1 do art. 235.º. Esta remissão tem por finalidade afastar a aplicação da al. a) do n.º 1 do art. 235.º e não os seus n.ºs 2 e 3, ou seja, visa esclarecer que o valor da contrapartida não é determinado aquando da aprovação da deliberação de amortização, mas aquando da declaração de exoneração.

Sendo a quota detida em regime de contitularidade, a sua amortização será antecedida de deliberação da sua divisão, desde que o valor nominal das quotas, depois da divisão, não seja inferior a € 50,00 (art. 238.º, n.º 1). Uma vez dividida a quota, a amortização incidirá sobre a quota do(s) contitular(es) relativamente ao(s) qual(is) o fundamento de exoneração tenha ocorrido (art. 238.º, n.º 2). Fora deste caso, a exoneração será total, dado o seu exercício ser integral (art. 233.º, n.º 5).

Tratando-se de uma *sociedade anónima* ou *em comandita por acções*, relativamente ao sócio comanditário, a amortização de acções terá

[1130] Encontra-se afastada a possibilidade de o sócio optar pela amortização parcial da quota, em proporção do que já recebeu (art. 236.º, n.º 4). Esta proibição mais não é que uma consequência de o exercício do direito de exoneração nas sociedades por quotas ser integral.

[1131] Segundo CURA MARIANO, *Direito de Exoneração dos* ..., cit., p. 120, haverá uma modificação do prazo de vencimento da obrigação de pagamento da contrapartida.

[1132] Neste sentido, cf. MARIA AUGUSTA FRANÇA, *Direito à Exoneração*, cit., p. 224, acompanhada por CURA MARIANO, *Direito de Exoneração dos* ..., cit., p. 120.

necessariamente de ser feita com redução do capital social, pelo valor nominal das acções do sócio que se exonerou, uma vez que apenas esta modalidade de amortização acarreta a extinção da relação societária[1133]. A amortização terá de ser deliberada pelo colectivo dos sócios (art. 347.º, n.º 6) e será necessariamente onerosa, sendo o valor da contrapartida, como se verá, determinado nos termos do art. 105.º, n.º 2.

3. A Aquisição da Participação Social pela Sociedade

Outra faculdade nas sociedades por quotas e anónimas[1134] é a aquisição da participação social pela própria sociedade. Quando tal suceder, esta ingressará no património da sociedade, sendo também à sua custa que o sócio será reembolsado do seu valor.

Tratando-se de uma *sociedade por quotas*, a aquisição terá de ser deliberada pelos sócios (arts. 246.º, n.º 1, al. b) e 250.º, n.º 3), apenas poderá respeitar a quota integralmente liberada, e a aquisição será necessariamente onerosa. No pagamento da contrapartida, a sociedade não pode usar a reserva legal, mas apenas reservas facultativas, sendo ainda necessário que disponha de reservas livres em montante não inferior ao dobro do contravalor a prestar (art. 220.º, n.º 2, *in fine*). Todavia, a doutrina actual[1135] tem entendido, a nosso ver com razão, que o art. 220.º, n.º 2, deverá ser interpretado restritivamente, no sentido de a sociedade apenas ter de dispor de

---

[1133] Na amortização sem redução do capital social, não só o accionista continuaria a sê-lo, ainda que de fruição, como o reembolso das acções não seria pelo valor real aque tinha direito pela exoneração, mas pelo valor nominal (art. 346.º, n.ºs 1, 4 e 5).

[1134] Cf. o art. 478.º quanto às sociedades em comandita por acções.

[1135] Aquando da aprovação do CSC, resultava do POC então vigente (DL n.º 47/77, de 7.02) a obrigatoriedade de inscrição no activo do balanço das quotas/acções próprias. Porém, no POC actual, aprovado pelo DL n.º 410/89, de 21.11, as acções/quotas próprias constam do balanço em dedução do capital social, na conta 52, deixando de constituir valor activo. Nesta medida, a reserva exigida pelo art. 324.º, n.º 1, al. b) deixou de ter justificação. Do mesmo modo, deixou de ter justificação a disponibilidade do dobro das reservas livres: metade do valor da reserva seria para reembolsar a aquisição da quota pela sociedade, e a restante metade destinar-se-ia a criar uma reserva indisponível de igual montante.

Sobre esta questão, veja-se, entre outros, COUTINHO DE ABREU, *Curso de ...*, cit., p. 398, nota 413, CURA MARIANO, *Direito de Exoneração dos ...*, cit., pp. 122-124 e RAÚL VENTURA, *Estudos Vários ...*, cit., pp. 395-396.

reservas livres de montante igual ao valor da contrapartida[1136]. Assim, para a aquisição de uma quota no montante de € 100,00 a sociedade apenas terá de dispor de reservas facultativas no montante de € 100,00, sob pena de nulidade da aquisição (art. 220.º, n.º 3). Não o dispondo e não pretendendo transmitir a quota, a sociedade poderá deliberar a redução do capital social, através do reagrupamento das quotas.

Apesar de a aquisição da quota pela sociedade ser uma forma de a transmitir, a simples deliberação dos sócios é suficiente para a mesma ocorrer e ser registada (arts. 3.º, n.º 1, al. c) e 15.º, n.º 1, do CRC). Em primeiro lugar, porque a transmissão de quotas entre vivos necessita apenas de ser reduzida a escrito, e a deliberação da sociedade terá de constar de acta (art. 228.º, n.º 1). Depois, porque não é necessária a intervenção do sócio que se exonerou, uma vez que o art. 240.º, n.º 4 ao dar a possibilidade de a sociedade escolher cumprir uma de três obrigações – amortizar, adquirir ou transmitir a quota – lhe confere representação *ex lege* para dispor de um bem que não lhe pertence[1137].

Tratando-se de uma *sociedade anónima*, a aquisição de acções próprias será um daqueles casos que resulta de situação prevista na lei

---

[1136] Este requisito, conforme ensina RAÚL VENTURA, *Sociedades por Quotas*, Vol. I, ..., cit., p. 452, deve ocorrer não apenas no momento da aquisição da quota, mas também na data do pagamento da contrapartida, à semelhança do que sucede com a amortização da quota (art. 236.º, n.º 3).
Esta exigência tem a ver com o facto de uma parte do património da sociedade, que garante as dívidas dos credores, sair da mesma.

[1137] De modo idêntico, CURA MARIANO, Direito de Exoneração dos ..., cit., p. 126, sustenta que a transmissão da quota não resultará «*de qualquer contrato que exija a intervenção de ambas as partes, sendo suficiente a declaração de aquisição emitida pelo representante da sociedade*». Em consequência, a sociedade deve comunicar ao sócio a realização da transmissão, tal como na amortização.
Aparentemente em sentido contrário, RAÚL VENTURA, *Sociedades por Quotas*, Vol. II, ..., cit., pp. 31-32, salienta que o art. 240.º, não contém preceito semelhante ao 232.º, n.º 6 que, ao remeter para 225.º, n.º 3, evita intervenção do sócio. No nosso entendimento tal raciocínio não é suficiente para proceder, na medida em que a lógica subjacente aos preceitos em causa é diferente. O art. 232.º, n.º 6, vem no seguimento do art. 232.º, n.º 5, que diz respeito a um direito da sociedade. Pelo contrário, o art. 240.º diz respeito a um dever da sociedade.
Apesar do disposto no art. 242.º-D, é nosso entendimento que a intervenção do titular da quota se deu com a perfeição da declaração de exoneração, sendo tal suficiente para que a sociedade possa promover o registo.

(arts. 316.º, n.º 1 e 317.º, n.º 3, al. a)). Nessa medida, porque se trata de uma aquisição que resulta do cumprimento de uma obrigação legal, a sociedade poderá adquirir e deter acções próprias representativas de mais de 10% do capital social[1138]. Porém, quando tal suceder, a sociedade não poderá deter por mais de três anos um número de acções superior a 10% do seu capital, sob pena da sua anulação[1139] (art. 323.º, n.ºs 1 e 3).

A aquisição de acções próprias, tal como nas sociedades por quotas, terá de ser deliberada pelos sócios, devendo da mesma constar os elementos do art. 319.º, n.º 1 (art. 386.º, n.º 1). Esta deliberação poderá apenas respeitar a acções integralmente liberadas, e a sua aquisição será necessariamente onerosa (art. 318.º, n.º 1). Na contrapartida pela aquisição, a sociedade também só poderá utilizar reservas disponíveis (art. 317.º, n.º 4). Não dispondo delas, terá de optar por outra solução para extinguir a relação societária ou reduzir o capital social, de modo a poder adquirir as acções, sem violação do art. 317.º, n.º 4[1140].

O princípio da igualdade na aquisição das acções próprias, imposto pelo art. 321.º, não parece que ocorra na aquisição por ocasião da exoneração, uma vez que esta resulta do cumprimento de uma disposição legal[1141].

Na aquisição das acções próprias, poderá ser necessária a colaboração do sócio que se exonerou, a fim de se efectivar a transmissão das acções. Assim sucede no caso das acções tituladas ao portador, onde poderá ser necessária a entrega das mesmas (art. 101.º, n.º 1, do CVM). Tratando-se de acções tituladas nominativas, parece-nos que a sociedade terá legitimidade para emitir a declaração de transmissão (art. 102.º, n.º 1 e n.º 2, al. c), do CVM), o mesmo se dizendo das acções escriturais, em que poderá proceder ao pedido de registo da transmissão (arts. 66.º, n.º 2, al. a), *in fine,* e 80.º, n.º 1, ambos do CVM).

[1138] Neste sentido, vide JOÃO LABAREDA, *Das Acções das* ..., cit., p. 314, MARIA DA ROCHA, *Aquisição de Acções* ..., cit., pp. 229-231 e MANUEL TRIUNFANTE, *A Tutela das* ..., cit., p. 314.
[1139] Com maior desenvolvimento, cf. MARIA DA ROCHA, *Aquisição de Acções* ..., cit., pp. 299-305.
[1140] Vide MANUEL TRIUNFANTE, *A Tutela das* ..., cit., p. 295.
[1141] Cf. MARIA DA ROCHA, *Aquisição de Acções* ..., cit., p. 218.

4. A Transmissão da Participação Social aos Restantes Sócios ou a Terceiros

O terceiro instrumento que a lei confere às sociedades por quotas e anónimas, com vista ao cumprimento da obrigação de extinção da relação societária, consiste na transmissão da participação social directamente do património do sócio para outros sócios ou terceiros[1142]. Em virtude de atribuição legal, a sociedade encontra-se legitimada para negociar a transmissão da participação social alheia com os restantes sócios ou terceiros.

Tal como a aquisição da participação social pela própria sociedade, a sua transmissão a outros sócios ou terceiros não extingue a participação social, apenas se traduzindo numa mudança da sua titularidade. Contudo, ao contrário da primeira, a contrapartida pela transmissão não é feita à custa do património social, mas do património dos restantes sócios ou de terceiros, não havendo, por isso, necessidade de tutela do capital social. Nessa medida, sempre que a amortização ou a aquisição pela própria sociedade da participação social não possa ser concretizada, por não estarem preenchidos os requisitos necessários à tutela do capital social, a transmissão da participação social aos restantes sócios ou a terceiros pode ser o único instrumento de facto que a sociedade dispõe[1143], além da eliminação da causa de exoneração.

A lei permite que a aquisição da participação social seja feita por outros sócios ou por terceiros. Todavia, não nos parece que a sociedade disponha efectivamente da liberdade de optar, indiferentemente, pela transmissão da participação social aos restantes sócios ou a terceiros. Optando pela transmissão da participação social, terá de ser dada, em primeiro lugar, a oportunidade aos restantes sócios de, querendo e podendo, adquirirem proporcionalmente a participação social de quem se exonerou[1144]. Esta solução resulta directamente da lei, que fala em primeiro lugar

---

[1142] Também no sentido de que a participação transmitida nunca chega a ser adquirida pela sociedade, vide CURA MARIANO, *Direito de Exoneração dos* ..., cit., p. 127 e RAÚL VENTURA, *Sociedades por Quotas, Vol. I*, ..., cit., pp. 431 e 548.

[1143] Cf. CURA MARIANO, *Direito de Exoneração dos* ..., cit., p. 127.

[1144] Segundo CURA MARIANO, *Direito de Exoneração dos* ..., cit., p. 129, e RAÚL VENTURA, *Sociedades por Quotas, Vol. I*, ..., cit., p. 547, se a participação social for adquirida pelos restantes sócios terá de ser respeitado o princípio da igualdade. Tratando-se

em aquisição por sócio e só depois por terceiro (art. 240.º, n.º 4), e, sobretudo, do recurso a lugares paralelos, como os arts. 266.º, n.º 1 e 458.º, n.º 1, que consagram o direito de preferência dos sócios nos aumentos de capital social a realizar por entradas em dinheiro. Por outro lado, esta solução é a que melhor serve os interesses em apreço. Possibilita aos restantes sócios a manutenção, em termos proporcionais, do seu *status* antes da saída do sócio, sem impedir, na falta de exercício deste "*direito de preferência*", que a sociedade transmita a participação social, dando cumprimento à obrigação de extinção da relação societária. Assim, esta regra só poderá ser derrogada se o interesse social o justificar (arts. 266.º, n.º 4 e 460.º[1145]).

No caso de contitularidade da participação social, a solução a seguir deverá ser a mesma prevista para a amortização[1146], seguindo-se, posteriormente, o regime infra descrito.

Tal como os anteriores instrumentos destinados à aquisição da participação social, a sua transmissão aos restantes sócios ou terceiros terá de ser deliberada pelos sócios e será necessariamente onerosa, não podendo o valor da contrapartida ser inferior ao resultante do art. 1021.º, do CC (arts. 105.º, n.º 2 e 240.º, n.º 5).

Posteriormente à deliberação, efectuar-se-á o negócio de transmissão. Nas *sociedades por quotas*, aplicar-se-á o disposto no art. 228.º, n.º 1, pelo que terá de ser reduzida a escrito, não sendo contudo, pelas mesmas razões acima expostas, necessária a intervenção do sócio[1147]. Por último, deverá levar-se a registo a aquisição. Nas *sociedades anónimas*, o modo da transmissão dependerá da forma de representação das acções, remetendo-se para as observações feitas no âmbito da aquisição de acções próprias pela sociedade.

---

apenas de uma quota, tal oportunidade poderá implicar a sua divisão para posterior transmissão.

[1145] Sobre as condições para a suspensão ou limitação do direito de preferência, *vide*, com maior desenvolvimento, PEDRO DE ALBUQUERQUE, *Direito de Preferência ...*, cit., p. 299 e ss..

[1146] Cf. CURA MARIANO, *Direito de Exoneração dos ...*, cit., p. 129. A alternativa, por aplicação analógica do art. 1409.º, do CC, seria não dividir a quota e ser dada *preferência* aos contitulares da mesma na sua aquisição, cessando ou diminuindo a situação de compropriedade existente.

[1147] Segundo CURA MARIANO, *Direito de Exoneração dos ...*, cit., pp. 128-129, porque o titular da quota não participa no negócio de transmissão deve ser-lhe comunicada a sua realização. *Vide* ainda VIDEIRA HENRIQUES, *A Desvinculação ...*, cit., p. 95.

5. Tutela do Direito à Extinção da Relação Societária

Se a sociedade não extinguir a relação societária com o sócio que declarou exonerar-se, este não corre o risco de ficar prisioneiro da sociedade, uma vez que a lei lhe confere a possibilidade de requerer a sua dissolução administrativa (art. 240.º, n.º 4, *in fine* e 142.º, n.º 1), aplicável por analogia às sociedades anónimas e em comandita por acções[1148]. Através desta, o sócio vê assegurado o seu direito de deixar de ser sócio e de ser reembolsado segundo as regras da liquidação e partilha da sociedade dissolvida.

A possibilidade de o sócio requerer a dissolução da sociedade por via administrativa, de modo a assegurar o seu direito de exoneração, apesar de drástica, tem plena justificação. A única observação a fazer, de *iure condendo*, prende-se com o prazo que o legislador fixou para a sociedade extinguir a relação societária, que se encontra manifestamente desfasado da realidade. Nos termos do art. 240.º, n.º 4, a sociedade dispõe, uma vez recebida a declaração de exoneração, de 30 dias para amortizar, adquirir ou transmitir a participação social. Conforme se viu, a concretização de qualquer uma destas operações leva o seu tempo. Tendo de ser deliberada pelos sócios, há que atender aos prazos legais ou estatutários das convocatórias. Além disso, na maioria dos casos, será necessário proceder à avaliação da participação social por perito, avaliação essa que pode não ser sequer definitiva. Noutros casos ainda, pode a sociedade ter de deliberar a redução do capital social, de modo a respeitar os limites legais destinados à tutela do capital social. A este propósito, CURA MARIANO[1149] considera que o recurso à dissolução só se verifica se o incumprimento das obrigações previstas no art. 240.º, n.º 4, for imputável à sociedade, competindo a esta demonstrar que procedeu sem culpa (art. 799.º, n.º 1, do CC). Só

[1148] Segundo o art. 144.º o regime do procedimento administrativo de dissolução será regulado em diploma próprio. Este foi aprovado pelo art. 1.º, n.º 3, do DL n.º 76-A/2006, de 29.03. Nos termos do art. 4.º, n.º 1, deste regime, o procedimento administrativo de dissolução pode ser iniciado pelo sócio exonerando, mediante a apresentação de requerimento no serviço de registo competente.
Vide o Ac. da RPt de 26.09.2005 (FERNANDES DO VALE), www.dgsi.pt (recolhido em Julho de 2006), segundo o qual, havendo causa e declaração de exoneração não aceites pela sociedade, deve ser atendido judicialmente o pedido da sua dissolução.

[1149] *Direito de Exoneração dos* ..., cit., pp. 148-149.

se não o fizer, o sócio poderá requerer a dissolução da sociedade. Quanto a nós, temos algumas dúvidas de que a possibilidade de o sócio requerer a dissolução administrativa da sociedade deva ser vista como uma espécie de sanção para o incumprimento de uma obrigação que impende sobre a sociedade, sob pena de o sócio que declarou exonerar-se ficar *ad eternum* prisioneiro da sociedade. No limite, nada impede que os restantes sócios, confrontados com a possibilidade de a sociedade ser dissolvida, adquiram a participação social, inclusivamente deliberando em assembleia geral universal (art. 54.º, n.º 1). Não o fazendo, sobre a sociedade de que são titulares recairá o risco da sua eventual dissolução. Contudo, em face do exposto, parece-nos que o prazo para a sociedade extinguir a relação societária terá necessariamente de ser alargado. Para tanto, poderá usar-se como referência o limite dos seis meses previsto no art. 1021.º, n.º 3, do CC.

De *iure constituendo*, outras formas de tutela poderiam ter sido utilizadas pelo legislador. Uma delas, muito eficaz, seria a de condicionar a eficácia da causa de exoneração, sempre que constituísse uma deliberação social, à concretização do processo de exoneração[1150]. Não se efectivando a causa de exoneração sem a concretização do direito de exoneração, o sócio que tinha declarado exonerar-se ficaria sempre tutelado, pois ou permanecia na sociedade sem a causa de exoneração se concretizar ou via assegurada sua saída. Por outro lado, este mecanismo tinha ainda a vantagem de tornar desnecessário o recurso à dissolução da sociedade. No regime vigente, esta solução encontra-se parcialmente reconhecida na exoneração por transformação da sociedade[1151] e nas causas de exoneração típicas da SE. Na exoneração por transformação da sociedade prevê-se no art. 140.º-A, n.º 1, al. a), para efeitos de registo da transformação, a necessidade de emissão de declaração, por qualquer membro da administração,

---

[1150] De *iure condendo*, PAULO OLAVO CUNHA, *Direito das ...*, cit., p. 312, sustenta a inexequibilidade da deliberação a que os accionistas se opõem no caso de a sociedade se recusar a adquirir a participação social.

Todavia, não nos parece que a solução da inexequibilidade da deliberação social, apesar de válida, em termos teóricos, decorra do regime vigente.

[1151] Esta solução estava prevista no n.º 2 do art. 135.º, revogado pelo art. 2.º DL n.º 76-A/2006, de 29.03, que exigia que na escritura pública de transformação da sociedade se indicassem os sócios que se exoneraram e o montante da liquidação das respectivas partes sociais ou quotas, bem como o valor atribuído a cada acção e o montante global pago aos accionistas exonerados.

com indicação dos sócios que se exonerarem e do montante da liquidação das respectivas partes sociais ou quotas, bem como do valor atribuído a cada acção e do montante global pago aos accionistas exonerados. Nas causas de exoneração típicas da SE estabelece-se que sempre que a sociedade não adquira a participação social, por circunstância que lhe seja imputável, a causa de exoneração não se realiza (arts. 7.º, n.º 6, in fine, 11.º, n.º 1 e 13.º, n.º 2, do DL n.º 2/2005, de 4.01). No entanto, se a SE conseguir promover o registo da operação[1152], além da obrigação de adquirir a participação, tem de compensar o sócio exonerando dos danos causados, e os seus administradores serão solidariamente responsáveis com aquela (art. 7.º, n.ºs 7 e 8, 11.º, n.º 1 e 13.º, n.º 2, do DL n.º 2/2005, de 4.01). Do regime legal resulta que a sociedade não deverá proceder ao registo da operação, mas ainda assim poderá consegui-lo, uma vez que, em termos registrais, nada o impede. Ora, neste ponto, melhor teria feito o legislador se tivesse exigido, para o registo da operação, uma declaração dos membros do órgão de administração da sociedade, de onde constasse a indicação dos sócios que se exoneraram, do montante da liquidação das respectivas participações, da data do seu pagamento e do montante global pago.

SECÇÃO III
Obrigação de Reembolso da Participação Social

1. Introdução

Por fim, o exercício do direito de exoneração tem ainda por efeito a obrigação de a sociedade reembolsar a participação social do ex-sócio, mesmo que esta a tenha alienado a terceiro[1153]. Através desta operação, o sócio irá receber o valor da sua participação social.

[1152] Cf. DIOGO GONÇALVES, *Direitos Especiais ...*, cit., p. 351.

[1153] Com efeito, sendo uma obrigação da sociedade extinguir a relação societária, sobre a mesma impende a obrigação de pagar o respectivo reembolso. No mesmo sentido, no Direito espanhol, *vide* ALFARO ÁGUILA-REAL/CAMPINS VARGAS, *La Liquidación del Socio ...*, cit., p. 490, que levantam a possibilidade de se prever nos estatutos uma res-

Relacionados com este efeito estão problemas como o valor da participação social, o momento da sua avaliação ou ainda o objecto e o tempo do reembolso. São estas as questões que nos propomos tratar nas páginas que se seguem.

2. O Valor da Participação Social

2.1. *Critérios de Avaliação*

Uma participação social pode ser avaliada segundo um critério nominal, contabilístico, de mercado ou ainda pelo seu valor real[1154].

A *avaliação nominal* da participação social traduzirá o valor que esta representa no capital social, ou seja, um valor de subscrição. Assim, por exemplo, o sócio titular de uma quota no valor nominal de € 2.500,00 terá uma participação social que nominalmente vale € 2.500,00. O valor nominal é fixo, apenas se alterando na sequência de eventuais modificações do capital social.

Já a avaliação em sentido *contabilístico* será a que resulta das contas da sociedade que, por sua vez, reflectem o seu património líquido. O património líquido alcançado será então dividido pela percentagem que o valor nominal da participação representa no capital social, e o quociente que daí resulte será o valor que o sócio que se exonera terá direito a receber. Neste critério não se procede a uma avaliação da participação, mas retira-se do

---

ponsabilidade subsidiária da sociedade em caso de incumprimento, tendo o sócio que declarou exonerar-se de se dirigir primeiro contra o adquirente da participação social.

Ainda sobre esta questão, CURA MARIANO, *Direito de Exoneração dos* ..., cit., p. 139, considera que o sócio que se exonerou não pode exigir ao adquirente o pagamento em falta, uma vez que a lei não lhe atribui essa faculdade e não existe qualquer relação contratual entre ambos. No nosso entendimento, a exigência de tal pagamento poderia ocorrer por via da sub-rogação.

[1154] Cf., no Direito brasileiro, ANNA PARAISO, *O Direito de Retirada na* ..., cit., p. 153 e ss.. No Direito italiano, *vide* T. ASCARELI, *Studi in Tema di Società*, Giuffrè, Milão, 1952, p. 257, nota 1. No Direito espanhol, veja-se, desenvolvidamente, ALFARO ÁGUILA-REAL/CAMPINS VARGAS, *La Liquidación del Socio* ..., cit., pp. 457-467.

Vide ainda o Ac. da RPt de 25.10.2005 (MARQUES DE CASTILHO), www.dgsi.pt (recolhido em Julho de 2006), onde estava em causa o direito de exoneração na sequência de uma deliberação de transformação de uma sociedade por quotas numa sociedade anónima.

balanço o seu valor. Assim, o sócio titular de uma quota no valor nominal de € 2.500,00, numa sociedade com um capital social de € 5.000,00 e cujo património líquido reflectido nas suas contas seja de € 10.000,00 terá uma participação social contabilística no valor de € 5.000,00. À semelhança da avaliação em sentido nominal, a avaliação contabilística acaba também por corresponder a uma situação patrimonial estática, ainda que objecto de uma *revisão* anual. Com efeito, assenta na contabilidade da sociedade, contemplando a sua situação passada e presente, mas sem ter em conta a possibilidade de a sociedade gerar benefícios futuros. Por outro lado, mesmo em relação à própria situação presente, este critério pode não reflectir o valor real da empresa nem, consequentemente, o valor real da participação social. A existência de reservas ocultas, o princípio contabilístico da prudência, através de provisões associadas a riscos que não vêm a verificar-se, e a ausência de contabilização de realidades importantes para uma sociedade, como clientela, aviamento, patentes, licenças ou marcas criadas pela sociedade, *goodwill*[1155], são circunstâncias que impedem a sua avaliação real[1156].

Segundo o critério *de mercado,* o valor da participação social é o que resulta da sua negociação/transacção[1157], que, por sua vez, é fruto de uma relação entre a sua oferta e a sua procura. Trata-se do modo de avaliação, por excelência, das sociedades cotadas em bolsa (art. 222.º, n.º 1, do CVM). O valor de mercado da participação social será, tendencialmente, especulativo, podendo ser inferior ou superior ao seu valor real[1158]. Na verdade, as

---

[1155] Entende-se por *"goodwill"* o «*valor não físico ou intangível e por isso contabilizado à parte, que expressa o valor da empresa para além do seu valor contabilístico ou do valor de venda dos seus activos, líquidos do seu passivo. O goodwill também se pode definir como a capacidade ou a potencialidade da empresa em gerar lucros*». Neste sentido, cf. Glossário de Economia e Finanças no sítio http://www.iapmei.pt.

[1156] Neste sentido, no Direito italiano, *vide*, entre outros, A. FIORENTINO, *Sulla Fusione di...,* cit., p. 324, D. GALLETTI, *Il Recesso nelle ...,* cit, p. 384 e ss. e *Appunti in Tema di ...,* cit., p. 325, considerando que, se a avaliação for feita pelo balanço, existe o risco de o sócio receber menos que o valor real da participação. Veja-se, ainda, G. GRIPO, *Il Recesso del ...,* cit., p. 189.

No Direito espanhol, veja-se BRENES CORTÉS, *El Derecho de ...,* cit., pp. 459-461 e 474-475, chamando a atenção para o facto de os documentos contabilísticos só poderem servir de base para o cálculo do valor real da participação social, se acompanhados de correcções e relacionados com documentos de outra espécie.

[1157] Cf. MICHAEL WACHTER, *Takeover Defense when ...,* cit., p. 795.

[1158] Cf. CURA MARIANO, *Direito de Exoneração dos ...,* cit., pp. 130-131.

sociedades, ainda que cotadas, têm um valor intrínseco que difere do preço de mercado. Conforme sustenta BRENES CORTÉS[1159], sobre o dito mercado podem incidir razões de ordem conjuntural, cíclica e estrutural que podem afectar o valor da empresa. Aliás, se o valor de mercado correspondesse ao valor real, não haveria motivos para o oferente pagar mais do que a empresa vale. Num mercado eficiente não haveria oferta de aquisição por valor superior ao do mercado, salvo, por exemplo, quando a junção de duas empresas criasse uma mais valia que não existiria, estando as duas separadas.

Por fim, o *valor real* da participação social é aquele que reflecte a real avaliação da sociedade[1160]. Será normalmente o valor a que se chega aquando, por exemplo, da compra e venda de sociedades. Assim, por exemplo, o sócio titular de uma quota no valor nominal de € 2.500,00, numa sociedade com um capital social de € 5.000,00 e avaliada em € 50.000,00, terá uma participação social cujo valor real é € 25.000,00.

Do exposto resulta que o valor real da participação social não se identifica com o seu valor nominal, contabilístico, ou mesmo de mercado. O valor nominal apenas servirá para determinar a participação do sócio no valor real da sociedade e o balanço, enquanto documento contabilístico, como ponto de partida para o cálculo do valor real da empresa e da participação social, mas terá de ser acompanhado por correcções e avaliações[1161] de outra espécie.

Quanto à concreta determinação do valor real da participação social, conforme aduz ENGRÁCIA ANTUNES[1162], «*tal operação postula, obvia-*

[1159] *El Derecho de ...*, cit., p. 471.

[1160] No Direito espanhol, ALFARO ÁGUILA-REAL/CAMPINS VARGAS, *La Liquidación del Socio ...*, cit., pp. 449-451, qualificam como valor real aquele que coloca o sócio na mesma posição em que se encontraria se a sociedade se tivesse dissolvido e tivesse liquidado a sua parte. Contudo, reconhecem que raramente a liquidação de uma sociedade conduz à liquidação da empresa, pois os liquidatários tentarão maximizar o valor da empresa. Assim, o critério de avaliação deverá ser aquilo que se poderia obter no mercado se se procedesse à venda da empresa como um todo, o mesmo é dizer, de acordo com o que um terceiro estaria disposto a pagar por ela.

[1161] Com maior desenvolvimento, *vide* BRENES CORTÉS, *El Derecho de ...*, cit., pp. 460-462.

[1162] *Os Grupos de Sociedades ...*, cit., p. 790 e ss.. Segundo este A. são três as linhas orientadoras que deverão presidir a tal avaliação: igualdade de tratamento, a especificação e a fidedignidade dos critérios ou métodos subjacentes a tal avaliação e a proibição de «*que o valor final de tais contrapartidas possa ser inferior àquele que cor-*

mente, a necessidade de realizar uma avaliação da empresa [...], com as dificuldades e os inconvenientes derivados da ausência de qualquer tomada de posição legal, ainda que meramente genérica ou prodrómica, relativa aos critérios fundamentais orientadores de uma tal avaliação».

No que concerne à avaliação da empresa, torna-se necessário o recurso a métodos financeiro-contabilisticos homologados e genericamente aceites, cuja análise escapa ao âmbito do presente trabalho. Apenas se dirá que, ao longo dos tempos, diversos critérios têm sido adoptados. Actualmente, entre os métodos mais utilizados destaca-se o DCF *"discounted cashflows"*[1163] e o *"entreprise value"* ou *"ev"*.

2.2. Regime Legal e Posição Adoptada

Na parte geral do CSC, esporadicamente é tratado o problema do valor da participação social, curiosamente em causas de exoneração que nem sequer são causas legais de exoneração, o que não deixa de ser invulgar. Já nas causas legais de exoneração, como a transferência da sede social para o estrangeiro ou o direito de exoneração por declaração negocial viciada, nada se diz. Vejamos então.

Na transformação e na cisão de sociedades remete-se para o regime da fusão (arts. 137.º, n.º 2 e 120.º).

No regresso à actividade da sociedade dissolvida estabelece-se que o sócio exonerado tem direito a receber a parte que lhe caberia pela partilha

---

responderia proporcionalmente às fracções do capital alienadas em caso de liquidação da sociedade [...]».

[1163] O *discounted cash flow* é um método dinâmico de avaliação, que assenta nos fluxos financeiros expectáveis (*cash-flows*) projectados em certo período de tempo, normalmente cinco anos ou dez anos, resultante de um plano de negócios previsional, actualizado para a data de reporte da avaliação, à taxa que reflicta o custo de oportunidade de um investidor e o risco associado ao negócio. Assim, além da valoração dos bens actuais, os lucros projectados são convertidos em valor corrente, descontando-se as despesas, com excepção das que não signifiquem saídas de caixa (depreciações e amortizações). Este método é algo subjectivo e depende de juízos sobre previsões futuras, pelo que o modo como são calculados os fluxos financeiros influencia o resultado final.

Cf. MIGUEL COELHO, *Analistas Financeiros e Recomendações de Investimento*, Cadernos do Mercado de Valores Mobiliários, n.º 12, Dezembro 2001, pp. 124-125.

No Direito espanhol, com maior desenvolvimento, *vide* ALFARO ÁGUILA--REAL/CAMPINS VARGAS, *La Liquidación del Socio ...*, cit., pp. 461-467.

(art. 161.º, n.º 5). Assim, se o valor do reembolso é aquele que caberia ao sócio na partilha, apenas se pode concluir que este tem direito a receber o valor real da sua participação, pois este seria o valor a que teria direito aquando da partilha da sociedade. No entanto, uma vez que a partilha já se iniciou, o sócio terá apenas direito a receber o valor remanescente que pela partilha lhe caberia, isto é, aquilo que iria receber se a sociedade não tivesse deliberado o regresso à actividade[1164].

Nas causas específicas de exoneração das sociedades em nome colectivo[1165] e por quotas[1166], também se remete para o regime da fusão (respectivamente, arts. 185.º, n.º 5 e 240.º, n.º 5).

Ao nível das causas de exoneração específicas da SE prevê-se, salvo acordo das partes, que a participação social seja avaliada segundo o regime do art. 1021.º, do CC (arts. 7.º, n.º 4, 11.º, n.º 1 e 13.º, n.º 2, do DL n.º 2/2005, de 4.01).

Deste modo, na exoneração por transformação, cisão e nas causas específicas de exoneração das sociedades em nome colectivo, em comandita simples, quanto aos sócios comanditados, e por quotas a contrapartida da aquisição será feita segundo o regime da fusão. Em sede de fusão prevê-se que o cálculo do valor das participações sociais será feito segundo o disposto no art. 1021.º, do CC (art. 105.º, n.º 2). Por sua vez, o art. 1021.º, do CC, remete para os n.ºs 1 a 3 do art. 1018.º, também do CC. Como se verifica, era difícil o legislador ter feito mais remissões!

Assim, no que concerne à avaliação da participação social nas sociedades em nome colectivo e por quotas, temos de conjugar o art. 1021.º, do CC, respectivamente, com os arts. 185.º, n.º 5 e 240.º, n.º 5. Desta conjugação resulta que, salvo estipulação diversa do contrato ou acordo das partes, o valor da participação social é fixado com base no *estado da sociedade*. Nas sociedades em nome colectivo, esse estado é calculado à data em que a exoneração se torna efectiva[1167], enquanto nas sociedades por quotas, à data da declaração de exoneração. Por outro lado, esta avaliação

---

[1164] Neste sentido, veja-se DANIELA BAPTISTA, *O Direito de* ..., cit., p. 268, MARIA AUGUSTA FRANÇA, *Direito à Exoneração*, cit., p. 222 e JOÃO LABAREDA, *Das Acções das* ..., cit., p. 313.

[1165] Vide VIDEIRA HENRIQUES, *A Desvinculação* ..., cit., pp. 87-92.

[1166] Cf. VIDEIRA HENRIQUES, *A Desvinculação* ..., cit., pp. 92-98.

[1167] Nas sociedades em nome colectivo torna-se ainda necessário observar o disposto nos arts. 188.º, n.º 1 e 187.º.

será efectuada por um ROC designado por mútuo acordo ou, na falta deste, pelo tribunal, sem prejuízo de qualquer das partes poder requerer uma segunda avaliação (art. 105.º, n.º 2 *in fine*).

Ora, do n.º 1 do art. 1021.º, do CC, resulta que a avaliação da participação social deverá ser feita segundo o valor que esta representa no património social efectivo e não segundo o valor que lhe é imputado contabilisticamente[1168]. Trata-se de uma solução em tudo idêntica à avaliação da participação social na exclusão do sócio[1169], o que se compreende, dadas as semelhanças entre estes dois institutos. Por outro lado, a parte final do art. 1021.º, n.º 1, do CC, refere ainda que os sócios participarão nos resultados[1170] dos *negócios em curso*, isto é, dos negócios jurídicos[1171] pendentes ou em execução, porquanto já celebrados aquando da declaração de exoneração, mas ainda não integralmente executados.

Nestes termos, resulta de algumas disposições gerais sobre o direito de exoneração, do regime especial do direito de exoneração nas sociedades em nome colectivo e por quotas e de lugares paralelos, como a exclusão de sócios, que o reembolso da participação social do sócio que se exonerou deve ser feito pelo seu valor real[1172]. Não se vêem, por isso, motivos

---

[1168] Este parece ser também o sentido maioritário da nossa doutrina. Assim, veja-se ANA MARIA TAVEIRA DA FONSECA, *A Protecção Legal e...*, cit., p. 305, VIDEIRA HENRIQUES, *A Desvinculação ...*, cit., p. 86, CURA MARIANO, *Direito de Exoneração dos ...*, cit., p. 130 e MANUEL TRIUNFANTE, *A Tutela das ...*, cit., p. 294.

Em sentido contrário, defendendo o reembolso da participação social com base num critério contabilístico, vide PAULO OLAVO CUNHA, *Direito das ...*, cit., p. 311 e, aparentemente, COUTINHO DE ABREU, *Curso de ...*, cit., p. 225.

No caso da aquisição potestativa societária, julgamos que a imposição legal da justificação da oferta por relatório elaborado por ROC só faz sentido se o valor a pagar pela aquisição for o seu valor real. Já PAULO CÂMARA, *As Operações de ...*, cit., p. 129, considera não existir no art. 490.º qualquer indicação sobre o critério do preço da aquisição ao sócio minoritário.

[1169] Cf. arts. 186.º, n.º 4, 242.º, n.º 4 e 235.º, n.º 1, al. a), que remetem para o regime da fusão.

[1170] Em termos práticos, poderá ser extremamente difícil, senão impossível, a concretização desta participação nos resultados dos negócios em curso, uma vez que estes são apenas um dos elementos a considerar nos resultados da própria sociedade.

[1171] Apesar de o legislador apenas se referir a negócios em curso, deverá entender-se enquanto sinónimo de "negócio jurídico", não participando o sócio nos resultados de operações em curso como a fusão ou a cisão.

[1172] No mesmo sentido, *vide* o Ac. do STJ de 07.10.1997 (MACHADO SOARES), CJ do STJ, ano V, tomo III, pp. 52-54, onde se decidiu que a quota havia de corresponder, tanto

para que a mesma solução não se aplique às restantes causas legais de exoneração, ainda que tal não se encontre expressamente previsto[1173].

Neste âmbito, levanta-se ainda a questão de saber se na avaliação da participação social é possível recorrer a um método que projecte no valor da empresa rendimentos expectáveis. Com efeito, se o sócio deixa de o ser, é legítimo perguntar se devem reflectir-se na sua contrapartida valores que resultam de uma antecipação de um momento em que já não é sócio. Porém, *«tendo os sócios intervindo no decurso da vida societária no âmbito dos negócios estabelecidos e correndo os seus riscos e perdas inerentes à actividade desenvolvida e tendo, em suma, contribuído para a criação da respectiva imagem de marca da mesma, com a respectiva freguesia e clientela, com o [...] aviamento, é por demais evidente que este valor»*[1174] não pode deixar de ser considerado na avaliação da participação social, sob pena de o reembolso do sócio não ser por aquilo a que este tem direito. Nestes termos, será de admitir a utilização de um método de avaliação que projecte no activo da empresa aquilo que foi gerado pela sociedade durante o período de tempo em que aquele que se exonerou era seu sócio[1175]. Para tanto, será necessário que essa riqueza, porque futura e consequentemente incerta, seja avaliada à data da saída do sócio. O recurso a esta metodologia poderá implicar a elaboração um balanço com essa finalidade[1176], ainda que sujeito a correcções e outras avaliações.

---

quanto possível, ao valor real do quinhão do sócio na sociedade, o que é configurável através de um balanço destinado unicamente a determinar o seu valor, e o Ac. da RPt de 25.10.2005 (MARQUES DE CASTILHO), www.dgsi.pt (recolhido em Julho de 2006), onde se decidiu que no processo especial de liquidação de participação social, o que está em causa é o valor real da quota do sócio na participação social e não o seu valor contabilístico.

[1173] No mesmo sentido, vide PAULO OLAVO CUNHA, *Direito das ...*, cit., p. 311.
[1174] Cf. o Ac. da RPt de 25.10.2005 (MARQUES DE CASTILHO), cit..
[1175] Assim, também é duvidoso que o *goodwill* possa ser integralmente tomado em consideração na avaliação da empresa. O mesmo já não sucederá, por exemplo, com a titularidade de uma marca ou patente. Veja-se CURA MARIANO, *Direito de Exoneração dos ...*, cit., p. 131.
[1176] Segundo CURA MARIANO, *Direito de Exoneração dos ...*, cit., p. 133, será sempre necessário a elaboração de um balanço. Contudo, entendemos que nem sempre será necessário. Para tanto, basta que a exoneração se dê num período próximo da elaboração do balanço, sem que tenha havido alterações significativas na vida da sociedade.
Cf. o Ac. da REv de 17.01.1991 (MATOS CANAS), BMJ n.º 403, 1991, p. 506, segundo o qual o sócio exonerado pode demonstrar que os valores a ter em conta no activo e no passivo da sociedade são diferentes dos constantes do balanço.

2.2.1. Negação dos Descontos de Minoria e dos Prémios de Controlo

O chamado *desconto de minoria* traduz-se numa diminuição do valor da participação social, em particular nas sociedade anónimas, relativamente aos sócios minoritários, assente no facto de esta, comparativamente com as demais, valer menos, porque não confere qualquer controlo na sociedade ou porque tem pouca liquidez[1177].

Este problema tem sido desenvolvidamente tratado no Direito norte-americano, designadamente no MBCA, onde se estabelece expressamente que o justo valor da participação social não deve considerar quaisquer descontos de minoria. Ao nível estadual, as principais legislações também não reconhecem o *minority discount*.

De modo idêntico, doutrina[1178] e jurisprudência[1179] têm recusado a aplicação dos descontos de maioria.

[1177] De acordo com o disposto no art. 22.º, n.º 1, do Regulamento Comunitário de implementação da DMIF (n.º 1287/2006 da Comissão de 10 de Agosto de 2006), considerar-se-á que uma acção admitida à negociação num mercado regulamentado dispõe de um mercado com liquidez, no caso de a acção ser negociada numa base diária, o volume de acções em circulação corresponder a um montante igual ou superior a 500 milhões de euros e de ser respeitada uma das seguintes condições: o número médio diário de transacções sobre a acção ser igual ou superior a 500; o volume médio diário de transacções sobre a acção ser igual ou superior a 2 milhões de euros.

[1178] Neste sentido, MARY SIEGEL, *Back to the* ..., cit., pp. 137-139, argumenta que tais descontos forçariam a tarefas demasiado complexas e especulativas e desincentivariam qualquer acordo sobre o valor a pagar aos sócios. Em sentido semelhante, JOHN COATES IV, *"Fair Value" as an* ..., cit., p. 1313 e ss., chama a atenção para o facto de o desconto de minoria aumentar o número de conflitos, pois seria um atractivo para o sócio maioritário recorrer à *freeze*-out.

[1179] Segundo ROBERT HEGLAR, *Rejecting the Minority Discount*, Duke Law Journal, 1989, p. 260, somente nalguns Estados, designadamente Georgia, Indiana, Illinois, Kansas e Mississipi, os tribunais permitem o *minority discount*. Nestes casos, numa primeira fase é feita uma avaliação da participação social segundo um critério *pro rata*. Depois, numa segunda fase, é decidido se é ou não realizado um desconto ao valor alcançado, em virtude de a participação social ter ou não poder decisório.

No Estado do Delaware, a questão ficou definitivamente consagrada no caso Cavalier Oil Corp. V. Harnett 564 A.2d 1137 (Del. 1989), onde o Supremo Tribunal de Delaware afirmou que o objectivo do § 262, do DGCL, é avaliar a sociedade em si mesma e não o valor das acções detidas por certos sócios. Com maior desenvolvimento, cf. JOHN COATES IV, *"Fair value" as an* ..., pp. 1281-1287.

Por último, também ao nível estatutário, raras são as sociedades que consagram o desconto de minoria[1180]. No entanto, quando consagrado, pode traduzir-se numa desvalorização da participação social na ordem dos 35%[1181].

No Direito português, apesar da falta de disposição expressa que o proíba, o desconto de minoria não deve ocorrer na avaliação da participação social do sócio que se exonerou com fundamento legal[1182].

Em primeiro lugar, porque de acordo com o art. 1021.º, n.º 1, do CC, o valor da participação social decorre do estado da sociedade e não da posição de quem a detém na sociedade, comparada com a posição dos restantes sócios. Nestes termos, resulta da lei que a participação social é avaliada segundo o seu valor unitário e não pela sua singularidade. Na verdade, quando alguém investe numa sociedade, segundo um critério *pro rata*, espera obter, no futuro, um retorno, qualquer que seja, segundo esse mesmo critério.

Por outro lado, do ponto de vista prático, o reconhecimento dos descontos de minoria depara-se com enormes dificuldades de concretização. Mesmo uma participação social minoritária pode, comparativamente com outras, ter mais *valor*. Basta pensar, por exemplo, numa sociedade com três ou mais sócios em que o sócio maioritário necessita dos votos de certo sócio minoritário para fazer aprovar certa deliberação social. Noutros casos ainda, a avaliação da participação na sua singularidade não será sequer possível, como, por exemplo, no caso de acções ao portador.

Os prémios de controlo (*control premiums*) representam a diferença de valor entre o preço que os compradores estão dispostos a pagar pelas participações que dão o controlo da sociedade e o preço que estão dispostos a pagar pelas participações que não dão acesso a esse controlo. Assim,

---

[1180] Neste sentido, cf. JOHN COATES IV, *"Fair value" as an ...,* cit., p. 1332.

[1181] Cf. JOHN COATES IV, *"Fair value" as an ...,* cit., p. 1255.

[1182] No Direito italiano, negando os descontos de minoria, *vide*, com maior desenvolvimento, M. VENTORUZZO, *I Criteri di Valutazione ...,* cit., p. 405 e ss..

No Direito espanhol, destaque para ALFARO ÁGUILA-REAL/CAMPINS VARGAS, *La Liquidación del Socio ...,* cit., p. 475. Segundo estes AA, considerar os descontos de minoria e os prémios do controlo, posições derivadas de uma situação de facto e não de uma situação legal ou estatutária, atentaria contra o princípio da igualdade do tratamento entre os sócios. Além disso, admitir o desconto de minoria num instituto destinado a proteger o sócio minoritário afastaria, em termos práticos, o exercício do direito de exoneração, por tais sócios temerem uma redução no valor da sua participação social, que noutras circunstâncias não ocorreria.

existe prémio de controlo, sempre que alguém paga acima do valor real da participação social, porque, com a sua aquisição, obtém o controlo da sociedade.

Pelas mesmas razões acima expostas, os prémios de controlo não relevam na avaliação da participação social do sócio que se exonerou. Além disso, dispondo a sociedade de diferentes meios de extinção da relação societária, nada garante que quem vier a adquirir a participação social do sócio que se exonerou venha, por tal facto, a ter o controlo da sociedade ou esteja disposto a pagar por ela mais que o seu valor real.

2.2.2. Modificabilidade do Valor do Reembolso

A avaliação da participação social segundo as regras das sociedades civis não é uma regra absoluta. Com efeito, no art. 105.º, n.º 2 prevê-se que a mesma tenha lugar, "*salvo estipulação diversa do contrato de sociedade ou acordo das partes*". Assim, numa primeira análise, é possível, quer no contrato, quer por acordo entre a sociedade e o sócio que declarou exonerar-se, estabelecer outras regras de cálculo da participação social.

De modo idêntico, ao nível da SE, a avaliação segundo o art. 1021.º, do CC, parece ter natureza supletiva (arts. 7.º, n.º 4, 11.º, n.º 1 e 13.º, n.º 2, do DL n.º 2/2005, de 4.01).

Importa, contudo, ver em que termos tal é admitido.

Ora, relativamente à estipulação diversa do contrato de sociedade, é necessário conjugar os arts. 105.º, n.º 2 e 240.º, n.º 8. Segundo este último preceito, o contrato de sociedade por quotas não pode, directamente ou pelo estabelecimento de algum critério, fixar um valor inferior ao resultante do preceituado no art. 105.º, n.º 2, para as causas legais de exoneração. Será, por exemplo, a cláusula estatutária segundo a qual o sócio que se exonerou será reembolsado, no que respeita à sua quota, pelo valor de *x* euros ou pelo valor contabilístico da sociedade à data da declaração de exoneração. Deste modo, entendeu o legislador ser de limitar a autonomia das partes quanto à fixação de um critério de avaliação da participação social inferior ao seu valor real.

Esta restrição apenas se aplica às sociedades por quotas e dentro destas às causas legais de exoneração[1183]. No entanto, o valor do reembolso

---

[1183] A este propósito, CURA MARIANO, *Direito de Exoneração dos ...*, cit., p. 132, defende que a protecção da liberdade do sócio impede que o valor da contrapartida

da participação social é um elemento fulcral no mecanismo da exoneração de todas as sociedades comerciais. Com efeito, se fosse possível fixar um valor da contrapartida abaixo do valor real da participação a protecção das causas legais de exoneração desapareceria[1184], uma vez que não era permitido ao sócio efectuar um desinvestimento real, finalidade prosseguida por este instituto. Nesse caso, conforme salienta RAÚL VENTURA[1185], «*o sócio debater-se-ia com o dilema de ou manter-se na sociedade, deixando de exercer a faculdade atribuída por lei, ou sair da sociedade, mas perdendo parte do valor da sua quota*». Por este motivo, deve considerar-se a regra do art. 240.º, n.º 8, extensível a todas as causas legais de exoneração de todos tipos de sociedades comerciais, sendo apenas permitida a fixação do reembolso da participação social por valor inferior ao seu valor real nas causas estatutárias de exoneração atípicas[1186].

A proibição referida no art. 240.º, n.º 8, terá de ser apreciada em concreto, quando se colocar o problema da avaliação da participação social. Nessa altura, após recurso ao critério de avaliação estabelecido no art. 105.º, n.º 2, poder-se-á concluir se o valor fixado nos estatutos ou resultante do critério de avaliação fixado nos estatutos é ou não inferior ao valor real da participação. Se esta diferença existir, o sócio terá de ser reembolsado segundo o valor legal.

Pelo exposto, apenas será possível eleger-se nos estatutos um dos diferentes métodos existentes de determinação do valor real da participação social. Sem prejuízo, de *iure constituendo*, a melhor solução seria a de permitir tais cláusulas no acto constitutivo da sociedade. Com efeito, nesse momento, todos os sócios teriam de dar a sua anuência à sua inserção e saberiam que poderiam ser reembolsados por um valor inferior ao valor real da participação social em caso de exoneração. Por outro lado, relati-

---

possa ser inferior ao critério legal supletivo, termos em que, quando tal aconteça a cláusula estatutária não será aplicável.

[1184] Vide RAÚL VENTURA, *Sociedades por Quotas*, Vol. II, ..., cit., p. 37.
[1185] *Sociedades por Quotas*, Vol. II, ..., cit., p. 37.
[1186] Conforme observa RAÚL VENTURA, *Sociedades por Quotas*, Vol. II, ..., cit., p. 37, «*tal liberdade justifica-se por terem sido os sócios, no próprio contrato de sociedade, a fixar a causa de exoneração que actuará em concreto e, assim como eles podiam não ter criado essa causa de exoneração, podem discriminar as respectivas consequências*». No seu entender, o único limite para essa liberdade é a inadmissibilidade da cominação de sanções para a exoneração, por contrárias ao estabelecimento de um direito de exoneração. Vide ainda CURA MARIANO, *Direito de Exoneração dos* ..., cit., p. 132.

vamente aos sócios que posteriormente ingressassem na sociedade também saberiam ou teriam a possibilidade de saber dessa situação, pelo que ingressando na sociedade não poderiam deixar de ficar sujeitos a tal situação. Neste caso seria apenas necessário proteger os sócios de uma eventual alteração dos estatutos, ou exigindo-se a unanimidade dos votos[1187] para a sua alteração ou aplicando-se as regras gerais de aprovação de deliberações sociais, reconhecendo-se aos sócios dissidentes um direito legal de exoneração, segundo a contrapartida prevista nos estatutos, antes da sua alteração. Esta última solução, consagrada no Direito italiano[1188], parece-nos a mais correcta, por melhor servir os interesses da sociedade e dos sócios[1189].

Havendo acordo das partes, sujeito às regras gerais de formação dos negócios jurídicos, não se vêem motivos para que não possa o montante do reembolso da participação social ser inferior ao seu valor real, uma vez que será sempre necessária a concordância do sócio que declarou exonerar-se[1190]. Em alternativa, podem as partes não acordar no reembolso da participação social por um valor inferior ao seu valor real, mas numa solução que conduza ao mesmo resultado, por exemplo, acordando sobre o procedimento de avaliação, designadamente a entidade responsável pela avaliação e o método de avaliação a ser utilizado.

2.2.3. Entidade Responsável pela Avaliação

Nos termos do disposto no art. 105.º, n.º 2, disposição cujo regime entendemos ser de estender às restantes causas legais de exoneração de todas as sociedade comerciais, ainda que com as especificidades resultantes dos arts. 185.º, n.º 5 *in fine* e 240.º, n.º 5, prevê-se que a entidade responsável pela avaliação da participação social seja um ROC designado por mútuo acordo ou, na falta deste, designado pelo tribunal. Daqui resulta que

---

[1187] Do ponto de vista legal, conforme observa MANUEL TRIUNFANTE, *A Tutela das ...*, cit., p. 324, esta solução apresenta manifesta incompatibilidade com as características do modelo social das sociedades anónimas, pelo que deve ser rejeitada.

[1188] *Vide* n.º 2.7.1., Capítulo III, da Segunda Parte.

[1189] No mesmo sentido, MANUEL TRIUNFANTE, *A Tutela das ...*, cit., p. 325, considera que se a deliberação tomada pela maioria acarretar uma violação das expectativas legítimas dos accionistas estes, se não aderirem à mudança em tempo útil, podem exercer o direito de sair da sociedade.

[1190] RAÚL VENTURA, *Sociedades por Quotas, Vol. II, ...*, cit., p. 39.

a intervenção do tribunal não será para avaliar a participação social, mas, na falta de acordo das partes, para designar a entidade responsável pela avaliação[1191]. Contudo, não se encontra regulado no CPC vigente qualquer processo de nomeação judicial de ROC[1192], mas apenas um processo de jurisdição voluntária de avaliação da participação social. Assim, na falta de acordo, tudo indicia que a avaliação será judicial. Neste ponto esteve melhor o regime relativo à SE, que prevê que a avaliação da participação social do sócio que se exonerou seja efectuada por um ROC independente designado pela respectiva Ordem na falta de acordo das partes (arts. 7.º, n.º 4, 11.º, n.º 1 e 13.º, n.º 2, do DL n.º 2/2005). Este regime tem a ainda a vantagem de prever um prazo, de 30 dias, para a determinação do valor da contrapartida findo o qual a sociedade terá outros 30 dias para adquirir a participação social devidamente avaliada.

O recurso à figura do ROC tem por subjacente a circunstância de se tratar de um perito, dado os especiais conhecimentos que tem, imparcial e sujeito a regras deontológicas próprias, o que é importante, dada a subjectividade inerente à tarefa de avaliação. Porém, parece-nos admissível que as partes acordem que a avaliação da participação social seja efectuada por uma outra entidade que não o ROC, contando que ofereça garantias de capacidade de avaliação e imparcialidade equivalentes.

Seja o ROC designado por acordo das partes, seja designado pelo tribunal, podem sempre as partes requerer uma segunda avaliação[1193], nos

---

[1191] No mesmo sentido, cf. PINTO FURTADO, *Curso de Direito* ..., cit., p. 503, VIDEIRA HENRIQUES, *A Desvinculação* ..., cit., p. 92 e RAÚL VENTURA, *Fusão, Cisão e* ..., cit., p. 146.

[1192] Por este motivo, CURA MARIANO, *Direito de Exoneração dos* ..., cit., p. 135, nota 257, considera que não havendo acordo sobre a nomeação de um ROC a avaliação deve ser feita judicialmente.

[1193] Nos termos do art. 105.º, n.º 3, a parte final do art. 105.º, n.º 2, é aplicável sempre que a sociedade não tenha oferecido qualquer contrapartida pela participação social ou não a tenha oferecido regularmente.

Contudo, esta disposição é de difícil articulação com o direito de exoneração, porquanto se trata de uma reprodução do n.º 4 do art. 9.º, do DL n.º 598/73, de 8.11, que regulava, antes do CSC, a fusão e cisão de sociedades. Todavia, o n.º 4 do art. 9.º, do DL n.º 598/73, de 8.11, remetia para outros números, que não foram reproduzidos no CSC. Mormente, esta desarticulação manifesta-se no facto de a parte final do art. 105.º, n.º 2, falar em segunda avaliação, e o art. 105.º, n.º 3, partir do pressuposto de que não houve sequer avaliação. Resulta ainda da menção de um prazo de 20 dias para requerer a avaliação, que

termos do CPC (arts. 1498.º e 1499.º)[1194]. Porém, neste caso, o legislador não estabeleceu como se articulam os resultados destas duas avaliações. Sendo as duas avaliações efectuadas por entidades imparciais[1195], levanta-se o problema de saber qual das duas prevalecerá, tanto mais que também o perito designado pelo tribunal procederá à avaliação em conformidade com o estabelecido no art. 1021.º, do CC (art. 1498.º, n.º 3, do CPC). Na nossa opinião, tendo o tribunal conhecimento da primeira avaliação, a realização de uma segunda avaliação não invalida a primeira, sendo uma e outra livremente apreciadas pelo tribunal (art. 591.º, do CPC). Este, depois de exercido o contraditório sobre o resultado da segunda perícia, fixará

---

constava do n.º 3 do art. 9.º, do DL n.º 578/73, sempre que o sócio não concordasse com a avaliação, número esse que não transitou para o art. 105.º. Por outro lado, este prazo de 20 dias não é conciliável com o art. 240.º, n.º 4, que fixa à sociedade um prazo de 30 dias para amortizar, adquirir ou transmitir a quota, dando a entender que a contrapartida só tem de ser apresentada no final desse prazo.

Assim, a única interpretação possível do número 3 deste artigo será no sentido de permitir ao sócio requerer a avaliação judicial da participação social, sempre que i) a sociedade não lhe ofereça uma contrapartida, ii) oferece uma contrapartida irregular e ainda iii) quando o sócio não concorde com a contrapartida oferecida. Este direito contar-se-á da data de recepção da proposta, ou da data em que a mesma tivesse de ser feita que, nas sociedades por quotas, é nos 30 dias seguintes à declaração de exoneração e que, no nosso entendimento, deverá alargar-se aos seis meses.

Sobre esta questão, *vide*, nas sociedade por quotas, RAÚL VENTURA, *Fusão, Cisão e ...*, cit., p. 146 e CURA MARIANO, *Direito de Exoneração dos ...*, cit., pp. 136-137.

[1194] Segundo CURA MARIANO, *Direito de Exoneração dos ...*, cit., p. 134, nota 251, a segunda avaliação deve ser pedida no prazo de 10 dias contados a partir do conhecimento da perícia extrajudicial (589.º, n.º 1, do CPC), sob pena de caducidade, valendo, nesse caso, o resultado da avaliação extrajudicial efectuada.

Cf. o Ac. da RCb de 14.02.1990 (ROGER DA CUNHA LOPES), CJ, ano XV, tomo I, pp. 97-98, que decidiu que na falta de acordo das partes quanto ao nome do ROC, compete ao tribunal, seguindo o ritualismo próprio do Processo Especial de Arbitramento, estabelecer o valor a prestar, por inexistir ritualismo processual adequado à nomeação judicial de ROC. Vide ainda o Ac. da RLx de 29.10.2002 (ABRANTES GERALDES), www.dgsi.pt (recolhido em Julho de 2006), onde se decidiu que os sócios inconformados com os valores oferecidos no âmbito de uma aquisição potestativa societária podem suscitar a apreciação da questão junto dos tribunais judiciais, com fundamento nos arts. 1498.º e 1499.º, do CPC.

[1195] Nos termos do art. 49.º, n.º 1, do Estatuto dos ROC, aprovado pelo DL n.º 487/99, de 16.11, o revisor oficial de contas desempenha as suas funções *"em regime de completa independência funcional e hierárquica relativamente às empresas ou outras entidades a quem presta serviços"*.

o valor da participação, sem prejuízo de recurso sobre a decisão judicial[1196] (art. 1498.º, n.º 4, do CPC).

2.3. O Reembolso das Acções no Regime Mobiliário Português

Porque inserido na temática da saída da sociedade por iniciativa do sócio, apesar de não se tratar, como se viu, de uma causa legal de exoneração, afigura-se relevante abordar o problema do cálculo do valor das acções nas chamadas «*sociedades abertas*». Este problema, por remissão operada pelo art. 490.º, n.º 7, está tratado no CVM (arts. 194.º a 197.º, do CVM). Mais concretamente, estamos a pensar na alienação potestativa mobiliária e na sua contrapartida, calculada nos termos do art. 194.º, n.º 1 e 2, do CVM.

Segundo o art. 196.º, do CVM, se o direito de aquisição potestativa não for exercido tempestivamente[1197] pelo sócio, que após o lançamento de OPA geral ultrapasse 90% dos direitos de voto correspondentes ao capital social, relativamente às acções remanescentes (art. 194.º, do CVM[1198]), podem os seus titulares dirigir por escrito ao sócio dominante um convite para que, no prazo de 8 dias, lhes faça uma proposta de aquisição das suas acções[1199]. Na falta de proposta, ou no caso de esta ser considerada

---

[1196] Neste sentido, CURA MARIANO, *Direito de Exoneração dos* ..., cit., p. 135, nota 255, sob pena de haver uma terceira avaliação.

O processo de avaliação de participações sociais insere-se nos chamados *processos de jurisdição voluntária*, marcados, entre outras características, pela prevalência de juízos de equidade. Assim, ao contrário dos processos de jurisdição contenciosa, em que o tribunal está sujeito a critérios de legalidade estrita (art. 659.º, n.º 2, do CPC), o juiz deve adoptar a solução que, no caso concreto, julgue mais conveniente e oportuna (art. 1410.º, do CPC). Estando em causa decisões que foram proferidas segundo critérios de conveniência e oportunidade, não é admitido recurso para o STJ, salvo se estiver em causa a violação da lei substantiva, em que poderá haver recurso de revista (art. 1411.º, n.º 2, do CPC).

[1197] A lei fala em *não exercício tempestivo*, mas a solução deve ser a mesma se o direito potestativo de aquisição não for sequer exercido. Em nenhuma destas situações existe o dever de aquisição potestativa. Todavia, se este direito do sócio não for exercido, o sócio dominante sujeita-se a uma eventual alienação potestativa pelos minoritários.

[1198] Também na aquisição potestativa do 194.º, do CVM, a contrapartida terá de ter em consideração, pelo menos, o disposto no art. 188.º, do CVM.

[1199] Também aqui, à semelhança da aquisição potestativa, a proposta de alienação das acções remanescentes não é livre, devendo conformar-se com os critérios de cálculo constantes do n.º 1 do art. 188.º, do CVM.

insatisfatória, qualquer titular das acções remanescentes pode então tomar a decisão de alienação potestativa, mediante declaração perante a CMVM, acompanhada de documento comprovativo de consignação em depósito ou bloqueio das acções a alienar e indicação da contrapartida, calculada nos termos do art. 194.º, n.ºs 1 e 2, do CVM.

Segundo o art. 194.º, n.ºs 1 e 2, do CVM, resulta que a contrapartida a pagar pelo exercício do direito de alienação potestativa deve ser calculada nos termos do art. 188.º, do CVM[1200]. Segundo esta disposição, a contrapartida não pode ser inferior ao mais elevado dos seguintes montantes:

– O maior preço pago pelo oferente ou por qualquer das pessoas que, em relação a ele, estejam em alguma das situações previstas no n.º 1 do art. 20.º, do CVM, pela aquisição de valores mobiliários da mesma categoria, nos seis meses imediatamente anteriores à data da publicação do anúncio preliminar da oferta;

– O preço médio ponderado[1201] desses valores mobiliários apurado em mercado regulamentado durante o mesmo período.

Por outro lado, nos termos do n.º 2 do art. 188.º, do CVM, prevê-se que, se a contrapartida não puder ser determinada por recurso aos critérios referidos no n.º 1, por exemplo por a sociedade se encontrar cotada há menos de seis meses[1202], ou se a CMVM entender que a contrapartida

---

[1200] Nos termos do n.º 2 do art. 194.º, do CVM, presume-se como justa a contrapartida oferecida pelo oferente que tenha adquirido pelo menos 90% das acções representativas do capital social com direitos de voto abrangidas pela oferta. Esta presunção, ainda que elidível, mais não é do que um reflexo do art. 15.º da 13.ª Directiva sobre Sociedades Comerciais.

Contudo, apesar do art. 196.º, n.º 2, al. b), do CVM, remeter quanto à contrapartida pela alienação potestativa para o n.º 2 do art. 194.º não nos parece fazer sentido esta remissão, na medida este n.º 2 não prevê qualquer critério de cálculo da contrapartida, nem parece ter sido intenção do legislador presumir equitativa qualquer contrapartida que seja indicada pelo sócio minoritário.

[1201] O legislador absteve-se de mencionar o modo de cálculo do preço médio, designadamente se será a média dos seis meses ou a média diária dos últimos seis meses, bem como se o valor de referência é o preço de fecho ou de abertura.

No Direito italiano, G. GRIPO, *Il Recesso del ...*, cit., p. 193, entende que o recurso ao preço médio será normalmente pouco favorável aos accionistas minoritários, salvo nos casos excepcionais de depressão bolsista.

[1202] Segundo G. PRESTI, *Questioni in Tema di ...*, cit., p. 114 e nota 47, não sendo a cotação contínua, ter-se-á de aplicar o critério geral previsto para as sociedades não

oferecida, em dinheiro, ou em valores mobiliários, não se encontra devidamente justificada ou não é equitativa, por ser insuficiente ou excessiva, a contrapartida mínima será fixada a expensas do oferente, por auditor independente designado pela CMVM.

Na sequência da transposição da 13.ª Directiva sobre Sociedades Comerciais (2004/25/CE, de 21.04.2004), a Directiva das OPA[1203], foi acrescentado ao art. 188.º, do CVM, um n.º 3, segundo o qual a contrapartida, em dinheiro ou em valores mobiliários, proposta pelo oferente, presume-se não equitativa, sempre que o preço mais elevado tiver sido fixado mediante acordo entre o adquirente e o alienante, através de negociação particular, os valores mobiliários em causa apresentem liquidez reduzida por referência ao mercado regulamentado em que estejam admitidos à negociação, ou que tenha sido fixada com base no preço de mercado dos valores mobiliários em causa, e aquele ou o mercado regulamentado em que estão admitidos tenham sido afectados por acontecimentos excepcionais. Em qualquer uma destas três situações a contrapartida mínima será fixada a expensas do oferente por auditor independente designado pela CMVM.

Trata-se, a nosso ver, de um avanço louvável no sentido de tutela dos sócios remanescentes. Com efeito, nessas três situações é manifesto que o valor da contrapartida, ainda que dentro dos parâmetros do art. 188.º, n.º 1, do CVM, não corresponde ao valor real da participação. Contudo, o legislador poderia ter ido mais longe, uma vez que, face ao disposto nos n.ºs 1 e 2 do art. 188.º, do CVM, somos levados a concluir que a contrapartida determinada com recurso aos critérios referidos no n.º 1 do art. 188.º, do CVM, não é a contrapartida real, mas a "*contrapartida*

---

cotadas. De modo idêntico, D. GALLETTI, *Appunti in Tema* ..., cit, p. 306 e ss. e *Il Recesso nelle* ..., cit, p. 417, chama a atenção para o facto de o recurso à média pressupor um valor normalizado e contínuo. Este A. apresenta inúmeros exemplos em que o recurso ao preço médio ponderado não pode ter lugar, designadamente quando nos seis meses anteriores a sociedade tenha feito um aumento do capital social por entradas em dinheiro, uma vez que o mesmo provoca o abaixamento do valor das acções, quando a sociedade tenha deliberado a diminuição do seu capital social ou quando a cotação das acções tenha sido influenciada por condutas ilícitas, como *insider trading*. Quando tal acontecer, o critério de avaliação deverá ser o das sociedades não cotadas.

[1203] Sobre o surgimento desta Directiva, *vide*, com maior desenvolvimento, MENEZES CORDEIRO, *A 13.ª Directriz do Direito das Sociedades (Oferta Pública de Aquisição)*, ROA, ano 64, I/II, Lisboa, Novembro 2004, p. 96 e ss..

mínima". Os critérios estabelecidos nas alíneas a) e b) do n.º 1 do art. 188.º, do CVM, apenas se destinam a fixar um tecto mínimo da contrapartida a pagar/receber. "*Não pode ser inferior*" é a expressão usada. Todavia, aquilo que o oferente tem de pagar e aquilo que o accionista tem direito a receber, quer na aquisição, quer na alienação potestativa, não é uma contrapartida mínima ou uma contrapartida acima da contrapartida mínima, mas sim uma contrapartida real, o que significa que, *in fine*, a contrapartida mínima poderá não ser nem justa nem equitativa. Logo, não fica vedado aos interessados demonstrar que a contrapartida mínima proposta não é justa nem equitativa, por não coincidir com o seu valor real[1204]. O mesmo é dizer que, no caso de aquisição potestativa, os titulares das acções remanescentes podem demonstrar que a contrapartida oferecida é insuficiente e, nos casos de alienação potestativa[1205], a sociedade provar que o valor da proposta de aquisição é excessivo.

[1204] Quer por identidade de razão com o regime da oferta previsto no n.º 5 do art. 490.º, quer por analogia com o art. 497.º.

De modo idêntico, mas defendendo o recurso ao processo judicial de liquidação de participações sociais, *vide* o Ac. da RLx de 29.10.2002 (ABRANTES GERALDES), cit..

Aparentemente em sentido contrário, ENGRÁCIA ANTUNES, *A Aquisição Tendente* ..., cit., p. 39, nota 51, realça, além de outras especialidades entre a aquisição potestativa societária e a mobiliária, a diferença no que concerne à fiscalização e à contestação da contrapartida insuficiente: «*é que se, no primeiro caso, não parece oferecer dúvidas o reconhecimento ao sócio minoritário de legitimidade activa para se opor judicialmente à insuficiência das contrapartidas, já no último, a remissão genérica para as regras gerais previstas para as ofertas públicas de aquisição obrigatória (art. 188.º, "ex vi" do art. 194.º, n.º 1 do CVM) apenas parece deixar espaço para uma intervenção da entidade reguladora na matéria, a Comissão de Mercado de Valores Mobiliários*».

Já PAULO CÂMARA, *As Operações de* ..., cit., p. 132, nota 94, defende que em ambos os casos a contrapartida pode ser sujeita a escrutínio judicial, que, na alienação potestativa mobiliária, se faz através da impugnação judicial do acto de registo da CMVM.

[1205] Nos termos em que a lei está redigida, parece que qualquer intervenção da CMVM está circunscrita às aquisições potestativas, deixando de fora a alienação potestativa. A explicação para tal facto reside na circunstância de o art. 188.º, do CVM, estar inserido numa lógica de OPA obrigatória, onde o legislador naturalmente não regulou contrapartidas injustificadas ou não equitativas originadas pelas ofertas dos titulares de acções remanescentes. Todavia, por motivos de igualdade, haverá que articular a aplicação do art. 196.º, n.º 2, do CVM, com o art. 188.º, n.º 2, do CVM, no sentido de possibilitar à CMVM, reagir sempre que considerar injustificada ou não equitativa a oferta dos titulares de acções remanescentes.

A questão que então se coloca é porquê a afirmação de que a contrapartida que o oferente tem de pagar ou que o accionista tem direito a receber é a real.

Em primeiro lugar, por questões de igualdade com o regime de *alienação forçada* societária. No CSC, sempre que ocorre a chamada *saída forçada* do sócio, porque imposta pela sociedade aos sócios, ou vice-versa, o reembolso é pelo seu valor real[1206]. Em particular, importa considerar o disposto nas aquisições tendentes ao domínio total, onde as semelhanças com o regime do CVM são mais notórias.

Em segundo lugar, por imperativo constitucional (arts. 18.º, n.º 2 e 62.º, n.º 2, da CRP).

Do princípio da justa medida ou proporcionalidade em sentido estrito, contido no n.º 2 do art. 18.º, da CRP, resulta a obrigatoriedade de não diferenciar, no que concerne à fixação da contrapartida, o art. 490.º, do CSC, do art. 188.º, do CVM. Caso contrário, a posição dos accionistas minoritários de sociedades abertas seria desfavoravelmente valorada, quando confrontada com uma análoga situação, mas estritamente societária. Todavia, atendendo a que o *cerne jurídico-positivo* da alienação potestativa, quer societária quer mobiliária, é o mesmo[1207], e as finalidades no seu funcionamento, idênticas, não se encontram razões de fundo para que os critérios de fixação da contrapartida não sejam iguais.

Por outro lado, ao nível da CRP, podemos retirar que, nos casos de *saída forçada* de um bem patrimonial, vigora o princípio do pagamento do valor real desse bem. Na verdade, a propósito da expropriação por utilidade pública, estabelece o art. 62.º, n.º 2, da CRP, que esta só pode ser efectuada com base na lei e mediante o pagamento de justa indemnização[1208]. Ora, uma justa indemnização é, primeiro que tudo, uma indemni-

---

[1206] *Vide* nota de rodapé 1168.

[1207] Ambas tratam do problema da transmissão forçada ou compulsiva de participações sociais detidas por determinados sócios. Conforme observa PAULO CÂMARA, *As Operações de ...*, cit., pp. 127-132, em ambos os casos parte-se de uma situação de domínio qualificado para legitimar duas situações jurídicas simétricas: um direito de aquisição ou alienação forçada. No entanto, o mesmo A. também chama a atenção para as diferenças de regime.

[1208] Também JORGE MIRANDA/RUI MEDEIROS, *Constituição Portuguesa Anotada*, *Tomo I*, Coimbra Editora, Coimbra, 2005, p. 629, consideram que «*quaisquer figuras afins que afectem a propriedade ou os direitos patrimoniais dos cidadãos devem submeter-se a limites similares, sempre de acordo com postulados de necessidade, adequação e pro-

zação justa, ou seja, uma indemnização que, no mínimo, compense o valor dos danos realmente sofridos e não o valor dos danos minimamente sofridos. Será uma indemnização real e não uma indemnização que corresponda a uma média de um mercado durante um certo tempo. Ora, ao nível da expropriação por utilidade pública, o legislador estabeleceu, a propósito do cálculo da indemnização, por um lado, que a justa indemnização visa *"ressarcir o prejuízo que para o expropriado advém da expropriação, correspondente ao valor real e corrente do bem de acordo com o seu destino efectivo ou possível numa utilização económica normal, [...], tendo em consideração as circunstâncias e condições de facto existentes naquela data"* e, por outro, que quando tal não se verifique podem a entidade expropriante e o expropriado *"requerer, ou o tribunal decidir oficiosamente, que na avaliação sejam atendidos outros critérios para alcançar aquele valor"* (respectivamente, n.ºs 1 e 5 do art. 23.º, do Código das Expropriações).

Entendimento contrário ao nível da alienação/aquisição potestativa mobiliária seria uma violação do princípio da justa indemnização dos actos lesivos dos direitos de outrem, contido no n.º 2 do art. 62.º, da CRP, por constituir uma restrição excessiva e desproporcionada ao direito de propriedade dos accionistas minoritários de sociedades abertas sobre as suas acções, uma vez que não lhes estaria a ser assegurado o direito a uma justa indemnização. Na verdade, se nos casos em que é expropriante, por motivos de utilidade pública, o Estado é obrigado a indemnizar pelo valor real e corrente do bem numa situação de mercado, podendo o expropriado, no caso de tal não se verificar, requerer que na avaliação sejam atendidos outros critérios para alcançar aquele valor real, por maioria de razão o mesmo deve suceder numa contrapartida no âmbito de aquisição mobiliária em que, por simples manifestação de vontade unilateral privada, se desencadeia a alienação/aquisição potestativa das participações dos restantes sócios minoritários.

Pelo exposto, uma interpretação conforme a CRP obriga a que, tendo por referência os critérios previstos no art. 188.º, n.º 1, do CVM, a sociedade tenha de atender, na fixação da contrapartida, a quaisquer circunstâncias e condições de facto que, objectivamente, apontem para uma

---

porcionalidade; e o mesmo se diga, por força do art. 18.º, n.º 1, da expropriação por utilidade particular».

dessincronia entre o valor real da participação social e o seu curso bolsístico, *maxime*, quando o primeiro é superior ao segundo, como acontece em períodos de forte depressão do mercado de capitais. Esta interpretação obriga igualmente a entidade reguladora do mercado a ouvir os interessados, bem como, perante indícios de circunstâncias e condições de facto que, objectivamente, apontem para uma dessincronia entre o valor real da participação social e o seu curso bolsístico, requerer uma avaliação da contrapartida real por auditor independente.

Sucede que, tendencialmente, a contrapartida mínima oferecida nos termos do n.º 1 do art. 188.º, do CVM, não será coincidente com o seu valor real. Para tanto, basta que tal aquisição/alienação potestativa ocorra numa altura de forte depressão/sobrevalorização dos mercados, que ocorra há mais de seis meses, *maxime*, num período em que a cotação da acção seja a mais baixa/alta desde que certa sociedade foi admitida à cotação[1209]. Pode também acontecer que o valor da contrapartida resulte de uma política concertada destinada à sua desvalorização, para que a sociedade oferente tenha de pagar pelas acções menos do que elas efectivamente valem[1210]. Assim, a contrapartida oferecida, sustentando-se nas cotações formadas em mercado regulamentado nos seis meses anteriores à publicação do anúncio preliminar, serve apenas para fornecer um preço mínimo de contrapartida, mas já não serve para dar uma indicação suficientemente clara do seu valor real, pelo que a solução contrária de admitir como definitiva a contrapartida sustentada apenas nos limites previstos no n.º 1 do art. 188.º, do CVM, será permitir que a sociedade oferente possa, em bolsa ou fora dela, alienar a sua posição por um preço mais vantajoso do que aquele que foi compulsivamente recebido pelo accionista minoritário alvo da aquisição potestativa.

De *iure constituendo*, e tentando manter aquilo que nos parece ser a lógica subjacente ao art. 188.º, do CVM, sugere-se o aditamento de um novo número que previsse a fixação de um prazo razoável, após a comu-

---

[1209] Cf. BRENES CORTÉS, *El Derecho de* ..., cit., p. 471.

[1210] De modo idêntico, ENGRÁCIA ANTUNES, *Os Grupos de Sociedades* ..., cit., p. 791, sobre a questão do curso bolsista para avaliação de empresas, opina que «*não parece admissível que a determinação do valor dos títulos em causa (seja da sociedade subordinada, seja da sociedade directora) possa ser feita meramente com base no seu curso bolsista – já que desse modo abriria a porta a expeditas manipulações das respectivas cotações a fim de diminuir o valor da contrapartida oferecida*».

nicação da contrapartida mínima, para que os interessados pudessem pronunciar-se. Findo esse prazo, caso tivessem sido fornecidos elementos suficientes que levassem a CMVM a concluir que, em concreto, a contrapartida mínima oferecida não era justa, nem equitativa, o valor da contrapartida seria determinado por auditor independente. Caso contrário seria considerado justo e equitativo.

2.4. A Cláusula da Excepção do Mercado

No *Direito norte-americano*[1211], o *appraisal right* é excluído nalguns Estados[1212] com base na *"stock market exception"/"market out"*. Segundo esta excepção, quando as sociedades estão cotadas em bolsa ou, em alternativa, são detidas por dois mil ou mais sócios ou ainda quando têm um valor de mercado superior a vinte milhões de dólares[1213], o *appraisal right* não é reconhecido.

São duas as razões apresentadas para a *stock market exception*. Em primeiro lugar, argumenta-se a capacidade de o mercado avaliar adequadamente a participação social. Partindo do pressuposto de que o preço de mercado reflecte, de modo eficaz, todas as informações do domínio público sobre a sociedade, o valor alcançado será sempre o justo. Assim, não teriam justificação nem os custos nem a demora de um *appraisal proceeding*, cujo resultado final depende muitas vezes da capacidade de avaliação do tribunal[1214]. Em segundo lugar, sustenta-se que a existência de um mercado ou de um grande número de accionistas permite a saída da sociedade, tornando o *appraisal right* desnecessário.

Apesar disso, ao nível federal, esta excepção não está reconhecida nos PCG. Pelo contrário, encontramos afirmado que a avaliação da participação não deve considerar o mercado (§ 7.22, dos PCG). No MBCA

[1211] Segundo ROBERT THOMPSON, *Exit, Liquidity, and ...*, cit., p. 29, esta excepção surgiu nos anos cinquenta, num período em que a única ou principal finalidade do *appraisal right* era a liquidez.

[1212] Segundo MARY SIEGEL, *Back to the ...*, cit., p. 96 e BARRY WERTHEIMER, *The Shareholder's Appraisal ...*, cit., p. 632, nota 101, são vinte e quatro os Estados que consagram esta excepção. Incluem-se, entre outros, o Estado do Delaware, e o do Oklahoma.

[1213] Cf., por exemplo, o § 30-1-1302, do Idaho Statutes, ou o § 490-1302, 2, do Iowa Code.

[1214] *Vide* LAWRENCE A. CUNNINGHAM, *Behavioral Finance and ...*, cit., p. 834.

verificamos que esta excepção constava na versão de 1968, mas foi retirada na revisão de 1978, por se ter concluído que o valor de mercado das acções nem sempre era justo[1215], não sendo uma alternativa apta ao sócio dissidente[1216]. Todavia, na versão de 2002, a *market-out exception* foi recuperada[1217].

Ao nível estadual, muitos Estados optaram por restringir o *appraisal remedy* aos casos em que não existe possibilidade de avaliar a participação social segundo as regras do mercado, com a consequente redução do número de *appraisal remedies*[1218]. Entre estes Estados, destaca-se o de Delaware, que consagrou a *market-out exception* sempre que a sociedade é negociada em bolsa ou tem mais de dois mil sócios (§ 262, (b), (1), do DGCL). Todavia, o legislador deste Estado também estabeleceu duas limitações à *stock market exception*, cuja ocorrência permite o *appraisal right*. A primeira é nos casos de fusão abreviada[1219] (*short-form merger*) (§ 262,

---

[1215] Na década de setenta, fruto da queda bolsista, muitas sociedades compravam as suas próprias acções, conscientes de que o mercado as tinha subvalorizado. Neste sentido, cf. MARY SIEGEL, *Back to the* ..., cit., p. 125.

[1216] Veja-se BARRY WERTHEIMER, *The Shareholder's Appraisal* ..., cit., p. 634.

[1217] Actualmente, o funcionamento da excepção ficou limitado a transacções não interessadas. No MBCA, além de ser uma sociedade *publicly traded*, é necessário considerar a operação em si mesma e verificar se esta envolve ou não um conflito de interesses (§ 13.02, (b), (4), do MBCA). Se a resposta for afirmativa, haverá *appraisal right* porque a excepção não terá aplicação. Caso contrário, não.

Segundo JOEL SELLIGNAM, *Reappraising the Appraisal* ..., cit., pp. 838-840 e 867, a *stock market exception* só não funciona como instrumento adequado de fixação do valor das acções quando os seus intervenientes são pessoas interessadas. Neste caso, existe a possibilidade de o preço de mercado não reflectir exactamente toda a informação relevante e de haver tentativas de diminuir o valor de mercado das acções, em antecipação à fusão/aquisição, designadamente reduzindo dividendos, elaborando comunicados de imprensa, relatórios financeiros ou seguindo políticas de desinvestimento. Esta situação pode ocorrer, designadamente, no contexto de uma fusão entre sociedades em relação de grupo, em que a administração da sociedade-filha pode sentir-se mais fiel à sociedade-mãe, faltando aos seus deveres de lealdade para com a sociedade-filha ou, pelo menos, não os cumprindo conforme deveria. Um outro caso seria quando à administração da sociedade envolvida no processo de fusão/aquisição, aparentemente desinteressada, por não se encontrar em relação de grupo, fossem feitas promessas na futura sociedade adquirente que pudessem afectar o seu dever de lealdade para com a sociedade.

[1218] Cf. BARRY WERTHEIMER, *The Shareholder's Appraisal* ..., cit., p. 622.

[1219] Acorre em relações de grupo quando a sociedade-mãe detém a maioria ou a totalidade das acções da sociedade-filha.

(b), (3), do DGCL) e reflecte uma preocupação com a falta de voto dos sócios da sociedade que irá desaparecer, uma vez que basta a aprovação da fusão pela administração (§ 251, (g), do DGCL e § 253, do DGCL)[1220]. A segunda limitação é nas *freezes-out*[1221] das acções dos sócios minoritários, ou seja, quando pela fusão os sócios são obrigados a receber como contrapartida bens que não acções da sociedade sobrevivente ou de outra sociedade negociada em bolsa ou com mais de dois mil sócios. Assim, se a contrapartida for apenas dinheiro, o sócio beneficia do *appraisal right*.

Apesar de estar consagrada em diversos Estados, a *market-out exception* está longe de convencer, existindo um amplo sector da doutrina que defende que a *excepção do mercado* é contrária aos fins do *appraisal right*[1222].

Segundo LAWRENCE CUNNINGHAM[1223], encontrando-se uma sociedade cotada em bolsa, os sócios maioritários só vão realizar uma *cash-out merger*[1224] quando as acções da sociedade valerem mais do que o valor da transacção e do que o preço proposto pela sua aquisição. Logo, o mercado não consegue tratar eficazmente estas situações, justificando-se o *appraisal proceeding*.

Na opinião de BARRY WERTHEIMER[1225], o *appraisal remedy* cumpre outras funções além da necessidade de liquidez. Além disso, verifica este A. que os preços de mercado variam substancialmente, com altos e baixos, ainda que, ao longo desse período, não haja mudanças significativas no sector onde as sociedades se inserem. Assim, apresenta dois argumentos para afastar a excepção do mercado. O primeiro tem a ver com o risco de utilização abusiva do mercado[1226], referindo como exemplo o caso Ber-

---

[1220] Em condições normais, o processo de fusão tem uma fase inicial em que é votada pela administração da sociedade, e uma segunda, em que é aprovada pelos sócios (§ 251, (c) e (c), do DGCL).

[1221] Vide nota de rodapé 434.

[1222] Vide, entre outros, ALEXANDER KHUTORSKY, *Coming in ...*, cit., pp. 159-160, RANDALL THOMAS, *Revising the ...*, cit., pp. 20-21 e BARRY WERTHEIMER, *The Shareholder's Appraisal ...*, cit., p. 706.

[1223] *Behavioral Finance and ...*, cit., p. 834 e ss..

[1224] Vide nota de rodapé 436.

[1225] *The Shareholder's Appraisal ...*, cit., p. 633 e ss..

[1226] A este propósito, JOHN COATES IV, *"Fair value" as an ...*, cit., pp. 1316-1317, refere várias condutas lícitas com vista a reduzir o valor das acções.

kowitz *versus* Power/Mate Corp.[1227], em que ficou demonstrado que a fusão, com a saída dos sócios minoritários, tinha sido programada para o período em que as acções iriam atingir a cotação mais baixa. Como segundo argumento, refere BARRY WERTHEIMER que normalmente os promotores destas operações estão munidos de informações não disponíveis aos sócios minoritários e não reflectidas no preço de mercado, facto que os coloca numa posição de vantagem[1228].

Já para ANGIE WOO[1229], assim como para ROBERT HEGLAR[1230], a *market exception* tem por subjacente um mercado eficiente (*efficient capital market hypothesis*[1231]), isto é, um mercado em que o valor de transacção das acções é aquele que melhor reflecte o seu valor futuro e que assimila imediatamente a informação fornecida. Todavia, tal mercado é meramente teórico e, no mundo real, o mercado não é um indicador perfeito do valor das acções. De modo idêntico, MICHAEL WACHTER[1232] considera que apenas se pode falar num mercado relativamente eficaz na determinação do valor real da participação. Caso contrário, qualquer contrapartida acima do valor de mercado seria vantajosa para os seus destinatários, facto que não corresponde à realidade.

Além da doutrina, a prática tem demonstrado que o mercado não é um instrumento apto para aferir o justo valor das participações sociais. Com efeito, na maioria dos casos em que o *appraisal right* ocorreu quanto a sociedades negociadas em bolsa, os tribunais decidiram que o justo valor das participações sociais era superior quer ao valor oferecido quer ao valor negociado[1233].

[1227] N.J. Super. 36 (Ch. Div. 1975). Neste caso, entre 1968 e 1970, o valor das acções oscilou entre os 2,25 e os 21 dólares. Posteriormente, o preço caiu e, em 1975, atingiu 1,25 dólares tendo-se oferecido 2 dólares por acção. Ficou ainda demonstrado que no período que antecedeu a oferta houve manipulação do mercado, de modo a baixar os preço das acções, designadamente atribuindo prémios muito elevados à administração, prémios esses que baixaram os lucros da sociedade. Por outro lado, foram mantidas secretas informações sobre melhorias da situação financeira da sociedade, que apenas foram reveladas depois da fusão.

[1228] BARRY WERTHEIMER, *The Shareholder's Appraisal* ..., cit., pp. 638-639.
[1229] *Appraisal Rights in Mergers* ..., cit., pp. 733-735.
[1230] *Rejecting the* ..., cit., p. 278.
[1231] Com maior desenvolvimento, cf. MICHAEL WACHTER, *Takeover Defense When* ..., cit., pp. 801-804.
[1232] *Takeover Defense when* ..., cit., p. 813.
[1233] Cf. BARRY WERTHEIMER, *The Shareholder's Appraisal* ..., cit., p. 705.

Também no *Direito brasileiro*, passou a reconhecer-se, com a reforma de 1997, ligeiramente modificada em 2001, a *excepção do mercado* nas causas de recesso por ocasião de *fusão, incorporação e participação* em grupos de sociedades, sempre que as acções tenham liquidez[1234] ou se encontrem dispersas no mercado[1235-1236] (art. 137.º, II, da LSAn). Segundo NEWTON DE LUCCA[1237], existindo elevados níveis de liquidez das acções ou, paralelamente, um alto grau de dispersão, o legislador presume que o accionista discordante não necessita do recesso para se livrar do seu investimento, não se justificando impor à sociedade a obrigação de adquirir as acções, com as sabidas consequências que tal acarreta em termos de custos e eventual redução do capital social.

Todavia, o legislador brasileiro também reconheceu uma excepção à excepção: sempre que a sociedade que sucede à sociedade fusionada ou incorporada aberta não seja, também ela, uma sociedade aberta, nem adquira tal qualidade, no prazo máximo de 120 dias contados da data da assembleia geral que aprovou a operação[1238], o direito de recesso tem na mesma lugar. Pretende-se, assim, assegurar que as acções detidas pelo sócio minoritário permaneçam com as mesmas condições de liquidez que tinham antes da operação[1239], sob pena de ocorrer uma mudança significativa no *status* do accionista, dadas as dificuldades de sair da sociedade sem ser através do direito de recesso. Assim, no caso de tal não suceder, o accionista tem o direito de recesso nos 30 dias seguintes ao termo do prazo

---

[1234] As acções terão *liquidez*, sempre que se integrem em índices gerais representativos de acções admitidas à negociação no mercado de valores mobiliários, ou seja, sempre que estejamos perante uma sociedade aberta (art. 4.º, da LSAn). Índice geral significa um índice que mede a rendibilidade média de uma carteira teórica, integrada pelas acções mais negociadas em bolsa. Cf. NELSON EIZIRIK, *Reforma das S.A. ...*, cit., p. 76.

[1235] Haverá *dispersão* das acções, sempre que o accionista controlador, a sociedade controladora ou outras sociedades sob o seu controlo detenham menos de metade da espécie ou classe de acção.

[1236] Segundo PAULO AMARAL, *O Direito de Recesso na ...*, cit., p. 46, o preenchimento de alguma destas situações afasta o direito de recesso. No mesmo sentido, cf. ANNA PARAISO, *O Direito de Retirada na...*, cit., p. 194.

[1237] *O Direito de Recesso ...*, cit., p. 143.

[1238] Segundo NELSON EIZIRIK, *Notas sobre ...*, cit., p. 129, trata-se de uma obrigação de meios, visto que o registo é um acto a praticar por terceiro.

[1239] Neste sentido, vide NELSON EIZIRIK, *Reforma das S.A. ...*, cit., p. 128.

para a sociedade adquirir a qualidade de sociedade aberta[1240] (§§ 3 e 4 do art. 223.º, da LSAn).

Relativamente às *sociedades fechadas*, isto é, sociedades cujas acções não se encontrem admitidas à negociação no mercado de valores mobiliários, apesar da nada se dizer na lei[1241], a maioria da doutrina defende que o direito de recesso se afigura ainda necessário, não parecendo que com a reforma de 1997 o legislador tenha tido a intenção de o eliminar[1242].

A questão da *cláusula da excepção de mercado* não é tratada no Direito português, nem a propósito do direito de exoneração das sociedades anónimas nem a propósito do reembolso da participação social. Nestes termos, concluímos que não vigora no nosso Direito, podendo os accionistas da sociedade aberta exonerar-se nos mesmos termos e condições que os accionistas das sociedades ditas fechadas.

Sem prejuízo, de *iure condendo*, pode discutir-se a eventual justificação de uma norma que exclua o direito de exoneração nas sociedades abertas.

A nosso ver deve recusar-se a exclusão, sem mais, do direito de exoneração nas sociedades abertas.

Em primeiro lugar porque, conforme se viu, o valor de mercado nem sempre será o mais apto a fornecer o justo valor da participação social, que é aquilo que quem se exonera tem direito a receber.

Em segundo lugar, porque a liquidez das acções cotadas em bolsa, que supostamente permite ao sócio sair da sociedade sempre que ocorra uma causa de exoneração, nem sempre é um dado adquirido. Na verdade, nada garante que a liquidez nesse mercado não seja quase nula, dado o número insignificante de transacções[1243] ou porque, na realidade, a maioria das acções se encontra nas mãos de um número restrito de accionistas.

Demonstrando-se que estas duas limitações não ocorrem o direito de exoneração tornar-se-á desnecessário na medida em que o sócio pode

---

[1240] Conforme salienta PAULO AMARAL, *O Direito de Recesso na* ..., cit., p. 51 e NELSON EIZIRIK, *Reforma das S.A.* ..., cit., p. 79, o exercício deste direito não depende de nenhuma manifestação de dissidência pelo accionista. Aqui, a causa do recesso é a não abertura do capital no prazo mencionado.

[1241] Segundo MAURO PENTEADO, *A Lei n.º 9.457/97 e as* ..., cit., pp. 18-20, tal omissão deve-se ao facto de o objecto principal desta reforma ter sido possibilitar a privatização das empresas publicas, à custa dos minoritários.

[1242] Cf. PAULO AMARAL, *O Direito de Recesso na* ..., cit., p. 50.

[1243] Segundo JOEL SELIGMAN, *Reappraising the Appraisal* ..., cit., p. 844, essa tem sido a posição dos tribunais de alguns Estados, como os do Kentucky e de Nova York.

sempre deixar de o ser, pelo justo valor ou por valor aproximado do seu justo valor. Nestas circunstâncias, o recurso ao direito de exoneração poderá ser abusivo.

3. Momento da Determinação do Valor da Participação Social

A fixação legal de um momento para a determinação do valor da participação social afigura-se importante, «*de modo a evitar conflitos e disparidades de critérios na avaliação*»[1244].

Na exoneração por *transformação* e *cisão*, a participação social é avaliada segundo o regime previsto para a *fusão*, ou seja, segundo o valor da participação social ao tempo da deliberação social que aprovou, respectivamente, a transformação, a cisão ou a fusão (arts. 105.º, n.º 2, 120.º e 137.º, n.º 2).

Nas sociedades em *nome colectivo* e em *comandita simples*, relativamente aos sócios comanditados, estabeleceu-se que o cálculo do valor da parte social é feito tendo por referência o momento em que a exoneração se torna efectiva (arts. 185.º, n.º 5 *in fine* e 474.º).

Por último, nas *sociedades por quotas*, a quota é avaliada segundo o valor que tinha à data da declaração de exoneração (art. 240.º, n.º 5).

Centrando-nos agora nas restantes causas legais de exoneração, verifica-se que o legislador não estabeleceu o momento para a determinação do valor da participação social. Nestes casos deverão distinguir-se as causas de exoneração que dependam da aprovação de uma determinada deliberação social das restantes. Na primeira situação, à semelhança da fusão, o momento relevante para efeitos de avaliação da participação social do sócio deve ser o da aprovação da deliberação social que fez nascer o direito de exoneração[1245]. Esta solução tem a vantagem de fixar uma data certa

---

[1244] CURA MARIANO, *Direito de Exoneração dos* ..., cit., p. 142.

[1245] Neste sentido, no Direito espanhol, cf. ALFARO ÁGUILA-REAL/CAMPINS VARGAS, *La Liquidación del Socio* ..., cit., p. 483.

Em sentido contrário, LEÑA FERNÁNDEZ/RUEDA PÉREZ, *Derecho de Separación* ..., cit., pp. 134-135, rejeitam que o momento em que surge a causa de exoneração seja aquele que determina o valor da participação social, com o fundamento de que se estaria a ter em conta um momento em que ainda não se sabe se a exoneração vai ter lugar. Estes AA também consideram que o critério não deve ser o do momento da avaliação, por este ser uma mera consequência procedimental de um momento anterior e de difícil fixação. Mais rejeitam o critério do momento da saída da sociedade, por este ser no futuro, não sendo

para a avaliação. Na verdade, se o momento da avaliação fosse o da perfeição da declaração de exoneração, não só poderia haver um abuso do direito dos sócios, procurando jogar com o momento em que a sociedade valesse mais, como a sociedade, confrontada com a emissão de declarações de exoneração em momentos distintos, poderia ter de efectuar diferentes avaliações[1246]. Nas restantes causas, designadamente na exoneração *ad nutum*, o momento da avaliação será o da perfeição da declaração de exoneração (art. 224.º, n.º 1, *ex vi* art. 295.º, ambos do CC).

4. O Reembolso Parcial. Remissão

O problema do reembolso parcial está intimamente relacionado com o problema de o direito de exoneração ser ou não um direito de exercício integral, questão analisada no ponto 2.7., Capítulo I, da Primeira Parte. Entendendo-se que não, posição adoptada relativamente às sociedades anónimas, haverá lugar a um reembolso parcial, sempre que o direito de exoneração tenha sido exercido apenas relativamente a uma parte das acções de que o sócio era titular.

5. Objecto e Tempo do Reembolso

Começando pelo *objecto do reembolso* do sócio exonerado verificamos que se trata de mais uma das diversas questões relativas ao direito de exoneração que não se encontram expressamente reguladas[1247]. Na exo-

---

possível efectuar-se uma avaliação com base num facto futuro. Assim, defendem que o critério a adoptar deve ser o da data da declaração de exoneração. No mesmo sentido, FAJARDO GARCÍA, *El Derecho de Separación* .., cit., p. 83.

Destaque ainda para FARRANDO MIGUEL, *El Derecho de* ..., cit., p. 172, que considera que o momento da avaliação da participação social deve ser o imediatamente anterior à deliberação social/facto que activa o direito de exoneração, por considerar que esta solução vai de encontro aos fins deste instituto, por evitar que o sócio seja prejudicado por deliberações sociais não desejadas.

[1246] Cf. FARRANDO MIGUEL, *El Derecho de* ..., cit., p. 172.

[1247] No art. 135.º, n.º 2, revogado pelo art. 2.º, do DL n.º 76-A/2006, de 29.03, previa-se que na escritura de transformação da sociedade deveriam constar, entre outras, a indicação da liquidação das respectivas partes sociais ou quotas, o valor atribuído a cada acção e o montante global pago aos accionistas exonerados.

Nos casos de alienação potestativa societária (art. 490.º, n.º 2) e no contrato de subordinação (art. 495.º, al. f)) é deixada, respectivamente, à sociedade dominante e à sociedade

neração por *transformação*[1248] e nas causas típicas de exoneração das *sociedades em nome colectivo*, o legislador fala, respectivamente, em "valor da sua participação" e "valor da sua parte social" (arts. 137.º, n.º 2 e 185.º, n.º 5). Nas *sociedades por quotas* refere-a à "contrapartida a pagar ao sócio" (art. 240.º, n.º 5). Por fim, relativamente às normas do CSC que remetem para o art. 1021.º, do CC, o legislador fala em "valor da quota". Já na amortização de quotas diz "prestações".

Apesar de o legislador somente se referir a *pagamento* nas causas de exoneração típicas das sociedades por quotas, entendemos que o reembolso da participação social em qualquer sociedade comercial, na sequência do exercício do direito de exoneração, deve ser em dinheiro[1249], sem prejuízo de, havendo acordo das partes[1250], poder ser feito em espécie ou *natura*. Deste modo, não nos parece admissível nem a possibilidade da sociedade impor ao sócio o reembolso em espécie, mesmo que lhe seja conveniente por problemas de liquidez, nem a hipótese contrária, de o sócio exigir o reembolso em espécie[1251].

Sendo em dinheiro o reembolso da participação social, o seu pagamento será, em princípio, integral. Apenas poderá ser fraccionado se exis-

---

directora a opção entre o reembolso em dinheiro ou por outras participações sociais. Todavia, na alienação potestativa mobiliária, prevê-se em certos casos que a proposta de alienação em espécie seja acompanhada de contrapartida equivalente em dinheiro (art. 188.º, n.º 5, do CVM). *Vide*, a este propósito, ENGRÁCIA ANTUNES, *A Aquisição Tendente* ..., cit., pp. 34-35.

[1248] No art. 140.º-A, n.º 2, al. a) o legislador utiliza ainda as expressões "*montante da liquidação*" e "*montante global pago*".

[1249] Neste sentido, relativamente ao art. 1021.º, do CC, *vide* ANTUNES VARELA/PIRES DE LIMA, *Código Civil Anotado, Volume II* ..., cit., p. 361.

No Direito espanhol, *vide* VELASCO ALONSO, *El Derecho* ..., cit., p. 121 e FAJARDO GARCÍA, *El Derecho de Separación* ..., cit., p. 84.

No Direito italiano, o reembolso do sócio que se exonera tem natureza pecuniária. *Vide* G. PRESTI, *Questioni in Tema di* ..., cit., p. 116, os Acs. da CssIt de 10.06.1999, Giur. It., 2000, pp. 542-544 e de 19.03.2004, Giur. It., 2004, pp. 1660-1664, Foro It., Parte Prima, 2004, pp. 2798-2805.

[1250] Cf. BRENES CORTÉS, *El Derecho de* ..., cit., pp. 496-497.

[1251] Conforme sustenta VIDEIRA HENRIQUES, *A Desvinculação* ..., cit., p. 85, «*o interessado tem apenas direito a um valor em dinheiro, isto é, não pode pretender subtrair os bens à sua destinação produtiva prevalecendo, uma vez mais, os interesses da empresa sobre o interesse individual*». No mesmo sentido, *vide* CURA MARIANO, *Direito de Exoneração dos* ..., cit., pp. 129 e 130, nota 244. Segundo este A., esse é o critério utilizado pelo legislador na exclusão do sócio (art. 205.º, n.º 3) e na amortização da quota (arts. 231.º, n.º 2, al. d) e 235.º, n.º 1, al. a)).

tir acordo entre a sociedade e o sócio, ou se, tratando-se de quota, o reembolso resultar de amortização. Neste último caso, o pagamento pode ser fraccionado em duas prestações a efectuar dentro de seis meses e um ano (art. 235.º, n.º 1, al. a))[1252-1253].

Acordando as partes na dação em pagamento, o reembolso deverá ser antecedido de um relatório elaborado por um ROC sem interesses na sociedade, designado pelos sócios, nos termos do art. 28.º, n.º 1[1254]. Com efeito, as razões que determinam a necessidade de elaboração de um relatório por um ROC sem interesses na sociedade, aquando das entradas em espécie ou aquando da aquisição de bens aos sócios (art. 29.º), têm plena justificação aquando do reembolso em espécie.

Quando a entrada em espécie do sócio consista no direito de uso e fruição de determinado bem, alguma doutrina, quer nacional quer estrangeira, tem sustentado um desvio à regra do reembolso em dinheiro.

Assim, no Direito espanhol[1255], ALFARO ÁGUILA-REAL e CAMPINS VARGAS[1256] consideram que o legislador partiu do pressuposto de que o crédito do sócio sobre a quota de liquidação será pecuniário (art. 119.º, da LSRL). Todavia, constituindo a entrada do sócio no direito de uso, não se pode impor-lhe a obrigação de continuar a ceder o uso, uma vez fora da sociedade. Tal seria, segundo estes AA, uma *expropriação forçada*, não admissível.

No *Direito português*, ANTUNES VARELA e PIRES DE LIMA[1257], com fundamento de que o direito de uso e fruição não pertencem ao património da sociedade, consideram que o sócio tem direito à restituição da entrada em espécie. De modo idêntico, VIDEIRA HENRIQUES[1258] opina não se justificar a perda da propriedade de bens relativamente aos quais o sócio que declarou exonerar-se apenas facultou o uso e fruição. Admite, contudo, nos casos em que seja indispensável à sociedade a sua utilização, a

---

[1252] Neste caso, conforme observa RAÚL VENTURA, *Sociedades por Quotas, Vol. I, ...,* cit., p. 727, a lei não prevê juros dessas prestações.

[1253] Nos casos em que a quota seja transmitida a outros sócios ou a terceiros, mediante o pagamento integral do seu valor a sociedade não pode, por não se tratar de amortização, efectuar o pagamento a prestações ao sócio que se exonerou.

[1254] No Direito espanhol, cf. FARRANDO MIGUEL, *El Derecho de ...,* cit., p. 197.

[1255] *Vide* ainda BRENES CORTÉS, *El Derecho de ...,* cit., pp. 496-497 e FAJARDO GARCÍA, *El Derecho de Separación ...,* cit., p. 84.

[1256] *La Liquidación del Socio ...,* cit., pp. 480-482.

[1257] *Código Civil Anotado, Volume II ...,* cit., p. 361.

[1258] *A Desvinculação ...,* cit., pp. 85-86.

possibilidade de continuar a gozar desses bens a troco de retribuição, aplicando-se as regras da locação.

Também nesta matéria cumpre tomar posição.

Como primeira nota, há que salientar que a entrada em espécie é objecto de um acto prévio de avaliação, ainda que com as inerentes dificuldades de avaliação, uma vez que se está a falar do valor actual de um rendimento futuro[1259]. Este valor, nos termos da lei, deverá atingir o valor nominal da parte, quota ou acções atribuídas aos sócios que efectuaram tais entradas (art. 28.º, n.º 3, al. d)). Assim, contrariamente a ANTUNES VARELA e PIRES DE LIMA, parece-nos que o direito cedido não deixará de se reflectir na situação patrimonial da sociedade.

Em segundo lugar, há que atender ao que foi pactuado pelas partes.

A situação menos problemática será quando a cessão do direito tiver ficado condicionada à permanência do sócio na sociedade. Neste caso, apenas se pode concluir que aquando da declaração de exoneração terá o sócio direito à *devolução* do direito cedido. Além disso, poderá o sócio ter direito a exigir da sociedade a diferença entre o valor da entrada e o valor do reembolso, sempre que este seja superior ao valor da entrada. Na situação inversa, de o valor do reembolso ser inferior ao valor da entrada, parece-nos que o sócio que pretenda a *devolução* da sua entrada terá de entregar à sociedade a diferença. Esta solução não fica prejudicada, nem mesmo nas sociedades de capitais, porquanto a responsabilidade do sócio não deixa de estar circunscrita à sua participação social inicial.

Quando a cessão do direito não tiver ficado condicionada à permanência do sócio na sociedade, há que apurar em que termos o direito de uso e fruição foi cedido à sociedade, designadamente se através de um direito real, mormente direito de usufruto, ou através de negócio meramente obrigacional.

Tratando-se de um direito real constituído a prazo – usufruto ou direito de superfície[1260] –, na falta de acordo das partes, manter-se-á em

---

[1259] Cf. COUTINHO DE ABREU, *Curso de* ..., cit., p. 271.

[1260] Nos termos do disposto no art. 1524.º, do CC, o direito de superfície pode ser perpétuo. Trata-se, contudo, de uma hipótese teórica, pois não se tem conhecimento da constituição de direitos de superfície perpétuos. Conforme observa, OLIVEIRA ASCENSÃO, *Direito Civil Reais*, 5.ª edição, reimpressão, Coimbra Editora, Coimbra, 2000, p. 529, o CC ao admitir o direito de superfície perpétuo afastou-se do regime da Lei n.º 2030, que impunha a reversão do edifício ao titular do solo, decorrido um prazo mais ou menos longo. Um direito de superfície perpétuo é um direito perpetuamente destituído de função social.

vigor até ao termo da sua duração. Com efeito, o sócio ao ingressar na sociedade com este tipo de entrada não podia ignorar que a sua posição de sócio poderia não ter a mesma duração que o direito cedido à sociedade, designadamente porque a sociedade podia deliberar a sua exclusão, porque o sócio podia querer exonerar-se ou transmitir a sua participação social. Assim, se não obstante tal eventualidade o sócio não condicionou a cessão desse direito à sua permanência na sociedade, apenas se pode concluir pela vinculação ao acordado com a sociedade. Tal circunstância não impede, contudo, o direito à diferença entre o valor da entrada e do reembolso.

Tendo o direito de uso e fruição sido cedido à sociedade através de um negócio obrigacional sem prazo[1261], poderá o sócio denunciá-lo nos termos gerais, aplicando-se depois a mesma solução quando a entrada do sócio ficou condicionada à sua permanência na sociedade.

Quanto *ao tempo do reembolso* da participação social, esta obrigação só surge depois de extinta a relação societária[1262]. Nessa altura, a sociedade entrará em mora, depois de devidamente interpelada pelo sócio para o reembolso da sua entrada (art. 805.º, n.º 1, do CC)[1263].

6. Tutela do Direito ao Reembolso da Participação Social

Nas *sociedades por quotas*, sempre que o reembolso não se dê, em virtude do disposto no art. 236.º, n.º 1, ou porque o adquirente da quota

---

[1261] Se for a prazo, o sócio permanece vinculado.

[1262] Nas causas específicas de exoneração das sociedades por quotas, prevê-se apenas um prazo de 30 dias para a extinção da relação societária (art. 240.º, n.º 4), nada se dizendo quanto ao prazo do reembolso da participação social.
No art. 135.º, n.º 2, revogado pelo DL n.º 76-A/2006, de 29.03, relativo à escritura pública de transformação, previa-se que esta tinha de mencionar, entre outros elementos, o montante global pago aos accionistas exonerados. Assim, apesar de não se ter estabelecido um prazo concreto para o reembolso das acções, podia concluir-se que este tinha necessariamente de ocorrer entre a data da deliberação social de transformação e a data da outorga da respectiva escritura. No regime actual, resulta do art. 140.º-A, n.º 2, al. a) que o reembolso tem de estar efectuado até ao momento do registo da transformação.

[1263] Somente nas causas de exoneração típicas da SE se prevê um prazo de 30 dias, contados a partir da avaliação da participação, para a sociedade proceder ao seu pagamento (arts. 7.º, n.º 5, 11.º, n.º 1 e 13.º, n.º 2, do DL n.º 2/2005, de 04.01), sob pena de entrar em mora (art. 805.º, n.º 2, al. a), do CC).

não pagou tempestivamente a contrapartida[1264], pode o sócio requerer a dissolução da sociedade, conseguindo assim o pagamento da participação social, através da partilha (art. 240.º, n.ºs 6 e 7).

Nas *sociedades em nome colectivo*, nas causas de exoneração previstas nos arts. 185.º, n.º 2, als. a) e b) e sempre que a parte social não possa ser liquidada, por a situação líquida da sociedade se tornar com o reembolso inferior ao montante do capital social, o sócio também pode requerer a dissolução da sociedade, com vista a permitir a liberação dos seus activos e a sua repartição entre os sócios (art. 195.º, n.º 1, al. b)). Fora destas situações, ou seja, nas situações previstas nos arts. 185.º, n.º 1 e 185.º, n.º 2, al. c), não é permitido ao sócio requerer a dissolução da sociedade[1265], com vista a assegurar o reembolso da sua participação social. Nestes casos, com vista à tutela do sócio, diferentes soluções têm sido apresentadas. MARIA AUGUSTA FRANÇA[1266] considera que aquele que se exonerou tem o direito de voltar à sociedade, readquirindo todos os direitos sociais. Segundo VIDEIRA HENRIQUES[1267], o sócio exonerado regressará apenas à sociedade, havendo acordo revogatório do negócio jurídico de exoneração. Caso contrário irá obtendo o seu crédito à medida que a situação da sociedade assim o permita. Já RAÚL VENTURA[1268] limita-se a afirmar que o sócio da sociedade em nome colectivo não pode executar o seu crédito enquanto persistir o impedimento do art. 188.º, n.º 1. Por fim, COUTINHO DE ABREU[1269] defende que o sócio que espera pela melhoria da situação patrimonial da sociedade, a fim de ser reembolsado, retoma o direito aos lucros e à quota de liquidação, por aplicação do 186.º, n.º 5.

Antes de avançarmos com a solução proposta, importa, relativamente às sociedades em nome colectivo, salientar que a solução do art. 195.º, n.º 1, al. b) prende-se exclusivamente com o reembolso da parte social e não com a perda da qualidade de sócio, que ocorre nos ter-

---

[1264] Neste caso, desde que seja respeitado o art. 236.º, n.º 1, a sociedade pode substituir-se ao pagamento do adquirente faltoso, havendo, nesse caso, uma sub-rogação legal (art. 592.º, n.º 1, do CC). Cf. CURA MARIANO, *Direito de Exoneração dos* ..., cit., p. 139.

[1265] COUTINHO DE ABREU, *Curso de* ..., cit., p. 423, nota 453, estranha esta solução por comparação com o regime das sociedades por quotas.

[1266] *Direito à Exoneração*, cit., p. 223.

[1267] *A Desvinculação* ..., cit., pp. 91-92.

[1268] *Novos Estudos* ..., cit., p. 293.

[1269] *Curso de* ..., cit., p. 423.

mos do art. 185.º, n.º 4. Assim, está apenas em causa um problema de cariz patrimonial, traduzido no facto de o sócio ter de ficar indefinidamente a aguardar pelo reembolso da participação social até que a sociedade se encontre em situação de o fazer. O mesmo sucede, em termos idênticos, ao nível das sociedades por quotas e acções quando a respectiva participação social tenha sido transmitida a terceiro/outros sócios pela sociedade e o adquirente não pagou a sua aquisição[1270]. Já no caso de a contrapartida do sócio não ter sido paga, em virtude do disposto no art. 236.º, n.º 1, significará que o sócio que se exonerou não saiu da sociedade, uma vez que esta não pode amortizar a quota[1271]. Aqui a dissolução da sociedade tutela a cessação da relação contratual.

Assim, nestes casos, concordamos com COUTINHO DE ABREU que a melhor forma de tutela do sócio será permitir-lhe retomar o direito aos lucros e à quota de liquidação, aplicando-se, por analogia, o art. 186.º, n.º 5. Já nos parece excessivo, face ao interesse em causa do sócio de sair da sociedade e porque desprovido de fundamento legal, sustentar o regresso do sócio à sociedade, readquirindo todos os seus direitos sociais. O que está em causa é a obtenção do produto do desinvestimento. Tal é conseguido, ainda que parcialmente, através dos dividendos.

Nas *sociedades anónimas* e *em comandita por acções*, a efectivação do direito ao reembolso da participação social efectivar-se-á através de uma acção de cumprimento contra a sociedade (art. 817.º, do CC)[1272]. Não tendo o terceiro adquirente das acções pago o preço à sociedade, poderá o antigo sócio propor a acção de cumprimento (art. 606.º, do CC).

[1270] Neste caso, a sociedade não só deverá reclamar a indemnização moratória a que tem direito, como a mesma deverá ser entregue ao sócio que se exonerou.

[1271] Neste caso, o atraso do reembolso, porque decorrente de imposição legal, não será imputável à sociedade e apenas será exigível quando a sociedade se encontrar em condições legais de o fazer.

[1272] MARIA AUGUSTA FRANÇA, *Direito à Exoneração,* cit., p. 224, admite ainda como possível o recurso à acção de indemnização no caso de a sociedade não prestar a sua colaboração.

JOÃO LABAREDA, *Das Acções das* ..., cit., pp. 317-318, considera que, se a sociedade não proceder ao pagamento da contrapartida, deve considerar-se bloqueada a deliberação que constitui a causa de exoneração, sob pena de o sócio não dispor de meios minimamente eficazes de garantia do seu direito. No caso do art. 45.º, n.º 1 admite a possibilidade de o sócio obter a condenação da sociedade ao pagamento do valor das acções, contra a sua aquisição.

CAPÍTULO VI
Natureza Jurídica

1. Síntese

Importa, por fim, debruçarmo-nos sobre a natureza jurídica do direito de exoneração. Adianta-se, contudo, que esta já resulta, quanto a nós, da análise das suas principais características. Deste modo, está em causa, sobretudo, uma síntese do que já antes se analisou.

Em resumo, podemos concluir que o direito de exoneração consubstancia um direito social[1273] de natureza potestativa o qual, estando reconhecido em normas imperativas, se afigura como inderrogável pelo colectivo dos sócios, quer aquando da constituição da sociedade, quer posteriormente, por alteração dos estatutos. Pela mesma razão, afigura-se irrenunciável *a priori* por quem com ele beneficia.

Em termos de fundamentação, verifica-se que a exoneração do sócio não é unívoca.

Consoante a sua causa, tem afinidades ora com a denúncia, ora com a resolução do contrato. Além disso, sempre que assim seja, não deixamos de ter especificidades decorrentes do facto de estarmos perante um contrato plurilateral e com regras especiais quanto ao reembolso da participação social.

Assim, o fundamento último deste direito será uma ideia de inexigibilidade de permanência do sócio na sociedade[1274]. Esta inexigibilidade,

---

[1273] PAIS DE VASCONCELOS, *A Participação* ..., cit., pp. 69-70, qualifica a exoneração do sócio como um poder jurídico.

[1274] MENEZES CORDEIRO, *Manual de Direito das Sociedades, II,* ..., cit., p. 319 e ss., refere quatro teorias para justificação da exoneração: a taxatividade legal, a preservação

por sua vez, é ainda fruto de uma marcada concepção contratual da sociedade comercial, que deveria ser repensada, para assentar em critérios de natureza económico-patrimonial, o que permitia configurar o direito de exoneração como um direito social ao desinvestimento.

---

da empresa, o incumprimento contratual e a inexigibilidade da manutenção do *status*, por ponderação perante o sistema. Também no seu entender a exoneração, assim como a exclusão, reconduzem-se a uma inexigibilidade da manutenção do *status* de sócio, entendimento que considera ter a vantagem de absorver as posições contratualistas, indo para além delas.

CONCLUSÕES

Sintetizam-se aqui os principiais aspectos que o estudo do direito de exoneração do sócio no CSC permitiu alcançar:

1. O direito de exoneração consiste no *direito societário, de natureza potestativa, irrenunciável e inderrogável, dirigido à extinção da relação societária*. Manifesta-se na emissão de uma declaração receptícia de exoneração e efectiva-se plenamente com o reembolso do valor da participação social detida;

2. O direito de exoneração não se confunde com a *transmissão ou amortização da participação social, dissolução da sociedade ou exclusão do sócio*. Também não pode ser reconduzida, sem mais, à *denúncia* ou à *resolução do contrato*;

3. No Direito espanhol, o *derecho de separación*:
3.1. É marcadamente influenciado pelo regime italiano;
3.2. É um direito individual reservado aos sócios que não aprovaram certas deliberações sociais com relevância no contrato de sociedade;
3.3. Não tem natureza excepcional, admitindo-se causas estatutárias de *separación*;
3.4. Origina o reembolso da participação social, o qual é, salvo acordo em contrário, pelo valor real;
3.5. Ao nível das sociedades de capitais padece de discrepâncias de tratamento quanto às causas legais de exoneração e respectivo regime. Enquanto nas sociedades de responsabilidade limitada existe um tratamento sistemático, equilibrado, unitário e pormenorizado, nas sociedades anónimas o tratamento do instituto está disperso, padece de desequilíbrios e apresenta lacunas assinaláveis.

4. No Direito italiano, o *diritto de recesso*:

4.1. É um direito individual dos sócios, que constitui um mecanismo alternativo de autotutela individual, destinado a permitir um desinvestimento efectuado;

4.2. Deixou, com a reforma no CC It. de 2003, de ter natureza excepcional, admitindo-se causas de exoneração estatutárias;

4.3. Surge, nas causas legais, perante deliberações dos sócios de alteração da estrutura da sociedade ou susceptíveis de causar desvantagens económicas aos sócios;

4.4. Reflecte, ao nível do seu regime, uma preocupação de tutela da integridade do capital social e dos credores, através de um conjunto de disposições imperativas;

4.5. Origina o reembolso da participação social, o qual, à excepção das sociedades cotadas, deve ser feito pelo valor real, tendo-se em consideração informações de natureza contabilística.

5. Do regime societário norte-americano resulta que o *appraisal right*:

5.1. Serve diferentes finalidades, mas todas visam a protecção da minoria;

5.2. Tem natureza excepcional. Em regra, o sócio deve obter liquidez para sua participação social através do mercado, e não através da sociedade;

5.3. Em regra pertence ao sócio que tem direito de voto e tenha votado em sentido contrário ao da maioria;

5.4. Tem uma concepção marcadamente patrimonial. Visa o reembolso do valor real da participação social, mais do que a saída do sócio, nalguns casos até imposta;

5.5. Tem particular relevância nas *corporations*. Nas *limited liability companies* e nas *partnership companies*, os sócios têm outros modos de sair da sociedade.

6. Relativamente ao Direito brasileiro, *o direito de retirada*:

6.1. É um direito individual e reservado aos sócios dissidentes, que tem por fundamento último a protecção dos sócios minoritários;

6.2. Nas sociedades de capitais é excepcional, não se admitindo causas de retirada além das legais;

6.3. É reconhecido perante decisões do colectivo dos sócios reconduzíveis a alterações da estrutura societária ou susceptíveis de causar desvantagens patrimoniais aos sócios;

6.4. Gera o reembolso da participação social, em regra, segundo um critério contabilístico.

7. Até ao CSC, podemos afirmar que no Direito português:

7.1. O regime legal do direito de exoneração, desde as Ordenações até à LSQ, foi marcado por um tratamento casuístico, com falta de rigor técnico e omisso em muitos aspectos essenciais;

7.2. O legislador limitou-se a estabelecer as causas legais de exoneração e a fixar os respectivos pressupostos. O termo mais usado era *"renúncia do sócio"*, mas também era usual o termo *"afastamento"* ou *"apartar-se"*. Só com o CC actual começou a utilizar-se a locução *"exoneração"* que seria posteriormente transposta para o direito societário comercial em 1973;

7.3. Até ao CCom., as causas legais de exoneração visavam evitar vinculações perpétuas ou excessivamente duradouras, ou desequilíbrios decorrentes de obrigar o sócio a permanecer na sociedade perante a superveniência de certos factos;

7.4. Todas as sociedades comerciais podiam prever causas estatutárias de exoneração, apesar da natureza excepcional do direito de exoneração, afirmada ao nível doutrinal;

7.5. A *renúncia do sócio*, no âmbito das Ordenações, do Código Comercial de 1833 e do CC de 1867 e, numa primeira fase, nalgumas disposições do CCom., tinha por consequência a dissolução da sociedade, o que representava um desequilíbrio entre os interesses da maioria e os dos sócios que pretendiam sair;

7.6. A *renúncia do sócio* acarretava o reembolso da sua participação social, ainda que o modo como era efectuado estivesse omisso. Apenas com a LSQ, o DL n.º 598/73 e o DL n.º 363/77 passaram a estabelecer-se critérios de avaliação da participação social.

8. São *causas legais de exoneração comuns a todas as sociedades comerciais* a exoneração por transferência da sede efectiva da sociedade para o estrangeiro e o regresso da sociedade à actividade dissolvida;

9. O *direito de exoneração por deliberação de transferência da sede efectiva para o estrangeiro* justifica-se pelas profundas modificações introduzidas e por ser uma alteração relevante nos pressupostos da constituição ou ingresso na sociedade;

10. *O direito de exoneração por regresso da sociedade à actividade dissolvida,* ocorre quando é aprovada uma deliberação social de retoma da actividade social, e a participação social do sócio que se exonera ficar relevantemente reduzida em relação à que, no conjunto, anteriormente detinha. Esta apreciação terá de ser feita em função das circunstâncias concretas;

11. São dois os requisitos para a exoneração *ad nutum nas sociedade em nome colectivo*: i) a duração da sociedade não ter sido fixada, ter sido fixada uma duração por toda a vida de qualquer um dos seus sócios ou ter sido fixada uma duração superior a trinta anos e ii) o vínculo social ser, pelo menos, de dez anos. O fulcral não é a duração da sociedade, mas a duração do vínculo social por um período excessivamente longo, ou seja, por um período superior a dez anos. Antes de decorridos dez anos, a exoneração só será possível com fundamento em justa causa ou perante a ocorrência de uma outra causa legal ou contratual de exoneração;

12. *Nas sociedades em nome colectivo* as causas de exoneração com fundamento em justa causa do art. 185, n.º 1, al. b) são enunciativas. O conceito de *justa causa* de exoneração é indeterminado e apreensível de forma casuística. Pode ser definido como o comportamento imputável à sociedade, aos restantes sócios ou terceiros, ou o facto relativo à pessoa do sócio que coloque de tal modo em crise a relação societária, que não torne exigível ao sócio afectado por esse evento a sua permanência na sociedade;

13. São *causas de exoneração específicas das sociedades por quotas* os vícios da vontade no ingresso da sociedade, a interpelação para realizar a entrada de um novo sócio resultante de aumento do capital social, a proibição da cessão de quotas, a oposição à deliberação social de aumento do capital social, a subscrever total ou parcialmente por terceiros, de modificação do objecto social, de transferência da sede para o estrangeiro, de prorrogação da duração da sociedade, de regresso à actividade, de não exclusão/promoção judicial da exclusão de um sócio, com fundamento em justa causa, e o voto contra a constituição de uma SE gestora de participações sociais;

14. Registada a sociedade, a ocorrência de erro, dolo, coação ou usura, aquando da celebração do contrato de sociedade, pode ser invocada como justa causa de exoneração pelo sócio atingido ou prejudicado. O fundamento da exoneração reside no facto de estas sociedades viverem exclusivamente do seu património e ser excessivo permitir a anulabilidade do negócio jurídico perante tais vícios. Retirando-se ao sócio a aplicação de uma solução decorrente dos princípios gerais, foi-lhe concedida, em contrapartida, a saída da sociedade pelo direito de exoneração. Os vícios da vontade omissos no art. 45.º, n.º 1, podem constituir, por analogia, causa de exoneração, nos mesmos moldes previstos na lei civil;

15. No *aumento do capital social, através de entradas a subscrever por novos sócios*, os restantes sócios são solidariamente responsáveis com aqueles pelo seu pagamento. A efectivação desta responsabilidade pode agravar a situação patrimonial do sócio responsável. Nessa medida, dispõe o sócio do direito de exoneração, se lhe for exigida tal responsabilidade;

16. O *afastamento estatutário da cessão de quotas* pode criar um vínculo contratual perpétuo. Procurou-se harmonizar os interesses da sociedade com os dos seus sócios através da permissão da proibição da cessão de quotas, concedendo-se aos sócios o direito de exoneração, decorridos dez anos sobre o seu ingresso na sociedade;

17. A *deliberação social de aumento do capital social a subscrever total ou parcialmente por terceiros* é causa de exoneração para o sócio que votou contra a sua aprovação. O seu fundamento é a possibilidade de o capital social ser subscrito por terceiros. Se o sócio, titular do direito de preferência, não estiver em condições de subscrever o aumento e, em consequência, este for subscrito por terceiros, o direito de exoneração não nasce, porque a entrada do terceiro foi possibilitada pelo sócio que não subscreveu o aumento do capital;

18. O *sócio de sociedade por quotas que tenha votado contra a deliberação social de modificação do objecto social pode exonerar-se*, dada a alteração das condições iniciais de investimento e dos respectivos riscos associados. É necessária uma deliberação social e que a modificação deliberada se traduza numa alteração significativa das condições iniciais de investimento;

19. Nas sociedades por quotas prevê-se, ainda, o direito de exoneração do sócio que tenha votado contra a deliberação social de transferência da sede para o estrangeiro. Trata-se da transferência da sede estatutária. Se a sociedade deliberar a transferência da sede estatutária e da sede efectiva para o estrangeiro, deve aplicar-se o regime previsto no art. 3.º, n.º 5, porquanto mais exigente em termos de maioria e menos exigente em termos de legitimidade para o exercício do direito de exoneração;

20. Através da deliberação de *prorrogação* da sua duração, a sociedade evita a sua dissolução imediata por ocorrência do prazo ou do evento resolutório. O fundamento da exoneração reside na inversão significativa na vida da sociedade. Esta causa de exoneração não se confunde com a exoneração prevista no art. 161.º, n.º 5;

21. No caso de a sociedade por quotas *entender não ser de afastar o sócio, havendo justa causa para tanto*, reconheceu-se ao sócio que votou a favor da exclusão ou a contra a deliberação da sua não exclusão o direito de se exonerar, por não ser exigível a sua permanência na sociedade juntamente com um sócio relativamente ao qual havia uma justa causa para a sua exclusão;

22. São *causas legais específicas de exoneração nas sociedades anónimas e em comandita por acções*, relativamente aos sócios comanditários, os vícios da vontade no ingresso da sociedade, a oposição à constituição de sociedade anónima europeia por fusão e a oposição à transferência da sede da sociedade anónima europeia. O direito de exoneração ao accionista que tenha votado contra a deliberação de fusão para a constituição de uma SE cria um sistema incongruente relativamente às restantes deliberações de fusão que não constituem uma causa legal de exoneração;

23. É *expressamente admitida no CSC a exoneração estatutária* por transformação, fusão e cisão de sociedades e no caso de transmissão dependente de vontade dos sucessores. Sem prejuízo, as *fusões/cisões heterogéneas constituem causas legais de exoneração*;

24. Nas sociedades anónimas não se proíbem as causas estatutárias de exoneração. O princípio dominante no direito societário é o da autonomia da vontade, que permite que os sócios deliberem a extinção do ente social ou a extinção da relação societária relativamente a determinados sócios. Por outro lado, nenhum dos fundamentos apresentados por aqueles que sustentam a inadmissibilidade/restrição das cláusulas estatutárias de exoneração atípicas prevalece. Finalmente, mesmo que se sustentasse a sua inadmissibilidade, tal proibição, além de criar um tratamento injustificado por confronto com as sociedades por quotas, estaria desprovida de eficácia prática, porque os sócios poderiam licitamente recorrer a mecanismos alternativos, com o mesmo resultado, ou, mesmo, mais gravoso para a sociedade;

25. As causas estatutárias de exoneração atípicas de qualquer sociedade comercial estão limitadas por três requisitos: compatibilidade com as normas legais imperativas, justificação causal e adequação aos princípios configuradores do tipo de sociedade;

26. Enquanto direito social que é, o direito de exoneração encontra-se *reservado aos sócios*. Porém, mesmo nestes casos, não ocorre nas sociedades unipessoais, na titularidade de quotas/acções próprias, quando a qualidade de sócio só tiver sido adquirida depois do facto originador do direito de exoneração e quando a entrada do sócio não se encontrar totalmente liberada;

27. *Incidindo direitos reais sobre as participações sociais*, o direito de exoneração permanece no sócio, não sendo susceptível de ser atribuído ao usufrutuário, por exceder as funções do direito de usufruto, nem ao credor pignoratício, por o seu exercício ser um acto dispositivo da posição de socialidade que permanece com o sócio. Sem prejuízo, a atribuição do direito de voto ao usufrutuário ou ao credor pignoratício, poderá condicionar o exercício do direito de exoneração pelo sócio;

28. Havendo c*ontitularidade da participação social,* o direito de exoneração terá, em regra, de ser exercido pelo contitular afectado, obtido o consentimento dos restantes;

29. O *direito de exoneração está tendencialmente reservado aos sócios que não apoiaram determinada deliberação social*, ora porque votaram contra a sua aprovação, ora porque não votaram a seu favor. Os accionistas titulares de acções preferenciais sem direito de voto, sem direito de voto por não possuírem o número de acções suficientes para votar, ou com o direito de voto suspenso podem exonerar-se, uma vez que a exigência do voto contra a deliberação social que constitui a causa de exoneração pressupõe que o sócio a capacidade de gozo e de exercício para votar;

30. A declaração de exoneração deve ser dirigida à sociedade da qual o sócio se pretende exonerar. Nas causas legais de exoneração previstas no art. 240.º, n.º 1, para as sociedades por quotas, e nas previstas para a SE, deve ser feita por escrito. Os prazos legais para o seu exercício não podem ser afastados nem reduzidos pelos sócios. Contando-se o prazo do conhecimento da causa de exoneração, a sociedade pode ver-se confrontada com uma declaração de exoneração emitida em abuso do direito;

31. *Na declaração de exoneração devem constar os factos constitutivos do direito arrogado.* A *sociedade tem um poder de controlo*, traduzido na verificação do preenchimento dos fundamentos invocados para a exoneração e da legitimidade de quem os invoca. Concluindo pela validade da declaração, pode eliminar a causa de exoneração;

32. *O efeito mais significativo da declaração de exoneração é a perda da qualidade ou condição de sócio.* Dá-se no momento da amortização ou aquisição da participação social. Desta solução apenas se afasta a exoneração na *sociedade em nome colectivo e em comandita simples* onde se fixa uma data limite para que a exoneração se torne eficaz. Apesar de o sócio em processo de exoneração continuar formalmente a sê-lo, não lhe deve ser reconhecido substancialmente o exercício integral dos seus direitos sociais, uma vez que manifestou a sua intenção de sair da sociedade;

33. *Da emissão da declaração de exoneração resulta a obrigação de a sociedade extinguir a relação societária com o sócio que declarou exonerar-se.* Nesta matéria, o regime legal vigente está desarticulado. Na ausência de regra geral, a solução passará pela aplicação do especialmente estabelecido em cada tipo de sociedade comercial. Nas sociedades anónimas e em comandita por acções, relativamente ao sócio comanditário, perante a ausência de regime especial, o regime aplicável, por analogia, será o das sociedades por quotas, por ser este o tipo de sociedade comercial com o qual mostram maiores semelhanças;

34. Dispondo de mais do que um instrumento para a extinção da relação societária, caberá à sociedade optar por aquele que mais lhe convier, dentro dos limites legais de cada instrumento;

35. A *amortização da quota* não carece do consentimento do sócio, é necessariamente onerosa e tem de ser deliberada pelos sócios. *Sendo a quota detida em regime de contitularidade*, a sua amortização será antecedida da sua divisão, e a amortização incidirá sobre a quota do(s) contitular(es) relativamente ao qual o fundamento de exoneração tenha ocorrido. Tratando-se de *sociedade anónima* ou em *comandita por acções*, relativamente ao sócio comanditário, a amortização será onerosa, com redução do capital social, e terá de ser deliberada pelos sócios;

36. A *aquisição da quota pela sociedade* terá de ser deliberada pelos sócios, apenas poderá respeitar a quota integralmente liberada e será necessariamente onerosa, não sendo necessária a intervenção do sócio. No pagamento da contrapartida, a sociedade só pode usar as reservas facultativas, sendo ainda necessário de que disponha de reservas livres, de montante igual ao valor da contrapartida. Tratando-se de *sociedade anónima* ou em *comandita por acções*, relativamente ao sócio comanditário, a *aquisição de acções próprias* pela sociedade terá de ser deliberada pelos sócios, apenas poderá respeitar a acções integralmente liberadas e será necessariamente onerosa. Porque se trata de aquisição que resulta do cumprimento de uma obrigação legal, a sociedade poderá adquirir e deter acções próprias representativas de mais de 10% do capital social. Poderá ainda ser necessária a colaboração do sócio que se exonerou, a fim de se efectivar a transmissão das acções;

37. Optando pela *transmissão da participação social,* esta terá de ser deliberada pelos sócios e será necessariamente onerosa, não podendo o valor da contrapartida ser inferior ao resultante do art. 1021.º, do CC. Por outro lado, terá de ser dada previamente oportunidade aos restantes sócios de adquirirem proporcionalmente a participação social de quem se exonerou, só depois a transmitindo a terceiros;

38. *Se a sociedade destinatária da declaração de exoneração não extinguir a relação societária, pode o sócio requerer a sua dissolução administrativa.* Assim está previsto nas sociedades por quotas, devendo a mesma solução ocorrer nas sociedades anónimas e em comandita por acções. Contudo, o prazo legal para a sociedade extinguir a relação societária encontra-se manifestamente desfasado da realidade, devendo, por isso, ser revisto;

39. *Uma participação social pode ser avaliada segundo um critério nominal, contabilístico, de mercado ou ainda pelo seu valor real.* Na exoneração por transformação, fusão e cisão e nas causas específicas de exoneração das sociedades em nome colectivo, em comandita simples e por quotas, o valor das participações sociais será feito segundo o regime da fusão, ou seja, salvo estipulação diversa do contrato ou acordo das partes, com base no *estado da sociedade*, isto é, segundo o valor que esta representa no património social efectivo. Para tanto, poderá ser necessário elaborar um balanço com essa finalidade, ainda que sujeito a correcções e outras avaliações. A mesma solução deve ser aplicada, por analogia, às restantes causas legais de exoneração. Porque a avaliação da participação social do sócio que se exonerou é feita segundo o estado da sociedade não há lugar a "descontos de minoria", nem ao chamado "prémio de controlo";

40. *O valor do reembolso da participação social é um elemento fulcral no mecanismo da exoneração de todas as sociedades comerciais* não sendo possível, salvo acordo das partes após ocorrência da causa de exoneração e respectiva declaração, um reembolso por valor inferior ao resultante do art. 105.º, n.º 2. Nas causas estatutárias de exoneração atípicas é permitida a fixação do reembolso da participação social por valor inferior ao seu valor real;

41. É *responsável pela avaliação da participação social* um ROC. Contudo, pode acordar-se que a sua avaliação da participação social seja efectuada por outra entidade, contando que ofereça garantias de capacidade de avaliação e imparcialidade equivalentes;

42. A *excepção de mercado* não é reconhecida no Direito português, nem a propósito do direito de exoneração das sociedades anónimas, nem a propósito do reembolso da participação social. Nestes termos, não vigora no nosso Direito;

43. *O cálculo do valor da participação social* é feito tendo por referência:
43.1. O momento em que a exoneração se torna efectiva nas sociedades em *nome colectivo* e em comandita simples;
43.2. A data da declaração de exoneração nas *sociedades por quotas*;
43.3. Nas restantes causas legais de exoneração, o legislador não estabeleceu o momento para a determinação do valor da participação social, devendo distinguir-se as causas de exoneração que dependam da aprovação de deliberação social das restantes. Na primeira situação, a participação social do sócio deve ser avaliada segundo o seu valor ao tempo da aprovação da deliberação social. Nas restantes causas, o momento da avaliação será o da perfeição da declaração de exoneração;

44. O reembolso da participação social em qualquer sociedade comercial, na sequência do exercício do direito de exoneração:
44.1. Deve ser em dinheiro, salvo acordo entre as partes;
44.2. Acordando-se na dação em pagamento, o reembolso deve ser antecedido de um relatório elaborado por um ROC sem interesses na sociedade;
44.3. Quando a entrada em espécie do sócio consistir no direito de uso e fruição de determinado bem, há que atender ao que foi pactuado pelas partes, podendo haver lugar à devolução do direito cedido;

45. Nas *sociedades por quotas*, sempre que o reembolso não se dê, em virtude dos limites necessários à protecção do capital social ou porque o adquirente da quota não pagou tempestivamente a contrapartida, pode o sócio requerer a dissolução da sociedade. O mesmo sucede nas *sociedades em nome colectivo*, nas causas de exoneração previstas nos arts. 185.º, n.º 2, als. a) e b) e sempre que a parte social não possa ser liquidada por a situação líquida da sociedade se tornar, com o reembolso, inferior ao montante do capital social.

BIBLIOGRAFIA*

A

ABREU, J. M. Coutinho de: *Curso de Direito Comercial Vol. II, Das Sociedades*, 2.ª edição, Almedina, Coimbra, 2007;
— *Curso de Direito Comercial Vol. II, Das Sociedades*, 4.ª reimpressão da edição de 2002, Almedina, Coimbra, 2005.

ADDUCCI, Edoardo: Vide SPARANO, Roberto

AGUILERA RAMOS, Agustín: *El Derecho de Separación del Socio*, Derecho de Sociedades de Responsabilidad Limitada, Tomo II, McGraw-Hill, 1996, pp. 997-1022.

ALBUQUERQUE, Pedro de: *Direito de Preferência dos Sócios em Aumentos de Capital nas Sociedades Anónimas e por Quotas*, Almedina, Coimbra, 1993.

ALFARO ÁGUILA-REAL, Jesús / CAMPINS VARGAS, Aurora: *La Liquidación del Socio Que Causa Baja como Consecuencia de su Separación o Exclusión*, RDM, n.º 240, Madrid, 2001, pp. 441-493.

ALFREDO, Pierre: *La Fixation du Prix d'Offre Publique, de l'Offre d'Exclusion Espagnole à l'Offre de Retrait Française*, Revue des Sociétés, ano 115, n.º 1, Paris, 1997, pp. 67-80.

AMARAL, Paulo Afonso de Sampaio: *O Direito de Recesso na Incorporação, Fusão, Cisão e Participação em Grupo de Sociedades*, Revista do Advogado, n.º 52, São Paulo, 1998, pp. 44-53.

ANGELONI, Franco: *Sorte della Frazione di Capitale Sociale nel Caso di Scioglimento del Rapporto Sociale Limitatamente a Un Socio*, Contratto e Impresa, ano 11, n.º 1, Pádua, 1995, pp. 101-136.

ANGELONI, Vittorio: *Legittimazione del Socio Astenuto ad Impugnare le Deliberazioni Sociali*, Riv. Trim. Dir. Proc. Civ., ano 11, Milão, 1957, pp. 1177--1180.

---

* Da bibliografia constam apenas as obras citadas.

ANGIOLA, Nunzio: *Il Diritto di Recesso del Socio di Società di Capitali. Riflessioni Economico-Aziendali alla Luce dell'Inovata Disciplina Civilistica,* La Riforma delle Società di Capitali Aziendalisti e Giuristi a Confronto, Giuffrè, Milão, 2004, pp. 297-315.

ANTUNES, José A. Engrácia: *Os Grupos de Sociedades – Estrutura e Organização Jurídica da Empresa Plurissocietária,* 2.ª edição revista e actualizada, Almedina, Coimbra, 2002;
— *A Aquisição Tendente ao Domínio Total - Da Sua Constitucionalidade,* Coimbra Editora, Coimbra, 2001.

ASCARELLI, Tullio: *In Tema di Conferimento in Natura,* Riv. Soc., Parte I, Milão, 1959, pp. 482-502;
— *Studi in Tema di Società,* Giuffrè, Milão, 1952;
— *In Tema de Revoca della Liquidazione di una Società per Azioni. Necessità di Deliberazione Unanime o Ricostituzione?,* Riv. Dir. Comm., ano 58, Parte II, Milão, 1950, pp. 51-55.

ASCENSÃO, José de Oliveira: *Direito Civil Reais,* 5.ª edição, reimpressão, Coimbra Editora, Coimbra, 2000;
— *Direito Comercial, Volume IV (Sociedades Comerciais Parte Geral),* Lisboa, 2000;

ASQUINI, Alberto: *Usufrutto di Quota Sociali e di Azioni,* Riv. Dir. Comm., ano 45, Parte I, Milão, 1947, pp. 12-36.

ATELLI, Massimiliano: *Recesso e Inadempimento nelle Convenzioni di Voto,* Contratto e Impresa, ano 13, n.º 1, Pádua, 1997, pp. 68-114.

AULETA, Giuseppe / SALANITRO, Niccolò: *Diritto Commerciale,* Giuffrè, Milão, 1998.

B

BALZARINI, Paola: *Le Azioni di Società,* Giuffrè, Milão, 2000.

BAPTISTA, Maria Daniela Farto: *O Direito de Exoneração dos Accionistas Das Suas Causas,* Coimbra Editora, Coimbra, 2005.

BARTOLACALLI, Alessio: *Brevi Note su Forma e Modalità di Esercizio del Diritto di Recesso,* Giur. Comm., 32.3., Giuffrè, Milão, 2005, pp. 339-354.

BÉRGAMO, Alejandro: *Sociedades Anónimas: Las Acciones,* 2. Vol., Madrid, 1970.

Black's Law Dictionary with Pronunciations, Sixth Edition, West Publishing Co., 1990.

BONARDELL LENZANO, Rafael / CABANAS TREJO, Ricardo: *Separación y Exclusión de Socios en la Sociedad de Responsabilidad Limitada,* Aranzadi, Pamplona, 1998.

BONNEAU, Thierry / FAUGÉROLAS, Laurent: *Les Offres Publiques, OPA, OPE, Garantie de Cours, Retrait ...*, Editions EFE, Paris, 1999.
BRENES CORTÉS, Josefa: *El Derecho de Separación del Accionista*, Marcial Pons, Madrid, 1999.
BRESSAN, Elena: *Le Modalità di Rimborso del Socio Receduto da Società Consortile*, Giur. Comm., 26.1., Giuffrè, Milão, 1999, pp. 29-48.
BUONAURA, Vincenzo Calandra: *Il Recesso del Socio di Società di Capitali*, Giur. Comm., 32.3., Giuffrè, Milão, 2005, pp. 291-316.
BUTTARO, Luca: *Sull'Ampiezza e sulle Conseguenze delle Limitazioni alla Circolazione delle Quote dei Società a Responsabilità Limitata*, Riv. Soc., ano 17, n.º 3, Milão, 1992, pp. 489-513.

C

CABANAS TREJO, Ricardo: Vide BONARDELL LENZANO, Rafael
CALÇAS, Manoel de Queiroz Pereira: *A Reforma da Lei das Sociedades por Acções*, no sítio http://www.cpc.adv.br/Doutrina/Comercial/A%20 REFORMA%20DA%20LEI%20DAS%20SOCIEDADES%20POR%20A %C7%D5ES.htm (recolhido em Dezembro de 2004).
CALIO, Joseph Evan: *New Appraisals of Old Problems: Reflections on the Delaware Appraisal Proceeding*, American Business Law Journal, Vol. 32, 1994, pp. 1-68.
CÂMARA, Paulo: *As Operações de Saída do Mercado*, Miscelâneas n.º 2 do Instituto de Direito da Empresa e do Trabalho, Almedina, Coimbra, 2004, pp. 83-160.
CAMPINS VARGAS, Aurora – Vide ALFARO ÁGUILA-REAL, Jesús
CAPPIELLO, Stefano: *Prospettive di Riforma del Diritto di Recesso dalle Società di Capitali: Fondamento e Limiti dell'autonomia Statutaria*, Riv. Dir. Comm., ano 99, n.º 5-8, Parte I, Pádua, 2001, pp. 243-297.
CASTRO, Carlos Osório de: *Acções Preferenciais sem Voto*, Problemas do Direito das Sociedades, Almedina, Coimbra, 2002, pp. 281-316;
— *Da Admissibilidade das Chamadas «Opa's Estatutárias» e dos Seus Reflexos Sobre a Cotação das Acções em Bolsa*, Juris et de Jure nos Vinte Anos da Faculdade de Direito da Universidade Católica Portuguesa – Porto, Universidade Católica Portuguesa, Porto, 1998, pp. 117-148.
CASTRO, Eduardo Spínola: *As Sociedades de Responsabilidade Limitada no Novo Código Civil – Breves Comentários e Uma Visão Crítica*, no sítio http://www.mundojuridico.adv.br/documentos/artigos/texto445.doc (recolhido em Dezembro de 2004).
CARVALHOSA, Modesto: *A Reforma da Lei de Sociedades por Ações*, no sítio

http://www.cjf.gov.br/revista/seriecadernos/VOL15-4.htm (recolhido em Dezembro de 2004);
— *A Reforma da Lei de Sociedades por Ações*, Revista do Advogado, n.º 52, São Paulo, 1998, pp. 28-31;
— *Comentários à Lei de Sociedades Anônimas, 4.º Volume – Arts. 106.º a 137.º,* Edição Saraiva, 1978;
— *Comentários à Lei de Sociedades Anônimas, 1.º Volume – Arts. 1.º a 45.º,* 2.ª edição, Edição Saraiva, 1977.

CHIAPPETTA, Francesco: *Nuova Disciplina del Recesso di Società di Capitali: Profili Interpretativi e Applicativi,* Riv. Soc., ano 50, n.ºs 2-3, Milão, pp. 487-517.

CHIOMENTI, Filippo: *Revocabilità delle Deliberazioni aventi ad Ogetto le Modificazioni dell'Atto Costitutivo di cui all'art. 2437 Cod. Civ. in Presenza di Dichiarazioni di Recesso della Società,* Riv. Dir. Comm., ano 94, n.ºs 9-10, Parte II, Pádua, 1996, pp. 414-423.

COATES IV, John C.: *"Fair Value" as an Avoidable Rule of Corporate Law: Minority Discounts in Conflict Transactions,* University of Pennsylvania Law Review, n.º 147, 1999, pp. 1251-1352.

COELHO, Francisco Pereira: *Grupos de Sociedades Anotação Preliminar aos Arts. 488.º a 508.º do Código das Sociedades Comerciais,* BFDUC, Vol. LXIV, Coimbra, 1988, pp. 297-353.

COELHO, José Gabriel Pinto: *Prorrogação das Sociedades Comerciais,* RLJ, ano 84, 1951, pp. 177-180.

COELHO, Miguel: *Analistas Financeiros e Recomendações de Investimento,* Cadernos do Mercado de Valores Mobiliários, n.º 12, Dezembro 2001, pp. 49-77;

CORDEIRO, António Menezes: *Manual de Direito das Sociedades, II, Das Sociedades em Especial,* 2.ª edição, Almedina, Coimbra, 2007;
— *Manual de Direito das Sociedades, I, Das Sociedades em Geral,* 2.ª edição, Almedina, Coimbra, 2007;
— *Da Boa Fé no Direito Civil* (3.ª reimpressão), Almedina, Coimbra, 2007;
— *Tratado de Direito Civil Português, I, Parte Geral, Tomo I*, reimpressão da edição de 2005, Almedina, Coimbra, 2007;
— *Tratado de Direito Civil Português, I, Parte Geral, Tomo IV*, reimpressão da edição de Maio de 2005, Almedina, Coimbra, 2007;
— *Direito Europeu das Sociedades,* Almedina, Coimbra, 2005;
— *A 13.ª Directriz do Direito das Sociedades (Oferta pública de Aquisição),* ROA, ano 64, I/II, Lisboa, Novembro 2004, pp. 96-111;
— *Da Compensação no Direito Civil e no Direito Bancário,* Almedina, Coimbra, 2003;
— *Justas Causas de Despedimento,* Estudos do Instituto de Direito do Tra-

balho, Vol. II, Justa Causa de Despedimento, coordenação de Pedro Romano Martinez, Almedina, Coimbra, 2001, pp. 7-14;
— *Acções Preferenciais sem Voto*, ROA, ano 60, Lisboa, 2000, pp. 1001--1056;
— *Da Alteração das Circunstâncias (reimpressão), a Concretização do Artigo 437.º do Código Civil à Luz da Jurisprudência posterior a 1974*, Separata dos Estudos em Memória do Prof. Doutor Paulo Cunha, Lisboa, 1987.

CORRADI, Elisabetta: *Il Recesso Unilaterale dal Contratto Guida alla Lettura della Giurisprudenza*, Giuffrè, 2002.

CORREIA, António Ferrer: *Lições de Direito Comercial*, reprint, Lex, Lisboa, 1994;
— *A Sociedade por Quotas de Responsabilidade Limitada nos Projectos do Futuro Código das Sociedades Comerciais*, Temas de Direito Comercial e Direito Internacional Privado, Almedina, Coimbra, 1989, pp. 73-121;
— *A Nova Sociedade por Quotas de Responsabilidade Limitada no Direito Português*, Scientia Ivridica, n.ºs 199-204, 1986, pp. 333-368;
— *Sociedade por Quotas de Responsabilidade Limitada: Anteprojecto de Lei: 2.ª Redacção e Exposição de Motivos*, in Separata da RDE, ano 1, Coimbra, 1979, pp. 111-119.
— *Lei das Sociedades Comerciais (Anteprojecto)*, BMJ n.º 191, 1969, pp. 5-137.

CORREIA, António Ferrer / XAVIER, V. Gama Lobo: *Dissolução de Sociedade por Quotas: Natureza Supletiva do § 1.º do Art. 42.º da Lei de 11-4-1901: O Caso Especial do Direito de um Sócio a Requerer a Dissolução como Garantia do seu Direito de Exoneração*, RDE, Coimbra, Jan.-Dez. 1983, pp. 273-307.

CORREIA, António Ferrer / XAVIER, V. Gama Lobo / COELHO, Ângela / / CAEIRO, António: *Sociedade por Quotas de Responsabilidade Limitada, Anteprojecto de Lei – 2.ª Redacção e Exposição de Motivos (Conclusão)*, RDE, ano V, n.º 1, 1979, pp. 111-200;
— *Sociedade por Quotas de Responsabilidade Limitada, Anteprojecto de Lei – 2.ª Redacção e Exposição de Motivos*, RDE, ano III, n.º 1, 1977, pp. 153-224.

CORREIA, Luís Brito: *Direito Comercial, Sociedades Comerciais*, Vol. II, 3.ª tiragem, AAFDL, Lisboa, 1997;
— *Os Direitos Inderrogáveis dos Accionistas*, Lisboa, 1964;
— Vide VENTURA, Raúl.

CORREIA, Miguel J. A. Pupo: *Direito Comercial Direito da Empresa*, 10.ª edição, Ediforum, Lisboa, 2007.

CORSI, Francesco: *Il Momento di Operatività del Recesso nelle Società per Azioni*, Giur. Comm., 32.3., Giuffrè, Milão, 2005, pp. 317-322.

COSTA, Manuel Fernandes: *Da Nacionalidade das Sociedades Comerciais,* BFDUC, Separata do Vol. XXVII, Coimbra, 1984, pp. 3-218.

COSTA, Mário Júlio de Almeida: *Direito das Obrigações,* 10.ª edição, Almedina, Coimbra, 2007.

COSTA, Ricardo: *A Sociedade por Quotas Unipessoal no Direito Português, Contributo para o Estudo do Seu Regime Jurídico,* Almedina, Coimbra, 2002.

COZIAN, M. / VIADIER, A. / DEBOISSY, F.: *Droit des Sociétés,* 16e édition, Litec, 2003.

CUNHA, Carolina: *A Exclusão de Sócios,* Problemas do Direito das Sociedades, Almedina, Coimbra, 2003, pp. 201-233.

CUNHA, Paulo Olavo: *Direito das Sociedades Comerciais,* 3.ª edição, Almedina, Coimbra, 2007;
— *Os Direitos Especiais nas Sociedades Anónimas: As Acções Privilegiadas,* Almedina, Coimbra, 1993.

CUNNINGHAM, Lawrence A.: *Behavioral Finance and Investor Governance,* Washington & Lee Law Review, 2002, pp. 767-838.

D

DAIGRE, Jean-Jacques: *La Perte de la Qualité d'Actionnaire,* Revue des Sociétés, ano 117, n.º 3, Paris, 1999, pp. 535-550.

D'AVANZO, Walter: *Recesso,* Novissimo Digesto Italiano, XIV, Editrice Torinense, 1957, pp. 1027-1048;

DE'COCCI, Bruno: *Diritto di Recesso per Cambiamento dell'Oggetto Sociale e Fusione per Incorporazione,* Riv. Dir. Comm., ano 65, Parte II, Milão, 1967, pp. 358-386.

DEBOISSY, F.: Ver COZIAN, M.

DENTAMARO, Anamaria: *Il Diritto dell'Azionista al Disinvestimento. Alienazione e Recesso tra Riforma del Diritto Societário e Testo Unico della Finanza,* La Riforma delle Società di Capitali Aziendalisti e Giuristi a Confronto, Giuffrè, Milão, 2004, pp. 331-358.

DI SABATO, Franco: *Manuale delle Società,* 4.ª edição, Utet, Turim, 1992;
— *Validità della Deliberazione di «Scorporo» Presa dall'Assemblea Ordinaria e Diritto di Recesso,* Riv. Soc., ano 26, n.ºs 4-5, Milão, 1981, pp. 835-848.

DRAGO, José: *Fusão de Sociedades Comerciais – Notas Práticas,* Almedina, Coimbra, 2007;

DUARTE, Rui Pinto: *A Sociedade (Anónima) Europeia – Uma Apresentação,* Cadernos de Direito Privado, n.º 6, 2004, pp. 3-15.

E

EIZIRIK, Nelson: *Reforma das S.A. e Direito de Recesso*, 111, Ano XXXVI (Nova Série), São Paulo, 1998, pp. 74-81;
— *Notas sobre o Direito de Recesso na Incorporação, Fusão e Cisão das Companhias*, Revista de Direito Mercantil, Industrial, Económico e Financeiro, 113, ano XXXVII (nova série), São Paulo, 1999, pp. 124-129.

ESTURILLO LÓPEZ, António: *Estudio de la Sociedad de Responsabilidad Limitada*, Civitas, Madrid, 1996.

F

FAJARDO GARCÍA, Isabel Gemma: *EL Derecho de Separación del Socio en la Sociedad Limitada*, Editorial Práctica del Derecho, S.L., Valencia, 1996.

FARRANDO MIGUEL, Ignacio: *El Derecho de Separación del Socio en la Ley de Sociedades Anónimas y la Ley de Sociedades de Responsabilidad Limitada*, 1 ed., Civitas, Madrid, 1998.

FERRARA JR., Francesco: *Sulle Modalità dell'Aumento di Capitale con Conferimento in Natura nella Società per Azioni*, Riv. Dir. Comm., ano 61, Parte I, Milão, 1963, pp. 73-92.

FERREIRA, Amadeu: *Amortização de Quota e Exoneração de Sócio, Reflexões Acerca das Suas Relações*, Lisboa, 1991.

FERREIRA, Waldemar Martins: *Compêndio de Sociedades Mercantis, Vol. II, Sociedades Anónimas*, 2.ª edição, Livraria Editora Freitas Bastos, Rio de Janeiro, 1942.

FERRI, Giuseppe: *Manuale di Diritto Commerciale*, 9.ª edição, Editrice Torinese, Turim, 1993.

FISCHEL, Daniel R.: *The Appraisal Remedy in Corporate Law*, American Bar Foundation Res. Journal, 1983, pp. 877-884.

FIORENTINO, Adriano: *Sulla Fusione di Società Commerciali*, Riv. Trim. Dir. Proc. Civ., ano 3, Milão, 1949, pp. 637-654.

FONSECA, Ana Maria Taveira da: *A Protecção Legal e Estatutária dos Sócios Minoritários na Transformação das Sociedades por Quotas em Anónimas*, in Nos 20 Anos do Código das Sociedades Comerciais Homenagem aos Profs. Doutores A Ferrer Correia, Orlando de Carvalho e Vasco Lobo Xavier Volume II Vária, Coimbra Editora, Coimbra, 2007, pp. 275-336.

FONSECA, Priscila M. P. Corrêa da: *Dissolução Parcial, Retirada e Exclusão de Sócio no Novo Código Civil*, 2.ª edição, Editora Atlas SA, São Paulo, 2003.

FONSECA, Tiago Soares da: *O Penhor de Acções*, 2.ª edição, Almedina, Coimbra, 2007;

— *Do Contrato de Opção – Esboço de Uma Teoria Geral*, Lex, Lisboa, 2001.

FORMIGGINI, Aldo: *Diritti Individuali degli Azionisti Privilegiati e degli Obbligazionisti*, Riv. Dir. Proc. Civ., ano 6, Milão, 1952, pp. 103-131.

FRADA, Manuel Carneiro da: *A Business Judgment Rule no Quadro dos Deveres Gerais dos Administradores,* Jornadas Sociedades Abertas, Valores Mobiliários e Intermediação Financeira, Almedina, Coimbra, 2007, pp. 201-242/A Reforma do Código das Sociedades Comerciais, Almedina, Coimbra, 2007, pp. 61-102.

FRANÇA, Maria Augusta: *Direito à Exoneração*, Novas Perspectivas do Direito Comercial, Almedina, Coimbra, 1988, pp. 205-227.

FRANCESCHELLI, Remo: *Fusione con Trasferimento della Sede all'Estero e Diritto di Recesso*, Riv. Dir. Civ., ano 14, Parte I, Pádua, 1968, pp. 142--150.

FRÈ, Giancarlo: *Sul Diritto di Recesso*, Riv. Dir. Comm., ano 31, Parte I, Milão, 1933, pp. 635-644 e 762-811.

FURTADO, Jorge Pinto: *Deliberações de Sociedades Comerciais*, Almedina, Coimbra, 2005;
— *Curso de Direito das Sociedades*, 5.ª edição revista a actualizada, Almedina, Coimbra, 2004;
— *Código Comercial Anotado, Vol. II, Tomo I, Artigos 151.º a 178.º*, Almedina, Coimbra, 1979;
— *Código Comercial Anotado, Vol. II, Tomo II, Artigos 179.º a 206.º*, Almedina, Coimbra, 1979;
— *Código Comercial Anotado, Vol. I, Artigos 1.º a 150.º*, Almedina, Coimbra, 1975.

G

GABRIELLI, Giovanni: *Vincolo Contrattuale e Recesso Unilaterale*, Quaderni di Giurisprudenza Commerciale, 76, Giuffrè, Milão, 1985;
— *Recesso e Risoluzione per Inadempimento*, Riv. Trim. Dir. Proc. Civ., ano 28, Milão, 1974, pp. 725-751.

GALLETTI, Danilo: *Il Recesso nelle Società di Capitali*, 214 Quaderni di Giurisprudenza Commerciale, Giuffrè, 2000;
— *Sulle Forme e Sulle Modalità della Dichiarazione di Recesso nelle Società di Capital*, Giur. Comm., 26.3., Giuffrè, Milão, 1999, pp. 247-260;
— *Una Proposta di Riforma del Diritto di Recesso*, Giur. Comm., 26.6., Giuffrè, Milão, 1999, pp. 768-803;

— *Appunti in Tema di Recesso da Società Scissa Quotata in Borsa*, BBTC, Nuova Serie v. 51, n.º 3, Parte I, Milão, 1998, pp. 301-361.

GANDINI, Carla: *Modificazioni dell'Atto Costitutivo nelle Società di Capitali: Recesso, Aumento di Capitali e Diritto di Opzione*, Giur. Comm., Giuffrè, Milão, 1988, pp. 728-755.

GARCÍA DE ALBIZU, Juan Carlos Saenz: *El Objeto Social en la Sociedad Anónima*, 1.ª ed., Civitas, Madrid, 1990.

GERMAIN, Michel: *Les Droits des Minoritaires (Droit Français des Sociétés)*, Revue Internationale de Droit Comparé, ano 54, n.º 2, Paris, 2002, pp. 401-413.

GIORDANO, Alessandro: *Concorso fra Una Causa di Esclusione ed Una Causa di Recesso da Una Società Personale*, Riv. Dir. Comm., ano 53, Parte II, Milão, 1955, pp. 349-358.

GIUSIANA, Enrico: *Annullamento, Rescissione e Recesso del Socio nella Società in Nome Collettivo*, Riv. Dir. Comm., ano 56, n.º 7-8, Parte I, Pádua, 1958, pp. 280-292.

GIUSTINIANI, Mario: *Renunciabilità del Diritto di Recesso dalle Società Anonime*, F. It., Vol. LI, Parte Prima, 1926, pp. 801-809.

GOLDSTEIN, Elliott: *The Relationship Between the Model Business Corporation Act and the Principles of Corporate Governance: Analysis and Recommendations*, The George Washington Law Review, núm. 4-5/84, Vol. 52, 1984, pp. 502-517.

GONÇALVES, Diogo Costa: *Direitos Especiais e o Direito de Exoneração em Sede de Fusão, Cisão e Transformação de Sociedades Comerciais*, O Direito, ano 138, Tomo II, Almedina, Coimbra, 2006, pp. 312-362.

GONÇALVES, Luiz da Cunha: *Tratado de Direito Civil, Volume VIII*, Coimbra Editora, Coimbra, 1933;
— *Comentário ao Código Comercial Português*, Vol. I, Empresa Editora J. B., Lisboa, 1914.

GRIPPO, Giovanni: *Il Recesso del Socio*, Trattato delle Società per Azioni, di G. E. Colombo e G. B. Portale, Vol. 6.º, Utet, Turim, 1997, pp. 133-194.

H

HEGLAR, Robert B.: *Rejecting the Minority Discount*, Duke Law Journal, 1989, pp. 258-280.

HENRIQUES, Paulo Alberto Videira: *A Desvinculação Unilateral Ad Nutum nos Contratos Civis de Sociedade e de Mandato*, Coimbra Editora, Coimbra, 2001.

HÖRSTER, Heinrich Ewald: *Nótula Referente a Alguns Aspectos Pontuais dos Direitos Potestativos: Motivada pela L. n. 24/89, de 1 de Agosto*, RDE, ano 15, Coimbra, 1989, pp. 347-357.

HOSSFELD, Richard T.: *Short-Form Mergers after Glassman v. Unocal Exploration corp.: Time to Reform* Appraisal, Duke Law Journal, n.º 53, 2004, pp. 1337-1365.

I

IOVENITTI, Paolo M.: *Il Nuovo Diritto di Recesso: Aspetti Valutativi*, Riv. Soc., ano 50, n.ºs 2-3, 2005, pp. 459-485.

INSTITUTO DE DIREITO DO TRABALHO: *Estudos do Instituto de Direito do Trabalho, Vol. II, Justa Causa de Despedimento*, coordenação de Pedro Romano Martinez, Almedina, Coimbra, 2001.

J

JORDANO BAREA, Juan: *Denuncia Unilateral del Contrato y Derecho de Separación en Sociedad Limitada de Dos Socios, Constituida por Tiempo Indefinido*, Anuario de Derecho Civil, III, 1955, pp. 895-907.

JOVENITTI, Paolo: *Scorporo e Diritto di Recesso: Il Caso delle Società Quotate*, Riv. Soc., ano 24, 1979, pp. 640-647.

K

KANDA, Hideki/LEVMORE, Saul: *The Appraisal Remedy and the Goals of Corporate Law*, 32, UCLA Law Review, 1985, pp. 429-473.

KHUTORSKY, Alexander: *Coming in from the Cold: Reforming Shareholders' Appraisal Rights in Freeze-Out Transactions*, Columbia Business Law Review, 133, 1997, pp. 133-163.

L

LABAREDA, João: *Direito à Informação*, Problemas do Direito das Sociedades, Coimbra, Almedina, 2002, pp. 119-142;
— *Das Acções Das Sociedades Anónimas*, AAFDL, Lisboa, 1988.

LAURINI, Filippo: *La Scissione di Società*, Riv. Soc., ano 37, n.º 4, Milão, 1992, pp. 923-958.

LLANOS GÓMEZ, Luis Suárez: *Sobre la Separación de Un Socio en las Sociedades de Personas*, Estudios de Derecho Mercantil en Homenaje a Rodrigo Uría, Civitas, Madrid, 1978, pp. 793-805.
LEITÃO, Luís Menezes: *Direito das Obrigações, Vol. II, Transmissão e Extinção das Obrigações, Não Cumprimento e Garantias do Crédito*, 5.ª edição, Almedina, Coimbra, 2007;
— *Direito das Obrigações, Vol. III, Contratos em Especial*, 4.ª edição, Almedina, Coimbra, 2006;
— *Pressupostos da Exclusão de Sócio nas Sociedades Comerciais*, 2.ª reimpressão, AAFDL, Lisboa, 2004.
LEÑA FERNÁNDEZ, Rafael/RUEDA PÉREZ, Manuel Ángel: *Derecho de Separación y Exclusión de Socios en la Sociedad Limitada*, Editorial Comares, Granada, 1997.
LETSOU, Peter V.: *The Role of Appraisal in Corporate Law*, Boston College Law Review, n.º 39, 1998, pp. 1121-1174.
LEVMORE, Saul: Vide KANDA, Hideki
LIMA, Pires de/VARELA, Antunes: *Código Civil Anotado, Volume II Artigos 762.º a 1250.º*, 4.ª edição revista e actualizada, Coimbra Editora, Coimbra, 1997;
— *Código Civil Anotado, Volume III Artigos 1251.º a 1575.º*, 2.ª edição revista e actualizada (reimpressão), Coimbra Editora, Coimbra, 1987.
LOURENÇO, Santos: *Das Sociedades por Cotas, Vol. II*, Ottosgráfica, Lisboa, 1926.
LUCARELLI, Paola: *Conferimento in Natura e Recesso*, Giur. Comm., 1993, pp. 307-317.
LUCCA, Newton de: *O Direito de Recesso no Direito Brasileiro e na Legislação Comparada*, Revista da Faculdade de Direito, vol. 94, São Paulo, 1999, pp. 101-147.
LUONI, Sergio: *Osservazioni in Tema di Recesso Nelle Società per Azioni, ache alla Luce della Riforma del Diritto Societario*, Guir. It., 2003, pp. 100-112.

M

MACHADO, João Baptista: *Pressupostos Sobre a Resolução por Incumprimento*, Obra Dispersa, Vol. I, Scientia Ivridica, Braga, 1991, pp. 125-193;
— *Parecer sobre Denúncia e Direito de Resolução de Contrato de Locação de Estabelecimento Comercial*, Obra Dispersa, Vol. I, Scientia Ivridica, Braga, 1991, pp. 647-681.
MADDI, Thomas W.: *Nodak Bancorporation v. Clarke and Lewis v. Clark: Squeezing Out "Squeeze-Out" Mergers under National Bank ACT*, Washington and Lee Law Review, num. 51/94, 1994, pp. 763-805.

MAFFEZZONI, Isabella: *In Tema di Recesso del Socio di Società di Persone*, Contratto e Impresa, dir. da Francesco Galgano, ano 7, n.º 3, Pádua, 1991, pp. 1201-1219.

MAGALHÃES, Barbosa de: *Anotação ao Ac. do Tribunal Comercial de Lisboa de 3 de Janeiro de 1923 (Aires de Castro e Almeida)*, Gazeta da Relação de Lisboa, ano 36, 1922-1923, pp. 345-346.

MANNING, Dean: *The Shareholder's Appraisal Remedy: An Essay for Frank Coker*, The Yale Law Journal, n.º 2, 1962, pp. 223-255.

MAHONEY, Paul/WEINSTEIN, Mark: *The Appraisal Remedy and Merger Premiums*, 1999, no sítio http://papers.ssrn.com/paper.taf?abstract_id=151488 (recolhido em Novembro de 2004).

MARASÀ, Giorgio: *Prime Note Sulle Modifiche dell'Atto Costitutivo della S.P.A. nella Riforma*, Giur. Comm., 30.2., Giuffrè, Milão, 2003, pp. 135-151.

MARCOS, Rui Manuel de Figueiredo: *As Companhias Pombalinas Contributo para a História das Sociedades por Acções em Portugal*, Livraria Almedina, Coimbra, 1997.

MARIANO, João Cura: *Direito de Exoneração dos Sócios nas Sociedades por Quotas*, Almedina, Coimbra, 2005.

MARTIN, Didier/VALUET, Jean Paul: *Les Offres Publiques d'Acquisition*, Tome I, GLN Joly, Paris, 1993.

MARTINEZ, Pedro Romano: *Da Cessação do Contrato*, 2.ª edição, Almedina, Coimbra, 2006.

MARTINS, Alexandre de Soveral: *Cláusulas do Contrato de Sociedade que Limitam a Transmissibilidade das Acções Sobre os arts. 328.º e 329.º do CSC*, Almedina, Coimbra, 2006.

MARTINS, Fran: *O Direito de Recesso na Lei Brasileira das Sociedades Anónimas*, Revista de Direito Comparado Luso-Brasileiro, ano 3, n.º 4, Rio de Janeiro, 1984, pp. 114-134 ou Revista Forense, ano 81, v. 291, Rio de Janeiro, 1985, pp. 41-50.

MATOS, Albino: *Constituição de Sociedades*, 5.ª edição revista e actualizada, Almedina, Coimbra, 2001.

MIGNOLI, Ariberto: *Facoltà di Recesso del Socio Dissenziente per Revoca della Messa Liquidazione*, Riv. Dir. Comm., ano 45, Parte II, Milão, 1947, pp. 66-80.

MONTALENTI, Paolo: *La Riforma del Diritto Societario: Profili Generali*, Riv. Dir. Comm., ano 101, Parte I, Milão, 2003, pp. 57-81.

MOSCATI, Maria Antonietta: *La Violazione degli Obblighi di Correttezza e di Buona Fede come Giusta Causa di Recesso del Socio di una S.N.C.*, La Nuova Giurisprudenza Civile Commentata, ano 19, n.º 1, Parte II, Pádua, 2003, pp. 129-137.

MOTOS GUIRAO, Miguel: *La Separación Voluntaria del Socio en el Derecho Mercantil Español*, RDN, 1956, pp. 79-182.

N

NASCIMENTO, Keila Terezinha do: *O Ajuste das Ações Frente à Nova Lei de S.A.*, 2002, em http://www.revistaautor.com.br/index.php?option =com_content&task=view&id=273&Itemid=44 (recolhido em Dezembro de 2004).

NAVARRINI, Umberto: *Commentario al Codice di Commercio*, Casa Editrice, Milão, 1924;
— *Trattato Teorico-Pratico di Diritto Commerciale, Vol IV. Diritto delle Persone: I Commercianti (Persone Singole. Enti Collettivi)*, Fratelli Bocca, Editori, Napoles, 1919.

NICCOLINI, Giuseppe: *Recesso per Giusta Causa del Socio di Società di Capitali?*, Riv. Dir. Comm., ano 90, Parte II, Milão, 1992, pp. 73-81.

NICKERSON, Sara S.: *The Sale of Conrail: Pennsylvania's Anti-Takeover Statutes versus Shareholders Interests*, Tulane Law Review, Vol. 72, 1998, pp. 1369-1420.

NUNES, A. J. Avelãs: *O Direito de Exclusão dos Sócios nas Sociedades Comerciais*, Colecção Teses, reimpressão de 1968, Almedina, Coimbra, 2002.

NUNES, Pedro Caetano: *Corporate Governance*, Almedina, Coimbra, 2006.

O

OLAVO, Fernando: *Sociedade em Nome Colectivo Ensaio de Anteprojecto*, BMJ n.º 179, 1968, pp. 15-37.

OTERO, Paulo: *Lições de Introdução ao Estudo do Direito*, I Vol., 2.º tomo, Pedro Ferreira, Lisboa, 1999.

P

PARAISO, Anna Luiza Prisco: *O Direito de Retirada na Sociedade Anónima*, 2.ª edição, Lúmen Juris, Rio de Janeiro, 2000.

PELLIZZI, Giovanni: *Sui Poteri Indisponibili della Maggioranza Assembleare*, Riv. Dir. Civ., ano 13, Parte I, Pádua, 1967, pp. 113-228.

PENTEADO, Mauro Rodrigues Penteado: *A Lei n.º 9.457/97 e as Companhias Fechadas*, Revista do Advogado, n.º 52, São Paulo, 1998, pp. 18-27.

PERALES VISCASILLAS, María del Pilar: *El Derecho de Separación del Socio en las Sociedades de Capital: Un Estudio de las Causas Legales en los Ordenamientos Español y Estadounidense*, La Ley, Madrid 2001.

PERRINO, Michele: *La "Rilevanza del Socio" nelle S.R.L.: Recesso, Diritti Particolari, Esclusione*, Giur. Comm., 30.6.,Giuffrè, Milão, 2003, pp. 810-840;

— *La Nuova S.R.L. nella Riforma delle Società di Capitali*, Riv. Soc., ano 47, Milão, 2002, pp. 1118-1138.

PESUCCI, Stefania Pacchi: *Autotutela dell'Azionista e Interesse dell'Organizzazione*, Giuffrè, Milão, 1993.

PIMENTA, Eduardo Goulart: *Exclusão e Retirada de Sócios, Conflitos Societários e Apuração de Haveres no Código Civil e na Lei das Sociedades Anónimas*, Mandamentos Editora, Belo Horizonte, 2004.

PINHEIRO, Luís de Lima: *O Direito Aplicável às Sociedades: Contributo para o Direito Internacional Privado das Pessoas Colectivas*, Estudos Jurídicos e Económicos em Homenagem ao Professor João Lumbrales, Faculdade de Direito da Universidade de Lisboa, 2000, pp. 475-555.

PINTO, Maurizio: *Sulla Validità dei Sindicati di Voto a Tempo Indeterminato nelle Società non Quotate*, Rev. Soc., ano 44, n.º 6, Milão, 1999, pp. 1362-1385.

PISCITELLO, Paolo: *Riflessioni sulla Nuova Disciplina del Recesso nelle Società di Capitali*, Riv. Soc., ano 50, n.ºs 2-3, Milão, 2005, pp. 518-533;

— *Parere dei Componenti del Collegio dei Docenti del Dottorato di Ricerca in Diritto Commerciali Interno ed Internazionale, Università Cattolica di Milano*, Rev. Soc., ano 47, n.º 6, Milão, 2002, pp. 1493--1495.

PRESTI, Gaetano: *Questioni in Tema di Recesso nelle Società di Capitali*, Giur. Comm., 1982, pp. 100-122.

PROENÇA, José Carlos Brandão: *A Resolução do Contrato no Direito Civil – Do Enquadramento e Regime*, reimpressão, Coimbra Editora, Coimbra, 2006.

R

RAMALHO, Rosário da Palma: *Sobre a Dissolução das Sociedades Anónimas*, AAFDL, Lisboa, 1989.

RAVERA, Enrico: *Il Recesso*, Giuffrè, 2004.

REQUIÃO, Rubens: *Curso de Direito Comercial, 1.º Volume*, 25.ª edição, Editora Saraiva, São Paulo, 2003.

RIVOLTA, Gian Carlo M.: *Pegno ed Usufrutto di Quote di Società a Responsabilità Limitata e Diritto di Voto*, Riv. Dir. Comm., ano 59, n.º 5-6, Parte I, Milão, 1961, pp. 205-234.

ROCHA, Maria Victória Vaz Ferreira da: *Aquisição de Acções Próprias no Código das Sociedades Comerciais*, Almedina, Coimbra, 1994.

ROSSI, Massimo: *Sulla Legittimazione all'Esercizio del Diritto di Recesso dalla Società per Azioni*, Riv. Dir. Comm., ano 101, Parte II, Milão, 2003, pp. 143-169.

RUEDA PÉREZ, Manuel Ángel – Vide LEÑA FERNÁNDEZ, Rafael

S

SALANITRO, Niccolò: Vide AULETA, Giuseppe.
SALVATORE, Lorenzo: *Il «Nuovo» Diritto di Recesso nelle Società di Capitali*, Contratto e Impresa, ano 19, n.º 2, Pádua, 2003, pp. 629-645.
SCIALOJA, Antonio: *La Lunga Storia de Una Breve Legge (Modificazioni agli art. 158, 172 del Cod. di Comm.)*, Riv. Dir. Comm., Vol. XIII, Parte I, Milão, 1915, pp. 302-318;
— *Anotação ao Ac. da Corte di Cassazione de Turim de 05.07.1911*, F. It., Parte Prima, 1912, pp. 176-179;
— *Anotação à Sentença do Tribunal de Nápoles de 13.11.1909*, F. It., Parte Prima, 1910, pp. 203-206;
— *Anotação ao Ac. da Corte di Cassazione de Turim de 17.03.1910*, F. It., Parte Prima, 1910, pp. 1135-1141;
— *Anotação ao Ac. da Corte d'Appello de Génova de 19.02.1904*, F. It., Parte Prima, 1904, pp. 432-436;
— *Anotação ao Ac. da CApp de Turim de 22.12.1902*, F. It., Parte Prima, 1903, p. 817-826.
SCHENK, Alan: Vide SCHULMAN, Stephen H.
SCHMIDT, Dominique: *Réflexions sur le Retrait Obligatoire*, Revue de Droit Bancaire et de la Bourse, Paris, n.º 76, 1999, pp. 213-216.
SCHULMAN, Stephen H./SCHENK, Alan: *Shareholder's Voting and Appraisal Rights in Corporate Acquisition Transactions*, The Business Lawyer, Vol. 38, 1983, pp. 1529-1555.
SELIGMAN, Joel: *Reappraising the Appraisal Remedy*, George Washington Law Review, n.º 52, 1984, pp. 829 - 871.
SERRA, Adriano Vaz: *Acções Nominativas e Acções ao Portador*, BMJ n.º 178, 1968, pp. 17-85.
SIEGEL, Mary: *Back to the Future: Appraisal Rights in the Twenty-First Century*, Harvard Journal on Legislation, Vol. 32, 1995, pp. 79-143.
SILVA, Alcir da: *Anotações Preliminares sobre Recentes Alterações Havidas na Lei das Sociedades por Ações*, no sítio http://www2.uerj.br/~direito/publicacoes/mais_artigos/anotacoes_preliminares.html (recolhido em Dezembro de 2004).
SOARES, António: *O Novo Regime da Amortização de Quotas*, AAFDL, Lisboa, 1988.
SOARES, Maria Bento: *A Transferência Internacional da Sede Social no Âmbito Comunitário*, Temas Societários, Almedina, Coimbra, 2006, pp. 49-78.
SOTO VÁZQUEZ, Rodolfo: *Tratado Práctico de la Sociedad de Responsabilidad Limitada: Adaptado al Reglamento del Registro Mercantil, aprobado por RD 1784/1996*, Granada, 1996.

Souto, Adolpho de Azevedo: *Lei das Sociedade por Quotas Anotada*, 5.ª edição, Coimbra Editora, Coimbra, 1963.
Sparano, Roberto / Adducci, Edoardo: *La Nuova Disciplina del Diritto di Recesso nelle S.P.A.*, no sítio http://www.altalex.com/index.php?idstr=129&idnot=6835 (recolhido em Fevereiro de 2005).
Spedicati, Deborah: *Il Diritto di Recesso: ll Rimborso del Recedente*, Riv. Soc., ano 38, Milão, 1993, pp. 681-695.
Sraffa, Angelo: *Una Nuova Questione sul Recesso dalle Società Anonime*, Riv. Dir. Comm., Parte II, 1905, pp. 253-257.

T

Taínhas, Fernando Manuel Lavado: *A Cisão na Societas Europaea*, O Direito, ano 138, Tomo II, Almedina, Coimbra, 2006, pp. 363-390.
Tantini, Giovanni: *Le Modificazioni dell'Atto Costitutivo Nella Società per Azioni*, Cedam, Pádua, 1973.
Tavares, José: *Sociedades e Empresas Comerciais*, 2.ª edição, Coimbra Editora, Coimbra, 1924;
— *Das Sociedades Commerciaes*, França Amado Editor, Coimbra, 1899;
— *Das Sociedades Commerciaes Tractado Theorico e Prático*, Vol. I, França Amado Editor, Coimbra, 1899.
Thomas, Randall S.: *Revising the Delaware Appraisal Statute*, Delaware Law Review, n.º 3, 2000, pp. 1-34.
Thompson, Robert B.: *Preemption and Federalism in Corporate Governance: Protecting Shareholders Rights to Vote, Sell, and Sue*, Law & Contemporary Problems, 215, 1999, pp. 215-242;
— *Exit, Liquidity, and Majority Rule: Appraisal's Role in Corporate Law*, Georgetown Law Journal, n.º 84, 1995, pp. 43-55.
Tomé, Maria João Carreiro Vaz: *Algumas Notas sobre as Restrições Contratuais à Livre Transmissão de Acções*, Direito e Justiça, Lisboa, Vol. IV (1989--1990), pp. 211-220 Vol. V (1991), pp. 198-218.
Torres, Carlos Maria Pinheiro: *O Direito à Informação nas Sociedades Comerciais*, Almedina, Coimbra, 1998.
Torres, Nuno Maria Pinheiro: *Da Transmissão de Participações Sociais Não Tituladas*, Universidade Católica Portuguesa, Porto, 1999.
Triunfante, Armando Manuel: *A Tutela das Minorias nas Sociedades Anónimas Direitos Individuais*, Coimbra Editora, Coimbra, 2004.

V

VALVERDE, Trajano de Miranda: *Sociedade por Ações, Vol. I, Arts. 1.º a 73.º*, 3.ª edição, Forense, Rio de Janeiro, 1959;
— *Sociedade por Acções, Vol. II, Arts. 74.º a 136.º*, 3.ª edição, Forense, Rio de Janeiro, 1959.

VARELA, João de Matos Antunes: *Das Obrigações em Geral, Volume I*, 10.ª edição, 4.ª reimpressão da edição de 2000, Almedina, Coimbra, 2006;
— Vide LIMA, Pires.

VASCONCELOS, Joana: *O Conceito de Justa Causa de Despedimento*, Estudos do Instituto de Direito do Trabalho, Vol. II Justa Causa de Despedimento, coordenação de Pedro Romano Martinez, Almedina, Coimbra, 2001, pp. 15-34;
— *A Cisão de Sociedades*, Universidade Católica Editora, Lisboa, 2001.

VASCONCELOS, Pedro Pais de: *Teoria Geral do Direito Civil*, 4.ª edição, Almedina, Coimbra, 2007;
— *A Participação Social nas Sociedade Comerciais*, 2.ª edição, Almedina, Coimbra, 2006;
— *Estatuto Pessoal das Sociedades Comerciais, Estruturas Jurídicas da Empresa*, AAFDL, Lisboa, 1989, pp. 37-57.

VELASCO ALONSO, Ángel: *El Derecho de Separación del Accionista*, Editorial de Derecho Financiero, Editoriales de Derecho Reunidas (Edersa), 1976.

VENTORUZZO, Marco: *I Criteri di Valutazione delle Azioni in Caso di Recesso del Socio*, Riv. Soc., ano 50, n.ºs 2-3, 2005, pp. 309-457.

VENTURA, Raúl: *Apontamentos Sobre Sociedades Civis*, Almedina, Coimbra, 2006;
— *Fusão, Cisão e Transformação de Sociedades Parte Geral, Parte Geral, artigos 97.º a 140.º, Comentário ao Código das Sociedades Comerciais*, 3.ª reimpressão da edição de 1990, Almedina, Coimbra, 2006;
— *Sociedades por Quotas, Vol. II, Artigos 240.º a 251.º, Comentário ao Código das Sociedades Comerciais*, 3.ª reimpressão da edição de 1989, Almedina, Coimbra, 2005;
— *Sociedades por Quotas, Vol. I, Artigos 197.º a 239.º, Comentário ao Código das Sociedades Comerciais*, 3.ª reimpressão da 2.ª edição de 1989, Almedina, Coimbra, 2004;
— *Novos Estudos Sobre Sociedades Anónimas e Sociedades em Nome Colectivo, Comentário ao Código das Sociedades Comerciais*, reimpressão da edição de 1994, Almedina, Coimbra, 2003;
— *Estudos Vários sobre Sociedades Anónimas, Comentário ao Código das Sociedades Comerciais*, reimpressão da edição de 1992, Almedina, Coimbra, 2003;

— *Dissolução e Liquidação de Sociedades, Comentário ao Código das Sociedades Comerciais*, Almedina, Coimbra, 1987;
— *Grupos de Sociedades Uma Introdução Comparativa a Propósito de Um Projecto Preliminar de Directiva da C.E.E.*, ROA, ano 41, Maio-Agosto 1981, pp. 305-362;
— *Adaptação do Direito Português à 1.ª Directiva da CEE sobre Direito das Sociedades*, Separata de Documentação e Direito Comparado, n.º 2, 1980, pp. 89-217;
— *Duração e Prorrogação da Sociedade*, Livraria Cruz, Braga, 1977, também publicado em Scientia Ivridica, n.ºs 144-145, 1977, pp. 44-68;
— *A Sede da Sociedade no Direito Interno e no Direito Internacional Português*, Scientia Iuridica, 1977, n.ºs 146-147, pp. 344-361 e n.º 148-149, 1977, pp. 462-509;
— *Sociedade por Quotas de Responsabilidade Limitada Anteprojecto Segunda Redacção*, BMJ n.º 182, 1969, pp. 197-247;
— *Sociedades Comerciais: Dissolução e Liquidação*, I, Edições Ática, Lisboa, 1960.

VENTURA, Raúl / CORREIA, Luís Brito: *Transformação de Sociedades (Anteprojecto e Notas Justificativas)*, BMJ n.º 220, 1972, pp. 13-78.

VIADIER, A.: Ver COZIAN, M.

VIDARI, Ercole: *Di un Caso di Recesso nelle Società Anonime*, Editrice Libraria, Milão, 1911.

VIERA GONZÁLEZ, Jorge A.: *Las Sociedades de Capital Cerradas y Causas de Separación y Exclusión en la SA y en la SRL,* RDS, Elcano, n.º 17, Aranzadi, 2001, pp. 47-107.

VITERBO, Camillo: *Il Diritto di «Recesso» Verso la sua Fine*, Riv. Dir. Comm., ano 31, Parte I, Milão, 1933, pp. 289-294.

VIVANTE, Cesare: *Trattato di Diritto Commerciale, Vol. II, Le Società Commerciali*, 2.ª ed., Fratelli Bocca Editori, Turim, 1903.

W

WACHTER, Michael L.: *Takeover Defense When Financial Markets are (Only) Relatively Efficient,* University of Pennsylvania Law Review, Vol. 151, 2003, pp. 787-824.

WEINSTEIN, Mark: Ver MAHONEY, Paul

WERTHEIMER, Barry M.: *The Shareholder's Appraisal Remedy and how Courts Determine Fair Value*, Duke Law Journal, Vol. 47, 1998, pp. 613-713;
— *The Purpose or the Shareholders' Appraisal Remedy*, Tennessee Law Review, n.º 3/98, Vol. 65, 1998, pp. 661-690.

Woo, Angie: *Appraisal Rights in Mergers of Publicly-held Delaware Corporations: Something Old, Something New, Something Borrowed, and something B.L.U.E.*, Southern California Law Review, Vol. 68, 1995, pp. 719-743.

X

Xavier, Vasco da Gama Lobo: *Acerca do Exercício do Direito de Exoneração ou Afastamento em Caso de Aumento do Capital de Sociedade por Quotas*, Separata da RDES, ano XXI, Coimbra, 1977, pp. 267-288;
— Vide Correia, António Ferrer

Z

Zanarone, Giuseppe: *Introduzione alla Nuova Società a Responsabilità Limitata*, Riv. Soc., ano 48, Milão, 2003, pp. 58-111.

ÍNDICE DE JURISPRUDÊNCIA

a) ITALIA

- **Corti di Cassazione**
— 27.07.1903, F. It., Parte Prima, 1903, pp. 1211-1217;
— 31.12.1904, F. It., Parte Prima, 1905, pp. 557-559;
— 01.03.1905, Riv. Dir. Comm., Parte II, 1905, pp. 138-141;
— 17.03.1910, F. It., Parte Prima, 1910, pp. 1135-1144;
— 05.07.1911, F. It., Parte Prima, 1912, pp. 176-181;
— 04.08.1917, Riv. Dir. Comm., Parte Seconda, 1918, pp. 261-262;
— 20.09.1995, Giur. Comm., 1997, pp. 50-59;
— 03.01.1998, Giur. It., 1998, pp. 503-505;
— 10.06.1999, Giur. It., 2000, pp. 542-544
— 05.10.1999, F. It., Parte Prima, 2001, pp. 1034-1041;
— 14.02.2000, Giur. It., 2000, pp. 1659-1662;
— 22.04.2002, F. It., Parte Prima, 2003, pp. 266-278;
— 09.09.2002, Giur. It., 2004, pp. 100-102;
— 12.07.2002, Giur. It., 2003, pp. 114-115;
— 19.03.2004, Giur. It., 2004, pp. 1660-1664 / F. It., Parte Prima, 2004, pp. 2798-2805;
— 26.08.2004, F. It., Parte Prima, 2005, p. 755.

- **Corte d'Appelo**
— Roma, 14.03.1956, Riv. Trim. Dir. Proc. Civ., ano 11, Milão, 1957, p. 1177;
— Turim, 22.12.1902, F. It., Parte Prima, 1903, pp. 818-828;
— Génova, 19.02.1904, F. It., Parte Prima, 1904, pp. 432-439;
— Milão, 16.02.1912, F. It., Parte Prima, 1912, pp. 351-367;
— Nápoles, 01.02.1915, Riv. Dir. Comm., Parte Seconda, 1915, pp. 717-720;
— Turim, 27.01.1926, F. It., Parte Prima, 1926, pp. 801-809;

— Milão, 22.01.1926, Riv. Dir. Comm., Parte Seconda, 1926, pp. 150-154;
— Milão, 22.05.1929, F. It., Parte Prima, 1929, pp. 929-933;
— Bolonha, 24.06.1946, Riv. Dir. Comm., ano 45, Parte II, Milão, 1947, p. 76;
— Milão, 22.04.1960, F. It., Parte Prima, 1960, pp. 1404-1407;
— Milão, 25.10.1992, Giur. It., 1992, p. 323;
— Milão, 12.03.2002, Giur. It., 2002, pp. 2103-2108;
— Milão, 13.05.2003, Giur. It., 2004, pp. 122-125.

— Ac. do Tribunal de Nápoles de 13.11.1909, F. It., Parte Prima, 1910, pp. 203-215;
— Ac. do Tribunal de Nápoles de 09.02.1967, F. It., Parte Prima, 1967, pp. 1949-1952;
— Ac. do Tribunal de Pavia de 21.04.1989, F. It., Parte Prima, 1990, pp. 1688-1696;
— Ac. do Tribunal de Florença de 01.08.1990, Giur. Comm., 1993, pp. 307-309;
— Ac. do Tribunal de Orvieto de 18.02.1994, F. It., Parte Prima, 1995, pp. 311-313.
— Ac. do Tribunal de Milão de 02.05.1996, F. It., Parte Prima, Roma, 1998, pp. 262-268;

b) PORTUGAL

• Ac. do Supremo Tribunal de Justiça
— 13.03.1945 (ROCHA FERREIRA), RLJ, ano 77, 1944-45, pp. 363-364;
— 02.07.1948 (ROCHA FERREIRA), BMJ n.º 8, 1948, pp. 321-325;
— 19.02.1960 (MORAIS CABRAL), BMJ n.º 94, 1960, pp. 311-315;
— 09.01.1976, transcrito por LOBO XAVIER, Acerca do Exercício do Direito de Exoneração ou Afastamento em Caso de Aumento do Capital de Sociedade por Quotas, Separata da RDES, ano XXI, Coimbra, 1977, pp. 267-273;
— 08.01.1985 (JOAQUIM FIGUEIREDO), no sítio htttp://www.dgsi.pt (recolhido em Julho de 2006);
— 19.03.1987 (LIMA CLUNY), BMJ n.º 365, 1987, pp. 608-610;
— 05.03.1992 (TATO MARINHO), BMJ n.º 415, 1992, pp. 666-670;
— 24.06.1993 (SAMPAIO DA SILVA), BMJ n.º 428, 1993, pp. 625-634;
— 08.06.1995 (MARTINS DA COSTA), BMJ n.º 448, 1995, pp. 390-396;
— 07.10.1997 (MACHADO SOARES), CJ do STJ, ano V, tomo III, pp. 52-54;
— 11.03.1999 (GARCIA MARQUES), BMJ n.º 485, 1999, pp. 432-445;

— 07.10.2003 (BARROS CALDEIRA), no sítio htttp://www.dgsi.pt (recolhido em Julho de 2006).

• **Ac. do Tribunal da Relação de Lisboa**
— 03.01.1923 (AIRES DE CASTRO E ALMEIDA), Gazeta da Relação de Lisboa, ano 36, 1922-1923, p. 346;
— 08.07.1999 (PROENÇA FOUTO), BMJ n.º 489, 1999, p. 392;
— 29.10.2002 (Abrantes Geraldes), no sítio htttp://www.dgsi.pt (recolhido em Julho de 2006);

• **Ac. do Tribunal da Relação do Porto**
— 10.01.1995 (ARAÚJO BARROS), no sítio htttp://www.dgsi.pt (recolhido em Julho de 2006);
— 09.11.1999 (PINTO FERREIRA), CJ, ano XXIV, tomo V, pp. 180-182;
— 14.12.2004 (DURVAL MORAIS), no sítio htttp://www.dgsi.pt. (recolhido em Julho de 2006);
— 07.03.2005 (CAIMOTO JÁCOME), no sítio htttp://www.dgsi.pt (recolhido em Julho de 2006);
— 26.09.2005 (FERNANDES DO VALE), no sítio htttp://www.dgsi.pt (recolhido em Julho de 2006);
— 25.10.2005 (MARQUES DE CASTILHO), no sítio htttp://www.dgsi.pt (recolhido em Julho de 2006);

• **Ac. da Tribunal da Relação de Coimbra**
— 6.07.1983 (ALBERTO BALTAZAR COELHO), CJ, ano VIII, tomo IV, pp. 50-54;
— 14.2.1990 (ROGER DA CUNHA LOPES), CJ, ano XV, tomo I, pp. 97-98;
— 06.03.1990 (CASTANHEIRA DA COSTA), CJ, ano XV, tomo II, pp. 45-47;

• **Tribunal da Relação de Évora**
— 17.01.1991 (MATOS CANAS), BMJ n.º 403, 1991, p. 506.

— Ac. do Tribunal da Apelação do Porto, de 02.03.1917 (FERREIRA DIAS), Revista dos Tribunais, ano 37, 1918-1919, pp. 10-11;
— Ac. do Tribunal Comercial de Lisboa, de 3.01.1923 (AIRES DE CASTRO e ALMEIDA), Gazeta da Relação de Lisboa, ano 36, 1922-1923, pp. 344--345.

ÍNDICE TEMÁTICO*

Abuso do direito – 57, 67, 183, 190, 215 262, 309, 323, 368, 384, (153), (574), (706), (800), (1013) e (1015)

Acções:
— *depósito* – 124, 152, 254, 315, 355, (331), (368) e (369)
— *próprias* – 115, 128, 288, 333, 334, 336, 383, 385, (978), (1135) e (1215)

Acta – 164, 165, 176, 178, 202, 300, (245), (366) e (523)

Amortização:
— *acções* – 171, 279, 280, 282, (131), (459), (959) e (1133)
— *participação social* – 19, 35, 38, 58 e ss., 202, 314, 317, 318, 319, 320, 321, 322, 323, 324, 326, 327, 329 e ss., 335, 336, 377, 384, (129), (993) e (1118)
— *quotas* – 35, 36, 269, 280, 316, 325, 369, 370, 385, (11), (52), (130), (132), (259), (774), (991), (1086), (1104), (1126), (1130), (1136), (1137), (1251) e (1253)

Aquisição potestativa:
— *mobiliária* – 354, 357, 359, 360, (1197), (1198), (1199) e (1204)
— *societária* – 248, (1168), (1194) e (1204)

Autonomia privada – 44 e 328

Balanço – 74, 104, 105, 114, 115, 125, 126, 162, 163, 165, 166, 176, 177, 194, 197, 200, 201, 330, 341, 342, 346, (11), (173), (206), (303), (304), (338), (447), (517), (525), (565) (568), (625), (650), (1127), (1135), (1156) (1172) e (1176)

Caducidade – 81, 113, 200, 229, 285, 306, 308, (364), (1041), (1042), (1055) e (1194)

Capital social:
— *aumento* – 56, 89, 99, 100, 101, 102, 106, 107, 119, 130, 162, 172, 173, 198, 199, 230 ss., 234 e ss., 271, 279, 284, 288, 290, 307, 336, 380, 381, (35), (114), (225), (285), (293), (294), (295), (296), (308), (653), (771), (784), (785), (787), (915), (1040), (1096), (1113), (1125) e (1202)

---

* Os números indicam as páginas e, entre parêntesis, as notas de rodapé.

— *redução* – 19, 58, 59, 75, 82, 91, 92, 115, 116, 127, 128, 132, 162, 166, 178, 197, 199, 277, 279, 280, 311, 329, 330, 332, 333, 337, 365, 385, (30), (132), (207), (255), (256), (259), (285), (389), (401), (572), (652), (659), (1125) e (1133)
Contrato de subordinação – 248-250, 253, 304, (332), (339), (342) e (1247)
Credor pignoratício – 27, 292 e ss., 383, (1004) e (1005)

Declaração receptícia – 25, 46, 47, 49, 50, 190, 304, 315, 377 e (334)
Direito:
— *à informação* – 18, 208, 209, 263, 291, 324, (989) e (1112)
— *de preferência* – 101, 102, 147, 173, 235, 236, 284, 336, 381, (457), (571), (785), (788), (955), (1113), (1145) e (1146)
Dividendo – 54, 69, 167, 170, 171, 175, 224, 248, 249, 292, 301, 324, 374, (161), (293), (543), (545), (549), (1113) e (1217)

Entrada – 35, 36, 51, 73, 75, 76, 77, 101, 107, 110, 111, 117, 120, 201, 228, 230, 231, 232, 236, 257, 260, 275, 288, 307, 336, 370, 371, 372, 380, 381, 382, 387, (52), (56), (257), (320), (322), (419), (659), (870) e (1202)

Lacuna – 19, 114, 266, 270, 377, (164), (172), (209), (359) e (906)

Lucro – 162, 178, 182, 183, 190, 204, 223, 249, 273, 284, 290, 301, 322, 373, 374, (11), (499), (528), (553), (838), (997), (1068), (1104), (1155), (1163) e (1227)
OPA – 253, 354, 356, (349), (927) e (1205)

Participação social (acção, parte social, quota):
— *contitularidade* – 295 e ss., 331, 336, 383, 385 e (1007)
— *liberada* – 34 e ss., 39, 232, 288, 332, 334, 383, 385, (52) e (659)
— *liquidação* – 29, 98, 111, 114, 116, 124, 126, 127 e ss., 129, 132, 194, 195, 200, 231, 232, 275, 301, 315, 325, 339, (281), (381), (625), (973), (1103), (1151), (1172), (1204), (1247) e (1248)
— *valor contabilístico* – 349, (1155) e (1172)
— *valor nominal* – 82, 91, 115, 154, 156, 166, 301, 329, 330, 331, 340, 341, 342, 371, (11), (132), (257) e (1133)
— *valor real* – 21, 90, 114, 115, 125, 282, 340, 341, 342, 344, 345, 349, 350, 351, 356, 357, 358, 359, 360, 364, 377, 378, 386, (258), (281), (386), (855), (1133), (1156), (1160), (1168) e (1172)
Partilha – 45, 118, 192, 211, 212, 213, 214, 215, 243, 244, 245, 317, 337, 343, 373, (691), (699) e (704)
Penhor – 41, 292 e ss., (955) e (996)
Prescrição – 57, (163) e (661)

Quota:
— *cessão* – 48, 66, 218, 219, 232 e ss., 380, 381, (11), (114), (241), (772), (773), (774), (775) e (778)
— *divisão* – 331, 385 e (1144)
— *próprias* – 288, 383, (400) e (1135)
Quota de liquidação – 97, 100, 370, 373, 374 e (225)

Reservas – 92, 100, 115, 127, 128, 132, 162, 178, 273, 288, 330, 332, 333, 334, 341, 385, (11), (254), (256), (545), (1129) e (1135)
Responsabilidade civil – 27, 170, 209, 238 e (738)
Revogação (deliberação social/causa exoneração) – 28, 30, 108, 118, 130, 132, 214, 310 e ss., 315, 320, (31), (225), (317), (532), (593), (1055), (1060), (1061), (1062), (1064) e (1095)
ROC – 247, 345, 351, 352, 370, 386, 387, (1168), (1192), (1194) e (1195)

SE – 252, 253, 254, 255, 256, 300, 305, 307, 326, 327, 338, 339, 344, 349, 381, 381, 384, (9), (672), (859) e (1263)
Sede – 19, 47, 54, 55, 56, 76, 80, 81, 83, 84, 90, 91, 107, 109, 117, 118, 124, 130, 149, 204 e ss., 241 e ss., 255, 256, 266, 268, 290, 299, 302, 303, 306, 307, 308, 343, 379, 380, 382, (198), (200), (372), (464), (666), (667), (669), (670), (671), (672), (673), (674), (677), (678), (680), (681), (684), (685), (686), (688), (704), (804), (805), (861), (1019) e (1042)

Sociedade:
— *aberta* – 174, 175, 207, 281, 354, 358, 359, 365, 366 e (1234)
— *cisão* – 19, 44, 56, 130, 167, 168, 169, 170, 171, 172, 201, 259, 262 e ss., 282, 286, 290, 300, 304, 307, 325, 327, 343, 344, 367, 382, 386, (351), (530), (532), (534), (549), (859), (867), (891), (901), (902), (942), (1171) e (1193)
— *civil* – 28, 39, 184, 196, 314, 349, (41), (47), (91), (119), (147), (167), (1097) e (1099)
— *cotada* – 19, 67, 68, 81, 107, 114, 119, 120, 124, 125, 126, 149, 198, 281, 282, 341, 342, 355, 361, 363, 366, 378, (355), (357), (381) e (1202)
— *de capitais* – 20, 21, 53, 96, 99, 1 15, 135, 136, 228, 259, 371, 377, 378 e (685)
— *de capital de risco* – 122, 282 e (364)
— *dissolução* – 19, 28, 44-45, 60, 71, 92, 100, 128, 132, 143, 144, 146, 161, 163, 167, 169, 173, 182, 183, 184, 185, 186 e ss., 191, 194, 195, 196, 206, 211, 212, 213, 214, 237, 238, 243, 244, 245, 269, 278, 279, 282, 288, 290, 311, 316, 320, 321, 324, 325, 331, 337, 338, 373, 374, 377, 379, 382, 386, 387, (70), (79), (163), (225), (317), (411), (447), (511), (529), (580), (613), (692), (693), (695), (697), (708), (709), (958), (993), (1119) e (1148)

— *duração* – 47, 48, 51, 72, 86, 97, 99, 103, 104, 107, 108, 130, 161, 181, 182, 183, 184, 187, 188, 191 e ss., 196, 217, 218, 219, 232, 242 e ss., 271, 290, 380, 382, (141), (224), (268), (308), (360), (445), (622), (626), (709), (712), (713), (719), (808) e (811)
— *fechada* – 85, 232, 282, 366 e (789)
— *fusão* – 19, 44, 56, 69, 73, 74, 76, 99, 100, 107, 130, 137, 141, 145, 146, 148, 149, 150, 164, 165, 167, 168, 169, 171, 172, 199, 201, 202, 248, 254, 255, 259, 262 e ss., 277, 278, 282, 286, 290, 300, 304, 307, 320, 325, 327, 343, 344, 362, 363, 364, 365, 367, 382, 386, (70), (98), (180), (308), (311), (351), (420), (443), (450), (453), (454), (455), (456), (467), (473), (475), (476), (490), (520), (532), (546), (859), (861), (867), (869), (870), (882), (891), (902), (1037), (1169), (1171), (1193), (1217), (1220) e (1227)
— *liquidação* (revogação, cessação, extinção) – 45, 86, 108, 117, 118, 130, 165, 167, 169, 170, 171, 173, 177, 188, 191, 192, 193, 211 e ss., 245, 287, 290, 337, (165), (226), (317), (401), (544), (661), (691), (740), (1015), (1160) e (1162)
— *objecto social* – 54, 55, 56, 73, 76, 77, 78, 81, 83, 84, 99, 100, 103, 106, 107, 108, 116, 117, 118, 130, 165, 167, 170, 171, 211, 222, 224, 236 e ss., 243, 244, 253, 265, 266, 268, 290, 302, 380, 381, (181), (182), (186), (225), (298), (299), (308), (317), (357), (393), (549), (792), (797), (801), (864), (875) e (891)
— *transformação* – 56, 66, 68, 73, 74, 76, 78, 79, 81, 83, 87, 99, 107, 109, 117, 118, 130, 165, 167, 171, 173, 198, 201, 206, 257 e ss., 265, 267, 277-278, 282, 286, 290, 299, 300, 304, 307, 311, 317, 325, 327, 338, 343, 344, 367, 369, 382, 386, (70), (173), (188), (192), (228), (351), (357), (529), (551), (560), (561), (866), (867), (868), (870), (870), (871), (873), (875), (896), (900), (1062), (1069), (1125), (1151), (1154), (1247) e (1262)

Tipicidade – 115 e 257

Usufruto – 41, 289, 291, 292, 294, 371, 383, (955), (991), (993), (994) e (1004)
Usufrutuário – 27, 289 e ss., 383, (987) e (991)

ÍNDICE GERAL

NOTA PRÉVIA 5

MODO DE CITAR 11

ÍNDICE DE ABREVIATURAS 13

INTRODUÇÃO 17

PRIMEIRA PARTE
ENQUADRAMENTO GERAL

CAPÍTULO I
Noção e Principais Características

1. Noção 25
2. Principais Características 26
   2.1. Direito Societário 26
   2.2. Direito Potestativo 27
   2.3. Direito Irrenunciável 31
   2.4. Direito Inderrogável 33
   2.5. Direito Unilateral 34
   2.6. Direito sobre Partes Sociais integralmente Liberadas 34
   2.7. Direito de Exercício Integral? 37
   2.8. Direito Intransmissível 41

CAPÍTULO II
Distinção de Figuras Afins

1. Exoneração e Transmissão da Participação Social 43
2. Exoneração e Dissolução 44
3. Exoneração e Denúncia 45
4. Exoneração e Resolução 48
5. Exoneração e Amortização da Participação Social 58
6. Exoneração e Exclusão 59

SEGUNDA PARTE
O DIREITO DE EXONERAÇÃO NO DIREITO COMPARADO

CAPÍTULO I
Direito Francês

1. Introdução 65
2. Sociedades em Nome Colectivo e em Comandita Simples 65
3. Sociedades por Quotas 66
4. Sociedades Anónimas 66

CAPÍTULO II
Direito Espanhol

1. O Direito de Exoneração nas Sociedades em Nome Colectivo e em Comandita Simples 71
2. O Direito de Exoneração nas Sociedades Anónimas 72
   2.1 Código Comercial de 1829 e de 1885 72
   2.2. Causas Legais de Exoneração na Lei das Sociedades Anónimas, de 17 de Julho de 1951 73
      2.2.1. Modificação do Objecto Social 73
      2.2.2. Transformação 73
      2.2.3. Fusão 74
      2.2.4. O Direito de Exoneração Resultante da Revisão do Valor da Entrada em Espécie 75
   2.3. Causas Legais de Exoneração no Texto Refundido da LSA   75
      2.3.1. Afastamento do Direito de Exoneração nos Casos de Fusão e de Revisão do Valor da Entrada em Espécie   76

2.3.2. Substituição do Objeto Social 77
2.3.3. Transformação 78
2.3.4. Transferência da Sede Estatutária para o Estrangeiro 80
2.4. Regime das Causas Legais de Exoneração 81
2.5. Causas Estatutárias de Exoneração 82
3. O Direito de Exoneração nas Sociedades de Responsabilidade Limitada 83
3.1. Causas de Exoneração na LRSL 83
   3.1.1. Substituição do Objeto Social e Transferência da Sede Social para o Estrangeiro 84
   3.1.2. Modificação do Regime de Transmissão das Participações Sociais 84
   3.1.3. Prorrogação ou Reactivação da Sociedade 86
   3.1.4. Transformação em Sociedade Anónima, Civil, Cooperativa, em Nome Colectivo, em Comandita ou Agrupamento de Interesse Económico 87
   3.1.5. Criação, Modificação ou Extinção da Obrigação de Realizar Prestações Acessórias 88
   3.1.6. Proibição de Transmissão Voluntária de Participações Sociais por Acto Inter Vivos 89
3.2. Regime das Causas Legais de Exoneração 89
   3.2.1. Exercício 89
   3.2.2. Avaliação da Participação Social 90
   3.2.3. Reembolso da Participação Social 91
   3.2.4. Redução do Capital Social 91
   3.2.5. Escritura e Registo da Exoneração do Sócio 92
3.3. Causas Estatutárias de Exoneração 93
4. O Direito de Exoneração nas Sociedades em Comandita por Acções. Remissão 94

CAPÍTULO III
Direito Italiano

1. O Direito de Exoneração nas Sociedades em Nome Colectivo ... 95
1.1. Código Comercial de 1882 95
1.2. Código Civil de 1942 96
   1.2.1. Causas de Exoneração 96
   1.2.2. Regime e Consequências da Declaração de Exoneração 97
1.3. A Reforma do Código Civil Italiano de 2003 98

2. O Direito de Exoneração nas Sociedades Anónimas 99
   2.1. As Causas Legais de Exoneração no Código Comercial de 1882   99
      2.1.1. Fusão 100
      2.1.2. Aumento do Capital Social 100
      2.1.3. Reintegração do Capital Social 102
      2.1.4. Alteração do Objecto Social 103
      2.1.5. Prorrogação da Duração da Sociedade Não Prevista no Acto Constitutivo 103
   2.2. Regime e Consequências da Declaração de Exoneração no Código Comercial de 1882 104
   2.3. O Direito de Exoneração entre 1915 e 1932 105
   2.4. As Causas Legais de exoneração no Código Civil de 1942 106
      2.4.1. Alteração do Objecto Social 108
      2.4.2. Deliberação de Transformação da Sociedade 109
      2.4.3. Deliberação de Transferência da Sede para o Estrangeiro 109
      2.4.4. Reavaliação da Entrada em Espécie ou de Créditos .. 110
   2.5. Regime e Consequências da Declaração de Exoneração no Código Civil de 1942 111
      2.5.1. Legitimidade 111
      2.5.2. Declaração de Exoneração 112
      2.5.3. Reembolso 114
   2.6. A Reforma do Código Civil Italiano de 2003 115
   2.7. Causas de Exoneração no Código Civil Actual 116
      2.7.1. Causas Legais Obrigatórias 116
      2.7.2. Causas Legais Não Obrigatórias 121
      2.7.3. Causas Estatutárias 122
   2.8. Regime e Consequências da Declaração de Exoneração no Código Civil Actual 122
      2.8.1. Legitimidade 122
      2.8.2. Declaração de Exoneração 123
      2.8.3. Reembolso 123
      2.8.4. Processo de Liquidação 127
3. O Direito de Exoneração nas Sociedades de Responsabilidade Limitada 129
   3.1. Código Civil Italiano 129
      3.1.1. Causas de Exoneração 129
      3.1.2. Regime e Consequências da Declaração de Exoneração 131
4. O Direito de Exoneração nas Sociedades em Comandita. Remissão 133

CAPÍTULO IV
Direito Norte-Americano

1. Origem e Noção do Appraisal Right 135
2. A Saída do Sócio nas Limited Liability Companies e nas Limited Partnership Companies 142
3. O Reconhecimento Federal do Appraisal Right nas Corporations 144
   - 3.1. Principles of Corporate Governance 145
   - 3.2. Model Business Corporation Act 146
4. O Reconhecimento Estadual do Appraisal Right nas Corporations 148
5. Exercício do Appraisal Right 150
6. O Appraisal Remedy 155
7. O Justo Valor da Participação Social 157

CAPÍTULO V
Direito Brasileiro

1. O Direito de Retirada nas Sociedades em Nome Colectivo e em Comandita Simples 161
2. O Direito de Retirada nas Sociedades Limitadas 162
   - 2.1. Decreto n.º 3.708, de 10 de Janeiro de 1919 162
   - 2.2. Regime Actual 163
3. O Direito de Retirada nas Sociedades Anónimas 164
   - 3.1. Causas Legais de Retirada 166
     - 3.1.1. Versão Inicial 167
     - 3.1.2. A Lei Lobão 168
     - 3.1.3. A Reforma de 1997 168
     - 3.1.4. A Reforma de 2001 170
     - 3.1.5. Regime Actual 170
   - 3.2. Fundamento Geral 174
   - 3.3. Condições de Exercício 175
   - 3.4. Reembolso 176
4. O Direito de Retirada nas Sociedade em Comandita por Acções. Remissão 178

TERCEIRA PARTE
O DIREITO DE EXONERAÇÃO DO SÓCIO NO DIREITO PORTUGUÊS

CAPÍTULO I
Desenvolvimento Histórico

1. Das Ordenações Filipinas às Companhias Pombalinas 181
2. Do Código Comercial de 1833 à Lei das Sociedades Anónimas de 1867 183
3. Código Civil de 1867 184
4. Código Comercial de 1888 186
    4.1. Causas Legais de Exoneração 186
        4.1.1. Dissolução da Sociedade em Nome Colectivo por Simples Vontade de Um dos Sócios 186
        4.1.2. O Direito de Retirada por Prorrogação da Duração da Sociedade 191
        4.1.3. O Direito de Rescisão do Contrato por Má Administração do Sócio Administrador 195
        4.1.4. A Exoneração Segundo as Causas Previstas para as Sociedades Civis 196
        4.1.5. O Direito de Apartar-se da Sociedade por Ocasião da "Exoneração" de Um Gerente 197
    4.2. Outras Causas de Exoneração 197
5. Lei das Sociedades por Quotas 199
6. O Direito de Exoneração por Ocasião da Fusão 201

CAPÍTULO II
Causas Legais de Exoneração

1. Introdução 203

Secção I
Comuns a Todas as Sociedades Comerciais

1. Transferência da Sede Efectiva da Sociedade para o Estrangeiro   204
2. Regresso à Actividade da Sociedade Dissolvida 211
    2.1. Requisitos 212
    2.2. Fundamento 215

Secção II
Específicas Das Sociedades em Nome Colectivo e Comandita Simples

1. Enumeração 216
2. Direito de Exoneração ad nutum 217
3. Direito de Exoneração por Justa Causa 220

Secção III
Específicas Das Sociedades Por Quotas

1. Vícios da Vontade no Ingresso da Sociedade 224
2. Interpelação para Realizar a Entrada de Novo Sócio Resultante de Aumento do Capital Social 230
3. Proibição da Cessão de Quotas 232
4. Oposição à Deliberação de Aumento do Capital Social a Subscrever por Terceiros 234
5. Oposição à Deliberação de Modificação do Objecto Social 236
   - 5.1. A Modificação de Facto do Objecto Social 237
   - 5.2. Fundamento e Exclusão do Direito de Exoneração 239
6. Oposição à Deliberação de Transferência da Sede para o Estrangeiro 241
7. Oposição à Deliberação de Prorrogação da Duração da Sociedade 242
8. Oposição à Deliberação de Regresso à Actividade 244
9. Oposição à Deliberação de Não Exclusão/Promoção Judicial de Exclusão do Sócio com Fundamento em Justa Causa 245
10. Alienação Compulsiva de Quotas nas Relações de Grupo 247
    - 10.1. Aquisições Tendentes ao Domínio Total 247
    - 10.2. O Contrato de Subordinação 248
    - 10.3. Direito de Exoneração? 250
11. Oposição à Constituição de uma Sociedade Anónima Europeia Holding 252

Secção IV
Nas Sociedades Anónimas e em Comandita por Acções

1. Vícios da Vontade no Ingresso da Sociedade. Remissão 253
2. Alienação Compulsiva de Acções nas Relações de Grupo 253

3. Oposição à Constituição de Sociedade Anónima Europeia por Fusão 254
4. Oposição à Constituição de Sociedade Anónima Europeia Holding. Remissão... 255
5. Transferência da Sede da Sociedade Anónima Europeia 255

CAPÍTULO III
Causas Estatutárias de Exoneração

Secção I
Típicas

1. Transformação da Sociedade 257
2. Fusão e Cisão de Sociedades 262
   2.1. O Caso Particular das Fusões e Cisões Heterogéneas 265
3. Transmissão Dependente da Vontade dos Sucessores 269

Secção II
Atípicas

1. Colocação do Problema 270
2. A Exoneração Estatutária do Accionista 271
   2.1. Direito Comparado 271
   2.2. Direito Português 274
   2.3. Posição Adoptada 277
3. Limites 283

CAPÍTULO IV
Exercício do Direito de Exoneração

Secção I
Legitimidade

1. Legitimidade Activa 287
   1.1. Direito Reservado aos Sócios 287
   1.2. Direitos Reais sobre Participações Sociais 289
      1.2.1. Usufruto 289
      1.2.2. Penhor 292

1.3. Contitularidade de Participações Sociais 295
1.4. Direito Tendencialmente Reservado ao Sócio que Não Apoiou Determinada Deliberação Social 297
1.5. Os Accionistas sem Direito de Voto e os Sócios Impedidos de Votar 300
2. Legitimidade Passiva 303

Secção II
Forma, Prazo e Conteúdo da Declaração de Exoneração

1. Forma 304
2. Prazo 305
3. Conteúdo 309
4. Posição da Sociedade Destinatária da Declaração de Exoneração 310

CAPÍTULO V
Efeitos do Exercício do Direito de Exoneração

Secção I
Perda da Qualidade de Sócio

1. Regime Legal 313
2. Direito Comparado 314
3. Direito Português 316
4. Posição Adoptada 318

Secção II
Obrigação de Extinção da Relação Societária

1. Introdução 325
2. A Amortização da Participação Social 329
3. A Aquisição da Participação Social pela Sociedade 332
4. A Transmissão da Participação Social aos Restantes Sócios ou a Terceiros 335
5. Tutela do Direito à Extinção da Relação Societária.................. 337

Secção III
Obrigação de Reembolso da Participação Social

1. Introdução 339
2. O Valor da Participação Social 340
   2.1. Critérios de Avaliação 340
   2.2. Regime Legal e Posição Adoptada 343
      2.2.1. Negação dos Descontos de Minoria e dos Prémios de Controlo 347
      2.2.2. Modificabilidade do Valor do Reembolso 349
      2.2.3. Entidade Responsável pela Avaliação 351
   2.3. O Reembolso das Acções no Regime Mobiliário Português 354
   2.4. A Cláusula da Excepção do Mercado 361
3. Momento da Determinação do Valor da Participação Social 367
4. O Reembolso Parcial. Remissão 368
5. Objecto e Tempo do Reembolso 368
6. Tutela do Direito ao Reembolso da Participação Social 372

CAPÍTULO VI
Natureza Jurídica

1. Síntese 375

CONCLUSÕES 377

BIBLIOGRAFIA 389

ÍNDICE DE JURISPRUDÊNCIA 409

ÍNDICE TEMÁTICO 413

ÍNDICE GERAL 417